Tod einer Königin

Gertrud von Andechs-Meranien
Königin von Ungarn
1205 - 1213
Mutter der Hl. Elisabeth

für Irene Denzler
mit freundschaftlichen
Grüßen
Wolfgang

Umschlagbild:
Tafelbild aus dem Elisabethzyklus am Lettner des
Heiligen-Geist-Hospitals in Lübeck

Bibliografische Information
der Deutschen Nationalbibliothek:

Die Deutsche Nationalbibliothek verzeichnet diese Publikation in der Deutschen Nationalbibliografie.
Detaillierte bibliografische Daten sind im Internet über
http://www.d-nb.de abrufbar.

ISBN 978-3-99003-036-3
Umschlagbild: Tafelbild aus dem Elisabethzyklus am Lettner des Heiligen-Geist-Hospitals in Lübeck
Layout und Bildgestaltung: Grafik Franziska Wild

Gedruckt in der Europäischen Union
auf umweltfreundlichem, chlor- und säurefrei gebleichtem Papier.

www.novumpro.com

AUSTRIA · GERMANY · SWITZERLAND · HUNGARY

INHALT

Einleitung

Als ich gerade meinen Stapel Bücher vom Platz des Lesesaals der Széchenyi-Nationalbibliothek in Budapest zur Buchrückgabe brachte, sah mich eine Studentin neugierig an. Offenbar schien sie meine Bücher in irgendeinen Zusammenhang bringen zu wollen.

„Sie interessieren sich für Bank Ban?“ fragte sie.
„Nicht nur,“ antwortete ich, „viel mehr für die Frau, die er ermordet hat.“
„Sie meinen die Königin Gertrud?“
„Richtig!“
„Sie ist nicht sehr beliebt bei uns, wissen Sie das?“
„Das weiß ich, deshalb möchte ich gerne erfahren, warum sie es nicht ist.“
Ich wartete auf die gesprächige Studentin und fragte, wie sie auf mein Thema gekommen sei.
„Naja, ich habe etwas neugierig in die aufgeschlagenen Bücher an Ihrem Platz geschaut.“
„Sozusagen über meinen Rücken.“
„Nein, als Sie Ihre Pause machten, wohl eine Kaffeepause.“
„Danke für das Stichwort, hätten Sie Zeit für ein Tässchen Kaffee?“
„Ja, aber so war das nicht gemeint!“
„Aber ich meine es so.“

Wir gingen ins „Ruszwurm“ und unterhielten uns angeregt. Sie hieß Victoria, hatte ein edles hübsches Gesicht mit einer etwas eigenwilligen Nase, neugierige Augen und feingliedrige Finger. Sie studierte Deutsch und Geschichte. Was sie mir engagiert über Bank Ban und den Inhalt der gleichnamigen Oper von Ferenc Erkel erzählte, kannte ich schon von einer Aufführung in der Operahaz von Budapest. Jedem ungarischen Schüler ist die „böse“ Gertrud bekannt, die das ungarische Volk unterdrückt habe. Nur, was mir an Victoria auffiel, war die unerschütterliche Meinung, die sie als angehende Historikerin über den Nationalhelden Bank Ban hatte, der das Land Ungarn von der deutsch-meranischen Königin Gertrud befreit haben soll.
„Was hat denn die böse Königin eigentlich alles angestellt?“ fragte ich scheinheilig nach.
„Erstens,“ antwortete Victoria routiniert: „Gertrud hat ihre Verwandten in hohe ungarische Ämter und Würden befördert. Zweitens: Gertrud überhäufte die Deutschen mit Schenkungen. Drittens: Sie hat an der Seite ihres verschwenderischen Mannes eine Gewaltherrschaft ausgeübt und die Interessen Ungarns missachtet...und dann ist sie ja auch noch verstrickt in die ... naja, Sie wissen schon ... die gewisse Affäre ihres Bruders, des Erzbischofs von Kalocsa mit...“
„Sie meinen mit der Frau des Bank Ban?“
„Ja genau. Die Geschichte soll aber nicht bewiesen sein.“
„Aber solche Nachreden erzählen sich die Leute gerne.“

Victoria spürte, während sie das sagte, eine gewisse Unsicherheit und fügte deshalb noch schüchtern hinzu:
„So sagen es wenigstens unsere Historiker und so haben wir es auch in der Schule gelernt.“
„Naja“, antwortete ich und schaute sie fragend an, „nach so schlimmen Vergehen muss ja den Ungarn nichts anderes übrig geblieben sein, als sie zu ermorden!“

Ich möchte diese kleine Episode zum Anlass nehmen, zu zeigen, wie historische Meinungsbildung zustande kommen kann.
Das Bild, das die Ungarn von ihrer eigenen Geschichte haben, war immer zeitgebunden und unterschied sich je nach Geschmack und politischer Orientierung. Das ist keine Eigenart der ungarischen Geschichtsschreibung, aber dürfte hier besonders ausgeprägt sein, vor allem, wenn man an diejenige des 19. und 20. Jahrhunderts denkt. Viele Werke standen im Dienst einer bestimmten kulturellen Geschichtskonzeption und man baute sich das jeweilige Bild nach Bedarf oder Ideologie zurecht. Nach 1945 wurden viele Veröffentlichungen nach dem Kriterium der „sowjetischen Befreiung" beurteilt, die Jahre davor hatte man als reine Diktatur und 1956 als „konterrevolutionäre Propaganda" eingereiht. Daß sich die Historiker Ungarns zu bestimmten Zeiten befleißigten, den Politikern entsprechende Darstellungen zu liefern, ist nicht unbekannt[1] und dass viele dieser Arbeiten zum Zwecke aktueller politischer Auseinandersetzungen angefertigt worden sind und leider im In-und Ausland ein Ansehen erreichten, welches das ungarische Geschichtsbild bis heute bestimmte, ist auch nichts Neues. Ist also die Geschichte nichts anderes als das Bild, das sich eine Gesellschaft von ihrer eigenen Vergangenheit macht? Meistens ja. Daher kann sich auch in kurzer Zeit die Geschichtsdarstellung einer Epoche stark verändern, obwohl die vergangene Wirklichkeit unverändert bleibt.
Auch schon im Mittelalter waren die Annalen und Chroniken geprägt von der Zeitmeinung und vor allem vom Denken und Wünschen der ungarischen Herrscher. Es ist daher nötig, mit Vorsicht diese Berichte zu hinterfragen, die mit dem Leben der Königin Gertrud zusammenhängen. Bei den Chroniken muß man immer die Gewichtungen durch die Auftraggeber beachten. „Der Geschichtsforscher hat zwar ebenso ein Recht auf Einbildungskraft wie der Schrifsteller oder Künstler, nur mit dem Unterschied, dass der Forscher zum Nachweis verpflichtet ist und die Richtigkeit der Intuition zu prüfen hat, auch wenn es ihm manchmal schwerfällt."[2] Und das ist hinsichtlich der wahren Motive für die Ermordung Gertruds nicht ausreichend erfolgt.
In der dichterischen Literatur ist das Leben Gertruds sehr verschieden gedeutet worden, indem sie bald als böse Herrscherin verschrien, bald als unschuldige Heilige verehrt wurde. Je mehr man die Urkunden und Annalen prüft, desto fragwürdiger erscheinen die bisher gezogenen Schlüsse. Insbesonders interpretierte man die Dokumente über Gertrud in eingeschliffenen Bahnen. Aber Dokumente können auch verschieden erklärt werden. Wer der Überzeugung ist, Gertrud habe die Deutschen bevorzugt, findet Deutungen dafür und bei der Ausmalung ihres Charakters sind die Farben schon im voraus gemischt. Wird dann auch noch die Brille des Nationalen und Patriotischen aufgesetzt, ist die Verzerrung perfekt.
Das erste und größte Hindernis zum Zugang des wahren Lebens Gertruds besteht schon darin, dass die historischen Vorgänge der Regierungszeit Gertruds durch die romantische Nationaloper „Bank Ban" nicht nur verzerrt, sondern auch in vielen Bereichen völlig verfälscht worden sind. Diese unhistorische Darstellung begann schon mit der Aufführung des pathetischen Dramas **„Bank Ban"** von Jozsef Katona im Jahre 1839 im Pester Ungarischen Theater und gelangte zu ihrem Höhepunkt in der vom Komponisten Ferenc Erkel 1861 aufgeführten gleichnamigen Oper. Nachdem kürzlich diese Oper auch noch verfilmt wurde, wird man keinen stolzen Ungarn mehr finden, der die Glaubwürdigkeit des Inhalts anzweifelt. In Wirklichkeit war aber Katonas Stück auf die nationale Romantik des beginnenden 19. Jahrhunderts abgestimmt und hatte das Ziel, die Habsburger Macht in Ungarn in Frage zu stellen und nicht die mittelalterliche Geschichte der Meranier. In den 1840-Jahren forderten die Ungarn politische und wirtschaftliche Unabhängigkeit innerhalb des Habsburger Reiches, Aufhebung der Leibeigenschaft, bürgerliche Rechtsgleichheit, öffentliche Lastenverteilung, eine unabhängige Regierung und Pressefreiheit.

---

[1] s. Janos Bak, Königtum und Stände in Ungarn im 14. –16. Jahrhundert, S. 1
[2] Szabolcs de Vajay, Ungarn-Jahrbuch Bd.10, 1979, S. 15

Die Habsburger akzeptierten die Forderungen nicht und die ungarischen Revolutionäre riefen zum bewaffneten Widerstand auf. Franz Joseph I. siegte nach einem fast einjährigen Freiheitskrieg. Da Katona die Habsburger Regierung nicht öffentlich attackieren konnte, bediente er sich eines historischen Rahmens, den er im Hochmittelalter zu finden glaubte. An Stelle der Habsburger Macht setzte er kurzerhand die „Macht der Meranier“ unter der deutschen zur Königin Ungarns gewordenen Gertrud. Dieses nationale Freiheitsdrama interpretierte die deutsche mittelalterliche Herrscherin völlig um und machte sie im Lichte der Nationalitätenfrage der Metternichzeit zu einer grausamen Unterdrückerin des ungarischen Volkes. Die Zuschauer des zunächst als Theaterstück aufgeführten Dramas „Bank Ban“[3] und die Wiener Behörden erkannten aber die Anklage gegen die landfremden Habsburger. Daher hatte die Zensurbehörde Metternichs das Theaterstück verboten. Aber die verschlüsselte Botschaft prägte sich tief in die ungarische Seele, so dass historische Wahrheit und historisches Kleid nicht mehr zu trennen war. Als dann der Komponist Ferenc Erkel dieses politisch-brisante Thema auch noch in eine Oper verwandelte, wurde dieses Stück verständlicherweise zu einem großartigen nationalen Ereignis. Von dieser Zeit an war das historische Bild des Arpadenkönigs Andreas II. und seiner „herrschsüchtigen“ Gattin so gut wie zementiert.

Pathetische Lithographie mit den Helden der Revolution von 1848

Ban Bank wurde zum Volksheld, der den Freiheitskampf der unterdrückten Ungarn anführte. Begierig griffen Literaten aller Gattungen einen pikanten Text auf, der über hundert Jahre später über Gertrud kolportiert wurde und den die Historiker als nichts anderes denn als Rufmord entlarvten.

So kam es, dass die „Meranier“ bis heute in Ungarn nicht den Ruf hatten, der ihnen gebührt, während man ihnen überall sonst in Europa Respekt und Bewunderung zollte. Ebenso avancierte Ban Bank zum Inbegriff eines nationalen Befreiungshelden, der die Fremdherrschaft abgeschafft habe, ein Bild, das sich aus der Historie nicht nachweisen lässt. „Obwohl die zeitgenössischen Berichte von Gertrud kein schlagendes Motiv für ihren Tod erkennen lassen, bietet die Oper „Bank Ban“ eine farbenprächtige Version eines plausiblen Motivs für den Mord.“[4]

1213 wurde Gertrud in den Piliser Waldungen während der Abwesenheit ihres Mannes, des Königs AndreasII., von ungarischen Meuchelmördern umgebracht. Wie es zu dieser Tragödie großen Ausmaßes kam und welche sozialen und politischen Strömungen dazu geführt haben, soll das vorliegende Buch erklären. Nur aus dem Hintergrund des politischen Klimas in Ungarn um 1200 wird man die Tragödie der Andechs-Meranierin Gertrud verstehen. Auch wenn noch so viele Autoren ein Cliché unbesehen von anderen Autoren übernehmen, wird die historische Wahrheit nicht größer. Bedauerlich ist nur, dass inzwischen namhafte Schriftsteller aus dem Bereich der Geschichte, Philosophie, Soziologie und Kunstgeschichte über Gertrud bedenkenlose Aussagen niederschreiben und dabei nur die historischen „Platzhirsche“ befragen. Sie können keine andere Auslegung kennen, weil es sie bislang nicht gab.

---

[3] Erste Aufführung in Koschau/Kassa 1833, Pest 1839, die Oper selbst 1861

[4] Lyon, Jonathan R., Family Relationships in the House of Andechs, S.253 f

Zunächst werde ich dem Leser einen **Überblick über die Geschichte der Arpaden** zumuten. Angefangen vom ersten König Ungarns, dem Reichsgründer Stephan I. und seiner bayerischen Frau Gisela bis zu Andreas II. und seiner bayerischen Frau Gertrud. Was hat die ungarische Geschichte mit dem Tod Gertruds zu tun? Sehr viel. Sie ist eng mit den bayerisch-deutschen Beziehungen verbunden. Die guten Verhältnisse dauerten – trotz einiger Schwankungen – bis zur Regierungszeit Gertruds in Ungarn an.

Es würde über den Rahmen dieser Arbeit hinausgehen, den Verlauf der deutsch-ungarischen Nachbarschaft darzustellen. Diese Ausführlichkeit ist für unser Thema nicht notwendig. Man kann sie in hervorragenden Werken von namhaften Historikern bis in die Details nachlesen. Dargestellt werden sollen lediglich zwei Gesichtspunkte: die besonderen Verbindungen mit dem Deutschen Reich und die anhaltenden Thronkämpfe der Arpaden.
Gerade diese beiden Faktoren sind auch typisch für die Zeit des Königs Andreas II. und stellen keine besondere Ausnahme im monarchischen Leben der Magyaren dar. Gertrud war in eine brutale ungarische Geschichte involviert, für die sie nicht verantwortlich gemacht werden darf. Die ungleiche Gewichtung mancher Geschichtsschreiber und die üblich gewordene moralische Bewertung Gertruds und des Königs Andreas II. sind Grund genug, Vergleiche anzustellen. Man wird bei der Behandlung der Geschichte Ungarns feststellen müssen, dass kein anderes Land Europas solchen innerdynastischen Machtkämpfen ausgesetzt war. „Es hat kaum ein Reich in Europa gegeben, das so häufig durch Kämpfe zwischen Mitgliedern des regierenden Hauses zerfleischt wurde. Mehr als anderthalb Jahrhunderte waren größtenteils von Kriegen erfüllt, durch die sich die verschiedenen Arpaden den Thron streitig machten. Die dynastischen Kämpfe verursachten nicht nur materielle Schäden, sondern kosteten auch unendlich viele Menschenleben.“[5] Das hatten auch die Andechs-Meranier gewusst.
Ich riskiere damit sicherlich, die Arpadenzeit von zwei Jahrhunderten verkürzt darzustellen. Aber da es sich bei der für uns relevanten Epoche um Macht, Kampf und Tod handelt, soll auch in der Vorgeschichte Gertruds von Macht, Kampf und Tod die Rede sein. Gertrud kam zu einer Zeit nach Ungarn, in der ihr Mann Andreas mit seinem Bruder Emerich heftig zerstritten war. In diesem Machtkampf sieht man, aus welch verschiedenem Holz die Brüder geschnitzt waren. Wir werden den Charakter von Gertruds Ehegatten kennenlernen. Ihr Leben und ihre Einstellung als ungarische Königin ist ohne diesen Mann nicht zu verstehen. Was für eine Gestalt war dieser Andreas, mit dem Gertrud zehn Jahre lang zusammenlebte? Hatte er sich durch seine Politik indirekt und ungewollt an ihrem Tode schuldig gemacht? Trifft die These zu, sie sei der Sündenbock für die von Andreas II. verursachten Zustände gewesen? Warum hatte sich Andreas so erfolgreich vom Kreuzzug gedrückt? Der vierte Kreuzzug und die Eroberung Zaras 1202 durch ein deutsch-französisches Heer hätten beinahe die Heiratspläne zerbrochen.
Wie kam überhaupt die Heiratsverbindung zustande? Das ist besser zu begreifen, wenn man das Ansehen der andechs-meranischen Dynastie in Europa kennt. In einem eigenen Kapitel werden wir über die Vermählung und Krönung sprechen und darüber, wie die junge Prinzessin sich im Umfeld des ungarischen Hofes zurechtfinden musste und ihre Rolle als Mit-Regentin ausfüllen konnte.
Eine sehr wichtige Urkunde, auf die sich die Geschichtsschreiber berufen, ist die Zipser Schenkungsurkunde für Propst Adolph. Diese Urkunde wird als triumphaler Beweis für die Bevorzugung von deutschen Einwanderern herangezogen. Ich möchte deshalb dieses Diplom in voller Länge und in deutscher Sprache wiedergeben, damit sich der Leser ein eigenes Bild machen kann. Um diese „gigantische“ Schenkung zu ermessen, habe ich mich eigens mit einem einheimischen Ortshistoriker aus der Slowakei in das

[5] Huber, Studien zu Geschichte Ungarns, S. 156

Gebiet der Zips begeben und bin die Grenzen dieses Stück Landes abgefahren, die auf Grund der geographischen Angaben der Urkunde noch erstaunlich gut zu erkennen sind.
Ein eigenes Kapitel ist der „Verwandtschaft" Gertruds gewidmet, die sie mit übermäßigen Ehren, Ämtern und Gütern ausgestattet haben soll. Beschuldigt werden ihre Brüder Berthold, Ekbert und Heinrich. Es wird zu klären sein, was sie überhaupt in Ungarn verloren hatten und wie lange sie sich dort aufhielten. Nur wenn man ihren Lebenslauf gründlich verfolgt, können wir die Richtigkeit der Vorwürfe prüfen. Auf diese Weise wird das bunte Leben der Brüder Gertruds zum ersten Mal ausführlich dargestellt.
Wir kommen den mutmaßlichen Gründen für Gertruds Ermordung näher, indem wir die sozialen und politischen Spannungen in Ungarn um 1200 beschreiben. Bevor eine so schreckliche Tat begangen wird, muss ein Klima der Ablehnung, des Hasses, der Ressentiments geherrscht haben: Ausländerfurcht, Ungarntum, Nationalbewusstsein, Frauenfeindlichkeit, Deutschfeindlichkeit und Kampf der Aristokratie gegen die Monarchie. Diese und andere Stimmungen im Lande flossen zusammen und bildeten einen Knäuel von Ursachen. War den ungarischen patriarchalischen Männern eine selbstbewusste Königin zu unbequem? Stellte sich Gertrud zu rigoros den Ansprüchen des Adels entgegen? Oder war sie gar nicht diese Frau, als die man sie geschildert hat? Der Entschluss, die Königin zu beseitigen, kam nicht aus heiterem Himmel. Die Mörder stammten auch nicht aus dem einfachen Volk, sondern aus der Schicht des Adels und der Großgrundbesitzer. Versuchten sie nicht mit allen Mitteln, die Königsmacht einzuschränken und jene zu liquidieren, die sie daran hindern wollte? Können wir mit den vorliegenden Überlieferungen den Mord Gertruds rekonstruieren? So spärlich sind die Hinweise nicht und mit Hilfe einiger logischer Schlüsse wird man ein recht realistisches Bild der Gestalt Gertruds gewinnen. Besondere Aufmerksamkeit widmen wir nicht nur ihren Mördern, sondern auch den Hintermännern und Mitwissern.
Auch werden wir noch auf zwei der Kinder Gertruds einen Blick werfen, denn sie ragen heraus durch ihre außergewöhnliche Bedeutung:
Es ist erstens ihr Sohn Bela, der in der ungarischen Geschichte den Beinamen „Der zweite Reichgründer" erhalten hat. Zwischen Bela IV. und Stephan I. spannt sich ein Bogen arpadischer Geschichte. Der erste hat Ungarn gegründet, der zweite hat es nach dem Mongolensturm wieder aufgebaut.
Es ist zweitens die Hl. Elisabeth. Seltsam ist, dass im Jahre des 800-jährigen Jubiläums ihres Geburtstages im Jahre 2007 außer einigen zaghaften Andeutungen kein bemerkenswertes Wort über Gertrud zu hören und zu lesen ist. Die Nachkommen Elisabeths wurden erforscht, Biographien der thüringischen Verwandtschaft verfasst, Franziskanern, Dominikanern, Deutschrittern und Elisabethenvereinen schenkt man hohe Aufmerksamkeit und verweist auf ihre historische Verbindung mit Elisabeth. Die Ludovinger beanspruchen den Löwenanteil an ihrer Heiligkeit, Marburg identifiziert sich mit ihr und das Land Thüringen gedenkt ihrer mit einer glänzenden Ausstellung auf der Wartburg, aber kein einziges Wort geht auf Elisabeths Mutter ein oder erwähnt auch nur einigermaßen diejenige, die ihr das Leben geschenkt hat. Um Gertrud machen alle Autoren einen Bogen, als ob man ein vorgefasstes Bild nicht antasten wollte. Man scheint Gertrud zu meiden „wie der Teufel das Weihwasser." Warum hat man bislang nicht einmal den Versuch gewagt, Gertruds realistisches Leben am ungarischen Hof zu beschreiben?
Von ungarischen Autoren selbst hörte man lange nichts mehr. Nun endlich hoffte man in einem gerade erst erschienenem Aufsatz, der auch einmal auf die ungarische Herkunft Elisabeths hinweisen wollte,[6] Näheres über Elisabeths früheste Kindheit zu erfahren. Keineswegs. Gertrud wird nicht einmal erwähnt! Warum nicht?
Vielleicht ist das Thema so peinlich, weil die bisherige Darstellung über sie so gar nicht mit der Mutter einer Heiligen zusammenpasst. Wir werden sehen.

[6] Koranyi Andras, Nostra enim Elisabeth, Die Gestalt der Hl. Elisabeth im ungarischen Geistesleben, in: Aufsätze zur Ausstellung Elisabeth von Thüringen, S. 603-609

Will man das ungeheuere Geschehen eines Mordes an einer Königin nicht nur beschreiben, sondern die Ursachen ergründen, so müssen die historischen Umstände, Ereignisse, die deutsch-ungarischen Beziehungen und die Mächteverhältnisse zwischen dem ungarischen König und seinen Baronen gründlich untersucht werden. Erst dann wird man den gewaltsamen Tod Gertruds besser verstehen können. Daher werden wir uns zunächst auf eine Vorgeschichte einlassen.

1. Ungarn um 1200

Als Bischof Otto von Freising anlässlich des Zweiten Kreuzzugs im Jahre 1247 durch das Land zog, muß er wohl ungarische Verhältnisse aus nächster Nähe kennengelernt haben. Die in vielen Teilen einseitige, forsche und übertriebene Sicht des Freisinger Bischofs erklärt sich vor allem aus seiner politischen Einstellung. Da der Bericht aber die einzige ausführliche und viele Bereiche ansprechende zeitgenössische Niederschrift eines durchreisenden Ausländers ist, soll er als Einführung in eine Zeit dienen, die gerade ein halbes Jahrhundert vor der Epoche Gertruds entfernt ist. Der Bischof schreibt:

"Die Ungarn haben ein düsteres Gesicht, tiefliegende Augen, eine niedrige Statur, sind barbarisch und wild in Sitte und Sprache, so dass man mit Recht das Schicksal beschuldigen, oder vielmehr die göttliche Langmut bewundern muss, welche solchen Monstern von Menschen - denn Menschen kann man sie kaum nennen - ein so herrliches Land zugeteilt hat.

Darin aber ahmen sie die Klugheit der Griechen nach, dass sie keine wichtige Sache ohne häufige und lange Beratung unternehmen. Während sie in ihren Dörfern oder Städten die allereinfachsten Wohnungen benützen, d.h. nur aus Rohr erbaut, selten aus Holz, ganz vereinzelt aus Stein, bewohnen sie den ganzen Sommer und Herbst hindurch ihre Zelte oder Erdwohnungen.

Zu den Versammlungen am Hofe ihres Königs tragen die einzelnen Herren ihre Sessel mit sich und versäumen es nicht, über die Verhältnisse ihres Staates zu beraten und sie zu besprechen; ja auch im Winter tun sie dies in ihren Behausungen. Aber alle gehorchen ihrem Könige so sehr, dass ein jeder es für ein Unrecht hält, ihn auch nur durch geheimes Murren, geschweige denn durch offenen Widerspruch, zu verletzen. Daher kommt es, dass aus den Komitaten - es sind ihrer über 70 an der Zahl - in welche das Reich geteilt ist, von jedem Rechtshandel zwei Drittel des Gewinnes an den königlichen Fiskus abgeliefert werden, wobei bloß eines dem Grafen verbleibt und niemand in dem weiten Gebiete, mit Ausnahme des Königs, Zoll und-Münzrecht besitzt.

Das einfache Volk, Landbewohner, abhängige Bauern, Hörige wohnten in einfachsten Behausungen. Erdhügelhäuser in der Zips.

Wenn irgendein Graf den König nur geringfügig beleidigt hat, oder ihn auch nur ungerechterweise beschuldigt, so ergreift ihn, obwohl er von seiner Leibwache umgeben ist, ein von dem königlichen Hofe beauftragter Diener des untersten Ranges, legt ihn in Fesseln und vollzieht an ihm die Strafe. Es wird nicht, wie es bei uns Sitte ist, ein Urteilsspruch von seinesgleichen gefordert. Es wird auch dem Angeklagten nicht gestattet, sich zu rechtfertigen, sondern der Wille des Königs wird von allen als entscheidend anerkannt. Will dieser einmal das Heer aufbieten, so treten sie alle ohne Widerspruch gleichsam zu einem Körper zusammen. Von den Bauern, die auf den Dörfern wohnen, rüsten neun den zehnten, oder sieben den achten, oder im Notfalle auch noch weniger einen Mann mit dem notwendigen Kriegsgeräte aus und bleiben selbst zur Bebauung des Landes daheim, die Ritter jedoch dürfen bloß in ganz besonderen Ausnahmefällen zu Hause bleiben. Aber in der Schlachtreihe des Königs obliegt den Gästenunter denen sich daselbst eine große Anzahl befindet und welche bei den Ungarn Fürsten genannt werden, die Aufgabe der Verteidigung. Die letzteren treten, fast alle an und für sich schon hässlich, mit hässlichen Waffen auf. Wenn sie nicht von den Gästen, welche wir jetzt Söldner nennen, erzogen oder von diesen gezeugt, eine gewisse, wenngleich nicht eingeborene, sondern gleichsam von außen hinzugetragene Tüchtigkeit besitzen, so ahmen sie doch Kriegserfahrung und das Tragen des Waffenschmucks unseren Fürsten und Gästen nach" [7]

Man kann nicht allen Ausführungen Ottos Glauben schenken, aber eine Vorschau auf das Leben, das Gertrud am ungarischen Hofe erwarten wird, darf man dieser Schilderung des Freisinger Bischofs durchaus entnehmen. Wir werden in manchen Punkten die Richtigkeit der Feststellungen nachweisen können und des Bischofs Beobachtungen auch noch in der Zeit Gertruds wiederfinden.

Gertrud kam in ein Land, das für die Politik des Kaisers von strategischer Bedeutung war. Im Kräftespiel der sorgfältig angelegten Europapolitik Barbarossas waren die Andechser für ihn die geeigneten Partner beim Ausbau des Reiches und der Sicherung der Macht an der Südostflanke des Kaiserreiches in Schlesien, Serbien, Triest, Aquileja, Dalmatien, Kroatien und Istrien. Ungarn, so argumentierten die sächsischen und fränkischen Kaiser, galt von alters her als Lehensgebiet. Sie duldeten aber meist das Selbstständigkeitsbestreben der ungarischen Könige und ließen sich deshalb nur selten auf einen Kampf mit ihnen ein. Um aber seinen Anspruch auf Herrschaft im Südosten nicht zu verlieren, belehnte Friedrich I. Barbarossa 1152 den Grafen von Dachau mit dem Titel „Herzog von Dalmatien und Kroatien." Ab 1180 übertrug er den Titel dem Grafen Berthold III. von Andechs, der 1173 schon Graf von Istrien gewesen war. Da sich der Kaiser zusehends mit seiner Italienpolitik beschäftigen musste und seine Kräfte mit dem Papst messen wollte, beauftragte er einen seiner treuesten Anhänger, den Andechs-Meranier Berthold IV., die südeuropäische Flanke zu betreuen, umso mehr als er sehen musste, wie sehr Rom die deutsch-ungarischen Beziehungen aushebeln wollte, indem Gregor VII. mit der Idee der „christianitas" seinen Anspruch auf politische Führungsstellung in Ungarn geltend machte. Mit Hilfe der Stephanslegende bezog sich Innocenz III. auf die Gründung Ungarns durch das Papsttum und beanspruchte die Krönungshoheit der ungarischen Könige, d.h. bestimmen zu können, wer ungarischer König wird und wer nicht. Diese Forderung machte er an zwei Eingriffen deutlich: an der Entscheidung für Bela III., den Schwiegervater Gertruds, als König von Ungarn, obwohl der Erzbischof von Esztergom diesen nicht krönen wollte. Der zweite Eingriff war seine Einstellung zur Primogenitur, des Erstgeburtsrechts, zugunsten Emerichs, dem Schwager Gertruds, als rechtmäßigen König von Ungarn. Dadurch sollte der Einfluss des Kaisertums durch die Vormachtstellung des Papsttums massiv eingeschränkt werden.[8]

Gertrud wurde Königin eines der reichsten Länder im Hochmittelalter, eines dreimal größeren Gebietes als es das heutige Ungarn ist. Die Machtstellung Ungarns erreichte nie mehr eine solche Größe wie am Ende des 12. Jahrhunderts unter Bela III. (1172-1196), dem Schwiegervater Gertruds. Ihr Ehemann, König Andreas II., herrschte im gesamten Karpatenbogen, in Teilen der heutigen Slowakei, Tschechiens, Russlands, Rumäniens, Bulgariens und Serbiens, von Kronstadt in Siebenbürgen bis vor Wien, von der nördlichen Slowakei bis Belgrad. Ein Land in der Donauebene, das sich erstreckte von Preßburg über Mähren bis nach Galizien, Siebenbürgen, dem fruchtbaren Burzenland im Südosten und den nördlichen Provinzen Serbiens und Bulgariens mit einer Bevölkerung von etwa 2 Millionen Einwohnern, d.h. 7 Einwohnern pro Quadratkilometer. Vom geographischen Standpunkt aus kann man Ungarn als eines der zusammenhängendsten Gebiete Europas bezeichnen. Ungarn war in Südosteuropa die Großmacht schlechthin, schon deshalb, weil es über eine gut funktionierende Militärorganisation verfügte. „Der ungarische Staat war kraft seiner militärischen Organisation die entscheidende südosteuropäische Großmacht" [9] und insofern wichtig für die Reichspolitik, da jeder von Osten ausgehende und auf Europa gerichtete

[7] nach Hannenheim, Ungarn unter Bela II. und Geyza in seinen Beziehungen zu Deutschland, S.29 f
[8] s.auch dazu Varga, Ungarn und das Reich, S.219-228
[9] Homan Balint, Tausendjährige Schicksalsverbundenheit, S.16

Angriff über Ungarn führte. Es ist verständlich, wenn die Ungarn immer wieder an ihre historische Bedeutung für das alte Europa erinneren: „Ungarn war es, das Europa gegen den Halbmond verteidigte. Wer kennt die Opfer des ungarischen Volkes vor dem Erscheinen der Türken? Man ahnt nicht die Ströme von Blut, die unser Volk gegen die Tataren vergossen hatte und von keinem Nachbarstaat Hilfe kam."[10] Ungarn war das östliche Bollwerk Europas und der Schutz des westlichen Christentums vor den Türkeneinfällen. Welche Bedeutung der ungarische König innerhalb der europäischen Völker und insbesondere gegenüber dem Kaiser hatte, zeigt sehr deutlich das Widmungsbild im Evangeliar Kaiser Ottos III.[11]
Das Evangeliar drückt den Wunsch des Kaisers aus, Ungarn und Polen einzubinden, aber nicht als untergebene, lehenspflichtige Länder. Hier sind die neuen Könige des christlichen Abendlandes abgebildet.[12] Es sind erhabene Fürsten des Reiches, die für die Ausbreitung des Evangeliums verantwortlich waren. Stephans Königtum war von Kaiser Otto III. gern gesehen. Die Bilder der Könige verneigen sich vor dem Kaiser, verehren ihn und akklamieren ihm, unterwerfen sich aber nicht als Vasallen. Dies ist die Aussage des Bildes.[13] Die Spannung zwischen Emanzipation Ungarns gegenüber dem Kaiser, dessen zeitweilige Ansprüche doch manchmal spürbar wurden, und Anbietung des Vasallentums seitens einiger ungarischer Könige, zieht sich durch die ganze Zeit der Arpadenkönige.

Unterhalb des thronenden Kaisers Otto III. sind die Könige von Polen und Ungarn abgebildet. Keine Herzöge, keine Vasallen, sondern zu Königen erhobene Fürsten. Die Vasallen stehen im Bild unterhalb der beiden Fürsten.Evangeliar Ottos III.

Ungarn war von keiner angrenzenden Macht bedroht. Nach dem Tode Heinrichs VI. entstanden im Osten neue Nach- barn: Leopold VI. von Österreich, Herzog Ottokar I. von Böhmen und Herzog Berthold IV. von Andechs im Südwesten und alle wetteiferten um die Gunst des ungarischen Königs.[14]

Von einem guten Verhältnis und politischen Beziehungen zwischen Deutschland und Ungarn zeugen die Verwandtschaften zwischen einzelnen deutschen Herrscherhäusern und den Arpaden im Laufe der Jahrhunderte, was auf die hohe Anerkennung Ungarns schließen lässt. Ungarn hatte sich im 12. Jahrhundert sowohl unter dem Einfluß von Byzanz wie auch unter den westlichen Immigranten, die in Ungarn den höflichen Namen „Gäste", die „hospites" trugen, zu einer stolzen, wenn auch nicht immer stabilen Nation entwickelt. Unermesslich reich an Bodenschätzen, Durchgangsland für den europäisch-asiatischen Fernhandel war Ungarn so wichtig wie die Alpenpässe von Deutschland nach Italien. Es war glaubensmäßig durch ein Netz von romtreuen Bistümern gefestigt: Esztergom (Gran) – Györ (Raab) – Pecs (Fünfkirchen) – Kalocsa (Klausenburg) – Eger (Erlau) – Gyula (Stuhlweißenburg) –Veszprem – Vac (Waitzen) – Bihar - Siebenbürgen. Der ungarische Erzbischof von Kalosca regierte bis

[10] G.J. Brâtianu, Theorie und Wirklichkeit, S.10
[11] s.Johannes Fried, Otto III. und Boleslaw Chrobry, S.5
[12] l.c.,51
[13] Fried S.57-68
[14] Nach der Christianisierung um 1000 war Ungarn ein enger Verbündeter der bayerischen Nachbarn, hatte mit Hilfe bayerischer Adliger das Land kolonisiert. Kurzfristig saß der bayerische Herzog Otto III. im Jahre 1305 auf dem ungarischen Thron.

weit in den Osten hinein. Die um 1200 verfasste ungarische Chronik, die „Gesta Hungarorum“, kündet von Macht, Wohlstand und Selbstbewusstsein. Ungarn war neben Portugal das einzige Land, in dem zeitweise hochrangige Ämter auch an Fremde, Ausländer, an Deutsche, Juden, Moslems vergeben wurden. Machtfülle und Ansehen zeichneten das Land im hohen Mittelalter aus. Die vorgesehene Heirat Belas III. (1137-1196) mit einer byzantinischen Kaisertochter war ein sichtbares Zeichen für das Prestige Ungarns unter den europäischen Staaten.

2. Von Gisela bis Gertrud

Zwischen der ersten Königin Ungarns und Königin Gertrud liegen zweihundert Jahre. Beide Königinnen stammen aus Bayern, beide sind – vom ungarischen Blick her gesehen – Deutsche. Die erste ist „posthum“ getötet worden, die zweite leibhaftig. Gisela wurde ein gewaltsamer Tod angedichtet, Gertrud hat ihn erlitten.

Welche Zeit durchläuft das ungarische Königtum zwischen diesen beiden Fürstinnen? Welche Umstürze, Kriege, Belastungen, Wandlungen prägten das Land? Der Verlauf der ungarischen Geschichte ist der Schlüssel zum Verständnis der politischen Zustände zu Beginn des 13. Jahrhunderts, denn der Mord an Gertrud ist aus einem politischen Klima heraus geschehen, wenn er auch scheinbar aus privaten Gründen begangen sein sollte.

Die Wappen der ungarischen Könige im Laufe der Jahrhunderte
Burg Visegrad.

Der Schock saß tief: Zum ersten Mal in ihrer Geschichte wurden die unbesiegbaren ungarischen Reiterhorden in der Schlacht auf dem Lechfeld 955 vernichtend geschlagen. Die ganze Elite der Heerführer gefangen, getötet oder aufgehängt. Der Geschmack an den westlichen Beutezügen war ihnen gründlich vergangen. Lange genug hatten sie das westliche Europa in Schrecken versetzt. Zwei Drittel ihrer Männer sollen gefallen sein. Aus dieser Niederlage – man will es kaum glauben – entstand ein neues Ungarn, denn die Ungarn wurden nun im Karpatenbecken seit 972 unter dem klugen Großfürsten Geyza sesshaft. Einem relativ kleinen Reitervolk war ein großes Land zugefallen, das es noch vor hundert Jahren in planlosen Einmärschen nach Pannonien, Bayern und Mähren erobert hatten. Ihre kriegerischen Streifzüge in den Westen hätten sie noch weiter betrieben, wenn jene Niederlage auf dem Lechfeld sie nicht daran gehindert hätte. Geschlagen zurückgekehrt nach Ungarn, mussten die Reiter und Nomaden sich erst langsam an dauerhaftes Wohnen und an das Bauerntum gewöhnen. Aber der Westen - damit ist das Römische Reich und besonders das damals direkt an Ungarn grenzende Bayern gemeint – konnte jetzt wenigstens an der Südostflanke mit Ruhe und Frieden rechnen.

Überfall der Hunnen auf St. Gallen. Chronik des Ekeharts IV. aus „Casus Sancti Galli“
Stiftsbibliothek St. Gallen.

Das junge Ungarn, aus Misstrauen und Furcht gegenüber dem gierigen Byzanz, schloss sich enger an den Westen an. Die Grundvoraussetzung für friedliche Beziehungen war geschaffen, der christliche Glaube drang ein, was bei den wilden heidnischen Stämmen alles andere als leicht war, zuerst im Westen Ungarns dank des Bischofs Wolfgang von Emmeram und unter Bischof Pilgrim von Passau. Großfürst Geyza ließ sich taufen, wohl nicht aus Überzeugung, sondern weil er sich vom Himmel militärische Unterstützung erhoffte, so- wie er meinte – auch die deutschen christlichen Sieger auf dem Lechfeld Hilfe erhielten. Die Christianisierung Ungarns bekam ein politisches Gesicht, weitere fünf Tausend Ungarn aus der Oberschicht ließen sich taufen.

Mehrere Taufen, darunter ein König. Aus dem Epos „Willehalm" von Wolfram von Eschenbach.

Damit war die zweite Voraussetzung für eine Öffnung nach Westen geschaffen. Es fehlte nur noch eine dritte Komponente: der Aufstieg in die internationale europäische Dynastie. Diese Aufwertung gelang durch das probate Mittel einer Heirat: Geyza schaffte es, eine für seine Verhältnisse überstandesgemäße Ehe, eine „matrimonium impar", seines Sohnes Vajk mit der 11-jährigen Gisela, Tochter des bayerischen Herzogs Heinrich des Zänkers zustande zu bringen. Dadurch wurde eine erste bayerische Prinzessin die erste Königin Ungarns.

Vajk wurde am 26. Dezember 996 von Bischof Bruno, der vom Kaiser zum Missionsbischof von Ungarn bereits 972 bestellt worden ist, auf den Namen Stephan getauft, manche sagen in Köln, die Hochzeit fand 997 in Regensburg statt, die Krönung im Jahre 1000 oder 1001 in Stuhlweißenburg, nach mittelalterlichem Rechtsbrauch auch die Krönung Giselas. In der Stephanslegende heißt es: „Der König erkannte Gisela, nachdem sie mit Öl gesalbt worden war, als Gefährtin im Tragen der Krone an".[15]

Dass es dem Großfürtsen Geyza gelungen war, seinen Sohn Vajk mit einer bayerischen Herzogstochter zu vermählen, brachte seinem Land ein ungeheures Ansehen. Diese Eheschließung bedeutete für Ungarn eine politische Aufwertung. Der Kaiser wird auch Taufpate des ersten Sohnes Stephans. In solchen Patenschaften drückt sich zweifelsfrei das hohe Interesse der deutschen Reichspolitik an dem jungen Pannonien aus.

Kaiser Heinrich verheiratet seine Schwester Gisela an König Stephan I. von Ungarn

Nun war die erste Epoche der Angliederung Ungarns an den Westen eingeleitet, sichtbar geworden durch die enge Beziehung mit dem Herzogtum Bayern. Stephan wurde durch diese Heirat mit Gisela der Schwager des zukünftigen Kaisers Heinrichs II., des ranghöchsten Monarchen des Abendlandes. In Stuhlweißenburg an der wichtigsten Pilgerstraße und Schnittpunkt wichtiger Handelsstraßen ließ Stephan I. nach dem Vorbild Aachens eine Marienkirche bauen, welche als die zentralste sakrale Einrichtung galt, der Mittelpunkt Ungarns, Sitz des Königs, anerkannte Krönungskirche und bevorzugte Grabstätte. Dort lagen die Krönungsinsignien und königlichen

[15] Endlicher, Rerum Ungaricarum Monumenta Arpadiana, p.145

lichen Urkunden. Dort residierte der König während der Gerichtstage und Reichsversammlungen. Die ungarischen Königinnen hatten in Veszprem ihren traditionellen Hof.

Da Ungarn 997 bei Regierungsantritt Stephans I. noch über keine ausgebildeten und führungsfähigen Verwaltungsbeamte verfügte, setzte der König kundige Kleriker, Edelleute und Finanzfachleute aus Bayern in die Schlüsselpositionen seines Reiches. Stephan holte auch deutsche Krieger und Ritter für seine Dienste ins Land. Die „Ungarische Bilderchronik“, das „Chronicon pictum“, aus dem Jahre 1360 nennt die Brüder Hont und Paznan aus Schwaben, sie nennt Vencelin, den Stammvater des ungarischen Geschlechts Jak, der unter dem König ein hervorragender Feldherr gewesen sein muß und Stephans Widersacher Kopany besiegte.

Der Ritter Vencelin

Vencelin stammte aus „Alemania“, aus Wasserburg. Sodann werden ein gewisser Hermann aus Nürnberg genannt, die Gebrüder Wolfer und Hedrik von Wiltonia (Wilten) mit 40 gewappneten Rittern, an weiterer Stelle stehen Poth und schließlich die Gebrüder Kelad und Guth von der schwäbischen Burg „Stof.“ (Stauffen) In das neue ungarische Recht flossen auch Rechtskenntnisse aus der „Lex Bajuwarorum“ ein, zum Teil mit wörtlichen Formulierungen. Stephan I. wollte nicht nur Inhalte der deutschen Verfassung übernehmen, sondern auch die Hofverwaltung nach fränkischem Vorbild organisieren. Er führte Ämter ein wie Kämmerer, Oberlandrichter, Schatzmeister, Truchsess, Pfalzgraf und Mundschenk Es scheinen auch Notare Kaiser Ottos III. nach Ungarn gekommen zu sein, die mit ihren Erfahrungen aus der deutschen Kanzlei dem König ihre Dienste leisteten. Im Vergleich zu anderen europäischen Reichen muss man trotz dieser immigrierten Fachleute noch von einer eher rudimentären Hofhaltung sprechen. Einer der wichtigsten Berater Stephans war der deutsche Mönch Anastasius (Astrik), der Erzbischof von Kalocsa wurde. Seine Ausbildung genoss er in Deutschland. In Bamberg weihte er im Auftrag des Königs einen Altar ein. Der Bruder Kaiser Heinrichs II. (1002-1024), Bruno, weilte am ungarischen Hof. Stephan gründete zehn Bistümer, unter König Ladislaus kamen noch drei weitere hinzu.

Königin Gisela hatte ein 200-köpfiges Gefolge aus Begleiterinnen – es wird von einer gewissen Verwandten namens Agathe berichtet - Priester, Mönche, Nonnen, und Edelleute befanden sich darunter. Giselas Ritter bildeten auch ihre Leibwache.

Drei bewaffnete deutsche Ritter

Sie hatten die gleiche Stellung wie in Deutschland, erhielten Haus und Hof und je nach Verdienste vom König Geschenke in Form von Gold, Silber, Waffen oder Pferden. Sie genossen eine gewisse Selbständigkeit. Ihr Verhältnis zum König unterhielten sie mittels eines Vertrages. Ihre materielle Situation lag weit über derjenigen der Hörigen, allerdings mussten sie bei einem Vergehen auch des doppelten Strafmaßes gewärtig sein. Der Umstand, dass nunmehr Fremde im ungarischen Reich die wichtigsten Posten innehatten, führte immer wieder dazu dass die alten Stammeshäuptlinge aufbegehrten. Diese Reibereien, die bisweilen zu heftigen Auseinandersetzungen führten, sollten noch zwei weitere Jahrhunderte anhalten und bis in die Zeit der Andechserin

Gertrud reichen. Wirtschaftspolitische und rechtliche Veränderungen gaben Anlass zu Streitereien, besonders der eingeführte christliche Glaube, dem sich viele heidnische Anhänger einer Steppenordnung widersetzten. Was Gisela nach dem Tode ihres Mannes widerfuhr, war geradezu ein Vorspiel der Geschichte Gertruds zweihundert Jahre später. Die Behandlung Giselas nach Stephans Tod glich in der ungarischen damaligen Historiographie derjenigen Gertruds insoweit, als dass sie einen berechtigten Tod erfahren habe, weil sie bösartig gewesen sei, die Einwanderung von Fremden nach Ungarn begünstigt und deshalb sich den Hass gewisser adliger Stammesfürsten zugezogen habe.[16]
Unter den sogenannten "hospites" befanden sich aber nicht nur Ritter, sondern auch Angehörige anderer Volksklassen, die sich vorübergehend oder dauernd in Ungarn aufhielten, wie Händler, Pferdeverkäufer, Handwerker. Wurden bereits für die Christianisierung unter Geyza ausländische Mönche und Priester geholt, so kamen unter Stephans Regierungszeit noch viel mehr Missionare ins Land. Stephan holte unter anderen im Jahre 1015 den aus Venedig stammenden Missionar Gellert nach Ungarn. 1030 wurde er Bischof von Csanad. In einem Kampf zwischen Eindringlingen und Christen zog er den Feinden entgegen. Sein Wagen wurde mit Steinen beworfen, überfallen und schließlich soll er 1046 in einem Fass in der Nähe von Buda von einem Felsen hinuntergestoßen worden sein. Nach einer Sage geschah dieses Martyrium im Jahre 1046 an der Stelle, wo heute der Gellert-Berg in Budapest steht.
Bedingt durch die Heiratspolitik der nachfolgenden Arpaden mit ausländischen Frauen kann man geradezu von einer „Infiltration" von Einwanderern sprechen.[17] Besonders mit Bayern waren die Beziehungen intensiver geworden. Die Arpaden standen im „Sog" der bayerischen Herzöge. Kontakte zwischen Bayern und Ungarn entstanden auch durch jene vielen Pilger, die über Ungarn zum Heiligen Grab zogen. Es wird berichtet, dass Stephan I. sie überaus großzügig bewirtet und beschenkt habe.

Bevor der von der Geschichtsschreibung unbestrittene Gründer der Monarchie, Stephan I., die Regierung antrat, hatte schon sein Vorvorgänger Almos, das Stammesoberhaupt aller Stämme aus der ungarischen Vorzeit um sein Leben bangen müssen. In der Tat wurde er dann auch wegen seiner kriegerischen Niederlagen in Siebenbürgen in einem Ritualmord Ende des 9. Jahrhunderts umgebracht. Man wird sehen, wie oft der Arpadenthron vom eigenen Stamm umkämpft war und wie oft Arpadenkönige um ihr Leben bangen mussten.
Und dabei spricht doch die Bilderchronik in solch hochtönenden Worten über die ruhmreiche Geschichte des ungarischen Volkes. In starker Anlehnung an die salomonischen Bücher rühmt der unbekannte Autor die großen Tugenden der Könige: „Barmherzigkeit und Wahrheit sind der Schild des Königs und durch Huld wird sein Thron befestigt. Der weise König zerstreut alles Böse, er erettet die unterworfenen Völker aus dem Elend der Tyrannei. Dadurch wird offenbar, dass sie den Bewohnern Ungarns ermöglichen, in schönem Frieden und fruchtbarer Ruhe zu leben."[18] Noch im Jahre 1301 lobt der päpstliche Legat Kardinal Gentile die Zeit der Arpadenkönige, unter denen sich „das Königreich eines süßen Friedens erfreute und die Bewohner in Eintracht der Seelen verbunden waren".[19]
Stephan I. musste sich seiner Haut wehren, denn aus einer nicht ganz geheueren Verwandtschaft tauchte ein gewisser Kopany auf und behauptete, der älteste Arpade zu sein. Um den Thron zu erreichen, schreckte er auch nicht davor zurück, eine blutschänderische Ehe mit Sarolt, der Mutter Stephans einzugehen. Aus Angst vor den deutschen Rittern, welche die heidnischen Sitten und Gebräuche vertreiben könnten, zettelte er einen Aufruhr an. Just am Sitz von Sarolt und Gisela in Veszprem kam es zu einer bitteren Schlacht. Mit Hilfe deut-

[16] Alberich von Troisfontaines hat in seinem Bericht über die Zeit Stephans diese Stimmung treffend ausgedrückt. Giselas Tod wurde ihm fälschlicherweise als gewaltsamer Tod gedeutet: „sed illa Gisla regina, ut Hungari dicunt, multas malitias in terra illa fecit et ad extremum post mortem sancti regis meritis exigentibus interfecta est." MGH SS XIII, 779, 29
[17] Varga, Ungarn und das Reich, S.82
[18] Chronicon pictum, Textband S.95
[19] Klaniczay, Politik und Heiligenverehrung, S.344

scher erfahrener Ritter schlug König Stephan I. den Usurpaten, ließ ihn vierteilen und zur Abschreckung an vier öffentlichen Plätzen des Reiches zur Schau stellen, in Győr, Veszprem, Esztergom und in Siebenbürgen.

Stephan I. und sein deutscher Befehlshaber Vencelin schauen zu, wie Kopany von einem alemannischen Ritter enthauptet wird.

Stephan I. wollte seinen in Venedig lebenden Neffen **Peter Orseolo (1038-1041)** und nicht seinen Vetter Vazul als Nachfolger haben, weil er im ersteren mehr Gewähr für die Bewahrung und Verteidigung des Christentums sah. Der enttäuschte Vazul plante ein Attentat auf den König, wurde aber rechtzeitig gefangen genommen. Stephan ließ ihn blenden und geschmolzenes Blei in die Ohren gießen.

Der Tod Stephans I. im Jahre 1038 hatte das Land schwer getroffen. Wie sollte das mühsam aufgebaute Reich weitergeführt werden? Wie war der Schutz des Christentums gewährleistet? Würde das gute Verhältnis zum Deutschen Reich erhalten bleiben?

Als Peter Orseolo auf dem Thron saß, schloss er die Königswitwe Gisela kategorisch von der Mitregentschaft aus, ließ sie überwachen, bezichtigte sie wegen ihrer Fürsorge für die Armen der Verschwendung, beraubte sie ihres Besitzes und nahm sie schließlich in Veszprem in Gewahrsam. Trotz dieser Kränkung einer Königin deutscher Herkunft gelang es ihm, mit Kaiser Heinrich III. gute Verbindungen zu knüpfen. Er heiratete deshalb in zweiter Ehe die deutsche Judith von Schweinfurt. Die von Peter abgesetzten alten ungarischen Würdenträger aber waren wegen ihrer Zurücksetzung gegenüber den von Peter herbeigerufenen „hospites“ so erzürnt, dass sie ihn entmachteten. Er floh zu Kaiser Heinrich III. ins Deutsche Reich.

Im Vordergrund wird Stephans Sohn Emerich unter Anwesenheit des Königspaares bestattet. Oben im Bild liegen zwei Soldaten auf dem niedergestreckten Vazul und vollziehen die Blendung seiner Augen.

Dieses kurze Vakuum benützte **Samuel Aba**, (1041-1044) ein Schwiegersohn Stephans I. Er setzte sich brutal mit einer kleinen Hausmacht auf den Thron. Da er sich aber einer starken Opposition im ungarischen Königsrat gegenüber sah, lockte er seine Widersacher in ein Haus, ließ sie gefangen nehmen und kurzerhand töten.[20] Nicht lange dauerte sein Königsglück, denn Peter Orseolo rückte mit Unterstützung des Kaisers wieder heran. Heinrich III. begleitete den zu ihm geflohenen, in Ungarn immer

[20] Schünemann, Die Deutschen in Ungarn, S.65

noch so ungeliebten Peter bis Stuhlweißenburg und führte ihn persönlich wieder auf den Thron, „eigenhändig“, wie berichtet wird,[21] ohne ihm dafür die Lehenspflicht abzuverlangen, lediglich, wie Abt Bern von Reichenau berichtet, um Friede und Ordnung zu schaffen.
Sein Widersacher Aba wurde durch ein Gericht von Ungarn und Deutschen hingerichtet.[22] Ganze zwei Jahre währte Peters Königsglück. Trotz der deutschen Hilfe konnte er sich wieder nicht an der Regierung erfreuen. Er musste den Kaiser noch einmal um Beistand bitten. Diesmal bot er ihm als Dank dafür das „regium Pannoniorum“ als Lehen an. Nicht Heinrich III. verfolgte also diese lehensrechtlichen Ziele, sondern der ungarische König, der seine instabile Lage mit der Lehensbindung an den Kaiser festigen wollte und damit auch dessen Schutz erwarten konnte.

Kaiser Heinrich III. besiegt Samuel Aba. Rechts der Kaiser mit seinen Rittern, links die von Aba angeführten Ungarn. Ungarische Barone mit Pelzmützen wenden sich schon von ihm ab. Einem ungarischen Reiter entgleitet die Fahne, während die Kaiserstandarte über den Rahmen hinausragt. Rechts betet der Kaiser für den Sieg. Links wird Aba erstochen, die Krone liegt neben ihm.

König Peter huldigt dem deutschen Kaiser als Lehensmann und übergibt ihm die Goldene Lanze. Eine Schande für die ungarischen Aristokraten. Fünf Edelknaben bringen Geschenke.

Die ungarischen Großen waren aber damit nicht glücklich. Sie ärgerten sich, daß Peter sie mittels des Treueides über den Tisch gezogen und ihnen damit die Lehenshoheit des deutschen Kaisers eingebrockt habe. So sei Ungarn in die Abhängigkeit von Deutschland geraten. König Peter holte Ausländer, besonders Deutsche und Italiener ins Land und setzte sie in der Verwaltung und der Reichsregierung ein. Diese seine Vorliebe für Deutsche verstärkte den Widerstand und Hass unter den ungarischen Kleinfürsten. Daher nannten sie ihn den **„Petrus Teutonicus.“** In einer ungarischen Chronik kann man nachlesen, wie der Autor gegen diese Eindringlinge giftet:
„Nachdem Peter König wurde, hat er jegliche königliche Großmut abgelegt. Mit deutscher Wut hat er die Edlen Ungarns verachtet und die Güter des Landes hochnäsig und unersättlich konfisziert. Da brüllten die Deutschen und Lateiner wie wild, gebärdeten sich wie die Tiere und zwitscherten wichtigtuerisch und schwätzten wie die Schwalben. Die ungarischen Befestigungen, Schutzbauten und Burgen übergab er den Deutschen und Lateinern zur weiteren Bewachung.“[23]

---

[21] „ manu sua ducens in sede restituit“, CFH I, S.621
[22] Schünemann, Die Deutschen in Ungarn, S.69
[23] „Postquam autem Petrus factus est rex, omnem regie serenitatis benignitatem abjecit et teutonico furore seviens nobiles Hungarie aspernabatur, bona terre superbo oculo et insatiabili corde cum Teutonicis beluina feritate rugientibus et cum Latinis yrundinum garrulitate mumurantibus devorabat, munitiones, presidia et castella Teutonicis et Latinis custodienda tradebat.“ Chronici Hungarii compositio c.71, 323, nach Varga, S.112, Anm.56:

Der Kaiser hatte vorsichtshalber eine deutsche Schutzmacht für den König zurückgelassen. Diese Art Leibwache haben auch spätere ungarische Könige übernommen, weil sie eine wirksame Stütze gegenüber den mächtigen Oligarchen war, die es anstößig fanden, dass diese königlichen ausländischen „Beschützer“ für ihre Dienste auch Ämter, Macht und Einfluss in der Regierung Peters besaßen. Die Lehensbindung Peter Orseolos an den Rex Teutonicorum war in der weiteren Geschichte Ungarns immer wieder ein abschreckendes Beispiel für die ungarischen Mächtigen. Da die ungarischen Großen schon vorher latente Feinde der Deutschen waren, brach nun der Aufstand gegen den König erst recht los, weil sie um den völligen Verlust ihres politischen Einflusses bangten. Zu diesem Aufstand der Großen gesellten sich auch noch alte Heiden aus allen Bevölkerungsschichten unter dem ausgemachten antichristlichen Vata mit einer häßlichen antikirchlichen Rebellion. Mangels eines direkten Nachfolgers oder gleichwertigen Kandidaten aus dem Arsenal der Stephanslinie holten sich die ungarischen Barone den am russischen Hof lebenden **Andreas I (1046-1061)** nach Ungarn zurück Er nahm Peter trotz seiner deutschen Leibwache gefangen, ließ ihn blenden und sämtliche Bischöfe bis auf zwei umbringen. Von diesen ließ er sich zum König krönen.

Übergabe der Krone durch einen Bischof an Andreas I. Rechts im Bild die Blendung Peter Orseolos.

Wir erblicken bereits hier auffallende Elemente ungarischer Geschichte, die während der Zeit Gertruds wieder auftauchen: die Macht der Magnaten, die Furcht vor den Deutschen und der bittere Kampf um die Königsmacht.

Zuerst teilte Andreas liebevoll das Land mit seinem jüngeren Bruder Bela, gab ihm ein Herzogtum und die Hoffnung auf die Königsnachfolge.

Andreas bemühte sich um Frieden mit dem Deutschen Reich. Er konnte die von Peter eingegangene Lehenshoheit nicht ohne weiteres abstreifen, weil er den Kaiser bei der Bekämpfung der Heiden brauchte, deren Bräuche er streng bestrafte. Wer an Brunnen, Bäumen, Quellen nur den Anschein einer Opferung machte, musste zur Strafe ein Rind abgeben. Er war sogar bereit, dem Kaiser Heeresfolge zu leisten. Und seine Bemühungen waren nicht umsonst: es ergab sich eine Verlobung seines Sohnes Salomon mit der Kaisertochter Judith, die an der Landesgrenze mit auffallend großem Pomp übergeben wurde. Von großen Feierlichkeiten in Stuhlweißenburg und reichen Geschenken an deutsche Fürsten wird berichtet, aber im Deutschen Reich hatte man jene moralische Niederlage eines Schützlings – Peter Orseolo – nicht vergessen. Kaiser Heinrich III. wollte die Schmach Peters nicht akzeptieren, aber sein missglückter Heereszug nach Ungarn änderte daran nichts.

Als Andreas I. unerwartet einen Sohn bekam, konnte sich Bruder Bela keine Chancen mehr als Nachfolger auf den Thron ausrechnen. Es war Schluss mit der liebevollen Brüderlichkeit zwischen ihm und Andreas. Seine Aussichten auf den Thron fielen in nichts zusammen, als Andreas seinen Sohn Salomon auch noch krönen ließ. Andreas erkannte die Gefahr, die von seinem Bruder ausging. Er soll vor dem versammelten Hofrat seinen Bruder Bela vor die Wahl gestellt haben, sich zwischen Schwert und Krone zu entscheiden.

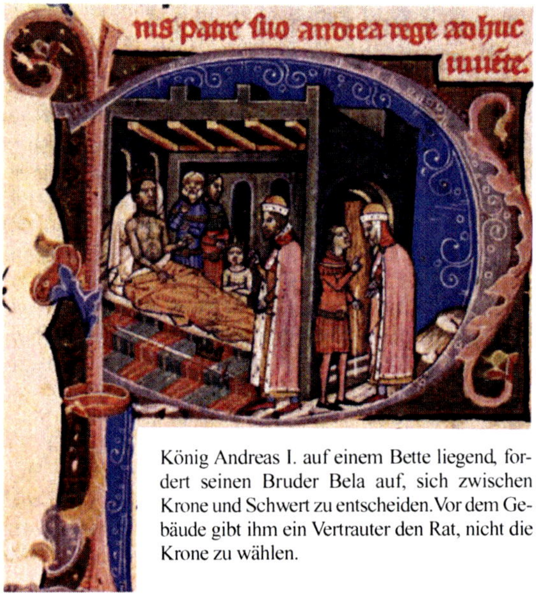

König Andreas I. auf einem Bette liegend, fordert seinen Bruder Bela auf, sich zwischen Krone und Schwert zu entscheiden. Vor dem Gebäude gibt ihm ein Vertrauter den Rat, nicht die Krone zu wählen.

Das Schwert stand für die Verteidigung des Landes, die Krone für den Thronanspruch. Die Wahl für die Krone hätte sein Leben gekostet. Bela entschied sich heuchlerisch für das Schwert, aber, gierig auf den Thron und maßlos enttäuscht von seinem Bruder, stellte er in Polen ein Heer zusammen und erhob sich gegen Andreas. Er verwüstet das Land mit unseligen Kampfhandlungen, nahm seinen Bruder gefangen und ließ ihn im Gefängnis verhungern. Dessen russische Frau Anastasia musste samt Sohn Salomon und Judith nach Bayern fliehen.

Der siegreiche **Bela I. (1061-1063)** hatte die kühne Idee, sich auch vom Volk und den breiten Massen legitimieren zu lassen. Er lud sie unklugerweise nach Szekesfehervar ein, aber das hergelaufene Volk interessierte sich nicht dafür, sondern wollte einfach wieder seine alten gottlosen Rituale pflegen: „Lass uns nach den Bräuchen unserer Väter nach heidnischer Art leben!" soll der Pöbel geschrien haben „Lass zu, dass wir die Bischöfe steinigen, die Priester niedermetzeln, die Geistlichen pfählen, die Zehentnehmer hängen, die Kirchen zerstören und die Glocken vernichten."[24]

Bela wollte sich auch nicht deutschfeindlich zeigen, taufte seinen Sohn auf den deutschen Namen Lambert und verheiratete seine Tochter Sophie hintereinander mit dem deutschen Markgraf Wilhelm von Meißen, dem Markgraf Udalrich von Kärnten und schließlich mit dem Herzog Magnus von Sachsen! Trotz seiner demonstrativen Deutschfreundlichkeit sah man seine gewalttätige Regierung im Deutschen Reich mit Argwohn. Anastasia, die Frau von Andreas I. und Mutter Salomons, hatte sich 1063 inzwischen an den Kaiser gewandt und so wurde in Mainz von den deutschen Fürsten ein Feldzug gegen Ungarn beschlossen. Die „ungarische Treulosigkeit" trieb die deutschen Fürsten zur Tat. Bela konnte den Feldzug nicht mehr verhindern. Er starb vorher, sein Sohn Geyza floh. Er sollte aber bald wieder auftauchen.

Nun lebte ja noch das seinerzeit schnell gekrönte Königskind Salomon, das mit seiner Mutter nach Deutschland geflohen war. Salomon war zum jungen Mann herangereift, tauchte als frisch gekürter Schwiegersohn des Kaisers Heinrich III. wieder auf und beanspruchte den Thron als Sohn des Andreas I. Zu Hilfe kam ihm ein deutsches Heer und ein Berater namens Vid aus einer Stauferfamilie. Dann ließ er sich in Szekesfehervar zum König krönen.

[24]Kristo, Die Arpadendynastie, S.92

König Salomon erfleht kniefällig die Hilfe beim deutschen Kaiser. Seine Krone liegt umgestürzt am Boden. Für die ungarische Elite eine Demütigung.

Salomon **(1063-1074)** konnte sich nur mit deutscher Hilfe und deutschen Waffen halten. Er hatte nicht den Rückhalt im Volke, daher bevorzugt die Wiener Bilderchronik die Brüder Geyza und Ladislaus aus der Linie Belas I. und stellt König Salomon verächtlich als Lehensmann des deutschen Kaisers dar. Salomon konnte sich nicht durchsetzen und floh deshalb nach Deutschland.

Er wandte sich an seinen Schwager Heinrich IV. und versprach, ihm einen Teil des Landes abzutreten. Der Kaiser sammelte ein eigenes Heer und Salomon erkannte die Lehenshoheit des Kaisers über sein Land an.

Zunächst ging alles gut und friedlich zu, aber Salomons Neffe **Geyza I. (1074-1077),** Sohn Belas I., gönnte ihm sein Glück nicht. Er selbst sei ja schließlich der legitime Nachfolger des vorgenannten Belas I. Zunächst beugte sich Geyza diplomatisch seinem Onkel Salomon, begnügte sich scheinbar mit einem Herzogtum, verbrachte ebenso friedlich 1064 die Osterfeiertage mit ihm in Raab, setzte ihm gar die Königskrone auf und zog sogar mit Salomon gemeinsam in den Krieg gegen Belgrad, das beide erst nach monatelanger Belagerung einnehmen konnten, weil ein ungarisches Mädchen die Stadt bei Ostwind mit einer Fackel in Brand setzte.

Kaiser Heinrich IV. geleitet Salomon bis zur Krönungsbasilika in Székesfehérvár unter den Fahnen mit dem Reichsadler und dem ungarischen Wappen. Der Kaiser hält die Krone in der Rechten. Die Linke umfasst den barhäuptigen Salomon

Aber bald musste die vorgetäuschte Eintracht in Brüche gehen. Der deutsche Ritter Vid soll Salomon geraten haben, für ihn und seine deutschen Ritter die Beute, nämlich die Gefangenen, zu ihrem Vorteil zu verteilen. Der unkluge Salomon ging darauf ein und so blieb am Schluss nur ein Viertel der Gefangenen für die Brüder Geyza und Ladislaus übrig. Das schaffte böses Blut und konnte nicht gut ausgehen. Ritter Vid warnte Salomon vor einem Kampf mit seinem Bruder Geyza, indem er vor seinen Augen symbolhaft demonstrierte, dass ja nicht zwei Schwerter in eine Scheide passen würden. Eine Anspielung auf den heimlichen Widersacher Geyza.

Vor Salomon steht sein deutscher Ritter Vid mit einer Scheide und zwei Schwertern: „Wie man zwei scharfe Schwerter nicht zusammen in dieselbe Scheide stecken kann, so könnt auch ihr beide nicht zusammen in demselben Lande herrschen.“ Auf der rechten Bildseite steht Geyza, der drei byzantinische Boten empfängt, was das Misstrauen Salomons bestärkt.

Geyza und Ladislaus kämpfen gegen Salomon. Links kämpft der später heilig gesprochene Ladislaus mit Heiligenschein auf einem Schimmel und unter der ungarischen Fahne. Rechts Salomon mit der rot-weißer Flagge der Arpaden.

Nun brach Geyza aus seiner Deckung, holte seinen Bruder **Ladislaus** zu Hilfe und besiegte Onkel **Salomon** im Kampfe.
Dieser floh zu Kaiser Heinrich IV. und Geyza ließ sich 1074 zum König Ungarns krönen. Drei Jahre hielt er sich als König, und als er starb, übernahm natürlich sein einst so hilfreicher Bruder **Ladislaus I. (1077-1095)** die Macht, strebte die vom Papst schon so lange erwartete romtreue Politik an und verbündete sich sogar noch mit dem deutschen Gegenkönig Rudolf von Rheinfelden, dem Kontrahenten des Kaisers. Aber der gute kirchenfreundliche Ladislaus schien den zu Kaiser Heinrich IV. geflüchteten Salomon ganz vergessen zu haben, der auf einmal mit des Kaisers Hilfe heimlich nach Ungarn schlich, aber von Ladislaus ertappt und in Visegrad festgesetzt wurde. Ladislaus war dem deutschen König Heinrich IV. feindlich gesinnt, vermied alles, um nicht als ein dem deutschen König untertäniges „Königlein“ dazustehen[25] und fand seinen Platz auf der Seite des Papstes, der ihm dafür seine „besondere Liebe“ bekundete.[26]
Damit ist auch die Zeit der engen Beziehungen mit dem Deutschen Reich vorbei und beide Reiche triften auseinander, die Kontakte werden spürbar spärlicher.
In dieser Zeit flohen viele Deutsche nach Ungarn, weil sie zwischen die Linien der Kämpfe von Kaiser und Gegenkönig gerieten, auch wurden viele vertrieben. Sie stellten ihre Dienste als Krieger zur Verfügung, sowohl für den König als auch „beliebigen“ Herren[27] und wurden an bestimmten Orten angesiedelt. Zur Bewachung der Grenzen entstanden durch sie geschlossene Ansiedlungen.

[25]Kristo, Die Arpadendynastie,S. 99
[26]„Wir müssen Dich besonders und mehr als alle anderen Könige lieben“, Kristo, Arpadendynastie, S.107
[27]Schünemann, die Deutschen in Ungarn, S.94

Auf die Dauer konnte sich Ladislaus die Feindschaft mit Kaiser Heinrich IV. nicht leisten. Er führte in den letzten Lebensjahren viele unnütze Kriege.[28] Obwohl der Kaiser lieber Geyzas Sohn Almos als König von Ungarn gesehen hätte, drückte Ladislaus seinen anderen Neffen **Koloman (1095-1116)** durch, der ursprünglich für die geistliche Laufbahn vorgesehen war. Er musste sich öfters gegen plündernde Kreuzfahrer wehren, erfuhr bei einem russischen Feldzug eine Niederlage, hatte weder in Böhmen noch in Kroatien Glück, auch die Heirat mit der Tochter des Grafen Roger von Sizilien brachte ihm nicht viel ein. Schlimmer aber war der Familienstreit mit seinem Bruder Almos – den ja der Kaiser immer schon durchsetzen wollte – ein Streit der nahezu während seiner gesamten Regierungszeit andauerte. Almos konnte es nicht verwinden, dass sein Bruder König geworden war. Koloman, um ihn zu beruhigen, gab ihm zunächst ein Herzogtum und ließ aus Sicherheitsgründen seinen Sohn Stephan vorzeitig krönen. Almos gab sich damit nicht zufrieden und die vorzeitige Krönung seines Neffen Stephan ärgerte ihn. Mit ungutem Gefühl zog er nach Jerusalem, und als er zurückkehrte, hatte ihm tatsächlich Koloman sein Herzogtum schlichtweg aufgelöst. Aus Zorn plante Almos 1107 einen Mordanschlag auf seinen Bruder Koloman. Dieser wurde vereitelt. Der großzügige König verzieh ihm. Als aber Almos wieder hartnäckig mit Hilfe deutscher Truppen nach der Herrschaft strebte und 1115 eine Verschwörung anzettelte, war die Geduld Kolomans zu Ende. Er ließ seinen Bruder Almos und dessen Sohn blenden, um beide auf die Dauer unschädlich zu machen.

So konnte der von Koloman schon frühzeitig gekrönte **Stephan II. (1116-1131)** die Macht übernehmen. Der hatte auch nicht viel Glück in der Politik: er legte sich in Dalmatien und Kroatien mit dem Dogen von Venedig an, seine Aktionen im russischen Grenzgebiet waren auch erfolglos.

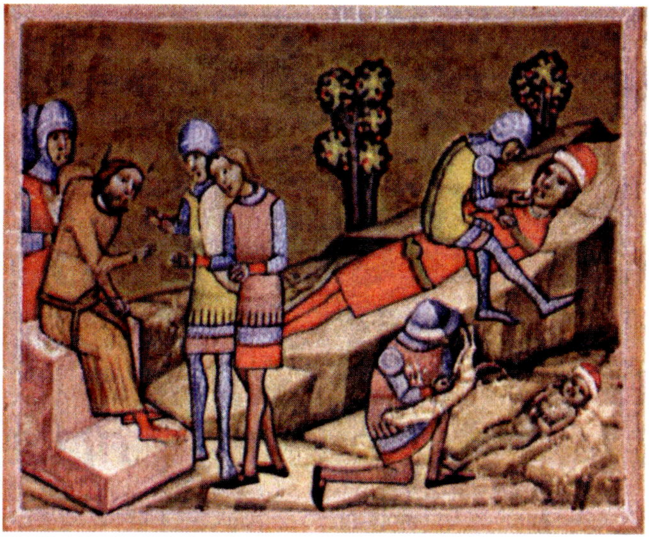

Links erteilt Koloman zwei Soldaten den Befehl, Almos und seinen Sohn zu blenden, Bela auch noch zu entmannen. Um das völlige Aussterben des Königshauses zu verhindern, nimmt ein patriotischer Soldat einen Hund, kastriert ihn und überbringt seinen Hoden.

Außerdem fühlte er sich ständig bedroht von dem in Byzanz lebenden blinden Almos und dessen Sohn Bela.

Da wurde Stephan II. sterbenskrank. Die Magnaten rieben sich schon die Hände und holten den Pflalzgrafen Johann auf den ungarischen Thron.

Aber Stephan wurde plötzlich wieder gesund und ließ gleich danach den Pfalzgrafen enthaupten. Stephan hatte keinen Sohn, er wollte aber die Thronfolge selbst lösen und kürte den Sohn seiner unbedeutenden Schwester, um ja die weiteren arpadischen Anwärter Almos, Bela und Boris von der Nachfolge auszuschließen. Almos starb, Boris wurde verbannt, aber der totgeglaubte Bela, wenn auch geblendet, lebte noch am Hofe von Byzanz und wartete nur noch auf den Tod seines Neffen Stephan. Als dieser starb, trat er die Nachfolge als **Bela II. (1131-1141)** an, der blinde Sohn des blinden Almos. Er war inzwischen mit der energischen Prinzessin Helena aus Serbien verheiratet. Eine „Frau mit männlichem Mut"

[28] s. Kristo, Arpadendynastie, S. 109

wie berichtet wird. Helena, mit ihrem Mann in Ungarn angekommen, rächte sich für die Blendung ihres Mannes und ließ die damaligen Beteiligten niedermachen. Es soll sich um 68 Adlige gehandelt haben.
Wieder wurde der ungarische Thron umkämpft. Boris aus Kiew meldete sich zurück, der, wie wir wissen, damals von Vater Kolomans zweiter Frau Euphemia geboren wurde. Doch er wurde von Bela II. besiegt.

Königin Helena übt Rache an den Verschwörern.

Der blinde Bela erlag der Trunksucht, machte maßlose Schenkungen unter anderem auch an den Bischof von Bamberg. Er überließ die Herrschaft den Höflingen und seiner Frau Helena. Eines aber ließ er sich nicht nehmen: seine Freundschaft mit dem Kaiser. Er verheiratete deswegen seine Tochter Sophie mit Kaisersohn Heinrich und setzte dafür eine üppige Mitgift ein. Deutsche Kultur in Ungarn förderte er reichlich. Unter Bela II. beschränkten sich aber die Beziehungen mit Deutschland nur noch auf kleinere Schlichtungen durch den Kaiser. Leider trübte sich das gute Verhältnis zu Kaiser Konrad auch durch die unrühmliche Behandlung Sophies am Hofe zu Regensburg.
Als der blinde Bela II. starb, war sein Sohn **Geyza II. (1141-1162)** gerade 12 Jahre alt. Nach seiner Heiratsreife ging er 1146 eine Ehe mit der Russin Euphrosyne ein, weil er in Galizien Ruhe schaffen wollte. Ganze sechs Feldzüge führte er gegen Russland. Und genauso viele gegen Byzanz. Schließlich kehrte mit der Heirat Ruhe ein. Geyza II. musste erleben, dass die Verlobung seiner Schwester Sophie mit Heinrich, dem Sohn Kaiser Konrads III. und der ungarischen Prinzessin in Brüche ging. Die Verlobung wurde wieder gelöst, weil sich Sophie über die untragbaren Verhältnisse in Regensburg beschwerte. Regensburg sei für sie ein geradezu babylonischer Aufenthalt, der König führe das Leben in einem irdischen Babylon. Er habe sie verachtet, so dass sie sich entschloss, lieber ins Kloster nach Admont zu gehen. Auch sonst ereignete sich nichts Erfreuliches: das Kreuzfahrerheer marschierte 1147 ohne vorherige Absprache durch das Land. Weil Geyza die Serben auch noch gegen Byzanz unterstützte, war Ungarn schließlich ganz erschöpft. Geyza hatte Ärger mit den Kumanen und Petschenegen, die den Osten Ungarns ständig überfielen und verwüsteten. Deshalb holte er Kolonisten aus Deutschland und ließ sie in der Zips und in Siebenbürgen ansiedeln. Er holte Handwerker und Bergleute herbei und verlieh ihnen Privilegien.
Geyza II. nahm Verbindung auf mit dem Grafen Welf VI. und gab ihm Geld für einen Heereszug gegen den Kaiser. Dann entschied er sich auch noch für Papst Alexander III., dem Widersacher Barbarossas, und so kühlte sich das Verhältnis zu Deutschland merklich ab. Barbarossa hatte keine Lust mehr, mit Ungarn Beziehungen engerer Art zu knüpfen, der Ungar sei ein „lästiger Freund" ein „amicus vilissimus."[29]

[29]nach G. Varga, Ungarn und das Reich, S.198

Die Kontakte zwischen Ungarn und dem Reich nahmen auf hoher Ebene ab und gingen über auf Bündnisse mit den mächtigen Reichsfürstengeschlechtern.
Geyza II. hatte noch zwei Brüder: Stephan, (später IV.) und Ladislaus. Diese Geschwister fühlten sich benachteiligt, weil sie keinerlei Teilhabe an der Königsmacht hatten. Stephan tat sich mit den Unzufriedenen im Lande zusammen und plante, seinen Bruderkönig Geyza II. zu ermorden. Das Komplott wurde aufgedeckt, Stephan verbannt und in Abwesenheit zum Tode verurteilt. Er flüchtete an den byzantinischen Kaiserhof, wo er Maria, die Nichte Kaiser Manuels, zur Frau nahm. Auch sein Bruder Ladislaus musste mit ihm ins Exil fliehen. Als Geyza II. im Mai 1162 starb, sahen die machthungrigen Byzantiner die Chance „ihren Mann", Stephan, auf den ungarischen Thron zu heben. Doch die ungarischen Adligen wehrten sich und wollten dessen Bruder Ladislaus haben. Dagegen wiederum widersetzte sich Erzbischof Lukas von Esztergom und drohte, ihm die Krönung zu verweigern. Der Konflikt wuchs, als Erzbischof Mikö von Kalocsa Ladislaus 1162 zum König krönte. Erzbischof Lukas bannte Ladislaus. Ladislaus II. ließ ihn im Gegenzug in den Kerker werfen, regierte gerade mal ein Jahr und ließ dann seinem Bruder Stephan (IV.) den Vorzug. Stephan war aber in Ungarn sehr unbeliebt, weil er bedingungslos byzantinische Regeln durchsetzen wollte. Nach zwei Jahren –Ladislaus war inzwischen gestorben – musste aber auch er abdanken, denn es lebte ja noch ein dritter Sohn Geyzas II., Stephan mit Namen. Dieser Sohn Stephan als **Stephan III. (1162-1172)** bekämpfte nun seinen Onkel Stephan (IV.) mit der Gunst Barbarossas und mit deutschen Söldnern. Er hatte dafür Agnes,die Tochter des Babenbergers Jasomirgott von Österreich, geheiratet. Doch Onkel Stephan gab nicht auf. Mit einem byzantinischen Heer zog er nach Ungan gegen seinen Neffen. Obwohl der Kampf vorzeitig abgebrochen wurde, konnte Stephan III. seines Onkels Stephan IV. habhaft werden. Er ergriff ihn und ließ ihn in Zimony vergiften. So schaffte es Byzanz nicht, unter Manuael Komnenos I, Ungarn in seine Lehenshoheit zu zwingen. Für Stephan III. war Byzanz und der dort lebende Bruder Bela eine ständige Gefahr. Stephan III. starb 1172 und es gab Gerüchte, dass seine Furcht vor Bela nicht unbegründet gewesen sei, weil dieser seinen Bruder habe töten lassen.[30] Daher kamen als mögliche Kandidaten nur seine Brüder Bela in Byzanz und Geyza in Ungarn in Frage. Da von Geyza zunächst nichts zu hören war, hätte sich Bela III. mühelos durchsetzen können. Aber Bruder Geyza schien nun doch auf den Geschmack am Thron zu kommen und putschte gegen seinen Bruder. Bela ergriff ihn und warf ihn mitsamt seiner Mutter Euphrosyne, die ja auch die seinige war, ins Gefängnis in Baranes, lebenslänglich, wie berichtet wird. Die Parteigänger ließ er blenden.
Inzwischen nähern wir uns der Bühne unserer Ereignisse, denn Bela III. ist der Schwiegervater Gertruds. Ihm wird Gertrud zu „verdanken" haben, dass sie Königin der Magyaren geworden ist.
Schon am Anfang seiner Regierung hatte **Bela III. (1172-1196)** Schwierigkeiten mit dem hohen Klerus. Der Erzbischof von Esztergom, Lukas Banffy, befürchtete immer noch den Einfluss byzantinischer Sitten. Bela lebte ja seit 1163 in Konstantinopel, ist dort als erster ungarischer Herzog der Arpadenzeit erzogen und zum Thronfolger von Byzanz bestimmt worden. Er erhielt den Titel eines Herzogs von Dalmatien und Kroatien, und nahm als Oberbefehlshaber am Feldzug Kaiser Manuels I. Komnenos gegen seinen eigenen Bruderkönig Stephan teil. Als aber Manuel unerwartet 1169 doch noch einen eigenen Sohn bekam, ließ er Bela fallen, verpasste ihm dafür einen ruhmreichen Titel und vermählte ihn mit Anna von Châtillon. Zwar hatte Bela die Lust auf den byzantinischen Thron nicht verloren, aber es gelang ihm nicht mehr, diesen zu erobern. Er konnte lediglich seine zehnjährige Tochter Margarete mit dem zukünftigen Kaiser von Byzanz, Isaak II. Angelos (1185-1195), vermählen. Das war zwar eine politisch gelungene Heirat, jedoch ohne Erfolg auf den byzantinischen Thron. Sogar seine eigene Mutter Euphrosyne, die mit ihren Günstlingen

[30] Kienast, Lexikon des MA, Bd.1, S.458

und Teilen des Klerus um den Erzbischof von Esztergom selbst die Regierung führen wollte, fürchtete, dass östliche und probyzantinische Denkungsart nach Ungarn eindringen würden. Eine Gesandtschaft ungarischer Großen dagegen reiste Bela entgegen und trug ihm die ungarische Königswürde an. So beantragte Bela beim Papst gegen den patriotischen Erzbischof Lukas von Esztergom, die Krönung in Kalocsa halten zu dürfen. Der Papst hatte nichts dagegen, weil er erkannte, dass Bela treu zu ihm hielt. So kam es 1173 in Stuhlweißenburg zur Krönung Belas III. durch den Rivalen Erzbischof von Kalosca.
Bela III., der „König des Ruhms und der Siege", hielt in Esztergom eine glänzende Hofhaltung nach westlichem Vorbild, mit französischem Luxus und dem Prunk des byzantinischen Hofes. Sowohl seine erste wie auch seine zweite Frau stammten aus Frankreich. Sie wirkten an der Verschönerung des ungarischen Hofes mit. Der König ließ Jagdschlösser bauen und Ritterturniere abhalten und stellte ein Söldnerheer von 50 000 Mann auf die Beine. Von jedem Rechtsakt musste ein schriftliches Zeugnis ausgestellt werden. Er sorgte für die innere Sicherheit des Landes. Der um 1360 le-bende Mügeln schrieb über Bela III.: „Derselb was gar veind den dieben und den mordern und vertilgt sie, wo er mocht."[31]

König Bela III., Schwiegervater Gertruds, mit Krone, Reichsapfel und rot-weiß gestreiftem Königsbanner.

Bela III. berief einen Mönch, der die Geschichte Ungarns aufschreiben sollte. Dieser Mönch ging als der „Anonymus der Gesta Hungarorum" in die Geschichte ein. Er hatte in Paris bei den Kompilatoren des Mittelalters gelernt. Seine Aufzeichnungen reichen von den Anfängen bis zum Jahre 1200.[32]

Als der byzantinische Kaiser 1180 starb, eroberte Bela Dalmatien und Zara, obwohl er diesem seinerzeit unter Eid geschworen hatte, sollte Bela ungarischer König werden, die Interessen des Kaisers und der Byzantiner zu wahren.[33] Bela III. hielt sein Versprechen nicht, ließ dagegen seinen Palatinheerführer Farkas 1180 in Dalmatien, Kroatien und Syrmien einmarschieren. Es gelang ihm, diese Länder mit Ungarn wieder zu vereinen, und, nachdem er seinen aus erster Ehe geborenen Sohn Emerich 1182 als Herzog von Dalmatien und Kroatien eingesetzt hatte, ließ er ihn auch noch als seinen Nachfolger krönen.

Ein Mönch schreibt im Auftrag des Königs die Geschichte des Volkes. Bible moralisée.

Schließlich fiel er mit Hilfe des Großzupans von Serbien, Stephan Nemanja in byzantinisches Territorium ein, aber ohne Erfolg. Einige Jahre später (1190) überwarf er sich mit dem Serbenkönig, fiel in Serbien ein, musste es aber bald wieder verlassen, weil der Papst energisch protestierte und mit diesem wollte er nicht übers Kreuz kommen. 1181 besetzte er Bosnien und Zara, dann machte er sich auf in das Land zwischen Sofia und Belgrad.
Bela III. scheiterte also im Südosten. Dafür mischte er sich in Halicz in russische Machtkämpfe ein, eroberte das Fürstentum, wo er seinen minderjährigen Sohn Andreas als Statthalter einsetzte. Als Grund gab er an, der nicht sonderlich fähige Vladimir habe ihn

[31] Szentpétery, Scriptores II, S. 205
[32] Silagi, Die Gesta Hungarorum des anonymen Notars, S.1
[33] Schmitt, Die Balkanpolitik der Arpaden, S. 26

um Hilfe gerufen. Diesen Ruf ließ er sich nicht zweimal sagen, zog mit einem Heer nach Halicz, setzte aber den unglücklichen Russen Vladimir nicht wieder in seine Rechte, sondern in Gefangenschaft und hob seinen 12-jährigen Sohn Andreas – der spätere König und Gemahl Gertruds – auf den Thron des russischen Fürstentums, um sich den Nordwesten Ungarns zu sichern. Doch die Unruhen waren so zahlreich, dass er es während seiner ganzen Regierungszeit nicht schaffte, Halicz als ungarische Provinz zu beherrschen. Drei Mal führte er Krieg, nie konnte er sich nachhaltig durchsetzen. Galizien kam nicht zur Ruhe. Galizien war ein einziger Misserfolg, aber Bela gab keine Ruhe und gab die Provinz nach seinem Tode dem Andreas als instabiles Erbe mit.

1184 starb seine erste Frau Anna von Châtillon, die Mutter von Emerich und Andreas. Als zweite Frau war die jüngere Schwester des deutschen Herzogs Otto IV., des späteren Kaisers, im Gespräch. Sie galt zwar als „ heiratsfähig", war aber mit ihren zehn Jahren noch zu jung für eine sofortige Vermählung. Einge Jahre später holte er sich aus Frankreich Margarete Capet, Tochter des französischen Königs Ludwig VII.
Zwar herrschte unter Bela III. die höchste territoriale Ausdehnung Ungarns, doch die innere Festigkeit war bereits untergraben. Die Ausdehnung täuschte über die innere Politik hinweg und lenkte ab, denn dieses Riesenland war alles andere als einheitlich, weil es mit anderen Volksgruppen aus allen angrenzenden Ländern vermischt war. Auch waren Belas Expansionsgelüste viel zu überzogen. Eine zeitgenössische Quelle sagt, dass Bela „nicht mehr mit dem Land seiner Ahnen zufrieden war."[34] Er wurde in seinem Landhunger auch von den Hochadligen unterstützt, die sich nach weiteren Besitztümern sehnten. Dann kämpfte er gegen Venedig um Zara, schließlich wollte er auch Byzanz beerben, er setzte zwar seinen Anspruch auf Oberhoheit über Bosnien durch, konnte es aber der ungarischen Krone nicht einverleiben. Kein beruhigtes Ungarn also war es, das er seinen Söhnen Emerich und Andreas hinterließ. Ob er den Namen „Rex gloriosissimus" verdient, überlassen wir den ungarischen Historikern.
Auf jeden Fall wird Gertrud als zukünftige Gattin des Andreas kein stabiles Land vorfinden. Als das Kreuzfahrerheer Barbarossas, das am 11. Mai 1189 in Regensburg aufbrach und unter dem auch Herzog Berthold IV. von Andechs-Meranien als Führer eines Teilheeres mitzog, anlässlich des **Dritten Kreuzzugs** durch Ungarn zog, verbrachte der Kaiser das Pfingstfest 1189 in Pressburg. In Esztergom wurde er mit auffallend großen Ehren empfangen. So selbstverständlich war das gar nicht, denn ungute Erinnerungen an den letzten Kreuzug vor 50 Jahren müssen noch vorhanden gewesen sein.[35] Während die Ungarn damals ihren christlichen Brüdern alles angeboten haben sollen, was ihnen zur Verfügung stand, und verkauften, was sie hatten, führten die niederen Schichten der Kreuzfahrer maßlose Einzelkämpfe im Landesinneren, respektierten nicht die Gastlichkeit und Wohltätigkeit der Ungarn in der Hoffnung, die Ungarn würden nichts gegen ihre christlichen Brüder unternehmen. Es soll Mord und Vergewaltigungen gegeben haben, Brandstiftung, Misshandlung von Wirten und Plünderungen. Bischof Guibert berichtete, dass die gemeinen Fußsoldaten der Kreuzfahrer sich damit gebrüstet hätten, bei den Türken demnächst noch schlimmer zu hausen.

Durchzug des römisch-deutschen Kaisers Konrad III. und König Ludwigs VII. von Frankreich durch Ungarn auf dem Zweiten Kreuzzug.

[34]Makk F., Ungarische Außenpolitik, S. 135
[35]Damals hatten einige zuchtlose und völlig verarmte Horden Ungarn durchzogen und nach einem Bericht des Chronisten Guibert von Nogent sich üble Ausschreitungen in Ungarn geleistet, s. Ohler, Reisen im Mittelalter S.308
[36]Homan, Geschichte des ungarischen Mittelalters I,436

Bei diesem Durchzug Barbarossas war alles anders und aufs beste organisiert. Bela III. öffnete für die ausgehungerten Soldaten seine Korn-und Mehlspeicher, so dass gleich drei davon in ihnen erstickten. Er füllte das Kreuzzugsheer mit eigenen Leuten auf und so soll es sich schließlich aus 150 000 Mann zusammengesetzt haben.[36]

Vor Rührung für solch üppige Gastfreundschaft verlobte der Kaiser gleich seinen Sohn Friedrich mit Belas Tochter Margarete. Ehefrau Margarete, Tochter des französischen Königs Ludwig VII. war so bewegt, dass sie dem Kaiser ein kostbares Zelt schenkte. Arnold von Lübeck hat es beschrieben:

„Es hatte eine scharlachrote Bedachung, ein kostbar verziertes Kissen, einen elfenbeinernen Sessel und einen Teppich, der den gesamten Innenraum des Zeltes belegte und damit auch ja nichts fehle, ließ sie ein kleines Jagdhündchen darüber laufen.“ [37] Dieses Prunkzelt rief großes Aufsehen hervor: „Ein äußerst schönes Zelt, darüber eine Zeltkuppel aus Scharlachstoff und Wandbehänge, entsprechend der Höhe und Länge des Zeltdaches.“[38] Drei Lastwagen hätten es kaum fortschaffen können.

Auf diesem Dritten Kreuzzug tat sich Berthold IV. militärisch offensichtlich stark hervor. Bereits in Nis wurde er von Kaiser Barbarossa zu einem der Bannerträger des Dritten Heerhaufens zusammen mit sechs Bischöfen in die Führung als „Dux Dalmatiae sive Meraniae“ ernannt. Aus den Urkunden kann man entnehmen, welche militärische Rolle Herzog Berthold IV. auf dem Kreuzzug Barbarossas spielte.[39]

Kostbare Zelte gab es in allen Varianten und je nach Ansehen des Fürsten

Bela III. zog selbst nicht mit ins Heilige Land, legte aber 1192 anlässlich der Heiligsprechung des Königs Ladislaus I. das Gelübde ab, selbst einmal ein Kreuzheer zur Eroberung Jerusalems zu führen. Bei dieser Absichtserklärung blieb es auch. 1196 starb er. Vorher hatte er noch schnell das Kreuzzugsgelöbnis seinem jüngeren Sohn Andreas aufgebürdet, ihm dafür Geld gegeben und gehofft, sich damit freizukaufen. Es wird gesagt, Bela III. habe für den Kreuzzug keine Zeit gehabt. Das ist eine oberflächliche und beschönigende Entschuldigung. Nein, es ist vielmehr so, dass er sich die Zeit nicht genommen hat und zu denen gehörte, von denen Thomasin von Circlaere sagt: „Tatsache ist, dass man mehr Unterstützer für die Sache des Kreuzzugs finden kann als solche, die selbst aufbrechen.“ [40]

Auf Veranlassung Kaiser Friedrichs und des Apostolischen Stuhles verheiratete Bela III. seinen Sohn Emerich mit der Prinzessin Constanze aus dem Hause Aragon, für die er als Hochzeitsgut einen außergewöhnlich hohen Brautschatz eingesetzt haben soll.[41] Belas Tochter Constanze war mit Friedrich von Schwaben verlobt. Daraus wird die eindeutige Ausrichtung Belas III. auf den Westen – und nicht wie befürchtet wurde auf Byzanz – offenkundig. Auch die Wahl seiner beiden Frauen lässt auf einen eher kaiserlichen Kurs schließen, was sein Sohn Andreas, nicht aber Emerich, als geistig-politisches Erbe übernahm.

[36] Homan B. Geschichte des ungar. Mittelalters I, S. 436
[37] Knauz ,Mon. Eccl. Strig. I nr. 119
[38] Bumke, Höfische Kultur, I,170
[39] Angaben nach Urkunden bei Oefele, Geschichte der Grafen von Andechs, S. 168f, R 390-405
[40] Thomasin von Circlaere, Der welsche Gast, Z. 11175
[41] nach „Brevis narratio de regibus Hung. des Johannes v. Utino, zw. 1334-1350

Dieser „König des Ruhms“ fädelte die Ehe zwischen seinem Sohn Andreas und der meranisch-staufischen Gertrud ein. Sie hat ihren Schwiegervater Bela nie gesehen.

Wir haben nun einen eiligen **Streifzug durch die ungarische Geschichte** gemacht. Nach all diesen Kenntnissen ist zu erwarten, dass die andechsische Gertrud nicht in eine gefahrlose Zone hineinheiraten würde. Vor dem Eintritt Gertruds von Andechs-Meranien in die politische Geschichte Ungarns gestatten wir uns eine Zusammenfassung.
Zu Beginn des Kapitels über die Geschichte Ungarns „Von Gisela bis Gertrud“ wurde darauf hingewiesen, dass die Behandlung unter zwei Aspekten erfolgen solle: die Beziehungen Ungarns zu Deutschland innerhalb zweier Jahrhunderte, um zu zeigen, dass die Eheschließung einer deutschen Prinzessin mit einem ungarischen König kein auffallendes Novum darstellt, sondern in der Kontinuität einer langen Tradition von Verbindungen liegt. Auch war die Ehe zwischen Gertrud und Andreas II. nicht das Ende einer Kette von Heiratsverbindungen zwischen den beiden Reichen. Es folgten noch weitere. Der zweite Aspekt galt den seit Stephan I. heiß und heftig geführten Kämpfen um den ungarischen Königsthron unter der Dynastie der Arpaden. Dabei wird man in der Rückschau feststellen müssen, dass wenige Könige unangefochten ihre Regierungszeit überlebten, dass die Aufständischen, die Neider, die Konkurrenten nicht etwa aus einer anderen Dynastie, aus einer unteren Adelsschicht oder aus einem anderen Land stammten, sondern aus der eigenen Verwandtschaft. Die Motive der „Kontrahenten“ waren recht vielfältig: Missgunst, Rechthaberei, Machtgelüste, Verleumdung und Kampf um die Primogenitur. Und die Methoden und Umgangsformen waren alles andere als zimperlich. Im Gegenteil! Sie waren von der subtilen, hinterhältigen sowie brutalen Art: Enthauptung, Blendung, Pfählung, Vergiftung,Vertreibung, Flucht, Verpflichtung zur geistlichen Laufbahn, Gefängnis, wobei die Gefangenschaft dem Tode gleichkam, wenn man die Verhältnisse in den damaligen Burgen, Türmen und Löchern kennt. Dabei spielte offenbar die Integrität eines Königs wie die des Hl. Stephan, des Hl. Ladislaus oder Belas III. keine Rolle. In ganz Europa gab es kaum ein Reich, welches so häufig durch Diadochenkämpfe zerfleischt wurde wie Ungarn im Zeitalter der Arpaden. Fast zwei Jahrhunderte lang lieferten sich die Arpadenabkömmlinge ihre heftigen Kriege, um sich den Thron streitig zu machen.

Wir stehen nun der Verheiratung Gertruds in ein arpadisches Haus – eine Heirat, die einer Art Zwangsverheiratung gleichkommt – mit recht gemischten Gefühlen gegenüber. Wie kommt – muss man sich fragen – ein etwa 14-jähriges Mädchen in einem Königshof zurecht, in dem ständig damit gerechnet werden muss, dass der eigene Mann um sein Leben bangen muß. Wie soll sich eine blutjunge Königin in der arpadischen Dynastie behaupten, in deren Geschichte schon so viele Verbrechen begangen wurden und etliches Blut geflossen ist. Zwar ist Andreas II. bei seinem Regierungsantritt der seit langem unangefochtenste König gewesen. Aber auch das währte, wie man weiß, nicht lange.

3. Der Bruderzwist im Haus der Arpaden

3.1. Das Recht der Erstgeburt

Als Bela III. im April 1196 starb, folgte ihm sein erstgeborener Sohn **Emerich** auf den Königsthron. Der Bildmaler des „Chronicon pictum" läßt ihn von zwei Bischöfen krönen. Entweder deutet er damit symbolisch an, dass Emerich bereits 1182 schon einmal zum Nachfolger gekrönt wurde oder es sind die beiden Erzbischöfe von Esztergom und Kalocsa gemeint.

Krönung Emerichs, des Schwagers von Gertrud durch zwei Bischöfe.

1194 hatte ihn sein geschickter Vater zum Gouverneur von Kroatien und Dalmatien erhoben, im Jahre 1197 heiratete Emerich in Esztergom die Tochter des Königs Alfons II., Constanze von Aragonien.[42] Der Minnesänger Pierre Vidal kam vermutlich mit ihrem Gefolge nach Ungarn. Eine Urkunde vom Oktober 1196 nennt schon die Anwesenheit Constanzes, also könnte um diese Zeit die Verlobung stattgefunden haben.[43] Hatte der Bruder Andreas zur selben Zeit die Andechserin Gertrud geheiratet? Vielleicht um Emerich zu demonstrieren, dass er eine Frau aus einem ebenfalls hohem und einflussreichen europäischen Geschlecht besitzen würde? Nach seiner ehrgeizigen und eifersüchtigen Art zu schließen, wäre ihm das durchaus zuzutrauen. Einen Nachweis darüber gibt es aber nicht.

Dem jüngeren Bruder Andreas hatte der Vater keine Machtbefugnisse zugestanden. Er vermachte ihm einige Burgen und Landgüter und trug ihm auf, den von ihm versäumten Kreuzzug nachzuholen, wofür er ihm reichlich Geld hinterlassen hatte.[44] Andreas war mit dieser zweitrangigen Stellung nie zufrieden. Die Erbfolge war auch gesetzlich nie richtig geklärt worden. Es gab keine selbstverständliche Primogenitur. Zumindest wurde sie in Ungarn nicht immer eingehalten. In der Thronfolgeordnung war auch nie automatisch der Sippenälteste nachzuweisen. Nicht wenige Arpaden machten sich die Auffassung des byzantinischen Geschichtschreibers Kinnamos zu eigen, der sagte, dass der Bruder des Königs gegenüber dessen Söhnen durchaus Vorrang haben könne, ja sogar müsse.[45]

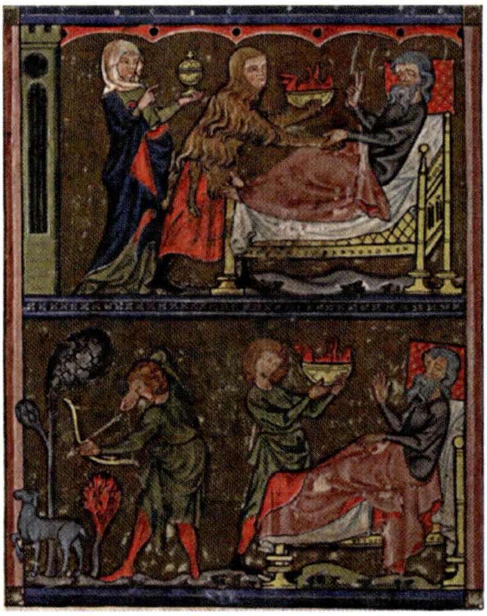

Isaak segnet den von Rebekka unterschobenen Jakob zum Nachteil des erstgeborenen Esau. So nahm Jakob seinem Bruder Esau das Erstgeburtsrecht weg. Rebekka legt Jakob das Fell eines Ziegenbocks um, damit der blinde Isaak glaubte, seine behaarten Esau vor sich zu haben. (Gen. 25,27) Emser Weltchronik.

Jeder Nachkomme des Arpadengeschlechts besaß gleichermaßen auf Grund seiner Abstammung die legitimen Eigenschaften eines ungarischen Herrschers.[46] Seit Ladislaus I. war die Thronfolge nicht eindeutig eingehalten worden. Ein jedes Mitglied der Dynastie hatte das theoretische Recht, in die Fußstapfen der Ahnen zu treten. Andreas konnte sich also auf seine Vorfahren berufen. Auch Andreas I. hatte das Land

[42]Knauz F., Mon. Eccl. Strig.I, S.152, nr.132

[43]Szabados György, Die Ehe des Königs Emerich, Szazadok 2002, S.344

[44]"alteri qaedam castella et predia magna" … atque ad peregrinationem Jerosolomitanam quam ipse voverat, peragendum infinitam pecuniam", Annal.Coloniensis Max. ,MGH XVII,808

[45]„Lex enim est apud Hungaros, ut semper ad fratres supertites diadema transmitteretur", Kosztolnyik,Hungary in the thirteenth century, 29, Anm.57

[46]Déer, Der Weg zur Goldenen Bulle, S. 110

zehn Jahre lang mit seinem Bruder Bela geteilt Außerdem widersetzten sich die Brüder Gezas II., Ladislaus und Stephan, der traditionellen Nachfolge. Da sie sich nicht einig wurden, kämpften sie so lange gegeneinander, bis Stephan schließlich seinem Bruder Ladislaus zähneknirschend den Thron überließ. Jedenfalls kam die Primogenitur nicht zum Zuge. Selbst Bela III., der Schwiegervater Gertruds, hatte keine Ruhe vor seinem Bruder, der auch König werden wollte. Stephan III wurde ständig von Ladislaus, dem Sohn König Belas des Blinden bedroht, der ihm die Krone entreissen wollte.

Die Primogenitur wurde auch von denen angezweifelt, die denjenigen zum König erheben wollten, der am besten „geeignet" wäre. So dachte auch der Abt des größten und bedeutendsten Benediktinerklosters in Ungarn, Abt Johann von Martinsberg, der den jüngeren Bruder Andreas für den geeigneteren König hielt. Wie sehr die Auffassung der Primogenitur am Ende des 12. Jahrhunderts angefochten wurde, zeigt das Beispiel Belas III. Er ließ seinen Sohn Emerich sicherheitshalber gleich zweimal zu Lebzeiten krönen, um ja gegen einen möglichen Anspruch des Bruders gewappnet zu sein.

Andreas zweifelte das Königsrecht von Emerich auf das gesamte Reich an. Ständig beklagte er sich, dass er nicht einmal ein Herzogtum erhalten habe, sondern sich mit einer Apanage zufrieden geben müsse. Empört war er, dass Emerich das Land ungeteilt erbte, während er selbst mit ein paar Gütern und Geld abgespeist wurde, die Last des Kreuzzugs aufgehalst bekam, den sein Vater nicht unternommen und sein Bruder, obwohl versprochen, nicht ausführen wolle. Es war daher vorhersehbar, dass diese unkluge und ungerechte Erbverteilung unter den Söhnen Belas III. nichts Gutes erahnen ließ. Andreas fühlte sich ungerecht behandelt und sann auf einen Ausgleich. Das Geld, das er für den Kreuzzug erhielt, verwendete er dafür, um ein Heer aufzustellen und seinen Bruder herauszufordern. Es ist nicht verwunderlich, dass die Kölner Chronik im Bewusstsein der Kreuzzugseuphorie und der päpstlichen Verpflichtung dazu sein Verhalten missbilligte. Der Chronist schiebt es auf seine unbekümmerte Jugend, die mit dem Geld ohnehin locker umgehe. *„Der junge Mann jedoch, nachdem der Vater gestorben war und er seine Freiheit genoss und über freie Macht verfügte, wie eben junge Leute in diesem Alter sorglos und verschwenderisch sein können, verschleuderte das empfangene Geld sogleich."*[47] Diese Charakterisierung des jungen verschwenderischen Andreas hat der Chronist erstaunlich gut getroffen. Sie wird sich später bewahrheiten und man wird sich fragen müssen, wie seine zukünftige Gemahlin Gertrud damit zurechtkommen würde.

Jahwe bestimmt den jeweiligen Nachfolger Israels. Nach der Auffassung von Innocenz III. ging diese Vollmacht auf den Römischen Stuhl über.

Emerich wies die Forderungen seines Bruders auf einen Teil der Mitregentschaft kategorisch zurück und forderte ihn unklugerweise und schlichtweg zum Gehorsam auf. Auch Papst Innocenz III. schaltete sich ein und drohte Andreas mit dem Bann, obwohl es im Selbstverständnis der päpstlichen Politik und Macht gestanden hätte, eine Primogenitur aufzuheben.[48] Der Papst behielt sich das Recht vor, unter bestimmten Umständen auch einen Kandidaten zu deklarieren, der nicht der Erstgeborene war. Innocenz schrieb nämlich an Emerich, als dieser sich über die Krönung des Johannitsch zum König von Bulgarien beklagte: *„Bedenke sorgfältig, wie Dir zu Mute wäre, wenn es Uns gefallen würde, die Krönung Deines leiblichen Sohnes zu verhindern; dasselbe empfänden Wir, wenn Du die Krönung unseres Sohnes Johannitsch hintertreiben wolltest."*[49]

[47] „adolescens autem post decessum patris cum libera usus fuisset potestate, sicut ea etas sepius prodiga est et inprovida, acceptam pecuniam cito dilapidavit". Annal. Colon. Max., SS 17, 808 f

[48] Schneller, Die Geschichte Ungarns, 77

[49] Katona Historia critica Reg.Hungar.V, 720, nach Fessler 181 f

Der Papst betrachtete sich als Schiedsrichter, war ein entschiedener Vertreter der Primogenitur, verfasste ganze sechs Schreiben zu Gunsten von Emerichs Sohn Ladislaus.[50] Er stellte die Möglichkeit für Andreas als Königsanwärter nur dann in Aussicht, wenn Emerich keinen männlichen Nachkommen bekäme und wenn Andreas endlich den Kreuzzug unternehme.[51] Im Jahre 1198 hatte Emerich noch keinen Sohn und Andreas keine Lust auf eine Reise nach Palästina. Also konnte sich Andreas durchaus Chancen auf den Königsthron ausrechnen. Herzog Berthold IV. wusste das.

3.2. Herzog Andreas

Unter dem Vorwand, ein Heer für den Kreuzzug zu mobilisieren, verwendete Andreas das ererbte Geld für die Anwerbung von Söldnern und zettelte einen Kriegszug gegen seinen Bruder Emerich an. *„Als aber die Mittel für die gewohnte Üppigkeit nicht mehr flossen, fing er an, auf den Rat seiner Berater hin, sich gegen seinen Bruder zu erheben und ihm den Thron streitig zu machen. Da sich aber der König widersetzte, entstand zwischen ihnen ein Krieg. Andreas errang mit Hilfe des Herzogs Leopold von Österreich einen Sieg."*[52] So schildert die Kölner Chronik den jüngeren abenteuerlichen Bruder. Herzog Leopold VI. war zu dieser Zeit ein Verbündeter der Andechs-Meranier. Ein Sieg des aufmüpfigen Andreas gegen Emerich wäre also ganz im Sinne der andechsich-österreichischen Politik und Gertrud könnte als „Beitrag" dafür vorgesehen sein. Sie war vor 1200 noch nicht mit Andreas verheiratet, deshalb kann sie auch nicht die Verursacherin des Streits unter den Brüdern gewesen sein. Es heißt ja auch „consilio suorum",d.h. „auf den Rat der Seinigen", sei der Bruderzwist entstanden, also seiner Freunde, Barone, Günstlinge.
Aber es ist klar, dass der Kampf um die Herrschaft in Ungarn von den Andechs-Meraniern und von Österreich sehr aufmerksam beobachtet wurde.

Ende 1197 eröffneten die Brüder bei **Macki** an der westlichen Grenze Slawoniens eine unbrüderliche Schlacht gegeneinander. Sie endete mit einer Niederlage des Königs. Der siegreiche Andreas besetzte daraufhin 1198 mit seinem Heer das seinerzeit von Vater Bela III. an Emerich vermachte Kroation und Dalmatien. Dann stieß er von Zara aus bis zur Stadt Rama vor und fiel in Gebiete von Bosnien und Chulm ein, ein Gebiet, das etwa dem heutigen Herzegowina entspricht. Mit dem Stolz eines Siegers nannte er sich am 31. März 1198 „Andreas von Gottes Gnaden Herzog von Zara, Dalmatien, Kroatien und Chulm." Damit grenzte sein westliches Territorium an die Markgrafschaft Istrien und die Grafschaft Krain, Herrschaft der Andechs-Meranier und damit auch an das Römische Reich Deutscher Nation, was die Nähe zu den Andechs-Meranier noch unterstrich.
Andreas benahm sich wie ein König. Er führte Hof wie ein König und übte Hoheitsrechte aus wie ein König.[53] Allerdings vermieste ihm Emerich seine Herrschaft, indem er innerhalb des andreanischen Territoriums dem Erzbischof von Esztergom Zollrechte einräumte, den dortigen Hospitaliern besondere Rechte zugestand, dem Bischof Dominik von Zagreb volle gesetzgeberische Vollmachten erteilte, was Andreas mit der sofortigen Verwüstung der bischöflichen Güter quittierte. Die Feindseligkeiten nahmen kein Ende.

---

[50]Hageneder, Die Register Innocenz III., Bd.8, nr. 49,40,42,89 und Bd. 1 n 511, in denenen der Papst allen Erzbischöfen, Bischöfen und Prälaten verbot, geistliche Strafen über die Räte oder Familienmitglieder des Königs Emerich zu verhängen.
[51]Varga, Ungarn und das Reich, 231 und 237; Brief Innocenz III. v. 29.Januar 1198; Die Reg. Innocenz III., Bd.4 nr. 156, 257-158
[52]„ Quo facto cum ad consuetum luxum copia non affluerit, cepit consilio suorum regnum fratris sibi usurpando invadere. Cui cum rex resisteret, orto inter eos bella, victoria potitus est Andreas auxilio ducis Austriae Leopoldi" MGH SS 17, 808; CFH I, 482 ad anno 1199
[53]So neu und verwegen war das nicht, denn bereits sein Vater Bela III. wurde 1180 von mächtigen und einflussreichen Adligen dazu gedrängt, in Dalmatien und Kroatien ein zweites Herrschaftszentrum zu schaffen, damit diese umso mehr die Vorteile eines Fürstenhofes genießen konnten. s.Makk, 363

Zu Andreas' Gunsten sprach, dass die dalmatinischen Städte dem jungen Herzog gewogen waren und ohnehin lieber zu Ungarn gehörten als zur Stadtrepublik Venedig, die alles zusammenraffte, was an den Küsten der Adria zu erhaschen war.
Andreas hatte Teile des ungarischen Adels, des Episkopats, mächtiger Adelsfamilien und des höheren Klerus und wohl auch „deutsche Gäste", die „tiuschen geste", von denen der stauferfreundliche Verfasser des Nibelungenliedes spricht, auf seiner Seite. Besonders konnte er auf Abt Johann von Martinsberg zählen, der sein langjähriger Ratgeber war. Außerdem standen mindestens drei Bischöfe hinter Andreas.[54] Abt Johann von St. Martinsberg kam seine Neigung zu Andreas teuer zu stehen. Er wurde vom Papst auf den 14. September 1199 nach Rom zitiert, um sich wegen der Teilnahme an der „Verschwörung gegen König Emerich" zu verantworten. Grund dafür war, daß sich Emerich beim Papst über ihn beklagt hatte, der Abt hätte sich gegen ihn verschworen. Ein schwerer Schlag für König Emerich war schließlich, dass ihn sein wichtigster Mann am Hofe, Palatin Moglu, verlassen hatte und zu Andreas überlief. Herzog Leopold VI. konnte Andreas geschickt auf seiner Seite halten. Emerich wiederum stützte sich auf gewisse „hospites", Ansiedler und Söldner, auf ausländische Ritter, die er mit verschiedenen Gütern beschenkte. Er konnte sich auf andere Teile des Klerus stützen, vor allem auf den zweithöchsten Mann im Klerus, den Erzbischof Johann von Kalocsa. Ansonsten hatte Emerich keine zahlreiche Anhängerschaft mehr. Er genoss das Wohlwollen des Papstes, weil er in allen griechischen Klöstern Ungarns lateinische Äbte einsetzte, aber er galt im Grunde als Vasall des Römischen Stuhls. Diese Untertänigkeit war vielen ungarischen Patrioten ein Ärgernis,[55] worauf ihn viele Magnaten verließen und ihm keine Heeresfolge mehr leisteten. Der Papst verbot dem gesamten Klerus, die Gelüste des Andreas auf den ungarischen Thron zu unterstützen. Dem Papst muss auch zu Ohren gekommen sein, dass Erzbischof Job von Esztergom zu schwanken begann. Vorsichtshalber drohte er ihm mit dem Bann, wenn er oder die Seinigen den Herzog Andreas im Kampfe gegen seinen Bruder Hilfe leisteten.[56] Der Papst ging in seiner Unterstützung für Emerich sogar so weit, dass er dem Erzbischof von Esztergom, dem Grafen Mogh und zwanzig anderen Bischöfen einen Aufschub des von ihnen gelobten Kreuzzugs gewährte, mit dem Hintergedanken, dass sie sich im Kampf gegen Andreas auf die Seite Emerichs stellen würden. Sollte Andreas noch einmal die Waffen gegen Emerich erheben, müsste er mit einer Exkommunikation rechnen.[57] Der übermütige Herzog hat diese Drohung nicht ernst genommen, denn 1199 stellte er schon wieder ein Heer gegen seinen königlichen Bruder auf.

3.3. Die ungleichen Brüder

Die Gegensätze unter den Brüdern konnten nicht größer sein. Emerich neigte zum Jähzorn, war ernst, düster. Das von dem französischen Minnesänger überlieferte Fürstenlob Emerichs hat keinen hohen Stellenwert, da der Dichter in Begleitung von Constanze von Aragon nach Ungarn kam und daher die Gunst Emerichs logischerweise erhalten musste.[58] Andreas geriet eher nach seiner französischen Mutter, legte gemäßigte Frömmigkeit an den Tag, dachte aber nicht in kirchlichen, sondern in weltlichen Kategorien, verehrte die Frauen, ein ritterlich-soldatischer Typ, sah sein Vorbild in den Idealen des staufischen Rittertums und war auch mit Leopold VI. von Österreich seelenverwandt, weil dieser die besten Minnesänger an seinen Hof holte. Leichtsinnig und sprunghaft war er in seinem Wesen. Ratgeber suchte er weniger bei den Geistlichen, sondern eher in der Gesellschaft der Ritter, besonders der französischen, die in großer Zahl am Hofe weilten und

[54]Elvin von Großwardein, Boleslav von Waitzen und Johann von Veszprem versorgten ihn mit Geld und Waffen ihrer Verwandten, s. Huber, Studien, 158

[55]Fessler, Die Geschichte der Ungarn und ihrer Landsassen 2, 171

[56]..te ac tuos.." Knauz, Monumenta Eccl.Strig. I, nr. 135

[57]Féjer, Cod. Dipl. II,315; Katona, Hist.Crit. IV, 481

[58]„Zu retten mich, mein Leben, zog ich ins Ungarland: beim guten König Emerich hab Zuflucht ich gefunden. Ein Freund und Diener werd ich treuen Herzens für ihn sein"; nach Nemeskürdy, S.16

die im Gefolge von Anna von Châtillon, seiner französischen Mutter, und übrigens auch von Margarete, der Tochter des französischen Königs Ludwig VII., nach Ungarn gekommen waren. Im Gegensatz zu seinem strengen Bruder huldigte er den französischen Umgangsformen, die ihm mehr entsprachen und wohl auch seine lockere und temperamentvolle Lebensweise mit beeinflussten. Er galt als erster Fürst der europäischen Ritterzeit in Ungarn.

Siegel König Emerichs

Siegel des Königs Andreas II. Dieses Siegel wurde vermutlich bei der Ermordung Gertruds zerstört, da Andreas sich ab 1213 eines anderen bediente.

Andreas stand auf der Seite der Staufer, Emerich unterstützte den Welfen Otto IV. und damit die päpstliche Politik. Um dem Papst zu gefallen, schickte Emerich 1203 sogar in Verbindung mit dem böhmischen Herzog Ottokar I. Premysl ein ansehnliches Heer auf deutsches Gebiet, um den Welfen Otto IV. gegen Philipp von Schwaben zu unterstützen.[59] Der König hoffte dadurch, vom Kreuzzug befreit zu werden.[60] Andreas wiederum schickte Hilfstruppen an König Philipp von Schwaben für seinen Feldzug gegen Otto IV. „Auch der befreundete König von Ungarn schickte Hilfstruppen nach Bamberg, vor allem jene aus dem Osten stammenden wilden kumanischen Reiterhorden, der Polowzen oder Walwen, deren man sich mit Schrecken erinnerte.“ [61]

Und von diesem Streit zwischen Emerich und Andreas profitierten die Oligarchen ganz ordentlich, denn die Brüder verschenkten viel Kronland an die weltlichen Großgrundbesitzer, um dafür entweder Geld oder Soldaten zu bekommen. Der heimliche Aufstieg des Andreas ist nicht nur seinem rabiatem Willen zuzuschreiben, sondern auch der Ungeschicklichkeit Emerichs.

Andreas lauerte mit Hilfe seiner deutschen Bundesgenossen nur darauf, dass seinem Bruder ein Fehler unterlaufe oder ihm etwa ein Missgeschick passiere. Emerich hingegen wollte seinem Bruder Andreas die Geldressourcen abdrehen. Er versuchte es auf ungeschickte Art. Der König vermutete nämlich, dass das Geld bei einem Vertrauten seines Bruders, dem Bischof Boleslaus von Waitzen, in dessen Sakristei versteckt sei. Er ließ sie im Bewusstsein seines Rechts gewaltsam öffnen, fand aber dort nur einen beleidigenden Brief. Der Bischof muss dem Papst berichtet haben, dass der König sehr brutal vorgegangen sei. Am Abend des 10. März 1199 sei nämlich der König während der Komplet in die Kirche eingedrungen und habe den Schlüssel zur Sakristei verlangt. Der Bischof habe ihn auszuhändigen verweigert. Deshalb habe Emerich die Sakristei aufbrechen lassen. Die Domherren hätten daraufhin einen Psalm angestimmt, was den König noch mehr gereizt habe. Er sei auf den Bischof losgegangen und habe ihn eigenhändig auf der obersten Stufe des Altares ergriffen und ihn auf den Fußboden hinabgeworfen. Dann habe er ihn durch seine Soldaten in Gewahrsam genommen.[62]

Dadurch setzte sich Emerich gewaltig in die kirchlichen Nesseln und erregte den Zorn der Bischöfe und sogar seines Schützlings, des Papstes Innocenz III., der ihm geistliche Strafen

[59]Kristo, Arpadendynastie,173
[60] Winkelmann I, Philipp von Schwaben und Otto IV., 286 ff
[61]„innumeri de Ungarum finibus“, Winkelmann I, 463
[62]Katona, Epitome I, 374; Huber S.159

androhte, falls Emerich die dem Bischof zugefügten Schäden nicht sofort restituiere und die Beleidigung des Bischofs wieder gut mache.[63] Emerich indessen entzog dem Bischof den Zehnten und drohte jedem mit der Blendung, sollte er über diese Vorgänge berichten. Der Papst erwartete eine Wiedergutmachung und schickte Bischof Saul zu dem König. Emerich aber empfing ihn nicht und schrieb dem Papst lieber einen belanglosen Brief als sich zu entschuldigen.

Ebenso legte sich der König mit Bischof Kalan von Pecs an, dem er inzestiöse Handlungen mit seiner Nichte vorwarf. Der Papst ließ die Sache untersuchen und teilte dem Bischof mit, dass alle Vorwürfe gegen ihn nicht haltbar seien. Der Brief fiel jedoch dem König in die Hände, er konfiszierte ihn und ließ Kalan unter Hausarrest stellen.[64] Dann ließ er den Kardinallegaten Leo von St. Croce festhalten und am Weiterreisen hindern. Ein anderes Mal legte er sich in der Gespanschaft Somogy mit den Mönchen von Sankt Egidius an, die ihren Abt, einen Ausländer, selbst wählen wollten. Daraufhin nahm Emerich das Kloster mit Waffengewalt ein und unterstellte es dem Erzbischof Bernhard von Spalato.[65] Die Zahl der Fehltritte des Königs untergruben zusehends sein Ansehen. Daraus zog Andreas seine Vorteile. Der unerträgliche Zwist zwischen Emerich und dem ersten Kirchenmann in Ungarn, Primas Job von Esztergom, ging so weit, dass der König den Papst aufforderte, „unseren ausgemachten Feind" –„noster inimicus manifester"[66], auf keinen Fall zum päpstlichen Legaten zu befördern oder ihm einen geistlichen Titel zu verleihen, da sonst der Landesfriede gefährdet sei. Er, der König würde sich vehement dagegen wehren und unter solchen Umständen nicht zum Kreuzzug aufbrechen.[67] Alles, was Job beim Papst gegen ihn vorbringe, solle er nicht glauben.

König Emerich im Krönungsornat mit Krone und Lanze

„Obwohl Eure Heiligkeit" schreibt Emerich dem Papst, *„von Uns und schon oft Briefe in dieser Sache erhalten hat, wiederholen Wir noch einmal, dass Ihr die Bitte des Erzbischofs Job von Esztergom keinesfalls erfüllen möget. Würdet Ihr ihm, unserem ausgemachten Feind, die Würde eines päpstlichen Legaten übertragen oder etwas Ähnliches, so könnte die Ruhe des Reiches erheblich gestört werden. Wir könnten dies keinesfalls gleichgültig ertragen, besonders, da Wir vorhaben, das Gelübde des Kreuzzugs zu erfüllen. Wenn dieser Erzbischof Uns schon unaufhörlich Schwierigkeiten bereitet und sich feindselig aufführt, wenn Wir hier im Lande sind, so wird er, wenn Wir abwesend sind, zweifellos noch viel grausamer gegen den Frieden unserer Herrschaft wüten."* [68]

Daraufhin antwortete ihm Papst Innocenz III. mit scharfen Rügen: *„Nicht unbekannt ist Uns"*, schreibt der Papst, *„dass in Deinem Reiche vieles geschehen sei und noch geschehe, was von Uns, um es deutlich zu sagen, mit durchdringender Schärfe angegriffen werden müsste. Hiermit deuten Wir nicht nur auf Dein Gelübde zur Hl. Heerfahrt hin, nicht nur auf Deines Bruders Verhaftung, noch auf Deine Einmischung in die Wahlen der Prälaten, sondern auf so manches andere noch, das Wir zunächst verschweigen, damit es Dich nicht noch mehr erschüttere. Sieh Dich also klugerweise vor und lauf nicht selbst in Kalamitäten hinein, aus denen Du Dich schwerlich wieder herauswinden kannst."* [69]

„Weil das Glück eben eine zerbrechliche Sache ist", schreibt der Chronist, „kam es zwischen den Brüdern im Sommer 1199 zu einem neuen Gefecht im **Komitat Somogy.** Nachdem Andreas seine Truppen zusammengezogen hatte, erhob er sich gegen seinen Bruder ein zweites Mal. Andreas hatte sich von der Adria her mit seinem Heer aufgemacht, von

[63]Hageneder, Die Register Innocenz III.Bd.2, no.89
[64]Kosztolnyik, Ungary in the thirteenth century, 31
[65]Fessler, Die Geschichte der Ungarn und ihrer Landsassen 2, 386
[66]Knauz, Mon.Eccl. Strig.Tom.1,nr.156
[67]l.c.
[68]Knauz I, nr.156
[69]Fessler 2,178, bei Katona V, 714; Brief des Papstes bei Hageneder Bd. 7, nr.126; S.199 v. 15. Sept.1204; Varga, S.236, Anm.81

österreichischen Truppen verstärkt. Wieder unterstützte ihn Herzog Leopold VI. politisch und militärisch, was darauf hinweist, dass dieser den Kampf des Herzogs Andreas gegen seinen Bruder befürwortete. Trotz der österreichischen Hilfeleistung besiegte ihn sein Bruder Emerich in einem heftigen Gefecht am Plattensee bei Weißenburg, zersprengte das Heer und metzelte nieder, was sich ihm in den Weg stellte. Andreas musste bis nach Österreich fliehen und Emerichs Heer verwüstete ganze Teile des Hoheitsgebietes Herzog Leopolds.
Um den Unruheherd in Ungarn endlich zu beruhigen, schickten die deutschen Fürsten im Jahre 1200 zwei Vermittler ins Land: Erzbischof von Mainz und Konrad von Wittelsbach, die eine Teilhabe des Andreas an der Regierung forderten.[70] Es scheint, dass durch die weitere Vermittlung des päpstlichen Legaten Gregor von St. Vitalis in der Tat eine Übereinkunft zustande kam.[71] Wohl schien es eine äußere Versöhnung gewesen zu sein, dass ein Vertrag geflickt wurde, so doppeldeutig in jedem Fall und sich als so falsch und vorläufig erwies. Dem herzoglichen Bruder Andreas wurde sein Herzogtum zugestanden, mit beschränkten Rechten allerdings und der demütigenden Auflage, die Hoheit des Königs anzuerkennen. Nun endlich versprach Emerich dem Papst, den versprochenen Kreuzzug zu unternehmen. Doch keiner der Brüder traute dem andern für den Fall, dass schließlich doch einer von ihnen im letzten Augenblick zurückbleiben sollte.
Unbegründet ist der Vorwurf, dass Andreas seinen Bruder Emerich nur deshalb vom Thron habe stürzen wollen, weil die ehrgeizige Gertrud von Meranien ihn dazu angestachelt habe. Der ungenierte Geschichtsschreiber, der sich dies einbildete, schreibt ohne jegliche Beweise, dass Andreas die meisten Aktivitäten da gezeigt hätte, wo es um die Erfüllung der Wünsche seiner Gemahlin gegangen sei. [72] Historisch ist dies völlig falsch, denn der Streit unter den Bela-Brüdern gab es schon im Jahre 1196, als Gertrud noch gar nicht im Lande war. Da weiß man nun nicht, was bei solchen Beschuldigungen der Grund ist. Will man der späteren Königin möglichst früh einen schlechten Einfluss bescheinigen oder leiden diese Kläger an der Unkenntnis der historischen Zeitenfolge.
Andreas konnte um diese Zeit immer mehr die Hoffnung gewinnen, den Königstitel zu übernehmen, da seit 1196 sein Bruder keinen männlichen Nachkommen aufzuweisen hatte. Das nährte natürlich noch mehr seinen Appetit auf den Thron. Und von diesem Umstand wusste auch der andechsische Berthold IV. Er fühlte sich in seiner Wahl für Andreas bestärkt. Die Rechnung schien aufzugehen.

3.4. Keine Lust zum Kreuzzug

Die Tatsache, dass sich Andreas so hartnäckig gegen einen Kreuzzug stemmte, haben ihm die Geschichtsschreiber recht übel genommen. Man vergisst aber, dass auch sein Bruder dazu aufgefordert worden war. Es ist kurios festzustellen, wie beide Brüder sich erfolgreich davor drückten, obwohl Andreas wegen seines finanziellen Erbes dazu mehr verpflichtet gewesen wäre. Die Aufforderungen des Papstes einerseits und die Ausflüchte des ängstlichen Königs Emerichs und seines leichtfertigen Bruders andererseits muten wie ein politisches Versteckspiel an.
Innocenz III. ermahnte die Brüder des öfteren, Andreas bereits 1196[73], dann wieder am 15. und 29.Januar 1198 unter Androhung des Bannes, den versprochenen Kreuzzug bis zum 14. September 1198 anzutreten, wofür Andreas doch die Mittel von seinem Vater erhalten habe.[74] Anfang 1202 forderte Innocenz III. auch König Emerich auf, trotz des währenden Krieges gegen den Ban Kulin von Bosnien, ins Heilige Land aufzubrechen, weil er der An-

[70]Erzbischof Konrad von Mainz starb auf der Rückreise nach Deutschland. Sein Neffe Ludwig I. von Bayern hatte nämlich seinen toten Oheim ausgeplündert, seine Pontifikalgewänder und Pretiosen an sich genommen; s. Heinz Thomas, S. 1309. Der Verfasser des Nibelungenliedes hat auf diese Leichenfledderei angespielt, s. Verse 1174 und 1302, was von den Interpreten als Abneigung gegen die Bayern erklärt wird .
[71]Hageneder, Die Register Innocenz III., Bd. 5, nr.155
[72]Fessler, Die Geschichte der Ungarn, 2, S.410
[73]Féjer, Cod.Dipl. II, 412,415
[74]Auch Kaiser Friedrich II. hatte erstmals 1215 einen Kreuzzug gelobt, ihn aber erst 1225 unternommen

sicht war, der Krieg sei keine Gefahr für das Reich. Der Papst wiederholte seine Aufforderung noch einmal Ende 1202. Die Heerfahrt schien unmittelbar bevorzustehen. Und um Emerich zu beruhigen, befahl der Papst am 25. Februar 1203 den Bischöfen, dem König und seinem Sohn Ladislaus während des Kreuzzugs die Treue zu halten, Emerich forderte er in seinem Schreiben vom 28. Februar 1203 auf, nun endgültig Taten sehen zu lassen. Der Kreuzzug kam aber immer noch nicht zustande. Am 5. November desselben Jahres 1203 drängte Innocenz III. den ungarischen König, er solle wenigstens seinen Bruder Andreas dazu überreden.
Aus politischen Gründen war es natürlich dem Papst lieber, wenn sich Andreas zum Kreuzzug entschließen würde. Erstens deshalb, weil er das Gelübde seines Vaters zu erfüllen hatte, zweitens, weil dadurch der Zwist im Lande gedämpft werden würde und drittens, weil er ihm wegen seiner antipäpstlich-staufischen Einstellung misstraute und sehr wohl erfahren hatte, dass eine Heirat mit der meranischen Tochter Gertrud beabsichtigt war. Es ist aber nicht nur Andreas, der den Kreuzzug nicht anzutreten gewillt war, sondern auch sein Bruder. Beide Brüder erfanden immer neuere Verzögerungstaktiken. Emerich bat den Papst, er möge die Nachfolge seines Sohnes Ladislaus zusichern, sonst würde er die Heeresfahrt nicht antreten.[75] Daraufhin verpflichtete der Papst die Bischöfe zur Anerkennung des Königssohnes, widrigenfalls er sonst den Bann aussprechen würde. Emerichs nächste Ausrede war seine Befürchtung, die Erzbischöfe von Esztergom und Kalocsa könnten während seiner Abwesenheit wegen bestimmter Nutzungsrechte ihrer Kirche einen Streit anfangen.[76] Dann versuchte es der Papst noch einmal bei Andreas und versicherte ihm, dass der Hl. Stuhl während seiner Abwesenheit die Länder Kroatien und Dalmatien unter den päpstlichen Schutz stelle und dass ein etwa noch zu erwartender Sohn ihm im Herzogtum rechtlich einwandfrei nachfolgen könne.[77] Aber in dieser Zeit des inneren Unfriedens wollte keiner der Brüder den anderen allein im Lande lassen. Derjenige, der das Gelübde seines Vaters erfüllen müsste, schien sich am wenigstens darum zu scheren.[78]

Inzwischen wurden aber die Kreuzzugspläne der Arpadenbrüder durch einen Vorfall verdrängt, der die Beziehungen zwischen dem Hause Andechs und dem ungarischen Königtum empfindlich zu stören drohte. Es grenzt fast an ein Wunder, dass die geplante Eheschließung zwischen Andreas II. und Gertrud von Andechs-Meranien nicht zurückgezogen wurde.
Während also die Arpadenbrüder noch miteinander streiten, wer dem Aufruf des Papstes zum Kreuzzug folgen und Ungarn verlassen sollte, rekrutiert sich 1202 im westlichen Europa ein Heer aus Deutschen und überwiegend aus Franzosen, an dem sich die Andechs-Meranier klugerweise nicht beteiligen. Man zählt diese Heerfahrt als Vierten Kreuzzug. Es ist kaum anzunehmen, dass die Nachricht von der Rekrutierung dieser Heerfahrt zur Wiedereroberung der Heiligen Stätten nicht nach Ungarn durchgedrungen wäre. Warum haben weder Emerich noch Andreas sich diesem Kreuzzug einfach angeschlossen?
Dafür gibt es mehrere Gründe: Zunächst schlugen die französisch-deutschen Ritter den Seeweg und nicht den Landweg über Ungarn ein. Der andere Grund bestand in den skandalösen Vorfällen in Venedig und an der dalmatinischen Küste.
Innocenz III. drängt nun darauf, die heiligen Stätten in Palästina wieder zurückzugewinnen. Da taucht am Hofe des deutschen Königs Philipp von Schwaben der junge Alexios auf, Sohn des gestürzten Kaisers Isaak II. Angelos von Byzanz und bittet um Hilfe bei der Wiedereroberung des byzantinischen Thrones.[79] Alexios war der Bruder von Philipps Frau Irene von Byzanz.

---

[75]Fessler, 2,169
[76]„ad votum peregrinationis explendum..." um das Gelübde des Königs zu erfüllen"; Hageneder, Die Register Innocenz III.,Bd.5, nr154, S.255
[77]Hageneder, Bd.5, nr.146
[78]Die nächste päpstliche Ermahnung erfolgte erst wieder am 9. November 1209 und wieder am 3. Februar 1213 mit der Genehmigung des Aufschubs von 3 Jahren
[79]„Filius imperatoris Isachii de carcere liberatus Philippum cognatum suum adiit, supplicans, ut sibi auxilium impertiret"; Winkelmann, Philipp von Schwaben und Otto IV. S.525, Anh. XI

Der Staufer zeigt großes Verständnis für seinen Schwager, der seine und seines Vaters legitime Ansprüche auf den Thron anmeldet. Philipp kalkuliert sicherlich auch auf Vorteile für den Fall, dass Sohn Alexios oder seinem Vater etwas zustoßen würde. Dann wäre nämlich Philipp an der Reihe und ein alter staufischer Traum könnte in Erfüllung gehen, das griechische und lateinische Reich wieder unter einer kaiserlichen staufischen Führung aufzubauen. Die militärische Führung lag in den Händen des aus der Lombardei stammenden Bonifatius von Montferrat, einem ehemaligen Parteigänger von Kaiser Heinrich VI. und mit den Staufern verwandt.
Ende des Jahres 1201 trifft sich in Venedig ein Heer von etwa 4 500 Rittern, 9 000 Knappen und 20 000 Fußsoldaten.[80] Da das Heer dringend auf Schiffe angewiesen ist und größere Mengen Verpflegung braucht, verhandeln die Kreuzfahrer mit dem 94-jährigen halbblinden und mächtigen Dogen Enrico Dandalo. Boten des Königs Philipp von Schwaben kommen nach Venedig und schließen den Überfahrtsvertrag, wonach der Doge den Kreuzfahrern 50 Galeeren Lebensmittel, Schiffe und Pferdefutter für ein Jahr zur Verfügung stellt, unter der sinistren Bedingung, so „ nebenbei" auf der Fahrt ins Hl. Land für Venedig die Stadt Zara zu erobern, die unter der Oberhoheit Ungarns stand. Wie sich herausstellte, sollten bei dieser Gelegenheit auch Dalmatien und Istrien, die zum Herzogtum des Andreas gehörten, zu Tributzahlungen gezwungen werden.

Verhandlungen am Hafen. Im Jahre 1202 feilscht auch der Doge von Venedig mit den Kreuzfahrern. Ein schlimmer Deal.Stadtarchiv Hamburg.

Der clevere Venezianer wittert wirtschaftliche Vorteile durch einen militärischen Coup. Da er schon immer ein Auge auf die Hafenstadt Zara geworfen hatte, kommt es Ende 1201 zu diesem schlimmen Deal. Er überredet die Führer des Vierten Kreuzzugs, eine kleine „Umlenkung"vorzunehmen und bringt sie tatsächlich so weit, seinen Wünschen zu entsprechen. Das Heer überfällt im Frühjahr 1202 die Hafenstadt Zara und nimmt sie widerstandslos ein. Gleichzeitig schleusen die Heerführer gemäß der Vereinbarung so viele Venetianer ein, dass Zara eine vom Dogen beherrschte Stadt wird. Die Empörung war groß beim Papst und beim ungarischen König Emerich. Philipp von Schwaben wurde als Urheber des Vertrags indirekt mitverantwortlich gemacht.[81] Man kann es drehen wie man will: es war ein Überfall auf eine christliche ungarische Stadt, verübt durch ein christliches Heer.

Als der Papst erfahren hatte, dass die Führer ganz andere Absichten verfolgen würden, drohte er ihnen mit der Exkommunikation und befahl ihnen, sich nicht vom Wege ins Heilige Land ablenken zu lassen. Und genau das geschah nicht. Die Warnungen des Papstes kamen zu spät Die Exkommunikation erfolgte prompt. Innocenz III. forderte die Kreuzfahrer auf, die geraubte Beute der Stadt Zara und damit dem ungarischen Herzog Andreas zurückzugeben und sich zu entschuldigen. Gleichzeitig exkommunzierte er die Soldaten für den Fall, daß sie Byzanz erobern wollten.[82] Und trotzdem kam es dazu. Nach dem die Kreuzfahrer die Stadt Zara verlassen hatten, zogen sie – wiederum eine „Umlenkung" noch skandalöserer Art

[80]Waas, Geschichte der Kreuzzüge, 242
[81]Winkelmann, Philipp von Schwaben und Otto IV., S. 527: « tractatum est inter ipsum -Philippus- et exercitium Christianum"
[82]Hageneder, Die Register Innocenz III. Bd. 5, 121 und 160

Ritter in Venedig. Sie werden erst die ungarische Stadt Zara einnehmen, und dann Byzanz erobern.

– nach Byzanz, eroberten es gewaltsam und setzten 1204 den lateinischen Kaiser Balduin ein.[83] Nicht alle waren damit einverstanden. Eine große Anzahl von Kreuzrittern hatte das Heer schon vorher verlassen und sich nach Ungarn abgesetzt, wo sie gastfreundlich aufgenommen wurden.[84] Dazu gehörten Simon von Montferat, sein Bruder Guy und der Abt von Vaux-Cerny. Sie bemühten sich gut zu machen, was noch ging, suchten den Schulterschluss mit Emerich und Andreas und machten sich von dort aus auf ins Heilige Land.[85] Um diese Zeit war Gertrud schon in Ungarn.

Eine Brüskierung Ungarns war die **Eroberung Zaras** allemal. Ein Affront gegen Herzog Andreas, der nun zusehen musste, wie ein staufisch-französisches Heer seine Stadt verwüstete, die zu seinem Hoheitsgebiet gehörte. Schließlich war Zara seit Bela III. in ungarischer Hand, als dieser sie im Jahre 1194 seinem Sohn Emerich übergeben hatte, und Andreas sich 1197 durch seine Eroberungen den Titel „Herzog von Zara, Kroatien, Dalmatien und Chulm“ zugelegt hatte. Der Verlust Zaras ging letzten Endes aber auf König Emerichs Konto, der nicht rechtzeitig eingegriffen hatte und sich mit Interventionen beim Papst zufrieden gab.[86]

Für Herzog Andreas musste dieser Zwischenfall verletzend gewesen sein. Er, der sich auf Seiten der Staufer befand, wurde von einem - wenn auch nicht unter ihrer Führung, so doch mit voller Billigung und - aus Franzosen und Deutschen zusammengesetztem Heer in seinen territorialen Rechten beschädigt. Dies zu einem Zeitpunkt, als die andechsisch-staufische Gertrud bereits seine Frau gewesen sein muss. Eine erste Belastungsprobe war das auf jeden Fall.

Die auf einer Landzunge Kroatiens gelegene Stadt Zara. Luftbild der heutigen Stadt Zadar

Offensichtlich hat aber dieser Vorfall die Beziehungen zwischen dem ungarischen Herzog und dem Hause Andechs-Meranien nicht nachhaltig beeinträchtigt. Dies wird wohl auch dem Einsatz Gertruds und ihres Vaters Berthold IV zu verdanken sein, die es wohl geschafft hatten, Herzog Andreas zu versöhnen. Es muss ihr aber wohl nicht gelungen sein, die königlichen Hofpolitiker des Emerich zu beruhigen, da für diese der Vorfall Zara Wasser auf ihre Mühlen war und die Auffassung verstärkte, dass auf die Staufer kein Verlass sei. Der lässige Andreas scheint durch dieses Debakel von Zara nicht allzu sehr verzweifelt gewesen zu sein. Wichtiger war ihm jetzt, alle seine Kräfte zu sammeln, um gegen seinen Bruder vorzugehen, der sich so unentschlossen und zögerlich bei der Eroberung Zaras verhalten hatte und den er nicht für den geeigneten König Ungarns hielt.

Während die französischen und staufischen Kreuzfahrerheere Kurs auf Byzanz nahmen, flammte im Oktober 1203 der brüchige Friede zwischen den Brüdern wieder auf. Die Kreuzsidee war völlig verdrängt worden vom Kampf um die Krone Ungarns. Emerich konnte sich leicht von seiner Pflicht exkulpieren, weil er befürchtete, in dieser Zeit könnte sein Bruder Andreas die Regierung übernehmen.[87] Wieder einmal kam es zum Krieg. Emerich verfolgte seinen Bruder bis an die dalmatinische Grenze, wo Andreas Hilfstruppen von Herzog Berthold IV. von Andechs aus dem Gebiet von Meranien erwartete, allerdings vergeblich.

[83]CFH I, S.30 zum Jahre 1203, nr 103; Alberich von Troisfontaines MGH SS 23, 674-950
[84]Hucker, Die Andechs Meranier, Zara und der 4. Kreuzzug, S. 117, auch bei MGH SS. 23, Z. 48 f.
[85]Kosztolnyik, Hungary in the thirteenth century, p.28
[86]Schmitt, Die Balkanpolitik der Arpaden, S. 28
[87]Hageneder, Die Reg. Innocenz III. Bd. 7, n.126 und 201

Andreas konnte aber dafür auf ungarische Truppen zählen. Emerich hatte zwar die geistlichen und weltlichen Herren aufgerufen, sich an seine Seite zu stellen, aber diese folgten ihm nicht. Ende 1203 fielen schließlich alle Großen des Reiches und beinahe das ganze Heer von Emerich ab und trat zu Andreas über. Daher standen sich 1203 bei **Varasdin** zwei ungleiche Truppen gegenüber.

Varasdin im 17. Jahrhundert

Angesichts dieser unterschiedlichen Heere musste der Kampf erwartungsgemäß zugunsten von Andreas II. ausgehen. Doch es kam anders.

Aus heute immer noch unerklärlichen Gründen ergab sich der Herzog freiwillig.

Nach einem Bericht des Archidiakons Thomas von Spolata soll Emerich sich ohne Waffen, nur mit dem Königszepter in der Hand, mitten in die Kriegsschar seines Bruders begeben haben: "Jetzt will ich sehen", rief er lautstark, „wer es wagen wird, seine Hand gegen mich auszustrecken und königliches Blut zu vergießen." Ohne Widerstand drang der König in das Zelt seines Widersachers vor, ließ ihn ergreifen, als Gefangenen abführen und auf die Burg in Khene bringen".[88]

Emerich im Lager von Andreas bahnt sich heldenhaft einen Weg durch die huldigenden Soldaten seines Bruders. Ausdruck der sakralen königlichen Verehrung in Ungarn.

Emerich, so fährt der Chronist fort, habe seinem Bruder sicheres Geleit versprochen und Mönche, die ihn begleiten würden. Diese hätten aber ihr Wort gebrochen und ihn in Ketten legen lassen.[89]

Die Gefangennahme von Andreas II. rügte Papst Innocenz III. auf das Schärfste. Um diese Zeit war Gertrud schon die Gemahlin von Andreas. König Emerich zwang sie, das Land zu verlassen und in ihre Heimat nach Andechs zurückzukehren, was einer Auflösung der Ehe gleichkam.[90]

Einigen Bischöfen und Magnaten schien diese Verbannung Gertruds völlig überzogen und sie nahmen Partei für den Gefangenen. Andreas konnte im Frühjahr 1204 aus dem Gewahrsam mit Hilfe der Einwohner von Khene befreit werden. Gertrud musste immer noch in Andechs ausharren.

---

[88] Huber, Studien zur Geschichte Ungarns, S.162 [2] Szabolcs de Vajay, Ungarn-Jahrbuch 10,

[89] Huber, 163, Anm. 1: „Eimericus rex Ungarie data fide per religiosos viros fratrem suum dolo captum et catenis constrictum perpetualiter incarceravit." MGH SS IX, 620.

[90] Contin. Admunt. p.590

4. König Andreas II.

4.1 Auf dem Weg zum Thron

Kurz bevor sich der Konflikt zwischen den verfeindeten Brüdern wieder zuspitzte, befiel Emerich eine unheilbare Krankheit und er mußte seinen frühen Tod gefühlt haben.[91] Da er seinem inzwischen befreiten Bruder nicht über den Weg traute, ließ er 1204 seinen vierjährigen Sohn Ladislaus vom befreundeten Erzbischof Johann von Kalocsa noch einmal zum König krönen, um ja eine Nachfolge seines Bruders zu verhindern.

Der gekrönte vier Jahre alte Knabe Ladislaus III. mit Reichsapfel und Lanze.

Schon seit 1201 soll Emerich recht unerklärliches Verhalten gezeigt haben. Nun ließ sich offenbar der nahe Tod nicht mehr aufhalten.[92] Er ließ Andreas an sein Krankenbett kommen, setzte ihn unter Eid zum Reichsverweser und Vormund seines Sohnes Ladislaus ein und gab dadurch zu erkennen, dass er nicht seinen Bruder Andreas, sondern seinen Sohn Ladislaus als Nachfolger bestimmte. In seinem Testament verfügte er, dass zwei Drittel seines im Kloster Pilis aufbewahrten Bargeldes den Templern und Johannitern ausbezahlt werden sollten. Ein Drittel des Vermögens bestimmte Emerich für den königlichen Nachfolger, seinen Sohn Ladislaus. Der beabsichtigte Kreuzzug war vergessen. Emerich wußte, dass sein Bruder kein Geld mehr dafür hatte und wahrscheinlich auch keine Lust.
In mehreren Schreiben ermahnte der Papst den Herzog wie auch die Bischöfe, den jungen Ladislaus anzuerkennen. Sollte Ladislaus als Kind schon sterben, würde der Papst als „Beschützer von Witwen und Waisen" im kanonischen Sinne als feudaler Lehensherr über die Nachfolge in Ungarn entscheiden.[93] Aber da gab es auch für Innocenz III. keine andere Wahl als Andreas. Am 30. November 1204 starb Emerich. Da war Ladislaus gerade vier Jahre alt. Constanze floh mit ihm und der ungarischen Königskrone nach Wien zu Herzog Leopold dem Glorreichen. Ladislaus war nun zwar gekrönt, aber niemand im Lande betrachtete den Knabenkönig als ernsthaften Nachfolger. Er genoss weder das Vertrauen des Volkes, noch stand die Mehrheit der Großen und der Geistlichen hinter ihm.

Päpstliche Entscheidung

Ladislaus starb am 7. Mai 1205, hatte also nur sechs Monate nominell geherrscht. Damit war der Weg frei für Andreas auf den Thron von Ungarn. Die Witwe Constanze von Aragon wurde vier Jahre später die Gemahlin Kaiser Friedrichs II.[94] Die plötzlichen Todesfälle von Emerich und Ladislaus haben Anlass für Gerüchte gegeben, sie seien nicht eines natürlichen Todes gestorben und Andreas habe dabei mitgewirkt. „Bereits damals hegte man den Verdacht, dass Andreas irgend etwas damit zu tun haben könnte. Man vermutete auch, dass ein Anhänger des Andreas, der Bischof von Pecs, den König und den Königssohn vergiften ließ oder sogar selbst vergiftete. Dieser Verdacht hält sich bis heute, doch lässt er sich weder beweisen noch entkräften."[95]

---

[91]..."rex Henricus insanabile genus languoris incurrit." ...quum sciret, diem sibi instare extremum.."Katona, Epitome I, 391
[92]Eine fortschreitende Krankheit, s.Mügeln SSH II. 205,8
[93]Kosztolnyik, 30/31
[94]Winkelmann, Philipp von Schwaben und Otto IV.,II, 205 ff; Hucker, Otto IV., 290 ff

Kurz nach dem Tod des Knaben Ladislaus ließ sich Andreas von Erzbischof Johann von Kalocsa - der an und für sich zuständige Bischofsstuhl von Esztergom war gerade vakant - am 29. Mai 1205 als Andreas II. zum König von Ungarn wählen. Er war der 18. König der Arpadendynastie.

Krönung Andreas II. durch zwei Bischöfe, dahinter vermutlich Königin Gertrud oder in anachronistischer Zeitverschiebung Tochter Elisabeth. Das Bild ist beschädigt, leider auch der wichtigste Gegenstand: die Krone

Andreas war gerade 28 Jahre alt. Seit über hundert Jahren gab es zum ersten Mal keinen Königsprätendenden, der ihm das Recht auf den Thron Ungarns streitig machte. Er war auch der erste König, der einen Krönungseid leistete.[96]

4.2 Ein umstrittener König

Man wird das Auftreten Gertruds in ihrer Rolle als Königin nur dann richtig verstehen, wenn es gelingt, Charakter, Benehmen und Eigenschaften ihres Mannes hinreichend zu durchschauen. Für den Chronisten der „Gesta Hungarorum“, Simon von Kezai, schien Emerich nicht viel zu bedeuten. Er würdigt ihn nur mit dem kargen Satz, nämlich, dass er seinem Vater als König nachfolgte.[97] Mehr hat er nicht für ihn übrig. Indessen nimmt er sich viel Zeit für Andreas. Er sei ein „mächtiger und glänzender König“, der einen bedeutenden Kreuzzug unternommen habe und dabei der Führer aller christlichen Fürsten gewesen sei![98]

Auch der ungarische Chronist Antonio Bonfini beschreibt in seinen 1496 abgefassten „Rerum Ungaricarum Decades“ König Andreas II. als einen beachtenswerten Herrscher. Auf Bonfini kann man sich zwar nicht immer verlassen, besonders dann, wenn es um Einzelereignisse und um geschichtliche Ausschmückungen geht. Trotzdem wird man Bonfinis positive Darstellung der Person des Königs Andreas nicht einfach übergehen können. Wir lesen in seinem umfangreichen Werk über die Geschichte Ungarns:

„Der Anlass fordert es nun, dass wir auf Andreas II. zu sprechen kommen, den die Natur, wie es schien, wahrhaft zum Herrschen geschaffen hatte. Ihm fehlten weder Großmut noch Gottesfurcht, weder Einsicht noch Gerechtigkeitsgefühl, wiewohl er über die Maßen von einem Verlangen nach Macht entbrannt zu sein schien, was er seinem Bruder gegenüber erkennen ließ. Doch soll er die Königsherrschaft deswegen maßlos begehrt haben, damit er etwas leisten konnte, was seiner selbst und seiner Vorfahren würdig war. Sobald nun Ladislaus durch sein vorzeitiges Schicksal dahingerafft worden war, wurde Andreas auf allgemeine Abstimmung hin zum König erkoren. Kaum hatte er seinem Verwandten die letzte Ehre erwiesen, als er auch schon nach einstimmigem Beschluss der Bischöfe und Großen und auf Wunsch derÜbrigen zum König ausgerufen wurde. Schon am 17. Tag nach dem Ableben seines Verwandten verlieh man ihm in Alba Regia feierlich nach herkömmlicher Sitte die königlichen Insignien. Sofort richtete er sein Augenmerk auf die Lenkung des Reiches, das schon sehr viele Jahre lang auf Grund seiner Gerechtigkeit und Unbescholtenheit in befriedetem Zustand war. Er ehelichte Gertrud, die von edler alemannischer Abstammung war und von der er mehrere Kinder hatte, zunächst Bela, und Kolomann, dann Andreas und Elisabeth, die auf Grund der Heiligkeit ihrer Lebensführung für die gesamte Nachwelt fortdauernd verehrungswürdig wurde.“[99] In einer anderen Quelle wird dem Gemahl Gertruds „Höchstes Lob seiner Gerechtigkeit, Weisheit, Milde und seiner Starkmut“ bescheinigt. Andreas habe nach den königlichen Gesetzen des Hl. Stephan „mit Vorrang die Stände und Ränge des

---

[96] Féjer, Cod.Dipl. Arpad.III, 294 [2] Szabolcs de Vajay, Ungarn-Jahrbuch Bd.10, 1979, S. 15

[97] „Post Bela vero regnavit Emericus filius ejus” Gesta Hung.p.184, nr.70

[98] „ potens et illustris rex“, Endlicher, Rerum Hungaricarum Monumenta Arpadiana p.119

[99] A. Bonfini, liber VII, 164-169

[100] Szegedi, Assertor Libertatis Ungariae, Dalmaticae, Croatiae et Slavoniae Andreas Rex Hierosolimitaneus, p.18,

Reiches beglückt und die Freiheiten in Form eines Dekrets niedergelegt."[100] Das „Chronicon rythmicum" geht sogar so weit, Andreas als rechtmäßigen König unter den Brüdern anzusehen. Ähnlich wie in Rom, das durch Bruderblut gegründet worden sei, habe man Andreas unrechtmäßig aus Ungarn vertrieben.[101] Zwar habe Emerich auf dem glanzvollen Königsstuhl gesessen, aber er habe sich vom väterlichen Gesetz entfernt, das Reich sei ins Schwanken geraten. Daher hätten die Ungarn den in Österreich „Überlebenden" zurückgeholt und ihn auf den „geziemenden" Platz gesetzt.[102]
Auch in der Neuzeit genießt Andreas noch bei einigen Historikern einen guten Ruf. „Andreas war von stürmischem Temperament, ritterlich in großer Form, als Herrscher von unleugbarer Genialität und als Feldherr von außergewöhnlicher Befähigung."[103]
Der französische Publizist und Mitglied der Académie Française, Graf Montalembert, schreibt, Andreas II. sei ein großzügiger König gewesen, für Gott und sein Volk ein Segen, er habe „edle Freigebigkeit gezeigt, die keine Grenzen hatte, freigebig gegenüber Kirche und Bedürftigen. Er sei deshalb berühmt geworden, weil er gegen die heidnischen Grenzvölker siegreich vorgegangen sei.[104] Also lauter gute Nachrichten! Kann man ihnen Glauben schenken? Nur bedingt! Wir werden sehen, dass seine Lebensart, seine Politik, sein Wesen auch ganz anders beurteilt wurden.

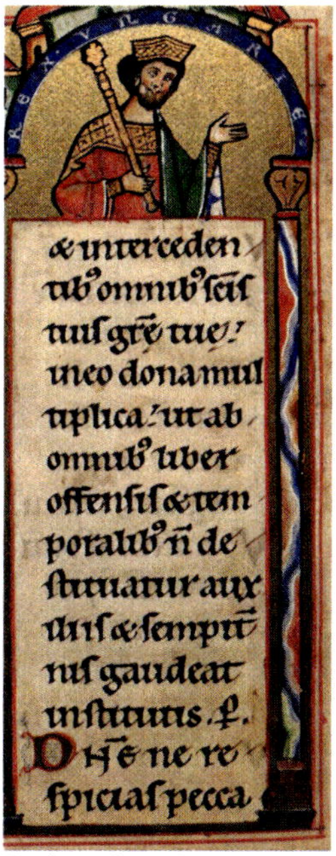
König Andreas II. Landgrafenpsalter.

Es gibt sie auch, die anderen Seiten des Königs Andreas II.. Besonders ungarische Geschichtswerke vermissen bei ihm eine männliche Charakterstärke. Einig scheint man sich bis heute nicht zu sein, je nachdem was die einen schätzten, die anderen beklagten. Den einen war er zu „unternehmungslustig", andere bezeichnen ihn als „ruhelosen Tatmenschen", wieder andere als „schläfrig", „unfähig, die Grenzen seiner Kräfte und die Möglichkeiten der jeweiligen Lage einzuschätzen", „ohne innere Festigkeit" habe er leichtsinnig die Macht genossen und „jährliche Kriege geführt."[105] Vierzehn Mal habe Andreas zu den Waffen gegriffen und trotzdem keinen Erfolg verzeichnen können. Er sei „ein Mann, welcher weder das Regieren noch das Herrschen verstand und dreißig Jahre lang auf dem Throne schwankte."[106]
Nicht wenige ungarische Historiker haben Andreas II. als erfolglos beurteilt. Durch ihn habe die Monarchie ihr Ansehen eingebüßt, das Volk sei durch seine unglückliche Finanz- und Steuerpolitik in größte Not geraten und mit seinen Feldzügen habe er Ungarns Stabilität aufs Spiel gesetzt. So meinen Kritiker, er sei ein schwacher König gewesen, ein verzagter Geist und habe Mangel an Kraft und Charakter bewiesen. Dafür nennen sie verschiedene Gründe: Erstens habe Andreas ein unnützes Geschrei veranstaltet, weil sein Schwager Berthold einen Schatz gestohlen habe. Zweitens habe er sich willenlos von seinem Bruder aus seinem Heerlager holen lassen. Drittens hätte er es zugelassen, dass in der „Goldenen Bulle" ein Widerspruchsrecht der Aristokraten festgelegt worden sei. Andere Geschichtsschreiber bringen gegen ihn vor, er habe lediglich in den ersten Jahren seiner Regierung auf erfolgreiche Feldzüge zurückblicken können. Es ist nicht sinnvoll, auf alle diese Beurteilungen einzugehen. Die übrigen sind allgemein, pauschal und ohne historische Nachweise.
Jedoch verdient die Einschätzung, Andreas sei dem Ideal eines **ewigen Ritterkönigs** nachgehangen eine ausführlichere Erklärung. Er war in der Tat ein Verehrer westlich geprägter Ritter. Schließlich hatte Andreas eine französische Mutter, Anna von Châtillon, von der er

---

[101]was historisch nicht nachweisbar ist, es sei denn seine Flucht vor dem Bruder 1203.
[102]Anonymi Chronicon rythmicon, p.355
[103]Stadtmüller G., Die ungarische Großmacht des MA, S.76
[104]Montalembert, Histoire de Sainte Elisabeth, S.2,6,182
[105]Bogyay, Grundzüge der Geschichte Ungarns, 55 und Engl, Königreich Ungarn, 211, Homan II S. 12
[106]Fessler, Die Geschichte der Ungarn und ihrer Landsassen, II,403

französische Hofsitten übernahm und ritterliches Auftreten kennenlernte. Auch seine Stiefmutter, die zweite Frau seines Vaters, Margarete, kam aus Frankreich, so dass er mit den Wertvorstellungen französischen Rittertums durch zwei französische Mütter von der Wiege auf erzogen wurde. Man darf auch die alte ungarische Tradition nicht vergessen, nach der zum Ideal des heiligen Königs die Ritterrolle gehört. Deutlich wird dies am Hl. Ladislaus, der auf Veranlassung von Bela III. heilig gesprochen wurde. Ladislaus wurde der „unbesiegbare Krieger" genannt, „einem Löwen gleich und unbesiegbarem Verteidiger und Ritter des Vaterlandes."[107] Andreas II. war von der westlichen Ritter-und Hofkultur geradezu fasziniert. Seine Mutter führte französische Gebräuche ein und Andreas übernahm sie mit offenem Herzen. Er lobte öffentlich die Umgangsformen und die Eleganz der Ritter und bildete an seinem Hofe eine Klasse von Kriegern aus, die den Rittern verwandt war. Seine Freigebigkeit ihnen gegenüber war sprichwörtlich und es ist kein Wunder, dass man ihn deshalb als den „ungarischen Ritterkönig" gepriesen hatte. Ein Lebensstil, der in diesem Ausmaße in Ungarn nicht bekannt war. Er stieß daher bei seinen Hofgranden auf Widerstand und Unverständnis. Die strengen und provinziell denkenden Magnaten verabscheuten solche nach Ungarn importierte Ideale.

Andreas hält die Reichsfahne mit dem Doppelkreuz

Was soll man also bei so vielen Beurteilungen für richtig halten? Gerade die Vielzahl der verschiedenen Einschätzungen zeigt, dass Andreas eine schillernde Person ist und man könnte fast sagen, dass alle Meinungen irgendwie richtig sind. Daher muss König Andreas II. differenziert betrachtet werden. Seine außenpolitischen Erfolge sind mindestens so gut wie die seines Vaters Bela III. und diejenigen seines Bruders Emerich sowieso. Man wird also unterscheiden müssen zwischen dem, was Andreas **außenpolitisch** gelungen ist und dem, was er **innenpolitisch** versäumt hat, „schleifen ließ", aus Schwäche aufgegeben hat.

Ungarn spielte in der europäischen Welt unter seiner Regierung eine ansehliche Rolle. Tatkräftig und erfolgreich intervenierte er in bulgarischen und serbischen Angelegenheiten. Er wollte keine Kriege mit Serbien oder Bulgarien, deren innere Zwistigkeiten er nicht ausnützte,[108] Andreas hatte im Westen keine wesentlichen Probleme, den Süden ließ er in Ruhe, griff Venedig nie an, obwohl es Zara besetzt hielt, strebte nicht – so wie sein Bruder Emerich – die Herrschaft über den Balkan an. Ganz im Gegensatz zu seinem Bruder mischte er sich nicht in die inneren Angelegenheiten Bosniens. Vielmehr überließ er die Bekämpfung der Ketzerbewegung den Kirchen, besonders der von Spolato. In Bezug auf das Deutsche Reich ließ Andreas klar erkennen, dass er auf der Seite der Staufer stand. Es wurde übersehen, dass Andreas II. politische Hypotheken hatte übernehmen müssen, die durch die Thronkämpfe seit Beginn des 12. Jahrhunderts entstanden waren.

Es stimmt allerdings, dass er sich schwärmerisch in eine Herrschaft über das russische **Fürstentum Halicz** hineingeträumt hat.[109] Die ergebnislosen Thronkämpfe in der Kiewer Rus waren zwar ein Erbe seines Vaters, aber Andreas wollte den endgültigen Erfolg. Bela III. hatte den königlichen Prinzen bereits 1188 noch im Kindesalter als Fürst von Galizien eingesetzt. Es war also nicht Andreas, der mit Eroberungen und Wiedereroberungen von Halicz begonnen hätte, sondern sein Vater. Daß das damalige Kind Andreas ein Jahr später aus Halicz vertrieben wurde, hatte ebenso Bela III. zu verantworten. Wie man weiß, wollte dieser bereits Halicz zur ungarischen Provinz machen, aber er musste diesen Wunsch aufgeben und sich mit der Lehenshuldigung begnügen. Schon Koloman mischte sich 1099 ein, als der Kiewer

[107] „Athleta Patriae, defensor indefessus" Klaniczay, Königliche und dynastische Heiligkeit in Ungarn, S.357
[108] Homan, Geschichte des ungarischen Mittelalters II,12
[109] vgl. J. Schmitt, Die Balkanpolitik der Arpaden, S. 47

Großfürst ihn um Hilfe bat, auch Géza II. meinte, 1152 intervenieren zu müssen und erntete nur Rückschläge. Immer wieder hatten russische Fürsten um Hilfe bei den Arpaden gerufen. „Seit König Ladislaus wurden die Feldzüge in die Kiewer Rus, besonders nach Halicz und Wolhynien zu einem ständigen Faktor in der Politik der Arpaden.“[110] „Aber König Bela III. hat den Grundstein für die am längsten dauernden Verwicklungen Ungarns in die russischen Thronkämpfe gelegt.“[111]
Man muss sich schon fragen, warum auch Andreas dieses so abgelegene Galizien nicht einfach abgeschrieben und in Ruhe gelassen hat. Für Ungarn gab es keine Sicherheitsbedenken und Andreas hätte sich leicht aus den Angelegenheiten dieses Nachbarstaates heraushalten können. Was sollte Andreas von einem Kiewer Reich befürchten, auch wenn das Fürstentum Halicz unter polnischer Hoheit gestanden hätte? Aber Halicz war eine Prestigefrage geworden und es prickelte dem unruhigen Ritterkönig unter der Haut, obwohl er sich in Halicz dauernd die Finger verbrannte. Er saß nun einmal lieber auf dem Pferd als auf seinem Thron.

Ende 1205 hatte Gertrud die erste Tochter Maria geboren. Schon wieder war sie schwanger und wird ein Jahr später den ersten Sohn Bela zur Welt bringen. Gleich nach der Heirat mit Gertrud – also Mitte 1205 – war er wieder in die Kiewer Rus gezogen und ließ sich den Titel „König von Galizien“ verleihen. 1206 kehrte Andreas nach Ungarn zurück, um die Taufe seines jüngsten Sohnes Bela zu feiern, zu der auch sein Schwager Bischof Ekbert angereist kam. Das Ausgreifen nach Galizien war alles andere als sinnvoll.Die Grenze zwischen der Kiewer Rus und Ungarn war eine alte bewährte Landesgrenze und Grenze zweier verschiedener Kulturen. Königin Gertrud hatte dieses Gerangel um Halicz acht Jahre lang am Hofe aushalten müssen. Nach Schätzungen war Andreas mindestens zwei Mal pro Jahr für längere Zeit dem ungarischen Hofe fern. Immerhin hat Andreas dazu beigetragen, dass die Einbindung der Russen von Halicz und Lodomerien in die Gemeinschaft der westlichen Christenheit erfolgte.[112]
An den Heiratsplänen für seine Kinder bastelte Andreas sehr aktiv und erfindungsreich: den drittältesten Sohn Andreas verlobte er in Antiochien mit der Tochter des armenischen Königs Leo II., und als diese Verbindung wieder aufgelöst wurde, mit der Tochter des Nowgoroder Fürsten Mstislaw. Für den erstgeborenen Sohn Bela wählte er Maria, die Tochter des Kaisers Theodorus I. Laskarios aus dem kleinasiatischen Kaiserreich Nikäa aus und nahm sie mit ihren 13 Jahren gleich mit zur Verehelichung nach Ungarn, wo sie mit Bela 1220 die Ehe schloss. Andreas' Tochter Maria war für den bulgarischen Herrscher Iwan II. Asan vorgesehen, Koloman verheiratete er 1214 mit der dreijährigen Tochter Salome des polnischen Herzogs Leszek, um so die gemeinsamen Interessen gegen russische Ansprüche zu demonstrieren. Eine Nichte von Andreas versprach er dem Sultan von Ikonium. Alles in allem eine sehr geschickte Heiratspolitik. Hier zeigte der ungarische König sein diplomatisches Geschick. Wenn man einmal von den militärischen Interventionen in Halicz und anderen Geplänkeln absieht, könnte man fast meinen, er habe durch die Eheschließungen seiner Kinder die Devise der Habsburger vorweggenommen, lieber zu heiraten als Kriege zu führen. „Bella gerant alii, tu felix Austria nube. Quae dat Mars aliis, dat tibi, regna, Venus“. Auf Andreas II. angewandt hieße dies: „Die einen führen Kriege, du aber glückliches Ungarn heirate. Was Mars den einen gibt, dafür gibt dir Venus ein Reich.“ Andreas entrichtete zwar der Venus seinen Zoll, war aber auch dem Mars durchaus nicht abgeneigt. Er erreichte nicht den byzantinischen Thron, aber das byzantinische Kaiserreich wurde von innen und außen durch ein Netz der Verwandtschaft des ungarischen Königs umzingelt. Wir dürfen nunmehr in Andreas II. einen geschickten Außenpolitiker sehen, der seine Heiratsdiplomatie recht erfolgreich betrieb. seine Kriegslust in Halicz austobte, mit seinem Heer ganz gerne unterwegs war, aber nach byzantinischer Art die großen Risiken scheute. Von einer unbestimmten ständigen

[110] Varga, 167; man kann sogar bis Stephan I. zurückgehen, der mit Boleslaw I. Chrobry zusammen das Kiewer Land erobert hatte
[111] Schmitt, Die Balkanpolitik der Arpaden, S.47
[112] Homan, Geschichte des ungarischen Mittelalters, II, S.35

Unruhe geschüttelt, schien er den Kriegsdienst zu lieben, ohne ihn recht ernst zu nehmen. Man hat den Eindruck, dass er sprunghaft, plötzlich und übermütig seine Entscheidungen für einen Heereszug fällte. Er mochte das Kriegshandwerk, schreckte vor Auseinandersetzungen nicht zurück, aber steckte Misserfolge lässig ein oder ließ es gar nicht so weit kommen. Die innenpolitische Ruhe und Ausgeglichenheit hat Ungarn in seiner Zeit nicht finden können. Dafür ist Andreas II. nicht allein haftbar zu machen. Das Erbe seines Vaters und seines Bruders war schwer. Die Macht der Magnaten war in solch maßloser Weise angewachsen, dass er über einen immer engeren Handlungsspielraum verfügte. Er hatte es sich aber auch selbst zuzuschreiben, dass ungarische Adelsgruppen diesen seinen Spielraum noch mehr einschränkten und dass er sich die königlichen Herrscherrechte leichtsinnig und fahrlässig aus den Händen hat nehmen lassen. Seine Dotationen waren meist veranlasst durch den Druck der Großfürsten und durch seine unbekümmerte Art und Weise der Vergabung. Diese Leichtsinnigkeit wird wohl auch der Grund gewesen sein, dass zwischen ihm und seiner künftigen Ehefrau Gertrud kein Einvernehmen bestanden haben kann.

4.3. Üppige Dotationen

Man hatte dem sorglosen König Andreas vorgeworfen, seine Hofhaltung sei verschwenderisch gewesen und seine Schenkungen nicht klug bedacht und er habe königliche Güter leichtfertig verschenkt und königliche Burgen verschleudert.[113] In dieser Bewertung sind sich wohl heute alle ungarischen Geschichtsschreiber einig. Es scheint, das Andreas II. den Ruf eines freigebigen Königs auch genießen wollte. Zum Fürstenideal der westlichen Herrscher gehörte ja die Großzügigkeit, die Spenderlaune, so wie sie Landgraf Hermann von Thüringen unübersehbar vorlebte. Landgraf Hermann war als grenzenlos freigebig bis verschwenderisch bekannt. Und es ist verständlich, dass der benachbarte König von Ungarn dem Landgrafen nicht nachstehen wollte. Wenn die damaligen Zeitgenossen einen Fürsten als **„freigebig“** bezeichneten, so kam solches Lob vor allem von den Minnesängern, die allen Grund hatten, nach Kriterien des Geizes oder der Freigebigkeit zu urteilen, weil davon ihr ganzer Lebensunterhalt abhing. „Ehre, Ruhm und Freigebigkeit erscheinen als höfisch-ritterliche Tugenden.“[114] Die fahrenden Trobadoure lobten die „milte“, sie priesen die Großherzigkeit des Fürsten, wenn er mit vollen Händen austeilte. Das Epos „König Rother“, in dem auch die Meranier zu Lob und Ruhme kamen, brilliert der Fürst durch seine märchenhafte Freigebigkeit, durch seine verschwenderische Großzügigkeit. Hier wird das Hohe Lied der „milte“ gesungen. Sie besteht in nichts anderem als darin, die Freigebigkeit Gottes nachzuahmen. So steht es auch im „Wessobrunner Gebet“, das in der Heimat der Meranier entstanden ist und in dem der allmächtige Gott „manno mitisto“ das freigebigste aller Wesen genannt wird. Wenn man die Wertvorstellungen des Mittelalters kennen lernen will, dann wird man erfahren, dass unter den ersten Tugenden eines Feudalherren die Freigebigkeit stand.[115]

Die Einnahmen, die der Fürst von seinen Lehensträgern erhielt, gaben ihm die Möglichkeit, Geschenke zu verteilen, Güter zu verschenken, Festlichkeiten zu veranstalten. Das Idealbild eines Königs bestand darin, freigebig zu sein, ohne zu rechnen, Reichtum zu verteilen und selbst zu vergeuden, ohne nachzudenken, ob die Ausgaben die Einnahmen übersteigen. „Sparsamkeit und Wirtschaftlichkeit sind Eigenschaften, die seiner Standesethik wider-

[113] Die Dotationspolitik von Gertruds Gemahl nimmt bei den ungarischen Historikern einen sehr großen Umfang ein. In der neueren Geschichtsschreibung wurden sehr gute Forschungen betrieben, jedoch fehlen immer noch Angaben zu den Dotationsbesitzern, Vergleiche mit Schenkungen anderer Arpadenkönige, sowie der vernachlässigten Würdigung der in den Harengas angegebenen Gründe und Anlässe. Bemerkenswerte Artikel dazu stammen von: Almási Tibor, András, a vállalkozó kedvü király, in: A tizenharmadik század törtenete, Budapest 2004; Gyula Kristó, Magyaroszag törtenete 895-1301, Budapest 1998; György Székely, Magyarország törtenete, Elözmények és Magyar törtenet 1242-ig, II. Budapest 1984; Engel Pál, Szent Istvan birodalma, A közepkori Magyarország törtenete, Budapest 2001; Engel Pál, Beilleszkedés Europába a kezdetektöl 1440-ig, Budapest 1990; Gyula Kristo, II. Andreas Kiraky, „Uj Intezkedesei“ in: Tanulmanyok, S. 251-297

[114] Ennen, Frauen im Mittelalter, 131

[115] Gurjewitsch A., Das Weltbild des mittealterlichen Menschen, S. 282

Die Hochherzigkeit, dargestellt als Königin zur Linken des Thrones, die Klugheit zur Rechten: Magnimitas und Prudentia. Fresko von Ambrogio Lorenzetti.

sprechen. Je mehr Eigentum öffentlich verschenkt wird, desto größer und lauter war sein Ruhm. Das Bewusstsein des Fürsten, Schätze nur zu besitzen, gab ihm keinerlei Befriedigung, wenn er nicht gewillt war, diese zu verschwenden und zu demonstrieren, genauer „demonstrativ zu vergeuden."[116] Reichtum ist für den Feudalherren ein Mittel, politisch und gesellschaftlich Einfluß zu nehmen. Der Besitz des Reichtums allein bringt keinerlei Achtung. Anders dachte man über die Kaufleute, die immer nur ihr Geld ausgaben, um es zu vermehren oder zu kommerzialisieren. Solches Verhalten löste beim mittelalterlichen Menschen nur negative Reaktionen hervor wie Hass, Neid, Verachtung. Der Reichtum des Fürsten soll der Freigebigkeit und Großzügigkeit dienen. Damit ist der höchste Moment im Genuss des Reichtums erreicht: „Verschwendung zu demonstrieren im Beisein einer maximalen Anzahl von Menschen, die einen Anteil von den Gaben des Herrn erhalten."[117] Die Knickrigen sind schlechte Herren, sagte man, und sie wurden oft die Opfer ihres eigenen Geizes, bisweilen auch mit tödlichem Ausgang.

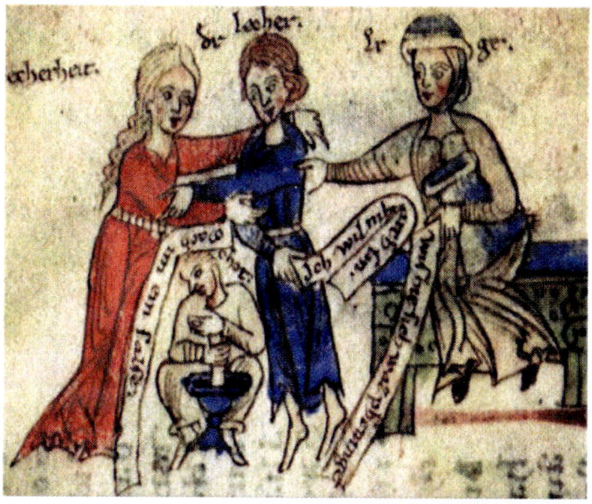

Die rechte Figur der Knauserigkeit sitzt auf einem Thron mit einem Geldsäckel in der Hand. Sie will den „Lecker" zu sich herziehen. Dieser aber neigt sich der Figur der Freigebigkeit zu und wird von ihr zärtlich umarmt. Thomasin von Circlaere "Der welsche Gast" .

Es ist wichtig, die Schenkungen des Königs Andreas unter diesem Gesichtspunkt zu sehen. Die Beurteilung der Dotationen darf diese mittelalterliche Wertvorstellung auf keinen Fall übergehen. Der Gemahl Gertruds praktizierte dieses Ideal des freigebigen Fürsten. Er ist geradezu ein Musterbeispiel dafür. So weit so gut.

Nun scheint aber der gute Andreas übersehen zu haben, dass er über seine Verhältnisse lebte und sich die vielen Gaben und Schenkungen – so wie es andere Fürsten eben vermochten – gar nicht leisten konnte. Der leutselige Andreas machte keinen Hehl aus seiner Schenkungsfreude. Er verschenkte königliche Burgen und Königsgut in erschreckend hoher Zahl an seine Barone. Dotationen auszustellen muss ihm leicht in die Feder geflossen sein. „Wenn wir irdische Güter schenken, erwerben wir damit himmlische, gewinnen Ewiges für Vergängliches" ließ er in die Urkunden schreiben. Dort lesen wir auch die prahlerischen Sprüche: „Das Maß der königlichen Schenkung ist die Maßlosigkeit"[118], oder: „Da die Freigebigkeit der königlichen Hoheit durch keine Grenzen eingeschränkt wird, sondern die Unermeßlichkeit des Gebens

[116] Gurjewitsch, 283
[117] Gurjewitsch, 284
[118] Bogyay, Grundzüge der Geschichte Ungarns, 55

an einen Edlen als vortrefflich gilt, so muss man doch gegenüber denen, die sich Verdienste erworben haben, eine besondere Rücksicht walten lassen, damit nicht unter den Edlen jemand um den Lohn seiner Mühe gebracht wird. Freigebigkeit muss sich auch auf die Fremden erstrecken."[119]
Der hochherzige Gönner Andreas wird nicht müde, seine Freigebigkeit in den Urkunden zu wiederholen. Die vielen Belegstellen sind bezeichnend: „Die Freigebigkeit des Königs soll unbegrenzt sein, denn auch der König der Könige bezeugte, dass alle Sünden durch Almosen abgegolten werden können".[120]

Der freigebige König

In anderen Diplomen kann man lesen: "Wir wollen mit großzügiger und üppiger Hand dankbar belohnen."[121] -„Aus königlichem Großmut soll eine freigebige Schenkung erfolgen".- „Der König möchte seine Groß- zügigkeit ausweiten und voll Erbarmen die Hand reichen". Solche Prahlereien diktierte er dem Notar in die Schriftstücke. Papier und Pergament sind geduldig. Geschriebene Großherzigkeit fließt leicht von der Feder. Doch Urkunde ist Urkunde, die Schenkungen hatten ihre Geltung und Wirkung. Er hat sie jahrelang nicht zurückgenommen und als er es wollte, war es zu spät.
Hat nun Andreas die Güter einfach **„verschleudert"** ? Nein, das kann man nicht sagen, denn die Schenkungsurkunden nennen zu Beginn immer auch einen genauen Grund und oft sehr präzise die Verdienste des Beschenkten. Im Grunde unterschied sich die Dotationspolitik des Andreas nicht sehr von seinen Vorgängern. Schon unter seinem Vater, Bela III. kam es zu einem höheren Maß an Schenkungen ganzer Burgkomitate.[122] Es gab sogar unter ihm, wie auch bei seinem Vorgänger Geza II., Dotationen ohne Angabe eines Grundes.[123] Die „Wiege" der Andreanischen Dotationspolitik stand bereits in der Regierung seines Vaters und ging vom Vater auf den Sohn über, wenn auch der Sohn den Umfang der Schenkungen weit überzog. Auch König Emerich hielt sich nicht mit umfangreichen Schenkungen zurück, als es darum ging, Söldner für den Kampf gegen seinen Bruder zu bezahlen. Ungarische Könige hatten also bereits Ende des 12. Jahrhunderts wichtiges Krongut an die Magnaten abgegeben, aber sie verschenkten nicht das „Tafelsilber". In einer Urkunde des Königs lesen wir: „Verdienste dürfen nicht betrogen werden."[124] oder: „sie sollen zur Belohnung eine noch größere Vergütung erhalten". In einem anderen Dokument stößt man auf den Spruch: "Die Treue wächst nur dann, wenn der Lohn der Treue mit einer anständigen Schenkung beglichen wird."
Der König besaß dank seiner Patrimonialbesitztümer überaus große Reichtümer, wobei der Unterschied zu privatem Besitz und herrschaftlichem Besitz nicht gut auseinanderzuhalten war. 70% des Landes war Königsbesitz, der Rest gehörte der Kirche und den Nachkommen der alten Stammesführer, sowie Rittern und Freien.[125]

---

[119]Harenga aus der Urkunde an Graf Nikolaus von Ferreo castro , Szentepétery, Regesta S. 77, Anhang zu Nr. 237
[120]Zitate nach Mak, S. 3
[121] „manu dapsili et largiflua grataner remunerare" - „liberalitatis beneficia ex regia nostra largitudine" -„largitatis sue dona debet extendere pietatis manum debet porrigere"
[122]Csuday, Die Geschichte Ungarns, 98
[123]Unter Bela III.: 1185: „Regia sublimitatis obsequiis fideliter insudantes Regia dignum est remuneracione gaudere, nec a tramite equitatis abhorret, ut devoti laboris meritum coagitata et supereffluens mensura compenset." Kristo, Geburt der Nation, 257, Wenzel, Cod. Dipl.Arpad. I,78
[124]„merita non debent defraudere premio"- „largius in sui remuneratione recipiant stipendium". Vokabeln wie „munificencia", „retrebucio", „premium" gehören zum Grundwortschatz der Diplome.
[125]Molnar, Geschichte Ungarns, 54

Die Arpadenfürsten waren auf die Unterstützung der großen Adelsfamilien angewiesen. Sie statteten diese mit Dotationen aus, so dass eine wenn auch kleine Gruppe übermächtiger landbesitzender Familien in wenigen Jahrzehnten zu ansehnlicher Macht emporstieg. Der Stein des Anstoßes lag nicht darin, dass Andreas überhaupt Dotationen ausgestellt hatte, sondern es war die Menge der Vergabe und die Leichtsinnigkeit, dass er sie als ausgesprochene Erblehen hergab. „Die Veräußerung der königlichen Grundbesitze und Einkommen erreichte unter seiner Herrschaft ungeheuere Dimensionen".[126] Am Hofe soll man der fassungslosen Königin gegenüber schon kolportiert haben, dass es inzwischen keinen Adligen mehr gebe, dem der König nichts versprochen hätte.

Nicht viel anders als König Jeroboam verschenkt Andres II. leichtsinnig das Königsgut.

Zur Entlastung des Königs trägt auch der Umstand nicht bei, dass viele Schenkungen lediglich eine Bestätigung derjenigen seiner Vorgänger gewesen sind, die also nicht auf das Konto des Andreas zurückgehen. Sein Sohn Bela IV. wird diese Gewohnheit nicht übernehmen. Außerdem fällt auch nicht ins Gewicht, dass heute eine Reihe nachgewiesener Fälschungen von Schenkungen vorliegen. Es gab Urkundenfälschungen, die insbesonders von Klöstern angefertigt wurden, sogenannte Kopien von Originalen, die angeblich nicht mehr vorhanden sein sollten. So besaß das Kloster Heiligenkreuz eine gefälschte Urkunde, die aus dem Jahre 1208 stammen sollte. Ebenso ist die Urkunde einer Schenkung an den Jobagionen Stephan, Sohn des Chernuk von Csernöke von recht fraglicher Echtheit.[127] Doch von umfangreichen Fälschungen kann nicht die Rede sein.

In Ungarn hatte es kein Lehenswesen im westlichen Sinne gegeben. „Das sachliche Element des Lehenswesens fehlt vollständig. Bis zur Mitte des 13. Jahrhunderts ist im ungarischen Kernland überhaupt kein „benificium" nachzuweisen. Das verschenkte Land war ein ewiges Erbe. Auf diese Weise hatte sich nie ein Vassallentum im Lande etabliert.[128] Wenn also Schenkungen der Könige erteilt wurden, dann nicht im lehensrechtlichen Sinn, sondern als Dotation „zu dauerndem Eigentum". Die Beschenkten hatten dafür keine Dienstleistungen zu entrichten. Das vom König verliehene Gut bildete nicht die Grundlage des Militärdienstes, sondern stellte nur die nachträgliche Belohnung des schon geleisteten Dienstes dar.[129] Nichtsdestoweniger war der Kriegsdienst von jeder königlichen Gegenleistung unabhängig. Heeresfolge war eine Pflicht, die sich aus dem Untertanenverhältnis ergab.

Schon im 11. Jahrhundert hatte sich kein einziger König dem Prinzip der Vergabe von herzoglichen Ländereien entziehen können, doch hatten diese Dotationen das königliche Herrschaftsgebiet nie wesentlich geschmälert, obwohl die Dotationen zum Teil aus regelrechten Grafschaften bestanden, verbunden mit einer etablierten Militärmacht und einer recht zweifelhaften Treue zum König. Die Tendenz der Schenkungen zeigt, dass hauptsächlich die Elite der Macht, also die Weltlichen, die Hauptnutznießer waren. Eine Harenga weist darauf hin, dass unter den Magnaten des Königs, also den „principes", diejenigen mit Vorrecht durch eine großzügige Hand des Königs belohnt werden, durch die das ganze Land zum Blühen gekommen sei und diejenigen, die im Krieg mitgeholfen hätten.

[126]Toth, Geschichte Ungarns, 82
[127]Klier, Urkundenfälschungen im Burgenland S. 23-34;S. 60
[128]Engel Pál, Beilleszkedés Európába a kezdetektöl 1440-ig, Budapest 1990
[129]Déer, Der Weg zur Goldenen Bulle, 109

König David verteilt Geschenke

Während unter den Vorgängern des Königs Andreas ein Vornehmer laut seinem Testament etwa über ein Dutzend Güter verfügte, gab es unter den Anhängern des Königs solche, die bis zu 26 Güter innehatten.[130] Zu solchen Großgrundbesitzern zählte übrigens kein einziger Deutscher.
Andreas ging über das Maß seiner Vorgänger hinaus und stellte Dotationen aus, oft ohne Überlegung, selbstherrlich, leichtmütig, eigenwillig und ohne erkennbare Linie. Es sei sogar vorgekommen, daß der König dasselbe Gut zwei Mal verschenkt hätte und – darauf von seiner Frau Gertrud angesprochen – er gesagt habe, man könne sich ja nicht an alles erinnern, was im Königreich geschehe.[131]
Andreas II. hatte im Jahre 1208 insgesamt sieben Urkunden ausgestellt, von welchen sechs den Satz enthielten, dass die Freigebigkeit des Königs ohne Grenzen sei und dass als Maßstab für die Schenkung die Maßlosigkeit gelte.[132]
Da unter den Begünstigten auch fremde Adlige waren, gingen die ungarischen Großen schnell dazu über, teils aus Neid und Missgunst, teils aus Unkenntnis der Personen, teils aus fremdenfeindlichen Gründen, diese als die von der Königin favorisierten Meranier zu halten. Eine Begünstigung lässt sich jedoch in keiner Weise nachweisen, denn Gertrud intervenierte nur in einer Urkunde für einen „Propst Adolf". Es ist nicht ungewöhnlich, dass eine Königin für einen Verwandten oder Vertrauten dem König eine Bitte vorträgt.
Keine historische Forschungsarbeit über das Dotationssystem des Andreas konnte weitere Schenkungen der Königin nachweisen. Selbst von den von Simon von Kezai genannten „Myurk von Chakan, Wenzeslaus und Jakob, die von den Meranier herkommen" fehlt jeder Hinweis auf Dotationsbesitz. Völlig irrig wäre es, nun auch noch von verschwundenen Urkunden zu reden, denn gerade diese wären ja nötig gewesen, um den Vorwurf der Begünstigung von Deutschen zu bekräftigen. Da bliebe nur noch die vage Ausrede, „viele" seien gar nicht dokumentiert. Aber woher will man das wissen?
Nach allen wohlmeinenden Aspekten über die Person des Königs Andreas II. wird man nicht umhin können, seine **unübersichtlichen Schenkungspraktiken** als folgenschwere Schwächung des Königtums zu sehen. Eine frühe Auskunft darüber wird uns in der Georgenberger Chronik überliefert, in der es heißt: „Dy Ungern haben yn geheisen den trunken konig."[133] Der Ausdruck „trunken" gibt zu denken. Warum sollen die Ungarn ihren König als „trunken" bezeichnet haben? Sie meinten das nicht unbedingt wörtlich. Neben aller Lebensfreude und wahrscheinlichem Lebensgenuss mit Essen und üppigem Trinken steht das Wort auch für die Unüberlegtheit seines Tuns und Leichtfertigkeit seiner Schenkungen. Schon die Kölner Chronik hatte ihm ja bescheinigt, dass er das Geld seines Vaters „verschleudert" habe. Allzu verständnisvoll heißt es darin weiter, „wie eben junge Menschen leichtsinnig und verschwenderisch sind." Aber auch als Erwachsener hatte er sich nicht geändert. Er blieb seinem Rufe treu.
So hatte nun Andreas II. Ländereien zunehmend ohne Bedingungen, d.h. ohne Vassallen

[130] Toth, Geschichte Ungarns, 82
[131] Bak, Das ungarische Königtum im späten Mittelalter, S.3
[132] „Excellentissima regum nobilitas licet nullis largiendi limitibus circumscribi debeat "; Katona V, 276
[133] Szentepétery, Script.Rer.Ungar. II, 281

status verschenkt. Man kann die Anzahl der Schenkungen berechnen und man kommt dann bei seinem Vater Bela III. auf die Zahl 9, unter Emerich sind es 16. Bei Andreas II. stoßen die Quellenforscher auf verschiedene Ergebnisse, je nachdem, ob es neue Dotationen sind oder Bestätigungen der Vorgängerurkunden oder ob auch die Würdenverleihungen dazugehören. Nach der Überlieferung einer slowakischen Zählung[134] sind es 33 Schenkungen bis zum Jahre 1213. Andere kommen auf 29 Urkunden und wieder andere auf 55. Bei Annahme der geringsten Zahl sind es immerhin drei Mal so viel wie unter Bela III. und doppelt so viel wie unter Emerich.
Der König stand unter dem Druck der mächtig gewordenen Fürsten, die ihm im Kriegsdienst seinerzeit gegen seinen Bruder Hilfe leisteten. Der Kreis der Nutznießer dieses neuen Systems lässt sich ziemlich genau bestimmen. Es waren vor allem die Seilschaften aus früherer Zeit. Viele von ihnen hatten ihn bereits als Prinzen unterstützt. Deshalb kann man verstehen, dass sie nach seiner Thronbesteigung die Hände aufhielten, um den Nutzen ihrer risikolosen Treue einzutreiben."[135] Der joviale Andreas gab sich sehr bereitwillig, seine Getreuen, die er brauchte, zufrieden zu stellen. Bereits seit seinem Regierungsantritt 1205 schwenkte Andreas eine überaus freigebige und lockere Hand und versorgte seine Barone mit kräftigen Belohnungen an Land, Geld und Ehren. Das zeigte schon sein Umgang mit dem vom Vater erhaltenen Geld, worauf jene Chronik verweist, nach der junge Menschen eben leichtsinnig und verschwenderisch seien. Viele Einnahmen der königlichen Kammer aus den Komitaten, das sind Burgen und dazugehörende Ländereien, gingen nun auf Magnaten, auf Ismaeliten oder Juden über. Die königliche Kasse wurde immer leerer.[136] Damit musste Gertrud in den acht Jahren ihrer Fürstenehe leben.

Der verschwenderische König entlohnt jede Gefälligkeit und streut mit vollen Händen Güter unter seine Barone.

Die Lasten trug das einfache Volk, nicht die Aristokraten. Der schwache König gab offen zu, dass er ein „neues System" auf Rat seiner Hofherren eingeführt habe. Er war der Gefangene seiner Anhänger geworden. Die cleveren Empfänger waren der Auffassung, dass die Treue zum König nur so lange währe, als der König einen Preis dafür bezahle und die Treue durch Belohnungen erwidert werde.
Wenn man die Häufigkeit der ausgestellten Urkunden betrachtet, dann scheinen sich die Dotationen von Jahr zu Jahr gehäuft zu haben. Die Schenkungseuphorie begann nach dem Tode Gertruds erst recht, also ab 1213. Daraus muss man schließen, dass Gertrud an der Schenkungspolitik des Andreas keinen Anteil hatte, möglicherweise Anstoß nahm und einige Verschleuderungen womöglich vermeiden konnte. Denn wie soll man es sich sonst erklären, dass nach ihrem Tode die Schenkungen zunahmen. Die Dotationspolitik von Andreas ging ans „Eingemachte". Der große Schaden bestand darin, dass kein Ersatz für die Gebietsverluste in Aussicht war. Vor der Verschleuderung von Krongut hatte bereits Papst Innocenz III. gewarnt, als er 1205 Andreas ermahnte, das königliche Erbe des Kindes Ladislaus nicht anzutasten.[137]
In einer Urkunde wird die Praxis der Vergabe auch noch offen zugegeben. Andreas habe sich von den Großen dazu bereden lassen „die von den Vorfahren unverletzt erhaltene Verfassung des Reiches zu ändern und Burgen, Gespanschaften, Ländereien und andere Einkünfte

[134]Marsina, Codex diplomaticus et epistolaris Slovaciae
[135]Toth, Geschichte Ungarns, S.821
[136]s. Szekely György: Magyaroszág törtenete. Elözmények és magyar történet 1242-g II. kötet, Budapest 1984
[137]... „ne...alienentur regalia in detrimentum ispsius..." PL 215 nr. 168, p. 597

des Reiches an seine Barone und Krieger als bleibendes Erbe zu vergeben.“[138]
Diese berühmt gewordene Urkunde kann nicht unter dem Einfluss Gertruds gestanden haben, da sie erst 1218 ausgestellt wurde. Auch andere Einnahmen gingen verloren, die Eimersteuer, Herdsteuer, Gewichtssteuer und der Schweinezehnt. Andreas war aber auf Steuern angewiesen und so führte er ab 1218 einen Grenzzoll ein und erhöhte das Münzrecht durch einen verordneten Geldtausch. Es ist also eine unrichtige Behauptung, dass diese neuen Maßnahmen eine Politik der andechsisch-meranischen Königin gewesen sein soll,[139] denn zu dieser Zeit, als diese „Einrichtungen“ geschaffen wurden, war Gertrud bereits tot
.

Im Unterschied zu seinen Vorgängern musste Andreas II. jene grundlegenden Umwälzungen während seiner Regierungszeit bewältigen, die in ganz Europa stattgefunden hatten und nicht nur in Ungarn. Diese innenpolitische Veränderung ging nirgendwo reibungslos vonstatten und Andreas trug das nicht einfache Los eines ungarischen Fürsten, jene neue Umwälzungen wenigstens ohne großes Blutvergießen überstanden zu haben. Sein Bruder Emerich hatte die Rechte des Adels hintangestellt, ja verletzt. Nun forderten sie die Großen von Andreas nachdrücklich wieder zurück. Die Dominanz der königlichen Macht wurde beträchtlich geschmälert. Nie waren die Spannungen zwischen den Baronen und dem König so heftig ausgetragen worden wie unter Andreas II. Alte eingesessene Mächtegruppierungen, die man geradezu als „archaisch“ bezeichnen kann,[140] rückten dem König auf den Leib. Diese Entwicklung ermöglichte „der weltlichen Aristokratie, sich von der königlichen Macht unabhängig zu machen.“ Sie wurde zu einer selbständigen politischen Kraft im Reich und gipfelte in den Bestimmungen der“Goldenen Bulle“von 1222, in der die ungarischen Großfürsten schließlich erreichten, dass nur ihnen Dotationen übereignet werden durften und keinem Fremden.[141]
Der schwache König hat sich auch diesen Forderungen gegenüber nicht energisch genug widersetzt.

Siegel des Königs Andreas II. an der Goldenen Bulle. Darin hattem die ungarischen Kleinfürsten erreicht, dass nur noch dem einheimischen Adel Schenkungen erteilt werden durften.

[139] Varga, Ungarn und das Reich, 243
[140]Toth, Geschichte Ungarns, 81
[141]Die Bulla Aurea, S. 26, nr. XVI: “integros comitatus vel dignitates quascumque in predia seu possessiones non conferemus perpetuo“. Auch sollten die Fremden keine Güter mehr bekommen. Wenn sie aber schon welche hätten, dann müssten sie es dem „Volke“ zurückgeben. .... „ possessiones.....populo regni redimentum reddantur“ nr. XXVI
[138]Féjer, Cod. Dipl.Hung. III.I,255 .... „dum quorundam nostrorum principum consilio terrae nostrae statum, ab antiquis illibate conservatum alternantes, castra, comitatus, terras et ceteros opulentis Hungariae proventus in perpetuas haeredidates nostris baronibus et militibus distribuimus.“

5. Der lange Arm der Andechs-Meranier

Unter den Frauengestalten aus dem Hause der Andechs-Meranier ragt Gertrud auf dem politischen Terrain am meisten heraus. Im Gegensatz zu ihrer Schwester Agnes, Königin von Frankreich, hat sie in die königlichen Regierungsgeschäfte eingreifen müssen. Sie war die Schwester der Herzogin Hedwig von Schlesien und von Bischof Ekbert von Bamberg, von Patriarch Berthold von Aquileja und Herzog Otto V. sowie von Markgraf Heinrich von Istrien. In den geistlichen Frauenbewegungen des 12. und 13. Jahrhunderts hatten die Andechs-Meranierinnen einen weit über das durchschnittliche Maß hinausgehenden Anteil. Die Hl. Hedwig und die Hl. Elisabeth haben das Ansehen der Familie stark mitgeprägt.
Eindrucksvoll schildert die Kanonisationsurkunde der Hl. Hedwig aus dem Jahe 1267 die politische Bedeutung der Dynastie der Andechs-Meranier. Darin werden die Namen aller zu weltlichen und geistlichen Ehren gekommenen Kinder Bertholds IV. aufgezählt und vermerkt, dass alle Männer reich an Ehren und Tugenden waren und dass sie bereits ihre Abstammung ruhmreich gemacht hat. Bei den Andechsern war alles vorhanden „was Eindruck auf das hierarchisch-herrscherliche Papsttum machte und was in der Welt von damals Ansehen verlieh.“[142] Die Andechser sind die historischen Idealtypen einer engen und dichten adligen Führungsschicht im süd-und südöstlichen Raum und einer starken internationalen Verflechtung des Hochadels. Sie haben zur Einigung Europas beigetragen durch ihre Heiraten, durch ihre gesellschaftlichen Ansprüche, ihre Leitbilder und ihren Geist, den sie trugen und ausstrahlten.[143]

Familienbild Bertholds IV. aus dem Schlackenwerther Codex. (v.l.n.r.) Hl. Elisabeth, Königin Gertrud von Ungarn, Königin Agnes von Frankreich, Hl. Hedwig von Schlesien, die Eltern Agnes und Berthold IV. von Andechs-Meranien, Patriarch Berthold von Aquileja, Bischof Ekbert von Bamberg, Herzog Oto von Andechs-Meranien, Markgraf Heinrich von Istrien. Am Boden sitzend Äbtissin Mechthild von Kitzingen.

Kein anderes Adelshaus dieser Zeit innerhalb des römisch-deutschen Reiches besetzte in einer einzigen Geschwistergeneration so zahlreich, kirchliche und weltliche Spitzenpositionen und unterhielt gleichzeitig so hochrangige Heiratsverbindungen mit europäischen Königs-und Fürstenhöfen. Wollte man die Andechser im Lichte der mittelalterlichen „Fürstenspiegel“ sehen, so sind wir allerdings auf wenige Angaben angewiesen. Aus den Bi-

[142]Bosl, Der Heilige Berg, S.44
[143]l.c.

schofsviten kann man entnehmen, daß gesellschaftliches Benehmen hoch im Range stand. Ein „Musterbild des höfischen Anstands“ soll der Andechser Bischof Otto II. von Bamberg gewesen sein, von dem es heißt: *„In seiner ganzen Handlungsweise besaß er – was selbst den Ungläubigen rühmenswert erschien – eine einzigartige Lauterkeit und ein so vornehmes und feines Benehmen, dass er niemals etwas Ungeziemendes, Unpassendes oder Unehrenhaftes gestattete, sei es beim Essen und Trinken, bei den Gesprächen in seinen Gebärden oder in seiner Kleidung. Er bewies in jeder äußeren Handlung eine innere Haltung, ausgezeichnet durch Güte, und umsichtige Klugheit.“*[144] Diese edle Ausstrahlung scheint den Andechs-Meranier eigen gewesen zu sein.

Die politische Bedeutung der Dynastie der Andechser wird nicht nur deutlich durch ihre ehelichen Verbindungen, sondern auch durch ihre – wenn auch zerstreute – **territoriale Macht.** Neben dem Stammland zwischen Isar und Lech besaßen sie Grafschaften und Vogteien im Inn-und Eisacktal, verfügten über die Kontrolle des Brenners, die Oberhoheit über das Pustertal und Bozen und hatten leichten Zugriff nach Kärnten und Friaul bis zum nordöstlichen Oberitalien und zum slawischen Südwesten.

In Franken beherrschten sie Territorien um Kulmbach und Bayreuth. Als Verwaltungszentrum bauten sie die Veste Plassenburg, errangen nach und nach Länder um die Burgen Giech und Lichtenfels, waren Vögte der Klöster Langheim und Banz. Nachdem sie die Greifensteiner beerbt hatten, dehnte sich das Herrschaftsgebiet der Andechser vom Obermain im Norden bis nach Tirol aus, wo sie Innsbruck gründeten.

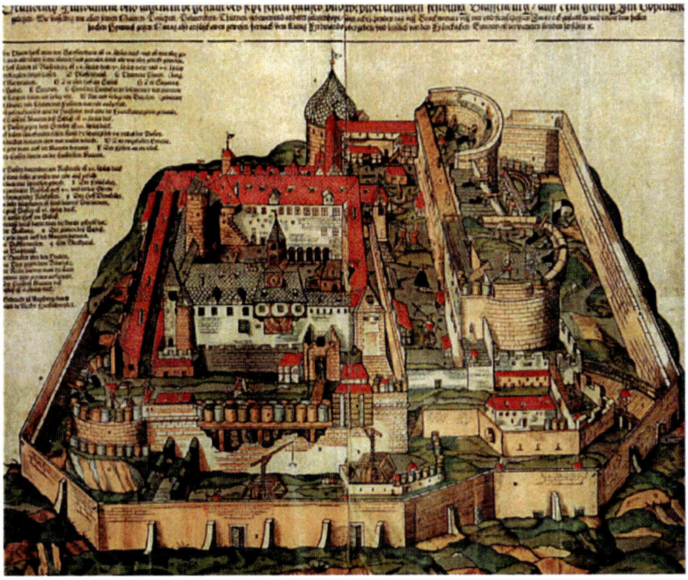

Die Plassenburg in Franken. Verwaltungszentrum der Andechs-Meranier. Die aus 1554 stammende Innenansicht der Plassenburg stellt eine schon erweiterte Burganlage dar. Die Vorgängerburg war etwas kleiner und robuster und dürfte derjenigen von Andechs mit einer Gesamtoberfläche von 9000 m^2 [145]entsprechen. Angesichts des Machtkampfs mit den Wittelsbachern um 1180 werden die Andechser eine möglichst repräsentative und demonstrative Herrschaftsburg auf dem Hl. Berg errichtet haben. Holzschnitt von 1554.

Warum wurde die Meraniertochter Gertrud ausgerechnet nach Ungarn vermählt? Dafür gibt es mehrere Gründe.

Einer davon liegt in den **seit altersher bestehenden Beziehungen der Andechser mit Südosteuropa.** In Gertruds früher Verwandtschaft stößt man zuerst auf eine gewisse Richardis. Sie war die Schwester des Markgrafen Engelbert II. von Istrien und Herzog Heinrichs von Kärnten, der 1123 starb.

Aus ihrer ersten Ehe stammte Markgraf Engelbert von Friaul. Ihr zweiter Mann war Poppo von Istrien, aus deren Ehe eine Sophie hervorging, die Frau des Andechser Bertholds II. Sie besaß viel Besitz im östlichen Alpenraum, in Krain, Kärnten und Teilen der Steiermark, im Dreiländereck Kärnten, Istrien und Friaul. Durch die Ehe Bertholds II. mit Sophie fiel Istrien an die Andechser, so dass sein Sohn Berthold III. sich seit 1173 Markgraf von **Istrien** nennen konnte. Schon Karl d. Große hatte die Bedeutung dieses Landstreifens an der Adria erkannt und Istrien seinem Reiche einverleibt.

[144]Bumke, Höfische Kultur,2, 447

[145]Sie waren verwandt mit dem Geschlecht der Hemma von Gurk, die das Kloster Sittich stiftete

Herrschaftsgebiete der Andechs-Meranier im 13. Jahrhundert

Güter in Istrien besaß auch das Bistum Brixen, das 1165 der Bruder Bertholds III, Bischof Otto, leitete. Berthold II., der 1151 starb, war der Urgroßvater Gertruds. Er heiratete also in ein Geschlecht, das schon seit über hundert Jahren die Herrschaft über das Markgrafenamt Krain ausübte. Berthold errichtete in Stein (heute Kamnik) einen strategischen Sitz seiner Markgrafschaft, die von den Steiner Alpen im Norden bis zur Save im Süden und von Krainburg im Westen bis zu den Pässen im Sanntal reichte. Die Markgrafenwürde von Istrien vererbte sich bis auf Heinrich IV., den Bruder Gertruds. Als dieser 1207 Sophie von Weichselburg heiratete,[146] fielen ihm auch die Güter der Familie in der Steiermark in den Schoß, eine recht hübsche Mitgift, so dass er damit Ober- und Unterkrain miteinander ververbinden konnte und damit ein geschlossenes Territorium besaß und landesfürstliche Gewalt ausüben konnte. 1208 verlor er zwar Istrien, titulierte sich aber ein Jahr später schon wieder als Markgraf von Istrien. Aus dem mit den Andechsern verwandten bereits mächtigen und

[146]Sie waren verwandt mit dem Geschlecht der Hemma von Gurk, die das Kloster Sittich stiftete

königsbaren Grafengeschlecht der Sulzbacher stammte Gertrud, die Frau des Stauferkönigs Konrad II. Ihre Schwester Bertha –später Irene – war mit dem byzantinischen Kaiser Manuel Komnenos 1165 verheiratet worden.

Ein anderes mit den Andechsern verbundenes Dynastengeschlecht waren die schwäbischen Diepoldinger Grafen, die durch ihre Ostbeziehungen auffallen. Markgraf Diepold III. war in dritter Ehe mit Sophie, der Schwester des ungarischen Grafen Stephan verbunden. Außerdem reichten viele andere Beziehungen bis nach Polen. Diepold II. war mit Gisela, der Schwester Bertholds III. von Andechs, verheiratet. Eine Tochter Graf Ottos II., Adelheid, war die Frau des Grafen Berengar von Sulzbach. Aus ihrer Ehe stammte Bertha, die mit dem griechischen Kaiser Manuel I. von Byzanz vermählt wurde. Dort wurde sie Irene genannt. Durch Heinrich, Sohn Poppos I. und Kunizza von Giech verfügten die Andechser über Besitzungen in Kärnten.
Heinrich war Abt im Benediktinerstift von Millstatt (1166-1177) Seine Schreiber kamen aus **Admont**. Im Jahre 1074 war das Benediktinerkloster von der begüterten Gräfin Hemma von Gurk gegründet worden. Admont war **Drehscheibe zwischen dem Deutschen Reich und Ungarn.** Es liegt an einer alten Heeresstraße und war Durchgangsstation, wenn man vom Norden auf dem Landweg nach Oberitalien oder nach Ungarn reisen wollte, also auf dem Landweg von der Donau nach Aquileja. Die Andechser Grafen hatten sich dem Kloster Admont gegenüber schon früh recht freigebig gezeigt.[147] Berthold I. war Vogt von Admont. Berthold II. zeigte sich ebenso schenkungsfreudig, indem er auf Güter zugunsten Admonts verzichtete.[148] Er gab seine Tochter Kunigunde, die Großtante Gertruds, ins Kloster dorthin und besuchte sie auch öfters mit seiner Frau. Die Witwe von Heinrich von Istrien, die Schwägerin Gertruds, zog sich in Admont zurück und sorgte mit ihrem reichen Erbe für den Erhalt des Klosters bis zum Lebensunterhalt mit Wein und Fischen.[149] Erwähnt sei auch, dass aus der Wolfratshauser Linie der Andechser, Agnes, die Tochter des Grafen Otto, im Kloster Admont erzogen worden war. Auch von ungarischer Seite gab es Beziehungen zu Admont. Als der ungarische König Salomon (1063-1074) vor Geyza I. fliehen musste, brachte er seine ganze Familie in Admont in Sicherheit. Die bekannteste Verbindung entstand durch die ungarische Prinzessin Sophia, Tochter Belas II. (1131-1141), des Blinden. Sie sollte mit Heinrich, Sohn König Konrads III, noch vor ihrem heiratsfähigen Alter verlobt werden. Als die deutschen Gesandten mit Sophia auf dem Rückweg über Admont kamen, machten sie im Kloster für kurze Zeit Aufenthalt. Dieser zögerte sich aber hinaus, Heinrich starb inzwischen und nun wollte Sophia das Kloster nicht mehr verlassen, trotz heftigen Drängens ihres königlichen Bruders Geyza (1141-1162).

Wenn man alle Verbindungen nach Südosten betrachtet, muß man zu dem Schluß kommen, dass „im letzten Drittel des 12.Jahrhunderts und im ersten des 13.Jahrhunderts die Andechs-Meranier eine mächtige Stellung um die nördliche Adria aufgebaut hatten und diese vor allem auf Heiraten gründeten.“[150] Ihre Herrschaft reichte bis zur Adria, umfasste die Markgrafschaft Istrien und das Herzogtum Kroatien und Dalmatien. Schließlich hatten die Andechser auch noch durch die Heirat Ottos I. mit Beatrix das Herzogtum Burgund miteinbezogen, d. h. sie hatten einen sehr ausgedehnten Besitz und Einfluß vom Westen über Franken und über den Brenner bis nach Polen und Südosteuropa. Ihr Zentrum lag zunächst im Raum Dießen und Wolfratshausen. 1173 erhielten sie die Markgrafschaft Istrien als Reichslehen, 1180 wurden sie von Friedrich I. zu Herzögen von „Meranien und Dalmatien“ ernannt. Durch die Kombination von Territorium und Titel gelangten die Andechser innerhalb der rivalisierenden deutschen Dynastien in Führungspositionen des Kaiserreiches. Man sieht, dass es eine Periode von sehr komplexen politischen Beziehungen waren, die die Meranier in Europa aufgebaut hatten. In diesem Lichte gesehen kam die Ehe der Andechserin Gertrud mit dem ungarischen König Andreas II. nicht überraschend zustande, da schon lange vorher Verbindungen mit dem Südosten geknüpft wurden.

---

[147]Wichner, Geschichte des Benediktiner-Stiftes Admont I, 105 u.127
[148]Wichner II, 105
[149]Wichner II, 319 „procurantur sollempni piscium et vini administratione“
[150]Bosl, Der Heilige Berg, 42

Mit der Lokalisierung des Gebiets „**Meranien**“ hatte man lange Zeit offensichtliche Schwierigkeiten. Die einen führten das Wort auf die Stadt Meran in Südtirol zurück, was völlig ausgeschlossen ist. Andere brachten es in Zusammenhang mit „Meer“, also mit dem „Land am Meer“, entlang des adriatischen Küstenstreifens, was schon richtig ist, jedoch bleibt die Frage offen, in welchem Bereich. Die einen sagen, es könnte sich um ein relativ kleines, aber strategisch wichtigs Küstengebiet in der Qvarner Bucht handeln, an der Grenze von Dalmatien und Slovenien, das für die Kontrolle der Seefahrt zu den Häfen der Adria von Bedeutung war.[151]

Wenn es überhaupt um territorialen Besitz ging, dann eben nur um die Gegend im dalmatinischen Küstengebiet, die an Istrien grenzt. Das ist insofern richtig, weil die Kaiser die Oberhoheit über das Land am Kvarner Golf zwar beanspruchten, jedoch dort keine konkrete Herrschaft ausübten.“[152] Andere sagen, daß es sich vielleicht nur um einen reinen Titel gehandelt hat, der vom Kaiser für besondere Verdienste verliehen wurde und dem Titelträger das Recht einräumte, dem Reichsstande anzugehören.[153]

Die Kvarner Bucht, strategischer Bereich an der oberen Adria

Betrachtet man die Landkarte, so wird man diese Nordostecke der Appenninenhalbinsel als recht unscheinbar halten, jedoch war sie im Mittelalter von strategischer Bedeutung für die Kontrolle der Schiffe in Richtung Adriahäfen. Eben weil die instabilen Länder wie Bulgarien, Ungarn dauerhafte und durchgehende Ost-Westverbindungen über den Landweg nicht garantierten, bot sich als Alternative der nördliche, meist adriatische Ausgangs-und Zielhafen an. Bischof Werner von Straßburg, dem 1027 der Weg durch Ungarn nach Byzanz verwehrt wurde, musste über Venedig zur See reisen.

Kroatien und Dalmatien waren begehrte Länder, die sich sowohl Venedig wie auch Byzanz im Laufe einer bewegten Geschichte unter den Nagel klemmen wollten. Der kroatische Raum war ein Schnittpunkt, an dem sich byzantinische als auch andere Mächte gekreuzt haben. Die Franken waren daran interessiert, ebenso Rom, Ungarn, Venedig und Byzanz.[154] „Es ist allgemein bekannt, dass die herrschende Ideologie des byzantinischen Reiches alle Länder der christlichen Welt als Eigentum und alle Einwohner als Untertanen des griechischen Kaisers betrachtetet hatte.“[155]

Besonders die dalmatinischen Städte an der Adria galten als wichtige Stützpunkte für den Handel zwischen Ost und West. Diese wiederum mochten lieber dem weit entfernten Kaiser unterstehen, der ihnen weniger Auflagen bereitete als Venedig oder Byzanz. Das Innere des Landes war von geringerem Interesse, also der Raum zwischen Drau und Save. Die Häfen an der Adria waren gut ausgebaut und die Strömung äußerst günstig. Im Gegensatz zur italienischen Adriaküste herrschten an der ostadriatischen Küste weniger Stürme.

[151] Aigner, Das Herzogtum Meranien - Geschichte, Bedeutung, Lokalisation, S. 51; in: Die Andechs-Meranier, Beiträge zur Geschichte Europas im Hochmittelalter. Die Hypothese ist jedoch mangels an Urkunden unbefriedigend

[152] Katalog der Ausstellung Herzöge und Heilige, S.66

[153] J.R. Lyon, Elisabeth von Thüringen, Katalog, 46

[154] Goldstein, Kroatien und Dalmatien zwischen Byzanz und dem Westen, 161

[155] ds. S.168

Das adriatische Küstengebiet mit unzähligen Inselgruppen

Die Küstenstädte Zadar, Trogier, Split, und Dubrovnik waren gut besfestigt und verfügten zudem über naheliegende Festungen wie Vrgada, eine Insel bei Zadar, Korintija auf der Insel Krk, Gustjerna bei Sibenik. Seit dem ungarischen König Peter Orseolo, dem Nachfolger Stephans I., der sich der adriatischen Küstengebiete mit seiner Flotte bemächtigte – er stammte aus Venedig! - verliehen sich ungarische Könige immer wieder den Titel der „Herzöge von Dalmatien und Kroatien", was insofern verständlich ist, da Ungarn dadurch den freien Zugang zumMeer besaß.[156] Unter Kaiser Manuel I. Komnenos unterstand es wieder Byzanz. Erst als dieser 1180 starb, eroberte es wieder der ungarische König Bela III.
Die deutschen Kaiser kümmerte das Gerangel offenbar wenig, solange sie sich mit Italien beschäftigen mussten und über die Donau durch Ungarn ihre Kreuzzüge unternehmen konnten oder solange sie sich einer gewissen Solidarität der ungarischen Könige gewiss waren. Unter Andreas I. schien das aber nicht so sicher gewesen zu sein, da er einen waghalsigen Zickzackkurs einschlug. Daher ernannte Kaiser Barbarossa im selben Jahr seiner Thronbesteigung im Jahre 1152 den Grafen von Dachau zum Herzog von Dalmatien und Kroatien, um deutlich zu machen, dass der Kaiser in diesem so strategischem Gebiet das Sagen hatte. Für den Kaiser waren Stützpunkte in der oberen Adria von großer politischer und militärischer Bedeutung. Barbarossa dokumentierte damit aber auch, dass er jegliches Machtstreben von Byzanz argwöhnisch betrachtete, besonders, da ab 1151 die ganze Ostküste von Ancona bis Tarent dem griechischen Kaiser unterworfen war und man bereits von seinem unersättlichem Hass gegenüber den Lateinern sprach.[157]

[156]Koloman z.B., (1095 – 1116) ließ sich zum König des „regnum Croatie, Dalmatie et Sclavonie" ausrufen, nachdem er einmal wieder das Land eroberte und den schwachen kroatischen König Petar unterwarf.
[157]„ odium insatiabile", Kindlimann, Die Eroberung von Konstantinopel, S.193

Geostrategische Macht durch Heirat Gertruds mit Andreas II. an der ostadriatischen Küste
1. Kvarner Bucht (Meranien?) 2. Istrien /Kroatien 3. Aquileja/Krain/Kärnten in andechsischer Hand.
4. Zara seit 1180 unter Herrschaft der ungarischen Könige 5. Hafenstadt Spalato zu Ungarn gehörig
Karte aus dem Jahre 1693.

Friedrich I. misstraute den Byzantinern, hatte er doch auf seinem Dritten Kreuzzug deren Unzuverlässigkeit deutlich gespürt.[158] Im Versepos „Ludus de Antichristo“ ist der römische Kaiser unumstritten der höchste Fürst und hat Anspruch auf die Weltherrschaft, auch gegenüber dem griechischen Kaiser, für einen zweiten gibt es keinen Platz, er ist der Führer der gesamten Christenheit.[159] Auch das griechische Reich müsse ihm unterstehen und er fordere daher Ehrerbietung von ihm. Der Zugang nach Byzanz musste also gewährleistet werden, wenn nicht auf dem Seeweg, so auf dem Landweg über Ungarn. Die ungarischen Arpaden waren daher unverzichtbare Partner. Ungarn als Verbündeten zu haben, bedeutete, dass die staufisch-kaiserliche Macht ziemlich nahe an das byzantinische Reich heranrückte. Andreas leistete zusätzlich Vorschub durch die geschickten Eheschließungen seiner Kinder auf dem Balkan. Daher bedeutete die Ehe der meranischen Gertrud mit König Andreas II. einen Meisterzug der staufischen Politik.
Das Interesse der Staufer an Byzanz geht auf Konrad III. zurück. Dieser schloss mit Kaiser Manuel ein Bündnis gegen Sizilien und bot ihm dafür seine Schwägerin Bertha von Sulzbach an. Seinem Neffen, dem späteren Kaiser Friedrich Barbarossa empfahl er auf dem Sterbebett, die Verbindung mit Byzanz nie aufzugeben. Eine gute Gelegenheit ergriff Barbarossa, als 1153 Manuel Komnenos das Bundesverhältnis mit ihm erneuern wollte. Als Pfand wurde die Nichte des byzantinischen Kaisers, die schöne Prinzessin Maria, gehandelt, aber sie starb schon 1154. Sein Sohn Heinrich VI. wollte dieses Weltreich neu begründen und wandte sich verstärkt dem Osten zu. Ausdruck dieser Politik war der politische Schachzug, dass er Constanze, die Tochter Rogers II. von Sizilien, heiratete und byzantinisches Gebiet von der Adria bis Saloniki unter seiner Herrschaft nehmen wollte. In diese Strategie passte auch die Heirat der byzantinischen Kaisertochter Irene für seinen Bruder Philipp von Schwaben am 3. April 1195. Dadurch sollten eines Tages die Rechte der griechischen Prinzessin auf das staufische Haus übergehen. Es war ein alter staufischer Traum, Byzanz mit dem abendländischen Kaisertum zu verbinden. Auf dieses Ziel waren viele Heiratsverbindungen angelegt. Auch ein sicheres Ungarn sollte in diesem Kalkül eine Rolle spielen. Und was nicht mit dem Arsenal der Kaiserfamilie erreicht werden konnte, übernahmen treue Anhänger und Verbündete der höheren Reisfürstenschicht, wie zum Beispiel die Andechs-Meranier.

Ungeachtet des Umstands ungarischer Ansprüche oder byzantinischer „Anmaßungen“, verlieh Kaiser Barbarossa im Jahre 1180 einem seiner treuesten deutschen Fürsten, Berthold IV. erneut den Titel „Herzog von Meranien, Kroatien und Dalmatien“, nachdem die Grafen von Dachau ausgestorben waren. Diese Verleihung der Würde als Herzog von Meranien an Berthold IV. beweist, wie wichtig es dem Kaiser war, die Südostflanke des Reiches durch einen getreuen Gefolgsmann zu stabilisieren. Wenn auch heute das Territorium „Meranien“ in Grenzen nicht mehr festgemacht werden kann, so dokumentierte es doch vor 1184 in Verbindung mit dem Titel des „Herzogs von Kroatien und Dalmatien“, die führende Präsenz des Kaisers an der Adria. Und dazu waren die Andechs-Meranier ausersehen. Die Andechser wurden durch diese Verleihung in den kaiserlichen Fürstenstand erhoben.
Berthold IV., der Vater Gertruds, wurde vom Kaiser mit manchen Missionen betraut. 1194 erteilte er ihm den Auftrag, in einem Streit zwischen dem Bischof Petrus und der Stadt Parenzo zu vermitteln. Es ging um Einkünfte, Bodenbesitz und Weideland. Berthold entschied zur Zufriedenheit beider Parteien und erhielt vom Kastellan Jakobus im Auftrag Heinrichs VI. für seine geschickte Verhandlungsstrategie ein großes Lob.[160]

[158]„ nobiscum sunt et nobiscum non sunt“ Bernhard von Clairvaux. s. Kindlimannn, 220
[159]ebenso im „Archipoeta“ Kindlimannn, Die Eroberung von Konstantinopel als politische Forderung, 207
[160]K. Hartmann, Zur Geschichte des Hauses Andechs-Meranien, S.13, in: Archiv für Geschichte von Oberfranken, Bd. 37, 2. Heft

Der Kaiser brauchte die Andechser. In Norditalien gab es Probleme, Papst Alexander III. beanspruchte mehr Macht, unsichere und wechselnde Verbindungen entstanden an der Adria und den Ostalpen, Byzanz wollte mehr Einfluß auf Ungarn ausüben, all das bedrohte die Stellung des Kaisers. Als Führer des Dritten Kreuzzugs und als Rivale des byzantinischen Kaisers Manuel Komnenos, konnte Barbarossa gegenüber diesen Verhältnissen nicht gleichgültig sein. Daher musste er seine Stellung entlang der strategischen Osteuroparouten gegenüber seinen wenigen Verbündeten in der Region konsolidieren. Die Andechser kontrollierten bereits einige Alpenpässe. Er konnte auf sie zählen. Nun übergab er ihnen auch noch eine weitere Aufsicht entlang der südöstlichen Staatsgrenzen. Daher ist die Verleihung der Titel der „Herzöge von Dalmatien, Kroatien und Meranien" die Konsequenz seiner südosteuropäischen Politik.
Auffallend ist, dass sich ab 1194 Berthold IV. nur noch „Herzog von Meranien" nannte und nicht mehr „Herzog von Dalmatien und Kroatien."[161] Das könnte aus Rücksicht auf den ungarischen König Bela III. geschehen sein und und als Reaktion auf die vorzeitige Krönung seines ältesten Sohnes Emerich im Jahre 1194, der mit dem Herzogtum Dalmatien und Kroatien von seinem Vater belehnt wurde.
Kein Vorfahre der Andechser stand in solcher Nähe zum Kaiser wie Berthold IV. Auf dem Kreuzzug Barbarossas wurde er mit diplomatischen und militärischen Aufgaben bertraut. Ihn hatte Barbarossa schon vor den gefährlichen Balkanpässen vorausgeschickt, um mit dem Fürsten von Serbien wegen des Durchmarsches, der Lieferung von Lebensmitteln, militärische Unterstützung der Kreuzfahrer gegen den griechischen Kaiser Isaak, mit dem der Großfürst verfeindet war, zu verhandeln.[162] Dazu war eine Verlobung geradezu geeignet. Berthold IV., in Treue zu seinem Kaiser, stellte dafür **eine seiner Töchter** „zur Verfügung". Namentlich ist sie nicht bekannt, in den Quellen jedoch erwähnt. Sie war also eine Tante von Gertrud, die dem Würdenträger Tohu oder Tolja, ein Neffe des serbischen Großzupans Stephan Nemanja, im Beisein Kaiser Barbarossas auf dem Dritten Kreuzzug ehelich verbunden wurde, was die Bündnispolitik Barbarossas mit Serbien beweisen sollte. Die Heirat wurde in Nis vereinbart, wo der damalige Serbenfürst das Heer aufs Freundlichste empfangen hatte, und vertraglich auf den 27. August1189 festgelegt. Tolja war der Sohn seines Bruders Miroslav.[163] In der betreffenden Urkunde heißt es: *„Eine andere Sache trugen sie dem Kaiser vor, nachdem sich sein Zorn von einer vorigen Sache gelegt hatte, dass folgende Angelegenheit in seiner Gegenwart und mit der kaiserlichen Autorität erledigt werde. Nämlich: die Tochter des erlauchten Herzogs von Dalmatien solle dem Tohu zur Ehefrau gegeben werden. Diese Bitte fand die Zufriedenheit des Kaisers und des Fürstenrats und fand einen würdigen Ausgang, weil der genannte Herzog Berthold diese seine Tochter am nächsten Fest des Hl. Georg dem erwähnten jungen Mann Tohu in Istrien zu übergeben versprach mit der Vereinbarung, dass die Erben dieses Sohnes und der Tochter des Herzogs Berthold beim Tode des Vaters in allen Rechten vor allen anderen Brüdern Vorrang haben sollten. Diese Vereinbarung haben die Grafen durch Handschlag bekräftigt."* [164]
Nemanja hatte zuvor schon gute Kontakte mit Ungarn gepflegt und auf Einverständnis mit den „Deutschen" gesetzt, weil er dadurch besser gegen die Übermacht und die Unterwerfungsversuche von Byzanz zu bestehen glaubte. Schon auf dem Hoftag zu Nürnberg 1189 erschien eine serbische Gesandtschaft, die den Kaiser in Nis willkommen hieß. Das kam ihm gerade recht, da er ja seine Position auf dem Balkan durch Verbindungen mit den traditionellen Gegnern von Byzanz stärken wollte. Als dann der Kaiser im Juni 1189 von Regensburg aus mit 15 000 Mann über Ungarn kam, Bela III. ihn bis zur Mündung der

[161]Hucker, Die Andechser. in Franken, S.119; gegen Varga 239, Anm. 98
[162]Hartmann, Zur Geschichte der Andechs-Meranier, S.119
[163]„Dux Pertoldus schließt mit Einwilligung Kaisers Friedrich und nach Rat der Fürsten mit Nemanja dem Großzupan von Serbien und dessen Bruder Crazimer einen von denselben durch Handgelübde bestärkten Vertrag inhaltlich dessen er seine Tochter am 23. April 1190, dem Fest des Hl. Georg in Istrien dem Sohne des Großzupans Tohu zu übergeben hat und deren Nachkommen vor den anderen Söhnen Nemanjas succedieren sollen", Oefele, Regesten S. 34, nr. 42 und R. 389 S. 168
[164]Oefele Nr. 42, S. 34; unter den serbischen Geschlechtern gab es jeweils einen Zupan als Häuptling, mehrere Geschlechter bildeten einen Stamm, der angesehenste unter ihnen war der Großzupan. Der Dynastengründer Nemanja hatte 3 Söhne: Vukan, Stephan und Rastislav. Nemanja beherrschte einen Teil Serbiens, der an Dalmatien angrenzte.

Malva begleitete, kam Barbarossa am 23. Juli 1189 in Nis an. Nemanja überreichte ihm Ehrengeschenke, drei lebende Hirsche, einen zahmen Eber und Seehunde und versorgte sein Heer mit Fleisch, Mehl, Futter und Wein. Nemanja wünschte sich ein klares Bündnis mit dem Kaiser gegen Byzanz. Dieser aber umging diplomatisch das serbische Verlangen, indem er Nemanja mit der Verlobung der Tochter seines getreuen Gefolgsmanns Berthold IV. zufrieden stellte.[165]

Eine andere Eheschließung einer **ebenfalls nicht genannten Tochter** Bertholds IV .enthüllt die konsequente Heiratspolitik der staufisch-andechsisch-osteuropäischen Ziele. Dieses Mädchen wurde dem Sohn des Obergespans von Szolnol, Ompud versprochen. Ompud war ein ungarischer Würdenträger unter Bela III., der sich sogar „Dux Ampudii“ nannte, ein anderes Mal „Ampudius banus“, oder „Ampudinus-palatinus comes“.[166] Sein Sohn hieß Dionys, der später unter Andreas II. um 1215 mit einer Finanzreform betraut wurde. Dionys muß ein sehr intelligenter Mann gewesen sein und er spielte in der Regierungzeit des Königs Andreas II. eine führende Rolle.[167] Dionys wird mehrere Münzkammern einrichten und sie einträglich genauso wie die Salinen verpachten. Er war ein fähiges Mitglied der Regierung und hatte eine große Begabung für die Finanzverwaltung. Seine Mutter, eben jene Andechser Tochter, soll ihn streng erzogen haben. Von ihr selbst hört man später nichts mehr. Aus diesen Vorgängen muß man schließen, dass Barbarossa in Berthold IV. einen sicheren Verbündeten an der Südostflanke des Reiches besaß. Er hatte ihm nicht nur bei der Verfolgung seiner Ziele in Italien wertvolle Dienste geleistet, sondern er erwies sich auch vom Raum um Fiume bis weit in den Balkan hinein als ein zuverlässiger Reichsfürst, was im Zeitalter der Kreuzzüge von geopolitischem Vorteil war. Für den Kaiser übernimmt Berthold IV. die Rolle eines wichtigen Strategen im südöstlichen Raum, um dessen Machtposition an der Grenze des byzantinischen Herrschaftsgebiets zu befestigen.[168] Deshalb hatte er auch schon 1152 die Erhebung des Konrads von Dachau zum Herzog von Kroatien und Dalmatien vorgenommen, weil ihm noch die schlechten Erfahrungen des Zweiten Kreuzzugs in Erinnerung waren. Insofern sind Ungarn und Serbien nicht aus seiner Politik wegzudenken. Es ist bezeichnend, dass die Meranier immerhin drei Frauen in den ungarischen Raum verheiratet hatten. Das Einflußgebiet des Kaisers rückte dadurch immer bedrohlicher an das byzantinische Reich heran. Die um 1200 vollzogene intereuropäische Heiratspolitik der Andechser war der Grund für das wachsende Ansehen, das dieses Haus an den Höfen Europas genoss.

Der ungarische König Andreas seinerseits stand mit seinem Einverständnis zur Ehe mit der deutschen Frau Gertrud in einer langen Tradition. Die Arpaden hegten eine gewisse Vorliebe für bayerische Prinzessinnen. Was veranlasste Berthold IV. zu einer solchen politischen Heirat? Der andechsische Herzog wusste sicherlich von den Streitigkeiten der Bela-Söhne. Hatte er damals schon die größeren Chancen des Andreas erkannt, der eines Tages den ungarischen Thron besteigen könnte? Versprach er ihm nicht ein Söldnerheer im Kampf gegen seinen Bruder Emerich? Berthold IV. setzte frühzeitig auf die staufische Linie des Andreas und muß wohl überzeugt davon gewesen sein, dass dieser aus dem Bruderzwist als Sieger hervorgehen würde. Anfang 1196 war Emerich noch nicht verheiratet. Acht Jahre musste Berthold noch warten, aber er hatte auf das richtige Pferd gesetzt. Nur um wenige Monate verpasste er den Aufstieg seines Schwiegersohnes Andreas zum König von Ungarn. Berthold IV. starb am 12. August 1204, Emerich am 20. November 1204. Damit war der Weg frei für den künftigen königlichen Schwiegersohn.

[165]Oppl Ferdiand, Das Treffen von Nis , S. 435[165]Oppl Ferdiand, Das Treffen von Nis , S. 435
[166]Oefele, Geschichte der Grafen von Andechs, S. 29
[167]Homan, Geschichte des ungarischen Mittelalters, II, 75
[168]Oppl, Das Treffen von Nis, 436

6. Königin Gertrud

Das junge Mädchen mit gerade 14 Jahren hatte zur Zeit ihrer Vermählung keine politische Erfahrung. Sie war nicht routiniert, aber sie wird den Umgang mit der Politik lernen müssen. Für diese Aufgabe hatte man sie erzogen. Aber auch mit jungen Jahren kann eine Prinzessin unerwartete und ungewöhnliche Kräfte entfalten. Wir dürfen vermuten, dass sie bereits recht aufgeweckt und selbständig war, ein mädchenhaftes und jungenhaft-mutiges Geschöpf. Es war vorherzusehen, dass ihre Rolle als ungarische Königin keine leichte Aufgabe sein würde und dass sie sich zwischen dem leichtfertigen König und den raffgierigen Großen als eine unbequeme Fürstin erweisen könnte. Gertrud geriet in eine wilde Zeit und in ein unbotmäßiges Land. Die Magnaten Ungarns waren stets bereit, ihrem Herrscher Schwierigkeiten zu schaffen. Den König betrachteten sie wie einen Rivalen und damit auch die Königin, umso mehr wenn diese es wagen sollte, sich etwa für ein starkes Königtum einzusetzen.

6.1. Planspiele einer Heirat

Keine Quelle hat Gertruds Geburtsjahr überliefert. Man kann es nur zu erschließen versuchen. Im Mittelalter wurde nur das Todesjahr festgehalten. Auch Gertruds Geburtsort ist nicht sicher bezeugt. Die naheliegendste Annahme ist die Burg Andechs selbst, da es von Gertrud und ihren Schwestern heißt, sie seien „alle gezogen und geborn auf dem vorgenannten berg."[169] Denkbar ist auch das Kloster Dießen, das Kloster Admont in der Steiermark oder Kloster Kitzingen, wo ihre Schwester Hedwig unterrichtet wurde. Kitzingen unterstand dem Bischof von Bamberg, der ebenfalls ein Andechser war.

Die Stadt Kitzingen. Im Kloster wurde Gertruds Schwester Hedwig erzogen. Es befindet sich an der Stadtbrücke neben der Kirche. Ölbild von Joseph Walter. Ansicht von 1770. Stadtarchiv Kitzingen.

Die **Ausbildung** der adligen Töchter umfasste die Fächer des Triviums und Quatriviums. Bereits Karl der Große ordnete an, dass die Töchter der Fürsten die gleiche literarische Ausbil- dung erhalten sollten wie die Söhne.
Die Damen des Adels waren daher auch in der Lage, profane und religiöse Bücher zu lesen. Außerdem erhielten sie je nach ihrer ehelichen Bestimmung zusätzlichen Unterricht in der betreffenden Fremdsprache. Wenn eine Prinzessin in ein nicht deutsch sprechendes Herrscherhaus verheiratet wurde, gab ihr eine Nonne oder ein Mönch besonderen Sprachunterricht. Das musste oft schnell gehen, denn es gab Vermählungen, die kurzfristig geschlossen wurden. Anders als bei den romanischen und germanischen Sprachen kam auf die nach Ungarn verheirateten Prinzessinnen die Schwie- rigkeit der völlig verschiedenen madjarischen Sprache hinzu. Konnten die ungarischen Könige die Sprache ihrer Bräute? Wahrscheinlich nicht. Sicherlich haben Kleriker, Kapläne, gebildete Hofbeamte vermittelt, indem sie Latein als Vehikularsprache benützten. Es gab ein rudimentär gesprochenes Umgangslatein, mit dem man die wichtigsten Situationen des täglichen Lebens bestreiten konnte.
Gertrud dürfte die jüngste aller Töchter Bertholds IV. gewesen sein und wurde etwa um

[169] Kraft, Andechser Studien Bd. 2, S. 586

1189 geboren. Sie wird dem ungarischen König fünf Kinder gebären: Maria 1205, Bela IV. 1206, Elisabeth 1207, Koloman 1208 und Andreas 1210. Die ältere Fassung des „Chronicon Hungarorum von Posen", welche die zweite Frau des Königs nicht erwähnt, sagt fälschlicherweise, dass Gertrud nur vier Kinder gehabt habe, weil der Chronist das erste Kind Maria nicht kennt.[170] Der Sohn Andreas stammt von Gertrud, nicht von seiner zweiten Frau Jolanthe von Courtenay.[171] Diese gebar nur eine Tochter, Violante, die schon 1219 verstarb. Mit der dritten Frau des Andreas, Beatrix von Este, hatte der König einen Sohn namens Stephan.

Das „Chronicon rythmicum" aus dem Ende des 13. Jahrhunderts, dem eine dichterische Note anhaftet, da es in Reimen verfasst ist, jedoch nicht ohne historischen Wert ist, berichtet, dass man in ganz Ungarn nach einer ebenbürtigen Frau für Andreas II. gesucht habe. Schließlich sei man übereingekommen, edle Männer aus Österreich auf Brautsuche loszuschicken. Dieser Umstand weist auf die Vermittlung des Herzogs Leopold VI. hin, von dem man weiß, dass er gute Beziehungen zum meranischen Haus pflegte. Die edlen Männer aus Österreich, so das Chronicon weiter, hätten beim Herzog von Meranien Erfolg gehabt, die Tochter Gertrud sei zur Braut erkoren und Andreas als Lebensgefährtin gegeben worden. Ob diese Art der Brautwerbung so stattgefunden hat, muss dahin gestellt bleiben. Ein Vorgang, der uns nötigt, darüber nachzudenken, wie die Vermählung Gertruds mit Andreas zustandekam, denn eine solche Form der romantischen Brautwerbung widerspricht unseren Kenntnissen von den Verhandlungen über die anderen Töchter Bertholds IV. mit Kaiser Barbarossa in Nis.

Königin Gertrud. Ausschnitt aus dem Familienbild der Freytagschronik 1451.

Die ersten **Anfänge der Heiratsplanung** zwischen Andreas und Gertrud gehen auf die Zeit zurück, als Berthold IV. auf dem Dritten Kreuzzug mit Barbarossa 1189 durch Ungarn gekommen war und das kaiserliche Heer, wie wir wissen, mit großer Gastfreundschaft aufgenommen wurde. Berthold IV. und der Vater von Andreas, Bela III., haben sich schon in Esztergom getroffen und wahrscheinlich in Nis die Vermählung Gertruds in Aussicht genommen. Diese Verbundenheit beweist schon damals die gemeinsame stauferfreundliche Haltung des ungarischen Königs Belas III. zu den Andechs-Meraniern. Als in Nis jene nicht genannte Tochter Bertholds IV. mit Tohu, dem Sohne des Serbenfürsten Nemanja, verlobt wurde, war da etwa auch Gertrud im Gespräch? Es gibt Heiratsabmachungen über Fürstentöchter, die von sehr langer Hand vorbereitet sind, auch schon bei Geburt eines Kindes. Im Falle der jüngsten Tochter Bertholds IV. dürfte dies zutreffen. Sie wird in Nis Gegenstand einer spekulativen Ehe mit einem der beiden Söhne Belas gewesen sein, also Emerich oder des Andreas. Das Heiratsgeschachere war also voll im Gange. Bei diesen Eheanbahnungen wird auch Leopold VI. von Österreich, ein guter Freund Bertholds IV. und Onkel von Andreas, eine Mittlerrolle gespielt haben.

Zu den Heiratsplanungen und Abmachungen gehörte ein Verlobungs- oder Ehevertrag, in dem nähere Einzelheiten und Bedingungen enthalten waren. Solche Eheverträge sind in den meisten Fällen nicht mehr vorhanden. Im Falle des Kindes Gertrud wird noch kein Termin einer Eheschließung genannt worden sein. Die politischen „Fahnen" könnten sich ja eines Tages ändern und die strategischen Konstellationen änderten sich oft schlagartig.[172] Jedoch wird man die üblichen Voraussetzungen eines Heiratsvertrages festgelegt haben,

[170] s. Toldy 68; Hormayr Beitr. I/2. 294/6; Fejer III. I. 76/8

[171] s. auch Dlugoss, Annales, liber 5/6, p.181: "Gertrudis de qua 3 filios, videlicet Belam, Colomannus et Andream et unam filiam, videlicet beatam Elisabeth, produxit"

[172] Spieß, Unterwegs zu einem fremden Mann, S.23

die aus anderen Bündnissen bekannt sind. Unter anderem legte man Wert auf absolute Jungfräulichkeit, auf körperliche Unversehrtheit und natürlich auf adliges Blut.[173]
Als Bela III. im Jahre 1196 starb, bestieg der schon zweimal gekrönte Emerich den ungarischen Thron, für den sein Vater inzwischen Constanze von Aragonien gewinnen konnte. Nun ist aber unwahrscheinlich, dass Berthold IV. schon damals seine Tochter einem unsicheren und zweitrangigen titellosen Prinzen gegeben hat. Da könnte man eher im Jahre 1198 an eine Verlobung der etwa neunjährigen Gertrud oder gar an eine Hochzeit denken, denn zu dieser Zeit wäre wenigstens der Herzogtitel des Andreas keine so schlechte Partie gewesen. Der kämpferische Andreas hatte sich nämlich sehr bald einen Namen gemacht und aufmerksame Beobachter sahen in ihm schon den stärkeren Bruder, der sich gegen Emerich durchsetzen würde. Außerdem hatte sich Andreas – im Gegensatz zu Emerich – für die staufische Richtung entschieden, und so trafen sich wunderbar die andechsisch-meranischen Interessen mit denen des aufstrebenden Herzogs Andreas. Auch war die Aussicht auf die Königswürde vorhanden, denn wenn Bruder Emerich sterben würde, hätte er 1198 noch keinen Nachkommen hinterlassen.
Emerichs Sohn Ladislaus wurde erst im Jahre 1200 geboren. Also hatte auch Berthold die Möglichkeit eines königlichen Schwiegersohns in seine Pläne miteinbezogen. Je länger der seit 1196 mit Constanze von Aragon verheiratete Emerich keinen männlichen Nachfolger hatte, desto mehr konnte der Vater Gertruds sich den Königstitel des möglichen Schwiegersohnes Andreas ausrechnen. Deshalb versprach Berthold IV. dem jüngeren benachteiligten Andreas, ihn in seinem Kampf gegen seinen Bruder militärisch zu unterstützen. Das war natürlich eine massive Einmischung in die ungarischen Thronkämpfe, aber solche heimlichen Interventionen waren schon immer üblich. 1198 war Andreas nun Herzog von Dalmatien, Kroatien und Slavonien, und es änderte sich sein politisches Ansehen. Damit hätte im Sinne der staufisch-andechsichen Politik eine Verheiratung stattfinden können. Der Umstand, dass Emerich kinderlos blieb, wird die Hoffnung des Andreas genährt haben, ungarischer König zu werden.
Trotz all diesen Gründen war Gertrud zu diesem Zeitpunkt für eine Vermählung noch zu jung. Zwar wurden auch andere Mädchen, wie zum Beispiel Gertruds Schwester Hedwig, mit 12 Jahren verheiratet.[174] Dabei kamen die Mädchen jeweils an Höfe und Burgen, in denen die Fürsten ständigen Wohnsitz pflegten. Andreas jedoch verfügte Ende der 90-er Jahre über keinen festen Hof. Der Herzog zog von Burg zu Burg, von Stadt zu Stadt, von Landsitz zu Landsitz, von Kloster zu Kloster. Es ist nicht einmal sicher, ob er sich in seinem Herzogtum Kroatien und Dalmatien aufgehalten hat. Am häufigsten saß er in einer der adriatischen Küstenstädte Spalato oder Zara, wo zwei seiner Anhänger den bischöflichen Stuhl innehatten. Spalato war Sitz des dalmatinischen Erzbischofs.
Der ungarische Königshof indessen saß in Esztergom und war von Emerich besetzt. Andreas befand sich ständig auf der Reise und hatte sich in Kämpfe verwickelt. Selbst der ungarische König verwaltete sein Reich von verschiedenen Orten aus. Umso mehr galt dies von Herzog Andreas. Emerich residierte im Norden, während sich Andreas im Südwesten bewegte. Das lässt sich daraus schließen, dass die Kämpfe mit Emerich meist von der Adria aus und bis zur Grenze Slawoniens an der Drau geführt wurden: in Macki, Somogy oder Varasdin. Gegen die Vermählung 1198 spricht noch der Umstand der politischen Unsicherheit im Reich. In Deutschland trat nach dem Tode Kaiser Heinrichs VI. eine kaiserlose Zeit ein. Berthold IV. trat im März 1198 vom Kreuzzug eilig die Heimreise an, um an der Königswahl Phlipps von Schwaben am 8.März 1198 teilzunehmen und um den Rivalen Otto IV. zu bremsen. Hatte er vielleicht sich alle Türen offen halten wollen, um etwa seine Tochter Gertrud doch noch mit einen anderen Fürsten zu verheiraten?

[173] „das Mädchen dürfe nicht hüftlahm noch bucklig sein und an allen Gliedmaßen richtig gewachsen." Spieß, 17
[174] Das kanonische Mindestalter für den Mann betrug 14 Jahre, für die Frau 12 Jahre, s. Hans-Werner Goetz, Leben im MA, 194, S. 41

1199 verlor Andreas bei Somogy einen Kampf gegen seinen Bruder und musste nach Österreich fliehen. Keine Gelegenheit für eine Vermählung. Im Jahre 1200 kam ein friedlicher mit dem päpstlichen Legaten vereinbarter Vertrag zustande. Kam jetzt Gertrud nach Ungarn? Es wird sich eine passendere Gelegenheit ergeben.
Am 6. Februar 1202 hielt sich Berthold IV. und seine Söhne Otto und Heinrich in Udine in der Residenz des Patriarchen Pilgrim II. von Aquileja auf (1194-1204). Sie unterzeichneten einenVertrag mit dem Patriarchen, wonach der Herzog 1000 Silbermark erhielt im Tausch gegen Gebiete in Kärnten. In diesem Vertrag ist auch die Rede von Erbansprüchen der Schwester des Herzogs.[175] Die Söhne und ihr Vater wollten diese Ansprüche auf ihre Legitimität hin prüfen. Es ging also bei diesem Aufenthalt um Geld, Erbe und vermutlich auch um Mitgift. Man erfährt nicht, was Berthold mit diesem Geld getan hat. Es ist durchaus wahrscheinlich, dass bei diesem Handel auch die Mitgift Gertruds im Gespräch war. Schließlich grenzte die hauseigene Markgrafschaft Istrien an Ungarn und eine „Übergabe" an den ungarischen König oder seine Gesandten – wie im Falle der ungenannten Tochter im Jahre 1189 in Istrien – ist naheliegend. Aber 1202 bereiteteten sich beide Brüder auf den längst fälligen Kreuzzug vor. Was sollte die junge Prinzessin in Ungarn tun und wo sollte sie sich aufhalten, wenn beide Brüder außer Landes waren? Kein attraktiver Beginn einer Ehe! Außerdem eroberte das Kreuzfahrerheer gerade die ungarische Stadt Zara. Dieser Affront rief starke Irritationen hervor. Daher waren erst einmal Unstimmigkeiten zwischen Andreas und dem Herzog Berthold IV. auszuräumen und es musste der Beweis geliefert werden, dass die Andechs-Meranier mit diesem Kreuzzug nichts zu tun hatten.
Wie auch immer, die **Vermählung** ist auf jeden Fall in eine Zeit gefallen, in der die ungarischen Brüder um die Macht kämpften. Als spätester Zeitpunkt einer Vermählung kommt der Herbst 1203 in Frage, denn um diese Zeit musste Gertrud schon im Lande gewesen sein, da sie im Oktober 1203 von Emerich des Landes verwiesen wurde[176] und erst wieder nach dessen Tode am 30. November 1204 zur Krönung von Andreas nach Ungarn zurückkehrte. Nicht erst nach dem Tode des Ladislaus, der am 7.Mai 1205 starb. Wir dürfen daher annehmen, dass es im Laufe des Jahres 1203, in dem Gertrud ohnehin das heitratsfähige Alter erreicht hatte, zur Hochzeit gekommen ist. Sie wird – ähnlich wie bei der namenlosen Schwester – über Salzburg, Kärnten, Krain, Friaul nach Südungarn gereist und an der Landesgrenze übergeben worden sein, von wo aus der Herzog für die Sicherheit der Braut verantwortlich war. Die Heirat wird auf einer jenen vielen Burgen Kroatiens oder Istriens stattgefunden haben, die Herzog Andreas gehörten.

Die nahezu uneinnehmbare Burg Klissa

Von Chnin zieht sich am Fluss Cikola entlang eine Reihe von Burgen über Drnis bis Sebenigo

[175]Lyon, Family relationships, 257
[176]Contin. Admunt. p.590, „ quum Andreas fratrem mancipasset Gertrudem eius uxorem in Meraniam patriam suam eodens compilatore teste redire permisit"

Wahrscheinlich aber hatte Andreas das schöne Spalato an der adriatischen Meeresküste gewählt, dem Sitz des dalmatinischen Erzbischofs. Dort fanden zwei große Kirchenversammlungen statt. Die Stadt hat Geschichte. Der römische Kaiser Diokletian baute sich dort einen Palast, weil er wusste, wie schön es da zu leben war.
Um diese Zeit herrschte einigermaßen politische Ruhe in Ungarn. Die Stellung von Andreas II. als Herzog war inzwischen gefestigt, seine Aussichten auf den Thron von Ungarn waren näher denn je, denn niemand hielt den Knaben Ladislaus für einen ernsthaften Herausforderer. Der Vierte Kreuzzug, der fast eine Belastungsprobe geworden wäre, hatte keine weiteren Folgen für Ungarn gehabt. Zum Zeitpunkt der Eheschließung, von der keine Urkunde berichtet, dürfte Gertrud 14 Jahre alt gewesen sein.

Ein mittelalterlicher Porträtmaler

Die erste Begegnung ist immer eine spannende und aufregende Angelegenheit. Wie sah die Braut aus? Entsprachen die Berichte der Wahrheit? Hatte vielleicht ein Maler mit Hilfe eines Porträts einen „Vorgeschmack“ auf die Braut schaffen können?
Wie präsentierte sich der ungarische Herzog? Wie reagierte Gertrud auf sein Benehmen, auf seine Kleidung, welche Worte wechselten sie untereinander und in welcher Sprache verständigten sie sich in den ersten Augenblicken? All das sind Fragen, die bis heute unbeantwortet bleiben müssen. Von einer sofortigen Schwangerschaft ist nichts bekannt. Maria wurde erst im Jahre 1205 geboren. Und das ist auch ein Grund, die Eheschließung nicht vor 1203 anzusetzen, da bis dahin von keiner Geburt eines Kindes Gertruds die Rede ist. Sollte die Heirat früher stattgefunden haben, dann hätte Gertrud wahrscheinlich Kinder geboren, denn dazu wäre sie auch in der Lage gewesen, wie die jährlichen Geburten vom Jahre 1205 an beweisen.

6.2. Eine gewagte Ehe

Gertrud hat ihren herzoglichen Lebenspartner nicht aus eigenen Stücken gewählt. Eheschließungen wurden im Mittelalter lediglich nach dynastischen Gesichtspunkten vollzogen, d.h. die Ehe war für die adligen Familien eine politische Angelegenheit und die Kinder wurden nicht danach gefragt, ob sie den vorgesehenen Partner liebten oder nicht. Die zukünftigen Ehegatten hatten sich vorher in den meisten Fällen überhaupt nicht gesehen. Es wird berichtet, dass Kaiser Friedrich I. in einer Eheangelegenheit mit dem König von Ungarn gesagt habe, dass eine freie Wahl für eine Frau nicht in Frage komme, weil diese immer dem Herzen folgen würde. Sie sei wie ein Kind, das ein glänzendes Ei einem tausend Pfund schweren Goldstück vorziehe.[177] Aus der dichterischen Literatur erfahren wir, dass die Kaisertochter Acheloyde sich selbst bei einem Turnier den Ehemann auswählen wollte. Der Kaiser beschimpfte sie wegen ihrer „Herzenswahl“. Er gab seinen heftigen Widerstand erst dann auf, als sich herausstellte, dass es sich bei dem Erwählten nicht um einen vermeintlichen Marschall, sondern um den ungarischen König Gayol handelte.[178] Aber solche Fälle waren äußerst selten. Heiraten des Hochadels stehen immer im Interesse der Hauspolitik, d.h. sie sind das Ergebnis politischer Pläne. Wenn unter solchen Umständen eine Ehe geschlossen wurde, konnte man nicht erwarten, dass die Liebe eine Rolle gespielt hat. Ein wirkliches Glücklichsein war in dieser kurzen Zeit nur wenigen vergönnt.
Die Verheiratung Gertruds mit Andreas II. wurde **von den Vätern arrangiert** mit dem Ziel,

[177]Berthold von Holle, Crane, 1717 ff; nach Kellermann-Haaf, Frau und Politik, 146
[178]Berthold von Holle, Crane, 146

das Bündnis zwischen Ungarn und dem Kaiser zu festigen. Dazu wurden die Andechser ausgewählt. Sie mussten eine Tochter „zur Verfügung stellen". Andechsische Heiratspolitik stand im Dienste der imperialen Politik und der Kreuzzugspolitik der Staufer. Die Kaiser versuchten zwar immer im Sinne einer monarchischen Solidarität, zuerst ihre eigenen Kinder „standesgemäß" zu verheiraten. Sie paktierten als europäische Zentralgewalt niemals mit der unteren Ebene in den Nationalkönigreichen, sondern nur mit Königshäusern. Hatten die Kaiser und Könige keine eigenen Prinzessinnen mehr, dann griffen sie auf die ihnen nahestehenden Fürstenhäuser zurück. Die Achse zwischen König Philipp von Schwaben - Herzog Berthold IV. - Herzog Andreas II. sollte damit bekräftigt werden. Sie geht schließlich zurück auf eine gemeinsame Verwandschaft der Andechser Familie mit den Staufern und Ungarn über eine Tochter Belas I.. Gertrud war ein strategisches Pfand für die Zuverlässigkeit zwischen dem deutschen König und Andreas II..

Dass Berthold IV. gerade Gertrud ausgewählt und vorgesehen hatte, muss wohl auch einen Grund gehabt haben. Ihm konnten die ungarischen Thronkämpfe nicht unbekannt geblieben sein und er musste auch damit rechnen, dass seine Tochter in den Strudel von Kämpfen und Töten innerhalb der Arpadendynastie hineingezogen wurde. Zimperlich also durfte das Mädchen nicht sein. Möglicherweise hatte der Vater diesbezüglich schon früh die aufgeweckte Gertrud unter seinen Töchtern ausgewählt, weil er in dem kleinen „Persönchen" eine starke Natur vermutet hatte.

Wie bereits erwähnt, musste Gertrud im Jahre 1203 **in ihre Heimat zurückkehren.** Nach den „Annalen von Admont" hat Emerich es Gertrud „erlaubt".[179] Eine Erlaubnis sieht aber normalerweise anders aus. Diesen scheinheiligen Gnadenerweis kann man nur so verstehen, dass der ungarische König sie nicht auch noch in Gefangenschaft setzte, sondern ihr die Freiheit ließ, in ihr Land zurückzukehren. Sie musste „ohne jegliche Habe" die Rückkehr antreten.[180] Dies bedeutet, dass Emerich sie ihrer ganzen Güter beraubte, ihrer Mitgift, ihrer Morgengabe und ihres Wittums, was jeder verheirateten Fürstin für ihren Lebensunterhalt zusteht, wenn ihr Mann gestorben ist. Diese ungewöhnliche Maßnahme bedeutete aber auch, dass die Ausweisung der Herzogin Gertrud, Ehefrau des Herzogs, einer Trennung, wenn nicht gerade einer Scheidung gleichkam. Emerich hätte sie ja auch mit ihrem Mann in Gefangenschaft nehmen können, was immer noch weniger unmenschlich gewesen wäre. Doch es schien ihm die Anwesenheit Gertruds überhaupt ein Ärgernis und eine Gefahr für seine Herrschschaft zu sein.

Der staufisch-andechsische Vorposten in der Person Gertruds war ihm ein Dorn im Auge, also griff er zu dem ziemlich brutalen Mittel einer Zwangstrennung.

Da von der ehemaligen Burg Andechs keine Belege für ihre ursprüngliche Anlage existieren, können andere Andechs-Meranische Burgen als mögliche Vergleiche dienen. Das Gemälde der Plassenburg aus dem Jahre 1604 zeigt die bereits mehrfach umgebaute Burg.

[179].. „uxorem vero filiam Bertholdo ducis Meranie ad terram propriam suam remittere permisit".und: „Emericus enim, quum Andream fratrem custodiae mancipasset, Gertrudem, jus uxorem, in Meraniam ....."(s.o.) auch Katona, Epitome I, 392 f

[180]„omnibus bonis destitutam", Annales Admuntensis, bei Gombos I, 281

Die gewaltsame Heimkehr Gertruds nach Bayern Ende 1203 war für sie indessen auch eine Gelegenheit, mit ihren Familienmitgliedern in persönlichen Kontakt zu kommen und in die staufisch-andechsische Strategie und Diplomatie näher eingeweiht zu werden. Sie wird sich ein ganzes Jahr in Andechs oder auf der Plassenburg aufgehalten haben. Eine solche „Gelegenheit" hatten sonst keine verheirateten Frauen. Der Vater Berthold IV. wird nicht müde geworden sein, Gertrud zu instruieren und sie auf eine Rückkehr nach Ungarn vorzubereiten. Berthold starb am 20. August 1204. Er hat den Tod Emerichs am 30. November 1204 und Gertruds Rückkehr nach Ungarn nicht mehr erlebt.

Der älteste Sohn Otto folgte ihm als Haupt der Familie nach. Sein Bruder Ekbert, Bischof von Bamberg indessen – nach all dem, was wir aus seinem späteren Leben her wissen – hat die Fäden in der Hand gehalten und die politischen Absichten des Vaters unter den Geschwistern machtvoll vertreten. Es ist keine Frage, dass der unfreiwillige längere Aufenthalt Gertruds in Andechs die politischen Weichen für ihre Rolle in Ungarn gestellt hat. Zweifellos haben die Andechser ihren Schwager Andreas II. im Kampf gegen Emerich unterstützt und Gertrud dazu ausersehen, ihre Rolle nicht nur als Herzogin von Dalmatien und Kroatien zu behaupten, sondern auch schon im Hinblick auf eine Rolle als mögliche Königin. Keiner ihrer Schwestern war es vergönnt, nach ihrer Heirat noch einmal in ihre Heimat zurückzukehren und damit in die Geheimnisse und politischen Pläne ihrer Familie involviert zu sein, zumal Gertrud die ungarischen Verhältnisse des letzten Jahres aus erster Hand kennen gelernt hatte. Die junge Gertrud wird innerhalb der Familie eine bedeutendere politische Rolle spielen als ihre Schwestern. Die Andechser betrieben eine planmäßige Familienpolitik und in dieser musste Gertrud eine ihr von den Brüdern zugedachte Aufgabe übernehmen.

Ein Jahr nach ihrer gezwungenen Ausweisung kehrte Gertrud nach Ungarn zurück, denn unter dem Jahre 1204 schreibt der anonyme Mönch, dass Andreas wieder frei gekommen sei und sofort seine Ehefrau aus Deutschland zurückgeholt habe.[181] Der Chronist betont, dass er sie „mit großen Ehren" empfing. Das entsprach üblichen mittelalterlichen Gepflogenheiten, weil mit dem von der Braut verbreiteten Glanz sich immer beide Seiten brüsten konnten, da er nicht nur den Ruhm der jeweiligen Dynastie steigerte, sondern auch das Ansehen des Bräutigams, dem es gelungen war, diese mit Schätzen beladene Prinzessin heimzuführen.[182]

Aus diesem Grund wird die junge Braut auch nicht über Kroatien eingereist sein, sondern man wird ihre Rückkehr in prächtiger Weise auf der Donau inszeniert haben. Die Reise von Andechs nach Ungarn über Regensburg bis Esztergom dauerte etwa vier Tage.

Der Sage nach sei es die Route Karls des Großen gewesen. Der Erste und Dritte Kreuzzug führte über die Donau, Heinrich der Löwe benützte sie, während der Tross am Rande des Flusses marschierte. Rechnet man mit einer Geschwindigkeit des Schiffes von sieben Kilometern pro Stunde, dann legte das Schiff 170 Kilometer in 24 Stunden zurück.[183] Bischof Wolfger brauchte zwei Tage von Regensburg bis Passau. Die gesamte Strecke beläuft sich auf 660 km. Demnach war die Flussreise in der Tat mit Tag- und Nachtrudern in wenigen Tagen zurückzulegen. Um die Geschwindigkeit zu beschleunigen, beschäftigte man zusätzlich Ruderer am Bug oder Heck. Mit Ruderblättern und Stangen führten sie das Schiff durch die vielen Mäander der Donau, von denen es zahlreichere gab als heute, da der Strom in-

Auf der Donau wird Gertrud in ein fremdes Land gebracht

[181] „Andreas, frater eius, a captivitate ad regnum sublimatur; qui etiam uxorem suam in regno Teutonicum requisitam cum gloria magna revocavit" (l.c.)

[182] Spieß, Unterwegs zu einem fremden Mann, S.28

[183] Ohler, Reisen im Mittelalter, S. 54

Die Mäander der Donau. Die Bischofsstadt Kalocsa lag damals am Ufer der Donau." Karte aus dem Jahre 1680

zwischen über lange Strecken begradigt wurde. Für den Personenverkehr verwendete man die Ulmer Zillen, Boote mit aufgezimmerten und überdachten Aufbauten, in denen man sich geschützt vor Sonne und Regen aufhalten konnte. In einem solchen Boot hatten bis zu 30 Personen Platz. Entlang der Donau standen Burgen, die von Grafen und Ministerialen besetzt waren und die durch Kuriere von der Durchfahrt der zukünftigen Königin benachrichtigt wurden. Sie gewährten für ihre Abschnitte die Sicherheit des Schiffes.

Eine Burgruine an der Donau aus dem 12. Jahrhundert. Entlang der Donau standen Burgen, die von Grafen und Ministerialen besetzt waren.

Gleich nach Passau standen die Burgen Krempelstein, Vichtenstein, Jochenstein. Dann erreichte das Brautschiff die Stadt Linz, dann das Stift Melk, gleich dahinter die Burg Aggstein in der Wachau, die auch als Schutzburg der Kaufleute diente und den Transitverkehr besonders genau kontrollierte. Es folgt die berühmte Burg Dürnstein, Sitz der bayrisch-sächsichen Kuensinger, die „Nibelungenstrecke" mit Kloster Krems, das Leopold I. 1089 seinem Sohn Benedikt vermachte, dann Greifenstein, Kloster Göttweig, von Bischof Altmann Ende des 11. Jahrhunderts gegründet, dann die Ritterburg Kreuzenstein, der Babenberger Hof in Wien, die bereits 1050 von Kaiser Heinrich II. gegründete Hainburg, Rainburg, Seeburstein und schließlich Pressburg, wo die Bernsteinstraße zwischen Ostsee und dem Mittelmeer kreuzte. Nach einem weiteren Tag kam die Gesandtschaft mit der kostbaren Braut in Esztergom an. Mit welchen Gefühlen, Ahnungen und Ängsten das junge Mädchen das Schiff bestiegen hatte, kann man sich leicht vorstellen, ebenso dieTage und Nächte der Spannung, der Erwartung, der Unsicherheit auf der gesamten Flussreise. Es war November 1204.

Empfang der Königin. So stellte sich der Maler des literarischen Epos"Willehalm" die Ankunft der Königin vor.

In Esztergom erwartete sie der König. Die höchsten Barone waren zum Empfang angereist, die meisten hatten ihren Sitz in der unteren Stadt, im sogenannten „Königsviertel" oder im nahegelegenen Szekesféhervár. Aufgeputzt, aufgemantelt und aufgerüstet machten sie der jungen Gertrud die Aufwartung. Einige Barone kannte sie noch, da sie ein Jahr lang in Ungarn gelebt hatte. Benedek, der unter Emerich Palatin war, hatte Andreas II. abgesetzt, dafür seinen getreuen Miklos berufen. Wie wird Gertrud in ihren jungen Jahren mit diesen bärtigen und trotzigen Männern zurechtkommen, die sie jetzt mit freundlich gesetzter Miene begrüßen? Unter ihnen, das spürt sie, befinden sich schlimme Gegner des Königs. Diese Haudegen und Draufgänger schreckten vor nichts zurück, weil sie nur noch ihre Vorteile unter einem nachgiebigen König Andreas witterten. Gertrud versucht ihre Befangenheit zu zügeln und nicht an ihre eigene Unerfahrenheit zu denken. Noch ehe sie den Hof betritt, weiß sie, dass sie um das Ansehen dieses Königs kämpfen muss.

6.3. Die Krönung

Auf mittelalterlichen Bildern stehen vielfach König und Königin als gekrönte Fürsten in gleicher Größe nebeneinander, während Gott Vater oder Christus seine Hände über sie ausbreitet. Der Sinn dieser Darstellungen liegt darin, dass König und Königin gleichermaßen an der Spitze des Reiches stehen und ihnen von Gott die gemeinsame Herrschaft auf Erden anvertraut wird.

Sowohl der Fürst wie auch die Fürstin werden von Gott gesegnet. Krönungsbild Heinrichs II. und Kunigunde.

Andreas II. übernahm die Regierung an Pfingsten 1205. Wie wir wissen, wurde die Krönung vom Erzbischof Johann von Kalocsa vorgenommen, weil der Erzbischof von Esztergom, dem das erste Recht zustand, noch nicht nominiert war. Der Bischof von Veszprem beanspruchte seit der Zeit Giselas das verbriefte Recht auf Krönung der Königinnen, was noch 1216 die genauen Vorschriften in einer päpstlichen Urkunde bestätigten. *„Falls die Salbung und Krönung des Königspaares gemeinsam geschieht, dann salbt und krönt der Graner Erzbischof den König, der Veszpremer die Königin. Falls aber nur die Königin gesalbt und gekrönt werden soll, dann nimmt der Veszpremer Bischof ihre Krönung, der Graner ihre Salbung vor. Falls der Graner Bischof nicht anwesend ist, dann wird Salbung und Krönung vom Veszpremer Bischof ausgeführt.“*[184]

Von einer gemeinsamen Krönung von König und Königin darf man ausgehen. So wie auch Gisela während der Krönung Stephans zur Königin gekrönt wurde und wie es auch bei Kaiser Heinrich II. mit Kunigunde 1002 geschah.[185] Es gibt keine sicheren Nachweise darüber, mit welcher Krone Gertrud gekrönt wurde, aber es liegt nahe, dass es die sogenannte „Corona graeca“gewesen sein könnte, die sicher keine Krone für Männer war, sondern ein Diadem für Frauen. Die Krone wurde am Ende des 11. Jahrhunderts in Byzanz hergestellt. Sie war ein Geschenk des byzantinischen Kaisers an Synadene, der Frau des ungarischen Königs Geyza I.[186] In der Gestalt von heute wurde sie tatsächlich als eigene Krone der Königinnen getragen. Gertrud hat später ihre eigene Krone einschmelzen und daraus einen goldenen Kelch für die Kirche in Bratislava anfertigen lassen.[187] Eine andere Krone, die bereits Gisela besaß, stammte vermutlich von ihrem Bruder Heinrich, dem Bayernherzog. Sie blieb bis 1217 in Veszprem aufbewahrt. Gisela hatte sie 1045 bei ihrer Rückkehr nach Bayern der Kirche von Veszprem geschenkt. König Andreas II. verkaufte sie auf seinem Kreuzzug im Orient. An den Papst schrieb er damals: *„Wir geben jedermann bekannt, dass Wir beim Aufbruch ins Heilige Land nach Jerusalem aus der Kirche von Veszprem mehrere wertvolle Dinge mitgenommen haben, unter ihnen ein besonderes Kleinod, nämlich die Krone der seligen Gisela, die außer den Edelsteinen reines Gold enthielt und die Wir in den Gebieten jenseits des Meeres für 140 Mark Silber verkauften, wobei die anwesenden Adligen ihren Goldwert derart hoch bewerteten und uns gebeten haben, einen entsprechenden Ersatz dafür zu geben, wenn wir lebend in unser Land zurückkehren“.* [188]

[184]Der Zorn des Bischofs von Veszprem war wohl nötig, weil sich der Graner Erzbischof Johann durch eine Königinnenkrönung „vergriffen“ hatte und die Krönung Jolanthes, der 2. Frau von Andreas II. vornahm. Darauf beklagte sich der Bischof Robert von Veszprem beim Papst und sagte, diese Krönung sei rechtswidrig gewesen. Der Papst entschied für den Veszpremer Bischof.

[185]Szanto, Das Leben der Seligen Gisela, 53, „und er nahm sie zur Frau, nachdem sie gesalbt wurde“; auch: Endlicher, 145, ...“quam unctione crinali perunctam...“ Wie wir wissen, gab es eine eigene Krone der Königinnen, s. M.v. Barany-Oberschall, 36

[186]auch Deér, Die Hl. Krone Ungarns, 52; 65f

[187]Dlugoss, Annales VI, 218

[188]l.c.

Der erste schriftliche **Krönungsordo** von Mainz, eine Sammlung von liturgischen Zeremonien und Gebeten, stammt erst aus dem Ende des 13.Jahrhunderts, greift aber sicherlich auf eine Tradition zurück, nach der die Königinnnen bereits seit Gisela gekrönt wurden. In ihm wird zum ersten Mal in der mittelalterlichen Geschichte auf die Teilhaberschaft an der Regierung, dem „consortium regni" hingewiesen. Die Gebete erwähnen nicht nur, dass die Königin den König „milde stimmen" und „gottgefällig" leben sollte, sondern mit Hinweis auf die königliche Esther aus dem Alten Testament „klug und gerecht" zu regieren habe.[189] Nach dem Vorbild des biblischen Erhebungsakts Esthers durch den assyrischen König ist sie als Gemahlin des Königs Mitherrscherin im Reich. Wie wichtig dabei der Besitz der ungarischen Krone war, zeigt das Gesetz, dass kein gewählter König als legaler Fürst des Landes betrachtet werden darf, solange er nicht mit der Hl. Krone inthronisiert wurde.[190] Daher war es auch so entscheidend, die Krone zurückzuholen, die Constanze seinerzeit auf ihrer Flucht nach Österreich mitgenommen hatte.

Esther und König Ahasverus. Esther wird Mitregentin

Der genaue Ablauf der Königskrönung ist nicht mehr rekonstruierbar. Jedoch liegt uns eine Beschreibung von Antonio Bonfini vor.[191]

Danach kam der König einige Tage vorher in der Krönungsstadt Stuhlweißenburg an. Er fastete drei Tage lang, um sich auf die Zeremonie innerlich vorzubereiten. Am Sonntagmorgen begab er sich mit der Königin in einer feierlichen Prozession in die Basilika der Hl. Jungfrau Maria. Die Königsinsignien wurden von den Bischöfen und Baronen vorhergetragen, zwei Prozessionskreuze, die königliche Fahne, das blanke Schwert, Zepter, Reichsapfel und die Hl. Krone, gefolgt von den Pferden des Königspaares. In der Basilika versammelten sich die Bischöfe am Altar, während Bürger der Stadt in ihrer Montur die Türen der Kirche bewachten. Das Königspaar nimmt Platz. Die erste Bischofsrede erinnert an die Fürstenpflichten. Der König legt die Hand auf die Bibel und schwört, die Kirche zu verteidigen, die Schwachen, Witwen und Waisen zu beschützen und die Privilegien seiner Untertanen zu gewähren. Dann legt er sich auf die Stufen des Altars mit der Bitte um Sündenvergebung. Vom Erzbischof wird er geweiht und gesalbt. Zu diesem Zeitpunkt wird auch die Königin gekrönt und gesalbt worden sein. Nachdem der König den Mantel des Hl. Stephan angelegt hat, beginnt die Messe. Am Schluss wird ihm das blanke Schwert überreicht, das er schwingt und in die Scheide steckt. Einige Bischöfe bilden einen Kreis um ihn und setzen ihm die Krone auf, danach der Königin die ihrige mit den Worten: „Nimm die Krone des Ruhmes und wisse, dass auch du an der Leitung des Reiches beteiligt bist und sorge mit Erfolg für das Volk unseres Herrn. Je mehr du gerühmt wirst, desto hingebungsvoller liebe es und bewahre die Demut vor unserem Herrn Jesus Christus". [192] Wenn der König das Zepter und den Reichsapfel in den Händen hält, schwören beide den Krönungseid. Mit dem „Te Deum" endet die Zeremonie.[193]

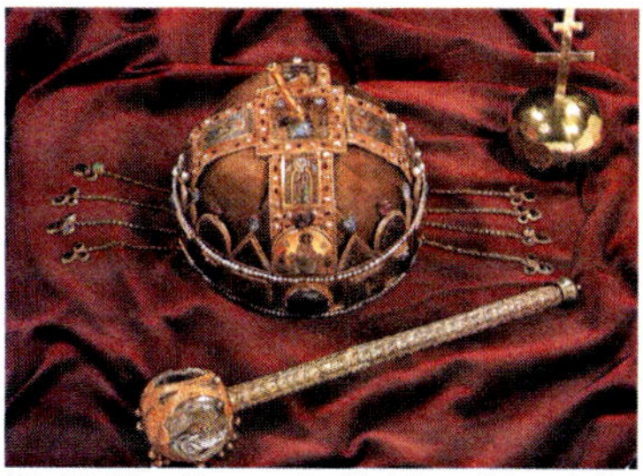

Die Heilige Krone, der Reichsapfel und das Zepter. Legitimer Herrscher Ungarns war derjenige, der mit dieser Krone gekrönt wurde. Parlamentsgebäude Budapest.

[189]Fößel, Die Königin im mittelalterlichen Reich, S.44
[190]Fügedi, Kings, bishops,nobiles and burghers, 179
[191]Bonfini, Rerum Ungaricarum Decades IV, aus dem Jahre 1390
[192]s.Majoros/Rill, Bayern und die Magyaren, 50 f
[193]Fügedi 161 f; Die Krönungszeremonien sind von Fügedi gut erforscht worden, aber werfen immer noch viele Fragen auf

So oder ähnlich könnte die Krönung abgelaufen sein. Die Tatsache, daß Andreas II. einen Krönungseid geleistet hat, geht aus einem Schreiben des Papstes Innocenz III. hervor, in dem er den König an diesen Schwur erinnert.[194] Diesen Eid scheint auch die Königin geleistet zu haben, zumindest lässt er sich aus dem Jahre 1276 nachweisen.
Die kirchliche Herrscherweihe ist ein tiefgreifendes Ereignis, weil innerhalb der Zeremonie sich der König per Eid zu den Pflichten des christlichen Herrschers bekennt,[195] wie auch die Würdenträger sich eidlich zu den ihrigen verpflichten. Nach der Krönung legte ihm der Erzbischof das Zepter auf die Schulter und sprach: „Nimm das Zepter der Tugend und Gerechtigkeit, sei gegenüber den Armen barmherzig und milde. Sorge mit der größten Hingabe für die Witwen und Waisen".
In diesem Zusammenhang muss das **Krönungskleid Gertruds** erwähnt werden, das noch eine lange Nachgeschichte haben wird. Ein Verweis im 8. Eintrag der ältesten Chronik von Andechs aus dem Jahre 1429 besagt, dass Gertruds Tochter Elisabeth ein Krönungskleid ihrer Mutter später in ein Messgewand habe umarbeiten lassen, in das die Andechser Reliquien eingewickelt waren.[196] Diese „Tunica" sei Gertrud als Kleid zu ihrer Krönung von den „Römern" übersandt worden. Dann habe es Elisabeth mit anderen Reliquien nach Andechs geschickt und die Kapläne hätten daraus eine Kasel gestickt.[197] Diese als „Rock der Hl. Elisabeth" bezeichnete Kasel ist aber in Wirklichkeit kein Messgewand, sondern eher eine Dalmatik als Teil eines Krönungsornats. Elisabeth soll es in Erinnerung an ihre Mutter auch als Brautkleid getragen haben.[198] Das kostbare Kleid besteht aus buntgemustertem Seidendamast mit Abbildungen von Greifen und Adlern.

Krönungskleid Gertruds, stark abgenützt, die Struktur ist schlecht sichtbar. Kloster Andechs, Heilige Kapelle.

Elisabeth bekam es 1228 als Rest ihrer Aussteuer aus Ungarn zugesandt. [199] Dass es sich ursprünglich um ein königliches Gewand gehandelt haben muss, zeigen die noch erkenn- baren Muster von Vogelpaaren, die auch auf der Bekleidung von Papst Clemens II. und von König Philipp von Schwaben erscheinen.[200] Es ist verständlich, dass die Hl. Elisabeth daran Interesse hatte, das Krönungskleid ihrer Mutter in deren Heimat zu wissen.[201]

Bei jeder Vermählung oder Krönung erhielt die Königin ein Wittum, das ihr der Ehemann vermachte und über das sie frei verfügen konnte. Solche Schenkungen des Bräutigams an die Braut werden auch „dos" genannt. Davon zu unterscheiden ist die Hochzeitsgabe oder Morgengabe, ein Geschenk des Königs. Diese bestand meist in Form von Territoriumsbesitz und blieb zeitlebens unter der Kontrolle der Königin. Die Braut erhielt Land auf königlichem Besitz,[202] der unter Umständen sehr beträchtlich sein konnte. Als Brautschatz erhielt Constanze von Aragon bei der Heirat mit Emerich, Gertruds Schwager, ganze 12 000 Mark Silber und zwei Komitate in Westungarn zugesichert.

---

[194] Fügedi, Kings...,184 f
[195] Déer, Der Weg zur Goldnen Bulle, 111
[196] B. Kraft, Andechser Studien, Bd. 2, 1940, S. 397
[197] „ Involverunt reliquias in tunicam S. Elisabet, quam transmisit cum aliis reliquiis ad locum Andezz. In qua tunica mater sancte Elisabet est coronata... Quem pannum Romani transmiserunt Regie Ungarie," 8. Eintrag in der Andechser Chronik, bei Kraft, 397. Nach einer anderen Quelle soll Elisabeth das Kleid erst im Jahre 1228 als Rest ihrer Aussteuer aus Ungarn erhalten haben.
[198] Der Schatz vom Hl. Berg, Ausstellungskatalog 1967, S. 20 und Sattler, Chronik von Andechs, S. 76
[199] „ Insuper si qua ei residua fuerant ornamenta, que de domo patris sui regis Ungarie attulerat..." Kraft, Andechser Studien, 2, S. 490
[200] Die Andechs- Meranier in Franken, Katalog S. 295
[201] Kraft, Andechser Studien, 2, 491
[202] Bak, Roles and functions of queens in Arpadian and Angevin Hungary, 18

Als sie 1204 Witwe geworden war, versprach man Constanze, diese 12 000 Silbermark zurückzugeben, wenn sie das Land verlassen würde.[203] Andreas II. schenkte seiner zweiten Frau Jolanthe von Courtenay bei der Heirat das Einkommen des gesamten Banats Bodrog.[204] Papst Honorius III. bestätigte für Jolanthe, dass ihre Mitgift von 8 000 Mark Silber aus diversen Abgaben und Einkünften der Sarazenen sichergestellt werden müsse. Als Andreas II. zum Kreuzzug aufbrach, überließ er ihr als Witwengeld das Einkommen von Salzverkäufen, Steuern der Ismaeliten von Pest und „Einkommen des sehr großen Landes. "
Als **Mitgift** brachte die Prinzessin nicht ländlichen Besitz mit in die Ehe, sondern bare Schätze. Die Königinnen konnten ihr mitgebrachtes Erbe selbt verwalten, erhielten vom König die für die praktische und wirtschaftliche Hofhaltung notwendigen Mittel, für die Bewirtung und die Armenfürsorge. Auch über ihr Wittum oder ihren Hausbesitz konnten die Königinnen frei und selbständig verfügen, ihre Güter selbst verwalten, veräußern oder jemandem übertragen. Eine sehr reiche Ausstattung zum Beispiel erhielt 1207 die spätere Kaiserin Agnes bei der Hochzeit mit Heinrich von Flandern und Hennegau. Sie war die Tochter von Bonifaz I. von Montferrat, der am 14. April 1205 die kaiserliche Regentschaft übernahm und im August 1206 gekrönt wurde. Es ist wichtig, die Einkünfte, Schätze und den Besitz anderer Königinnen zu erwähnen, um zu verstehen, dass Gertrud ebenfalls Besitz hatte und es nicht nötig hatte, ungarisches Eigentum zu „verschleudern". Sie brauchte es nicht, weil sie selbst genug hatte.

König Andreas II. und Königin Gertrud. Landgrafenpsalter.

6.4. Am ungarischen Hof

Gertruds aktive Rolle am Königshof in Ungarn kann man nur aus ihrem staufisch-andechsischen Mandat heraus verstehen. Sie musste die politischen und territorialen Strategien ihrer Familie umsetzen. „Eine eigenständige politische Tätigkeit haben nicht einmal die Frauen der Staufer ausgeübt. Sie waren vor allem Objekte einer auf Ausweitung des Herrschaftsgebietes gerichteter Heiratspolitik."[205] Auf der anderen Seite ist aber auch dringend vor der alten und falschen Ansicht zu warnen, Frauen hinsichtlich ihrer Macht und ihrer Hochachtung im Mittelalter zu unterschätzen.[206] Nicht alle Fürstinnen waren unterwürfige, untertänige und inferiore Frauen. Sie mussten allerdings auch der Heiratspolitik ihrer Familie folgen, der es lediglich auf Einfluss und Ausweitung des Herrschaftsbereiches ankam. Die Prinzessinnen galten gewissermaßen als Botschafterinnen ihres Landes.
Gertruds aktive Einmischung in die ungarische Hofpolitik muss immer unter dem Gesichtspunkt ihres Auftrags gesehen werden, den sie im staufisch-andechsischem „Netzwerk"[207] zu erfüllen hatte. Sie war ein südosteuropäischer „Vorposten" ihrer Dynastie, Objekt der Diplomatie, Spielball anderer Wünsche und verstrickt in die rechnerischen Spiele der staufischen Politik. Gemessen an der breiten Perspektive weiblicher Autoritäten und weiblichem Einfluss an europäischen Fürstenhöfen auf die Landespolitik während des 12. und 13. Jahrhunderts, ist Gertruds aktive Rolle nicht einmal auffällig.

[203]Bak, Roles...18
[204]Das Banat war das südliche Grenzgebiete Ungarns, südlich der Sawe bzw. der Karpaten; es diente als „Vorland" gegen Byzanz, Bosnien und Serbien, besaß viele Grenzfestungen, aber auch bedeutende Einkunftsquellen. Jolanthe verfügte über reiche Besitzungen und Handelsprivilegien im Marostal; Göckenjan, Hilfsvölker und Grenzwächter, 58
[205]Ennen, Frauen im Mittelalter, 132
[206]Lyon, Family Relationships, S. 280 f
[207]Lyon, 278,281

Über sie besitzen wir recht aufschlussreiche Nachrichten. Eine moralische Verurteilung ihrer Politikausübung wäre für den unbeeinflussten Betrachter der Geschichte völlig unangebracht. Gertrud fungierte als ausführendes Organ der staufisch-andechsischen Strategie. Sie hatte einen relativ kleinen eigenen Spielraum für politische Entscheidungen und konnte höchstens einige wenige persönliche Interessen durchsetzen. Ein völlig autonomer Handlungsspielraum ist undenkbar. Eine Frau, die im Auftrag der Politik handeln muss, gehört nicht mehr sich selbst, sie muss anderen Gesetzen gehorchen. Gehorsam gegenüber der patriarchalischen Familie und deren Plänen war Leitbild ihres Handelns. Dabei fühlte sie sich nicht als Opfer einer Heiratspolitik, sondern als stolzes Mitglied ihrer Dynastie und durchaus nicht funktionalisiert im Dienst des Familieninteresses. Es wäre kurzsichtig, sie nur als Erfüllungsgehilfin der Verwandtenpolitik zu sehen.

Alles an diesem ungarischen Hofe war neu. Andere Sitten und Gewohnheiten, andere Tagesabläufe, eine andere Sprache, andere Gesetze, andere Kleidung. Auf Gertrud lastete ein ungeheuerer Anpassungsdruck. Sie musste sich in der neuen Hofgesellschaft zurechtfinden. Erasmus von Rotterdam fühlte es den Frauen nach: „Dabei will ich noch gar nichts darüber sagen, wie unmenschlich man mit den Mädchen selbst verfährt, die manchmal in weit entfernte Länder wie in die Verbannung zu Menschen geschickt werden, die in Sprache, Aussehen, Charakter und Anlagen gänzlich verschieden leben; sie würden bei ihren Landsleuten glücklicher leben, wenn auch mit weniger Prunk."[208]

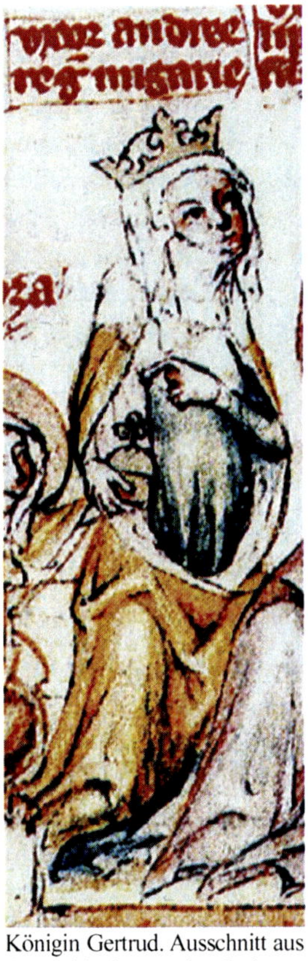

Königin Gertrud. Ausschnitt aus dem Schlackenwerther Codex.

Eigentlich wäre es Aufgabe des Königs und der Schwiegereltern gewesen, die junge Königin in ihre neue Umgebung einzuführen. Von Andreas II. weiß man das nicht, vermutlich hat er sie von Anfang an allein gelassen, denn er war kurz nach der Eheschließung schon wieder nach der Kiever Rus aufgebrochen. Schwiegereltern gab es nicht am Hof. Vater Bela III. war schon fast zehn Jahre tot, die Schwiegermutter Anna von Châtillon war noch früher gestorben und Margarete, Belas zweite Frau, Schwester des französischen Königs Philippe Auguste, seit 1197 nicht mehr am Leben.

Gertrud war auf sich allein gestellt. Sie musste erst die ungarischen Hofangestellten kennenlernen. Die Machtbereiche wurden abgesteckt. Nicht alles war festgelegt. Vorsichtig begegnet sie den lauernden Magnaten, gewann zunehmend konkrete Vorstellungen von den Gepflogenheiten und Machenschaften der Hofbeamten. Alles musste sie erringen, mit Geduld, mit Geschick und den zähen Gegnern der Monarchie ein waches Misstrauen entgegenbringen. Die äußerst riskante Rolle als ungarische Königin war ihr noch nicht voll bewusst. Von der ersten Stunde an ist ihr Leben so eingestellt, dass sie repräsentative Aufgaben zu bewältigen hatte und daher gleich im Blickpunkt der Öffentlichkeit stand. Die ungarischen Großen werden versuchen, ihr jegliche Selbständigkeit auszutreiben. Und Gertrud wird von Jahr zu Jahr immer mehr spüren müssen, dass ihr nur die Wahl bleibt, den Magnaten Herr zu werden oder ihnen nachzugeben. Zu ihren **Aufgaben** gehörte die Beaufsichtigung der persönlichen und diplomatischen Hofhaltung, die Finanzierung der Verwaltung, der Empfänge, der Boten, der Bediensteten, der Besitztümer. Sie musste sich kümmern um die täglichen Bedürfnisse des Herrschers und des Hofes wie Mahlzeiten, Ruhezeiten, Kleidung, Aufenthaltsräume, Unterhalt der Pferde, kurz für die gesamte Hausökonomie. Sie hatte die Oberaufsicht über

[208] nach Spieß, 33

den Kämmerer, den Vogt, die Kanzlei, den Notar, die Schreiber. Ebenso traf sie Vorsorge für die Reisen, die Heereszüge, für die Verwaltung königlicher Wohnsitze. Das ganze Netz der Herrenhöfe und Burgen im Land, besonders entlang der Donau war zu betreuen. Das alles konnte ihr nicht leicht fallen, sie brauchte einheimische Dienstleute und konnte nicht sicher sein, ob sie sich auf sie verlassen konnte. Die Königshöfe waren nie ohne Intrigen, Verdächtigungen, Eifersüchteleien, bösartiges Geschwätz und Gertrud war nicht erfahren genug, damit umzugehen. Befangen und verwirrt betritt sie das höhere Podium der Politik. Sie sah sich plötzlich mitbeteiligt an den Aufgaben der königlichen Hauskapelle, in der Kapläne und Kleriker vereint waren. Dieses Gremium wurde vom Metropoliten, dem Erzbischofs von Esztergom, geleitet, der die Texte der Kaplanei überprüfte und versiegelte. Man fragte nicht nach ihren Kenntnissen. Ihre Unfertigkeit kümmerte niemand, und die Dinge ihres Lebens hätten einen ruhigeren Verlauf genommen, wenn sie von Anfang an zu allem Ja und Amen gesagt oder, wie es die Großen am Hofe erwarteten, geschwiegen hätte. Doch zunächst redet sie nicht viel, wahrscheinlich gar nichts. Sie hört zu, sieht zu, sie wartet zu. Wie wird sich Erzbischof Johann zu ihr verhalten, der ebenfalls auf dem Burgberg in Esztergom neben der Königsfamilie in seinem Palais regiert und der einige Monate nach der Krönung Ende des Jahres 1205 sich in Esztergom einfand? Noch wußte sie nichts von ihren eigenen Gefahren und Bedrohungen. Nun betrat sie die Bühne des Landes und man würde sie aufmerksam beobachten, jede Schwäche registrieren. Die ersten Jahre werden nicht windstill und ereignislos dahingehen.
Noch unerfahren ist sie in den ungarischen Staatsdingen, aber wohl neugierig, sie kennenzulernen. Ganz unaufgeregt überlässt sie dem vertrauenswürdigen Palatin Miklos die Staatsgeschäfte und wirft sich nicht gleich aufs Herrschen.
Gertrud hatte ihr eigenes Hofgesinde, das sie aus ihrer Heimat mitbrachte. Eine Reihe deutscher Ritter befanden sich darunter. „Der Ruhm des königlichen Hofes wurde gehoben, wenn er neben der fremden Königin und ihrem Gefolge auch eine fremde Leibwache aufweisen konnte."[209] Man fragt sich, wie hoch die Anzahl ihres Hofstaats gewesen sein könnte? Wir wissen es nur von anderen Quellen. Ihre große Ahnmutter Gisela soll 300 Ritter mitgebracht haben, Elisabeth von Pommern zählte 500 Personen zu ihrem Hofstaat, auf ein ungewöhnlich hohes Gefolge von 1000 Personen kam Anna von Schwednitz im Jahre 1354. Kriemhild im Nibelungenlied verfügte über 100 Hofdamen und 500 burgundische Ritter. Man darf mit einem Durchschnitt von etwa 200 Gefolgsleuten rechnen.[210]
Gertrud hatte ihre persönliche Hofdamen, ihre Berater, Dolmetscher und Kapläne, Wundärzte, Apotheker, Barbiere und Astrologen. Nicht nur der eigene Haushalt, sondern das eigene Gefolge sicherten ihr eine beachtliche Autonomie innerhalb des königlichen Hofes. Rechtsquellen des 13. Jahrhunderts räumen den Fürstinnen weitgehende Freiheiten ein. Im Umgang mit den Hofbeamten wird es solche gegeben haben, denen sie Weisungen geben konnte und andere, bei denen sie ihre Zuständigkeiten beachten musste und keine Interventionsrechte hatte, was aus der Vita ihrer Schwester, der Hl. Hedwig, hervorgeht.[211] Sie war die offizielle Verwalterin der Einkünfte und Vorräte innerhalb der Hofökonomie. Unbestritten hatte sie also die Kompetenz in ökonomischen und finanziellen Angelegenheiten, umsomehr als ihr Ehemann durch längere Abwesenheit an der Ausübung seiner Aufgaben verhindert war. Vieles war an diesem Hofe unberechenbar. Sie weiß jetzt aber sicher, dass sie dieses Mal nicht mehr

Die Kemenate der Königin in der Königsburg von Esztergom mit Blick auf die Donau. Rekonstruktion.

[209]Györffy, König Stephan der Heilige, 174
[210]Fößel, Die Königin im mittelalterlichen Reich, S. 87
[211]Opitz, Frauenalltag im Mittealter, S.130

Sihre Heimat sehen wird. Sie muss schon die wichtigsten Ausdrücke der ungarischen Sprache für den täglichen Gebrauch gekannt haben. Die Schrift-und Urkundensprache war Latein, die Umgangssprache wahrscheinlich ein je nach Land adaptiertes Latein.
Wer hielt sich am **Hof von Esztergom** auf? Zunächst einmal war es die königliche Familie, die Kinder, dann die Erzieher, Bedienstete, Beichtväter. Der oberste Beamte war der Palatin. Zu den Beratungen erschienen die Bischöfe und Grafen der einzelnen Komitate sowie Vertreter des Adels. Und da war der mächtige Erzbischof von Esztergom. Wir werden noch viel von ihm hören. Bei ihm laufen alle Fäden des Reiches zusammen. Sein Palais grenzt eng an die Burg des Königs, Mauer an Mauer neben der Königsfamilie. Das soll die Einheit von Kirche und Reich symbolisieren, hat aber auch ganz pragmatische Nachteile: nichts bleibt dem Primas verborgen und Gertrud wird von den neugierigen Domkaplänen argwöhnisch beobachtet. Der verstorbene König Emerich hatte ja schon mehr als den halben Burghügel an den Erzbischof verschenkt.
Esztergom besaß eine sehr vorteilhafte Lage an der Donau für Verkehr, Verteidigung und Handel.[212] Die Burg blieb von Stephan I. bis 1242 Königsresidenz und gleichzeitig Sitz des Primas von Ungarn. Die Ansiedlung an der Donau unterhalb der Königsburg war seinerzeit die bedeutendste Stadt Ungarns und viel größer als das heutige Esztergom. Am südlichen Ende der Burg stand der von Gertruds Schwiegervater Bela III. erbaute mächtige Wohnturm. Nach neuesten Forschungen glich die Herrscherresidenz auf dem Esztergomer Burgberg in der Arpadenzeit den Palästen der Staufer in Goslar, Gelnhausen und Wimpfen mit einer riesigen Empfangshalle und einer zweistöckigen Burgkapelle. Im nördlichen Teil befanden sich die erzbischöflichen Gebäude und die St. Adalbertskirche.
Wie wird sich der mächtige Erzbischof zu ihr verhalten?
Sie muss ein befremdendes Gefühl ihm gegenüber haben, denn er war ein alter Anhänger ihres verstorbenen Schwagers Emerich. Das neue Verhältnis zwischen ihm und ihrem Gemahl Andreas II. wird ein Wechselbad von heiss und kalt bleiben.
Am Hof verkehrten auch die Chalizen. Die Chalizen waren jüdische und moslemische Finanzkräfte, die für die Verwaltung der königlichen Einnahmen zuständig waren. Sie erschienen nur von Zeit zu Zeit, um ihre Berichte, Geldtransporte und Zolleinnahmen abzugeben, kümmerten sich um die königlichen Regalien und hatten einen nach haltigen Einfluss auf das Wirtschaftsleben Ungarns.[213] Geradezu unentbehrlich waren sie für die ungarischen Könige als Eintreiber des königlichen Fiskus.

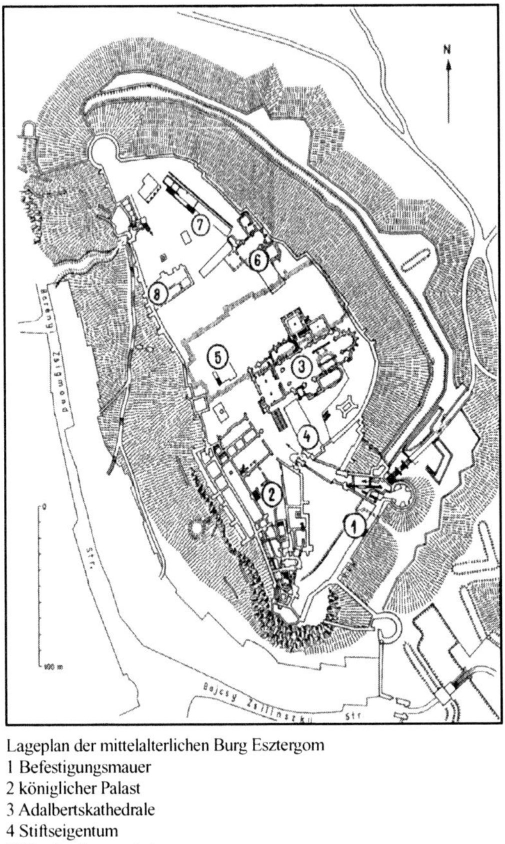

Lageplan der mittelalterlichen Burg Esztergom
1 Befestigungsmauer
2 königlicher Palast
3 Adalbertskathedrale
4 Stiftseigentum
5 Sitz des Domprobstes
6 Kirche St. Stefans
7 Bauten des Stefansstiftes
8 erzbischöfliche Residenz

[212] Istvan Horvath, Esztergom im Mittelalter, in: Mariazell und Ungarn, Graz-Esztergom 2003
[213] Göckenjan, Hilfsvölker und Grenzwächter, 76

Ihre natürlichen Feinde waren die Kirche und der Adel. Die Chalizen hielten zum König. Sie versperrten den Magnaten den Zugang zu den recht ertragreichen Ämtern der königlichen Finanzverwaltung und beherrschten allerdings auch einträglich den Sklavenhandel.

Persönliches Eigentum hat Gertrud genauso besessen wie andere Fürstinnen. Zwar verfügt der Ehemann rechtlich und theoretisch über die Finanzen der Frau, aber wir kennen aus der literarischen Dichtung eine große Zahl von geldbesitzenden Frauen, die beträchtliches Eigentum hatten und sogar über den Schlüssel für die Schatzkammer verfügten. Im „Willehalm“ des Wolfram von Eschenbach bestreiten gleich zwei Frauen die Besoldung von Truppen aus eigenen Finanzmitteln.[214] Auch „Imschart“ stattet aus ihrem persönlichen Besitz ein ganzes Heer aus und betraut einen Juden mit der Zusammenstellung der Söldner.

Der höfische Dichter Wirnt von Gravenberg spricht von der Fürstin Beleare, die sowohl über finanzielle Mittel verfügt wie auch eine eigene Grafschaft besitzt: „si hât an guote grôze kraft, wanda si eine grâfschaft hêt in dem Lande.“[215] Daraus geht hervor, dass dieser Besitz nicht einmal zu ihrem Leibgedinge gehörte, sondern dass sie eigene Einkünfte aus den Abgaben eines Territoriums hatte.[216] Man weiß, dass die Frau innerhalb einer dynastischen Familie in der Organisation des Familieneigentums mitgesprochen hat und das wirtschaftliche Leben mitbeeinflusste. Adlige Frauen im gesamten westlichen und mittleren Europa verfügten über eine verhältnismäßig große Bandbreite in Sachen Eigentumsrechte[217] und Töchter gaben ihre Zustimmung zur Unterzeichnung eines Vertrags bei Schenkungen und Eigentumsverkäufen. Die bewegliche Habe, also Geld, Schmuck, Pelze,Kleidung, der sogenannte „Hort“ stammte meist aus der Morgengabe des Königs bei der Vermählung und war gedacht für persönliche Ausgaben, Geschenke, Diener und Dienerinnen.[218]

Die Königin übergibt ein Geschenk aus ihrem persönlichen Besitz. Aus „Willehalm“ von Wolfram von Eschenbach.

Die Königin kann auf Grund ihrer „Schlüsselgewalt“ über gewisse Summen verfügen. Wenn ihr Ehemann für längere Zeit abwesend ist, können sogar ihre finanziellen Befugnisse erweitert werden. Sollte aber eine Frau in der Ehe einmal eine sehr selbständige Position erreicht haben, konnte sie ihre Stellung auch dazu benutzen, der Politik ihres Mannes entgegenzuarbeiten Diese Situation könnte für Gertrud und Andreas durchaus zutreffen. Ein solcher „Fall“ muß sich auch zugetragen haben, als Kaiser Heinrich II. das Geld seiner eigenen Morgengabe an Kunigunde eines Tages für die Gründung eines Bistums umwandeln wollte, was großes Ärgernis erregte.

[214]K.-Haaf, Frau und Politik, 309

[215]Wigalois, 5271-5273, nach K.-Haaf,81

[216]Derselbe Dichter erwähnt übrigens in diesem Versroman den Vater Gertruds, Berthold, und beklagt dessen Tod „ ich will gelîchen dirre nôt eines viel edeln vürsten tôt von Merân, dâ ich jâmer sach und von klage den ungemach... geboren von den hoehsten art diu ie in der werlte wart.“ Wigalois,8063-8065 in: Rheinische Beiträge, Bd.9

[217]Lyon, Family Relationships, S. 258 f

[218]K.-Haaf, Frau und Politik, 313

Seit Stephan I. bildete sich neben dem Hofsystem des Königs das Hofsystem der Königin mit ihrem teils gewaltigen Besitz. Schon „zu Zeiten Stephans I. wurden für die Königin Hofgüter abgesondert".[219] Viele ungarische Königshöfe tragen den Beinamen „ asszony", d. h. Herrenhof der Königin. Gisela z.B. besaß zwischen Drau und Mur Ländereien, die sie als Hochzeitsgeschenk erhalten hatte. Seit Gisela verfügten die Königinnen auch über eigene Pfalzen (z.B. Bakonybel). Königin Jolanthe, die zweite Frau von Andreas II. hatte von ihm als Morgengabe Güter des Banats mit allem Zubehör, Burggespanschaften von Varasd, Somogy, Zala und Syrmien erhalten. Im Jahre der Abwesenheit ihres Mannes auf dem Kreuzzug zahlte ihr die Hofkasse 8 000 Mark, und im Falle seines Todes hätte sie diese Summe jährlich erhalten.[220] Gertrud konnte also auch von ihren eigenen Ländereien den Unterhalt bestreiten.

Gertruds Beziehungen zur Kirche und zu den Klöstern sind nicht dokumentiert. Von Schenkungen ist mit einer Ausnahme nichts überliefert.[221] Hatte die ungarische Kirche zu dieser Zeit überhaupt dringenden Bedarf? Die kirchlichen Würdenträger waren keine Seelenhirten, sondern Kirchenfürsten und Großgrundbesitzer. [222] Bischöfe und Äbte lebten am Hof und führten selbst Hof. Die Benediktiner wurden immer reicher und vermehrten ihr Kirchenvermögen. Sowohl die weltliche Geistlichkeit wie auch die meisten Orden verloren wegen ihrer herrschaftlichen Lebensweise und ihres Reichtums das Vertrauen des Volkes. Ein Beispiel von Ausbeutung ersieht man aus einer Urkunde, die berichtet, wie man mit den Klosterbediensteten umgegangen war: Fünf Knechte hatten ein Kloster wegen zu drückenden Lasten verlassen und sich auf ihre Freiheit berufen, die ihnen einst eine königliche Urkunde bescheinigt hatte. Die Richter sprachen sich zunächst für einige lächerliche Erleichterungen zugunsten der Klosterleute aus, was aber die Bauern nicht zufriedenstellte. Sie wurden eingekerkert, geschoren und mit dem Zeichen der Sklaven gebrandmarkt.[223]

Es ist anzunehmen, dass die Königin keinen Handlungsbedarf sah, Kirche und Klöster auszustatten, Schenkungen an Arme und an die Bettelorden sind nicht bekannt. Der Seelsorgeklerus indessen war so arm, dass Kardinal Jakob 1232 an den Papst schrieb, die Priester gehörten bereits zur Schicht der Knechte.[224]

Da am Salzhandel immer schon gut verdient war, streckten auch die Bischöfe und die Klöster die Hände danach aus und versuchten Anteile daran zu ergattern.[225] Jene aber mit der Verwaltung der Salzabgaben zu betrauen, wäre vom König unklug gewesen. Gertrud versuchte ihn davon abzubringen und Dienstleute damit zu betreuen, die von der Kirche unabhängig waren. Daher holte sie mohammedanische und jüdische Kaufleute an den Hof, die vorher schon als beauftragte „Salinarii" des Königs wirkten. Ein kluger Schachzug, diese sogenannten Chalizen damit zu beauftragen, was der Königin auch seitens der Kirche Misstrauen entgegenbringen musste.

Ein kleiner Hinweis in einem Stiftungsbrief zeigt, dass Gertrud im Jahre 1208 dazu beigetragen hat, die Abtei Lébény von der Brückenmaut zu befreien und ihr kostenlosen Lebensmittel-und Weintransport zu genehmigen, „damit die Gäste und Armen des Klosters täglich verköstigt werden konnten."[226] Das ist aber schon alles.

Gertrud war Mitglied des königlichen Rates. Es ist zwar keine einzige Liste der Namen des ungarischen Königsrates vor dem 16. Jahrhundert überliefert,[227] aber man kennt dessen Würdenträger: es sind zwei Erzbischöfe, zehn Bischöfe, die Königin, der Palatin, der Voivode von Siebenbürgen, der Ban von Kroatien und Slavonien, der Hofrichter, Schatzkanzler, Haus

[219]Györffy, Wirtschaft und Gesellschaft der Ungarn um die Jahrtausndwende, 113
[220]Homan II, 87
[221]"Als Gertrud noch lebte, zeigte sie sich gegenüber der Kirche von Bratislava sehr freigebig. Sie übersandte ihr eine goldene Krone, die sie an Feiertagen zu tragen pflegte. Gertrud ließ sie dort einschmelzen und daraus einen goldenen Kelch anfertigen , so wie sie es wollte." Dlugoss, Annales VI, 218
[222]Homan II, 53
[223] Csoka, Geschichte des benediktinischen Mönchtums in Ungarn, 193
[224]Adrianyi, Geschichte der katholischen Kirche in Ungarn, 38
[225]Göckenjan, Hilfsvölker und Grenzwächter, S.60f
[226]Csoka, Geschichte des benediktinischen Mönchtums, 178
[227]The Arictocracy in Medieval Conceptual Framework of Kinship in Hungary, IV, 1

haltsoffizier, der Stallmeister, Mundschenk, Kammerherr, Speiseverkoster, Pförtner, Hauswächter.[228] Sowohl die Königin wie auch der Palatin sind im Königsrat, dem „consilium“ vertreten. Die Königin als „consors regni“ wie sie es bei der Krönung als Aufgabe versprechen musste. Der Königsrat gilt als die höchste Landesvertretung, in dem alle geistlichen und weltlichen Würdenträger vereint waren und die wir zum Teil aus den Zeugenlisten der Urkunden entnehmen können.
Der Königsrat ist das gesetzgebende Organ, das dem König mit Rat und Tat beisteht und in dem die Großen des Landes vereinigt sind. Er unterstützt den König in wichtigen außenpolitischen Fragen, erledigt die Verwaltungsangelegenheiten, außer der hohen Gerichtsbarkeit. Er ist allerdings nicht immer ganz besetzt, weil ein Teil der Großen gleichzeitig mit dem König abwesend war.

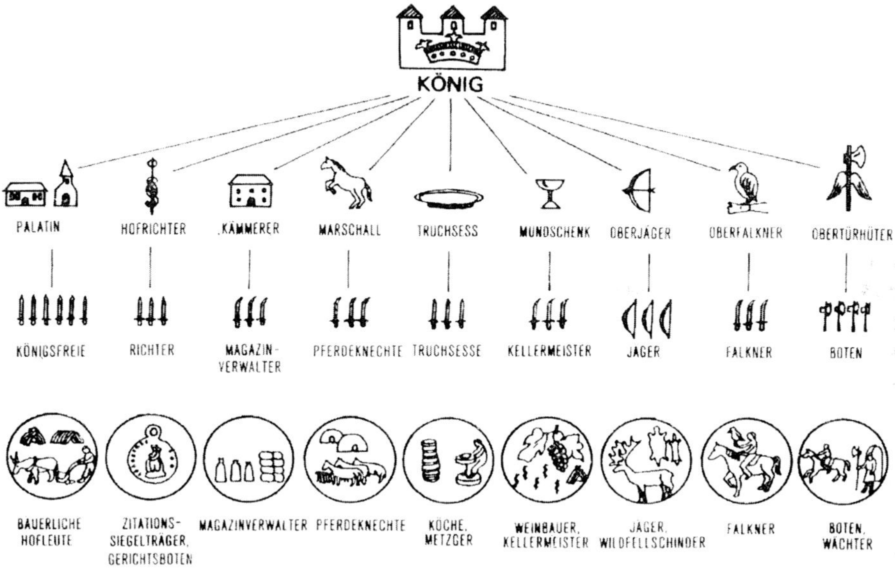

Die Hoforganisation der ungarischen Könige

Inwieweit die Meranierin Gertrud im einzelnen in die Geschicke der ungarischen Politik eingegriffen hat, kann man mangels an Überlieferungen nicht sagen. Wir wissen aber, dass in anderen Fürstenhäusern **Frauen** dominierend am politischen Geschehen mitwirkten. Sie nahmen eine **„mitlenkende Funktion“** an der Seite ihres Mannes und in seiner Vertretung wahr und werden gelegentlich auch in den Urkunden als die Gefährtin, als Teilhaberin an der Herrschaft bezeichnet.[229] Gertrud muss im Laufe der Jahre zu einer immer tatkräftigeren Regentin herangewachsen sein. Gott hat ihr die Krone gegeben, niemand kann sie ihr nehmen, wird sie gedacht haben. Anfänglich mag sie wohl gegenüber den aristokratischen Ansprüchen am Hofe vorsichtig und diplomatisch taktieren. Doch wenn ihre Stellung als Mit-Regentin angetastet wird, verteidigt sie sich, stößt trotzig zurück und pocht auf ihre unveräußerlichen Rechte. Die erst mädchenhafte Gestalt gewann wohl zunehmend an Kraft und Entschlossenheit. Sie wurde von einem Chronisten als eine Frau mit „männlichem Sinn“ bezeichnet. Das ist im positiven Sinn gemeint, nicht aus frauenfeindlicher Furcht oder Abschätzung heraus gesagt. Im Gegenteil! Das zeigen die folgenden Beispiele. In diese Reihe tatkräftger junger Mädchen müssen wir Gertrud einordnen:
So wird der Kaiserin Mathilde nachgesagt, sie sei allerorten und jederzeit sehr selbstbewusst aufgetreten,[230] Kaiserin Adelheid zog mehrmals mit ihrem Gemahl Otto I. nach Italien, sie soll stark an seiner Regentschaft mitgewirkt haben.

[228]The arictocracy, IV,112
[229]„consors imperii“, s. Rudolf Schnith in: Frauen des Mittelalters in Lebensbildern S. 7
[230]Hlawitschka,in: Schnith, Frauen des Mittelalters in Lebensbildern 20

Kaiserin Kunigunde wurde zu einer wichtigen Beraterin ihres Gemahls,[231] alle wichtigen Entscheidungen wurden mit ihrer Kenntnis gefaßt, was daraus hervorgeht, dass sie in mehr als einem Drittel aller Urkunden genannt wird. Kaiserin Gisela werden „positiver Ehrgeiz" bescheinigt, Selbstständigkeit und Willensstärke. Der Chronist Wipo schreibt ihr „männliche Tüchtigkeit" zu. Margarete, die Frau Kaiser Ludwigs des Bayern, soll in „mannhafter Weise" als Herrin regiert haben. Königin Isabella von Spanien wird man ohne Einschränkung einen „Staatsmann" nennen dürfen. Auch Königin Eleonore von Aquitanien griff massiv in die Politik ein, z.B. als sie ihre Schwester Petronilla mit dem schon verheirateten Grafen von Vermandois mit Hilfe ihres Gatten Ludwig VII. vermählte. Auch die Hl. Elisabeth gibt in einer Urkunde ihres Mannes Ludwig IV.vom 21. September 1221 ihre Zustimmung zu einer Schenkung.[232]

Die unwiderlegbare Tatsache, dass es in Geschichte und Politik bis in unsere Gegenwart hinein kluge und tatkräftige Frauen gab und gibt, wird wohl heute niemand mehr bestreiten können. Es ist durchaus keine Seltenheit, dass Fürstinnen in die Politik eingegriffen haben. So kann man auch davon ausgehen, dass Gertrud im Laufe der Jahre mit zunehmenden Anmaßungen der Magnaten zu einer starken Natur herangewachsen ist. Sicherlich stand der europäische Adel einer „dominatio feminae" misstrauisch, wenn nicht sogar feindlich gegenüber. Das dürfte man mit noch größerem Grund am ungarischen Hof des Königs Andreas annehmen.
Es ist gar keine Frage, dass Gertrud von den Geschehnissen **am Hof** und an seinen Vorhaben nichts gewusste hätte, und man müsste eher sich darüber Gedanken machen, warum die Königin nicht öfters erwähnt ist. Gertrud musste auch die ständige Präsenz von Kriegen und Scheinkriegen miterleben, da sich Andreas mehr um seine Feldzüge als um seine Frau gekümmert hat. Aus der dichterischen Literatur kennen wir das Beispiel des Willehalm, der die politischen Ratschläge seiner Frau Kyburc außerordentlich schätzt und die auch im Fürstenrat großen Beifall findet.[233] Noch eindrucksvoller schildert Gottfried von Straßburg in seinem „Tristan" die politisch einflussreiche Königin Isot, die durch ihre „Gelehrsamkeit" und ihr „planvolles Vorgehen" und ihre „kluge Verhandlungsführung" am Hofe eine hochbrisante politische Angelegenheit zu einem guten Ende bringt.[234] Der Dichter zollt der Königin höchstes Lob und stellt ihre Führungsqualitäten heraus, die sie in der Ratsversammlung beweist. Nachdem in der Tristanszene der König seiner Frau auch noch die Verhandlungsführung überlässt, wird noch deutlicher, welche ungewöhnliche Befugnisse eine Königin erhalten kann, wenn ihr Mann sie als Repräsentantin der königlichen Familie sprechen lässt, während eine Frau von noch so hoher Stellung vor Gericht überhaupt nicht selbständig auftreten durfte. Die Szene zeigt also, dass Gertruds aktive Rolle im Königsrat kein Einzelfall sein kann.
Gertrud hat an den Regierungsgeschäften sicherlich teilgenommen. Ihre Herrschaftsrechte hat sie vermutlich voll ausgeschöpft. Aber ein Mädchen mit gerade 14 Jahren wird sich danach nicht gesehnt haben. Sowohl die Gepflogenheiten wie auch ihre politische Mission machte die Teilnahme eben notwendig. Das hat damit zu tun, dass Andreas oft dem Hofe fern war. „Rechtliche und wirtschaftliche Wirkungsmöglichkeiten der adligen Frauen wurden in Zeiten kriegerischer Aktivitäten auf Grund der damit verbundenen Abwesenheit des Mannes gestärkt."[235] Es scheint auch so gewesen zu sein, dass sich Andreas damit wohl nicht gerne auseinandersetzte und ihr einen Teil der Entscheidungen überließ. Die Urkunden und Briefe bezeugen dies zwar nicht, denn Gertrud hat ihren Namen nie anstelle des Königs gesetzt. Nirgendwo ist dies nachweisbar. Nur ein einziges Mal steht sie stellvertre-

---

[231]Hlawitschka ,77
[232]Elisabeth von Thüringen, Katalog, S.80
[233]Wolfram von Eschenbach, Willehalm, nach K.-Haaf, 131
[234]K.-Haaf, Frau und Politik im Mittealter, S.69-71
[235]W. Rösener in LMA 4, S. 863

tend für den König: kurz nachdem er nach Halicz aufgebrochen war. Hier zeigt sich, wie es auch in anderen Fällen geschah, dass eine weibliche Herrschaftsbeteiligung der Fürstin auch mit der An-bzw. -Abwesenheit des Ehemanns zu tun hat."[236] So schien es auch am ungarischen Hofe gewesen zu sein, denn Andreas II. war gerne unterwegs.
Wird Gertrud so kurz nach ihrem Einzug in die Burg in die Machenschaften des Königs und seiner Ratgeber eingeweiht sein? Informiert schon, aber nicht gefragt. Noch nicht. Politik war eine Angelegenheit unter Männern. Trotzdem konnten sie die Königin nicht umgehen. Aber diese trotzigen Barone, diese wichtigtuerischen Territorialherren, denen Gehorsam und Treue ein Fremdwort war, schreckten vor nichts zurück, weil sie nur noch ihre Vorteile unter einem nachgiebigen König Andreas witterten. Es muss heftige Auseinandersetzungen mit der Königin gegeben haben, denn es herrschte „ein wilder Aristokratismus gegen die Monarchie."[237]

7. Gertruds Brüder

7.1 Der rastlose Ekbert

Um ein möglichst klares Bild von der Rolle der Brüder Gertruds zu erhalten, denen nachgesagt wurde, sie seien, weil mit Gertrud verwandt, in bevorzugt hohe ungarische Hofämter und Würden gehoben worden, ist es unumgänglich, ihrem Lebenslauf mehr als nur flüchtig nachzuspüren. Weil gerade solche angeblichen Begünstigungen den Hass ungarischer Großer entfacht und schließlich zu Gertruds Ermordung geführt hätten, werden wir nachweisen müssen, welche Verwandten sich überhaupt in Ungarn aufgehalten haben, wie lange und aus welchen Gründen, um den immer wiederholten Vorwurf zu prüfen, Gertrud habe ihren „Verwandten" reichliche Güter und einträgliche Staatsämter verliehen.[238]
Wir werden den ersten „Verwandten" herausgreifen und das Itinerarium des betriebsamen Bischofs Ekbert von Bamberg genauer anschauen. Man wird dabei feststellen, dass ein längerer Aufenthalt Ekberts am ungarischen Hof nur schwer nachzuweisen ist. Daher ist es sinnvoll, die interessanten Wege des vielgereisten Ekberts nachzugehen, schon deshalb, weil er nach der Chronik des Anonymus von Leoben (1348) einen Anlass für die Ermordung Gertruds gegeben haben soll, „mitschuldig" gewesen zu sein an der Entehrung der Frau eines gewissen Peter von Wardein, der die Königin daraufhin getötet hätte.[239]

Ekbert war auf den überraschenden Tod Bischof Konrads von Bamberg am 11.März 1203 kurz danach zum Diakon geweiht, dann zum Bischof gewählt und mit seinen noch nicht ganz 30 Jahren geweiht worden. Anwesend bei diesem Fest war auch König Philipp von Schwaben, der wohl mitgewirkt hatte an der Erhebung Ekberts auf den bischöflichen Stuhl. Die Weihe übernahm der damals noch gebannte Bischof Diethelm von Konstanz. Zur völligen Anerkennung als Bischof gehörte aber auch das vom Papst ausgehändigte „Pallium".[240]
Um nun dieses Pallium zu erhalten, das ihm Papst Innocenz III. nicht aushändigen wollte, eilte Ekbert nach Rom, wo er schwören musste, von der Exkommunikation Diethelms nichts gewusst zu haben. Er versprach dem Papst, dem Heiligen Stuhl in Reichsangelegenheiten zu gehorchen, d.h. in der Frage, wer Kaiser werden durfte und wer nicht.[241]
Am 24. Dezember 1203 wurde Ekbert von Innocenz III. persönlich zum Priester und

---

[236]Fößel, Die Königin im mittelaterlichen Reich, S.5
[237]Fessler II, 403
[238]Gustermann, Die Ausbildung der Verfassung des Königreichs Ungarn, S.126
[239]" quia ipsa conscia per fratrem Egbertum stuprata fuit uxor eius." Anonymus von Leoben , CFH I, nr 592, p. 268
[240]Der über den Schultern liegende Schal war das liturgische Amtszeichen des vom Papst legitimierten Bischofs
[241]"profiteor me teneri ad oboediendum etiam super negotio Romani imperii mandatis d. papae ",Winkelmann, Philipp von Schwaben und Otto IV. ,I, 305

zum Bischof geweiht und ihm aus seiner Hand das Pallium ausgehändigt. Ekbert durfte es an ganz bestimmten Feiertagen tragen, sollte danach streben, als Inhaber des Palliums, in allem Gott und den Menschen wohlgefällig zu sein und „jährlich einen wohlgeschirrten, gesattelten weißen Zelter an den Apostolischen Stuhl zu liefern“. [242] Der Papst bestätigte ihm dafür alle Zehnten, die Bamberg in anderen Diözesen kanonisch besaß. Vor Jahresschluss 1203 kehrte er nach Bamberg zurück. Zu dieser Zeit war seine Schwester Gertrud schon als Herzogin von Kroatien und Dalmatien in Ungarn angekommen. Mit dem Gehorsam schien es aber Ekbert nicht so genau genommen zu haben, denn wie seine Brüder Otto und Heinrich, bekannte er sich ungeniert auf dem Reichstag zu Nürnberg im Mai 1204 offen zur staufischen Partei und weilte unbekümmert am Hof Philipps von Schwaben. Da Papst Innocenz III. den Welfen Otto IV. für den besseren Kaisernachfolger hielt und dem Staufer misstraute, verärgerte ihn Ekberts öffentliches Eintreten für König Philipp, so dass der Papst ihn 1205 wieder vom Amt suspendierte und das Pallium entzog. Da war guter Rat teuer. Inzwischen hatte aber Andreas II., sein Schwager, den ungarischen Arpadenthron bestiegen. In seiner Eigenschaft als König von Ungarn setzte er sich bei Papst Innocenz III. mit einem Bittgesuch für seinen Schwager ein. Innocenz war aber wegen Ekberts Parteinahme für den Staufer derart verärgert, dass er das Gesuch des ungarischen Königs zwar mit den üblichen Höflichkeiten beantwortete, aber seine Bitte in einem Schreiben vom Juni 1205 mit Bedauern ablehnte. Vorsichtshalber ermahnte er auch den König, sich dem Willen der Kirche zu ergeben und sich nicht wegen seines Schwagers in die Kaiserwahl einzumischen.

Bischof Ekbert. Ausschnitt aus dem Familienbild des Schlackenwerther Codex.

„Wie viele und wie große Dienste, wie willkommene und gern gesehene Dienste waren es doch, die Deine Vorfahren und Vorgänger gegenüber der Hl. Römischen Kirche geleistet haben. Deshalb nehmen Wir an, dass Du ihnen an Frömmigkeit und Glauben ebenso nacheiferst. Möchten wir doch Dir unter all den anderen Fürsten der Erde eine besondere Gunst erweisen, weil Wir auf Deine Ehre und Dein Fortkommen sehr großen Wert legen. Aus diesen sicheren Anzeichen und aus so klaren Erweisen kannst Du erkennen, mit welcher aufrichtigen Zuneigung Wir Dich lieben.

Wir konnten nun für Unseren ehrwürdigen Bruder, den Bischof von Bamberg, Deine Bitte noch nicht erhören. Vor der Ankunft der offiziellen Gesandtschaft, die Wir in der Sache der Reichsfrage erwarten, dürfen Wir bezüglich des Status des Bischofs von Bamberg nichts ändern. Es würde Unserer Ehre nichts Gutes erweisen und der Würde der Kirche nicht entsprechen, weil eine Änderung speziell in den Bereich der Reichsangelegenheiten gehört. Ein Nutzen wäre nur dann gegeben, wenn er sich etwa bemühen wollte, sich als geeignet zu erweisen. Dann erst können Wir Deine Bitten, soweit Wir es mit Unserer Ehre vereinbaren können, gerne gewähren. Den Überbringer dieses Schreibens, Deinen Kleriker, empfehlen Wir Dir, weil er sich sehr bemüht hat und den Auftrag umsichtig und so gut er konnte sorgfältig auszuführen.

Wir mahnen Eure Hoheit und rufen sie ausdrücklich mit Unserem Apostolischen Schreiben auf, dass Er sich bemühen möge, die Heilige Römische Kirche, Deine Mutter, zu ehren, damit Wir dann um Deine Ehre und um Dein Gedeihen mehr und mehr bedacht sein müssen.“[243]

[242] Looshorn, Die Geschichte des Bistums Bamberg, Bd.2, S.593

[243] „Tam multa fuerunt ....“ Hageneder, Die Register Innocenz III. Bd 8, Nr.108

Ekbert blieb nichts anderes übrig, als sich demütig zu zeigen und seine „Untreue" zu bekennen. Man weiß nicht, wie ernst er es meinte. Dem Schreiben des Papstes vom 3. März 1206 zufolge muss er - diplomatisch oder ehrlich sei dahingestellt - seine Schuld bekannt haben. Innocenz III. machte ihm heftige Vorwürfe über sein untreues Verhalten gegenüber der päpstlichen Linie, die als geistliche vor der weltlichen Vorrang haben müsse. Der Papst nahm aber sein Reuebekenntnis ernst, hob die Suspension auf und bestellte ihn auf den 18. Oktober 1206 nach Rom. Er schrieb ihm dazu: *„Wenn Du doch einst so wie jetzt Unsere Ratschläge und Aufträge befolgt hättest, wärst Du nicht in eine solche Schwierigkeit und Notlage geraten. So hast Du in großer Furcht zittern müssen, da man doch Gott mehr fürchten muss als den Menschen, weil das, was des Kaisers ist, ihm zu geben ist und das was Gottes ist, ihm ungeschmälert gegeben werden muss. Die geistigen Angelegenheiten müssen den körperlichen vorgezogen werden, so wie die Seele Vorrang vor dem Fleische hat. Obwohl Wir also gemäß dem Apostel entschlossen waren, Deinen Ungehorsam von einst zu bestrafen, so sind Wir jetzt umsomehr bereit, Deinen Gehorsam anzunehmen und die Strafe, die Wir Dir wegen des Ungehorsams auferlegten, in Gnade zu verwandeln und die Suspension aufzuheben. Von jetzt an kannst Du das priesterliche und bischöfliche Amt wieder ausüben. Wir hoffen aber mit Gewissheit, dass Du die Fülle der Ehre und Gnade, die Wir Dir einst bei der Weihe verliehen und jetzt wieder zugestanden haben, nicht nur durch eifrige Bezeugungen, sondern auch durch Taten zeigen wirst, damit Du Dich als ehrenwertes Mitglied erweist und eifrig mit dem Haupte, dem Papst, konform gehst. So wie ein Sohn nicht etwas tun kann, was dem Vater widerspricht. Damit Dir zur Fülle Deines Amtes nichts fehle, tragen Wir Dir auf, bis zum Fest des Hl. Lukas[244] vor Uns zu erscheinen, damit Du wieder Privileg und Pallium in Empfang nehmen kannst. Du solltest Dich nun in Deiner Ergebenheit so erweisen, dass man die Wirkung Deiner Werke erkennen kann und Wir dadurch zu Deiner Ehre und Deinem Fortschritt beitragen können. Den Wortlaut des Schreibens, das Du durch den geliebten Sohn und Kleriker Leupold Uns geschickt hast, haben Wir zur Sicherheit wortwörtlich wieder in dieses Schreiben eingefügt, das der Überbringer Dir aushändigt. So kannst Du zweifellos daraus den Wortlaut ersehen, auf den der Kleriker einen Eid auf Deine Seele abgelegt hat."*[245]

Daraufhin wiederholte Ekbert noch im selben Monat durch den Kleriker Leupold den Treue- und Gehorsamseid, den er damals anlässlich seiner Bischofsweihe 1203 geleistet hatte und versprach dem Papst, auch im deutschen Thronstreit gehorsam zu sein und jeder Vorladung nach Rom zu folgen.

„Ich, Ekbert, Bischof von Bamberg, will hiermit mit dem Siegel dieses Schreibens offenkundig machen, dass ich durch den bei meiner Weihe persönlich geleisteten Eid der Treue und des Gehorsams mich auch zu den Reichsfragen, wie der Papst es befiehlt, gebunden bekenne. Ich gelobe und verspreche mit diesem Eid, dass ich in eben diesen Reichsfragen dem Geheiß meines Herrn ohne Trug gehorchen werde. Wenn ich von ihm gerufen werde, will ich mich allen Hindernissen zum Trotz in seine Gegenwart begeben. Ich habe meinem Kleriker Leupold aufgetragen, dieses Versprechen nicht zurückzuziehen und dieses Schreiben auf meine Seele zu beschwören."[246]

Im Juni 1206 besuchte Ekbert noch den Fürstentag in Nürnberg und machte sich anschließend wieder auf den Weg nach Rom.[247] Unterwegs hatte ihn ein Brief seiner Schwester Gertrud erreicht, die ihn wohl inständig gebeten haben musste, an der Taufe ihres ersten Sohnes Bela teilzunehmen. Da dieser Wunsch auch dem ungarischen König entsprach, Ekbert sich diesem für seine Intervention dankbar erweisen wollte, war er vor die Entscheidung gestellt, entweder nach Rom oder nach Ungarn zu gehen. Er unterbrach deshalb seine Weiterreise, bat den Papst um Aufschub und wartete ab. Der Papst kam ihm und dem Wunsche des ungarischen Königspaares voll entgegen, gestattete ihm mit Schreiben vom 29. November 1206 die Unterbrechung und fügte sogar noch einen Glückwunsch für den ungarischen Thronfolger hinzu, den zu überbringen er Ekbert bat. Bela muss also vor dem 29. November geboren sein. So lautet des Papstes entgegenkommendes Schreiben:

---

[244]d.i. der 18. Oktober

[245]Hageneder, Die Register Innocenz III. Bd.9, nr. 14 oder Regesta Innoc. IX,15, PL 215, p. 818

[246]Hageneder, Bd. 9, nr. 15

[247]Nach Homan soll Bela im November geboren sein(?)

„Wir haben den Brief Unseres Bruders empfangen, in dem Du Uns mitteilst, dass Du gemäß Unserer Anordnung Dich auf den Weg zum Apostolischen Stuhl gemacht hast. Unterdessen hast Du auch die Botschaft Unseres liebsten Sohnes in Christo, des erhabenen Königs von Ungarn erhalten mit der hoch willkommenen Kunde, dass Deine erlauchte Schwester von ihm einen Sohn empfing und dass sie Dich im Namen des Kindes inständig baten, unter Hintanstellung aller Vorhaben zu ihnen eilen mögest. Ehe nämlich ein Knabe im Heiligen Quell der Taufe wiedergeboren wird, wollten sie, dass Du dabei sein solltest.
Du glaubtest daher, dass es Dir und Deiner Kirche zum Gedeihen gereiche, wenn Du den Willen des Königs auf diese Weise erfüllest und hattest Uns demütig gebeten, Wir möchten doch geruhen, Dir einen längeren Aufschub des Erscheinens vor Unserer Gegenwart gewähren. So wisse denn die Klugheit Unseres Bruders , dass diese glückliche Geburt Unser Herz so froh gestimmt hat, weil Wir hoffen, dass dieser Sohn, nach dem Willen Gottes geboren, wie seine Vorfahren auf den Königsthron folgen wird und in Frömmigkeit und Glauben, welche jene der Hl. Kirche immer bezeugt haben, mit Gottes Hilfe ein hervorragender Nacheiferer sein wird. Daher halten Wir es für richtig, Dir einen längeren Aufschub der Reise zu Uns zu gewähren. Gleichzeitig ermahnen Wir auch Unseren Bruder eindringlich und tragen Dir durch dieses Apostolische Schreiben auf, dass Du zu eben diesem König eilen mögest und ihm sorgsam die Freude ausdrückst, die Wir über die Geburt seines Sohnes empfinden. Du mögest Dich ihm so ergeben zeigen, dass die Liebe Deines Herzens in diesem Deinem Tun zum Ausdruck kommt.
Allerdings mögest Du auch der Königlichen Hoheit umsichtig eröffnen, dass Wir zu Recht befremdet sind, weil, da durch die Geburt eines Sohnes ihm immerhin die göttliche Gnade zuteil geworden ist, er es versäumte, dieses Ereignis Uns durch königliche Boten und einem Schreiben anzuzeigen. Die Nachricht hätte doch eher durch ihn zu Uns kommen müssen als von anderen. Wenn Du mit Gottes Hilfe diese Reise getan hast, dann zögere nicht, vor Unserem Angesichte zu erscheinen.“[248]

So lenkte Ekbert seine ursprüngliche Romreise um, begab sich nach Ungarn, um bei der Taufe des Sohnes seiner Schwester Gertrud, seinem Neffen, in Stuhlweißenburg anwesend zu sein. Ob Ekbert dann noch nach Rom gereist ist, kann man nicht mehr nachweisen, auf jeden Fall ist er am 25. Mai 1207 des folgenden Jahres schon wieder in Passau, im Juni in Kärnten, am 15. Juli in Grivena, dann am 3. August 1207 auf dem Reichstag zu Worms, am 8. September und am 2. November 1207 in Würzburg, immer wieder im Gefolge des Königs. Er ist also sicher nicht in Ungarn geblieben.

Pfalzgraf Otto von Wittelsbach ermordet am 21. Juni 1208 den staufischen König Philipp von Schwaben im Bischofspalais Ekberts. Sächsische Weltchronik.

Die außerordentliche Nähe zur staufischen Familie war auch der Grund dafür, dass Otto VII., der Bruder Ekberts, mit der Nichte Philipps von Schwaben vermählt wurde. Die Hochzeit fand am 21. Juni 1208 in Bamberg statt. Der König selbst war anwesend. Am darauffolgenden Tag wollte er mit einem großen Heer, das mit einigen Abteilungen von ungarischen Kumanen besetzt war, die ihm Andreas II. zur Verfügungs stellte, über Thüringen zum Kampf gegen Otto IV. ziehen. Ekbert segnete die Ehe ein. Aber das Glück währte nur sehr kurz, denn am Nachmittag der Eheschließung wurde König Philipp von Schwaben von Pfalzgraf Otto von Wittelsbach umgebracht.Da dieses Verbrechen in den Gebäuden des Bischofs von Bamberg verübt wurde, der für die Sicherheit des Königs verantwortlich war, wurde dieser der Mittäterschaft bezichtigt

[248]Hageneder, Die Register Innocenz III., Bd. 9, nr. 185 und : Regestorum IX, nr. 187, PL 215, 1028; dort nur die Zsfg.; auch bei Katona, Epitome, 402 „ Episcopo Bambergensi: Ut redeat ad regem Ungariae et exponat gaudium conceptum per papam de susceptione filii.“
[249]MGH SS IX, 591

und musste noch am selben Tag mit seinem Bruder Markgraf Heinrich IV. aus der Stadt fliehen. Sie trafen noch im Laufe des Sommers 1208 bei ihrer Schwester Gertrud in Ungarn ein.[249]

Auf dem Reichstag zu Frankfurt am 11. November 1208 unter der Führung des neuen Königs, des Welfen Otto IV., wurde über Ekbert und Heinrich die Reichsacht verhängt und sie ihrer Güter für verlustig erklärt. Eine Ladung zum Gerichtstag erhielten sie nicht. Die Marbacher Annalen berichten: „Es bestand der Verdacht, dass auch der Bischof von Bamberg mitschuldig an jenem Mord war, und deshalb musste er einige Zeit in der Verbannung verbringen. Er zog also nach Pannonien zu seiner Schwester, der Königin und blieb eine Zeitlang bei ihr."[250]

Ekbert bat den Papst um die Einrichtung eines geistlichen Gerichts, da er ja schließlich von einem weltlichen Gericht verurteilt worden war. Auch König Andreas II. verwendete sich beim Papst noch einmal für seinen Schwager. Die Antwort des Papstes blieb nicht lange aus. Er schrieb dem König am 9. Februar 1209, nicht ohne sich bei ihm über das einstige unfolgsame Verhalten Ekberts beklagt zu haben, dass er diesbezüglich Gnade walten lassen wollte und zwei Legaten zur Untersuchung nach Deutschland schicke. Der Papst versprach dem ungarischen König, das Disziplinarverfahren gegen Ekbert dann aufzuheben, wenn sich seine Unschuld erweisen sollte. Innocenz III. zögerte also nicht, bereits einige Monate nach dem Bamberger Geschehen am 16. Januar 1209 ein kirchliches Gericht einzusetzen. An Andreas, den erlauchten König von Ungarn, schrieb er:

Obwohl der Bischof von Bamberg sich vielfach unbotmäßig Uns gegenüber verhalten hat, wollen Wir doch, weil wir die Ehre und die Würde des Königs achten, seine Sache unserem Gesandten übertragen. Wenn Ekbert mit der Sache des Mordes an dem Herzog Philipp von Schwaben etwas zu tun hätte und er durch einen einwandfreien Ankläger als schuldig überführt werden sollte, so müssen die Legaten ihn von jeglichem Amt und jeglicher Pfründe ohne Einspruch oder Appellation absetzen Andernfalls- wenn dem nicht so ist – sollen sie ihm die kanonische Reinigung auferlegen(d.i. eine Schuldloserklärung) und wenn er dieser nicht nachkomme, solle er dasselbe Urteil erhalten. Sollte er sich aber reinigen wollen, so mögen sie ihn gegenüber diesen Anschuldigungen als vollkommen unschuldig erklären und vor allem dafür Sorge tragen, dass er in den gebührenden Stand eingesetzt werde, wenn gegen ihn oder seine Kirche etwas unternommen wurde. Wir gestatten aber, wenn er es lieber wolle, seine Sache vor Uns zu führen, den Apostolischen Stuhl aufzusuchen und dort nach der rechtmäßigen Ordnung seine Sache vortrage. In beiden Fällen solle unverzüglich Uns oder den Legaten Mitteilung gemacht werden, wo der Prozess stattfinde. "[251]

In diesem Sinne schrieb er auch dem Titularbischof Hugolino vom Hl. Kreuz:

„Wir haben volles Vertrauen in Eure Klugheit. Deshalb halten wir es für richtig, Euch die Sache des Bamberger Bischofs anzuvertrauen, die nach folgendem Verfahren durchgeführt werden muss: Wenn wegen der Ermordung des Herzogs Philipp von Schwaben, seligen Andenkens ein berechtigter Ankläger erscheint und der Bischof von Bamberg als schuldig erwiesen werden würde, werdet Ihr ihn sämtlicher Ämter und Pfründen entheben und ihn ohne jede Möglichkeit eines Einspruchs oder einer Appellation absetzen. Sollte eine etwaige Anklage aber nicht gerechtfertigt sein, so legt ihr ihm die kanonische Reinigung auf. Wenn er diese nicht akzeptiert, dann sprecht ihn schuldig so wie bei dem obigen Urteil. Sollte er sich aber der kanonischen Reinigung unterziehen, dann werdet Ihr ihn, was die Anschuldigung betrifft, für gänzlich unschuldig erklären. "[252]

Die Legaten nahmen ihre Untersuchung im Februar 1209 in **Bamberg** auf. Ekbert begab sich nicht ohne Gefahr für sein Leben ebenfalls dorthin und stellte sich ihnen. Am 9.Februar ist er schon in Nürnberg, am 20. wieder in Bamberg und am 24. in Rothenburg ob d.Tauber.

Ekbert ist also schon ein halbes Jahr nach seiner Flucht wieder in Deutschland.

Im Mai 1209 finden wir Ekbert auf dem Reichstag zu Würzburg, wo schließlich über seine Schuld gerichtet werden sollte. Jedoch erschienen die Kläger nicht, denn sie wollten von einem

---

[250]„Caede Philippi regis suspectus habebatur et ob hoc non modico tempore cogitur exulare. Qui commigrans in Pannoniam ad sororem suam reginam, moratus est illic aliquantulum temporis" MGH, SS XVII, 171

[251]Katona V,87 und: „Licet Bambergensis episcopus." PL 215 , 1534 in: Innoc.III. Reg. XI, nr. 220

[252]Brief des Papstes Innocenz III. an Bischof Hugolino vom Februar 1209, PL 215, p. 1166

Richterspruch der Legaten nichts wissen. Daher begab er sich unmittelbar danach auf die Reise nach Rom, um Klarheit über seinen Prozess zu erhalten, aber man vertröstete ihn auf Oktober, bis zur Kaiserkrönung Ottos IV. Dort wartete er, aber ein ordentliches Verfahren kam dort wieder nicht zustande. Die Kläger erschienen nicht. Im übrigen war auch keine Zeit vorhanden, da der neu gekrönte Kaiser Otto IV. schon am anderen Tag wieder Rom verließ. Nach diesem Scheitern einer ordentlichen Klärung wurde selbst der Papst ungeduldig, ging die Sache konkreter an und wandte sich mit verhaltenem Zorn am 13. November 1209 in einem geharnischten Schreiben an den nunmehr gekrönten Kaiser Otto IV. und erklärte, dass die Ermordung des Königs zwar eine schlimme Sache gewesen sei, nicht weniger schlimm sei jedoch der Umstand, dass bis heute der Bischof von Bamberg immer noch kein ordentliches Gerichtsverfahren bekommen habe, in dem er sich verteidigen hätte können. Bei dem Urteil über Ekbert zum Tode von Philipp habe es sich um ein verächtliches und ungerechtes Urteil gehandelt, das allzu sehr gegen die Ordnung verstoßen habe. Der Papst trug ihm auf, dass innerhalb von drei Monaten die Kläger sich einzufinden hätten, ansonsten würde er es beim Bischof von Bamberg mit einem Reinigungseid belassen. Dem Papst war die Klärung der Schuldfrage offensichtlich so wichtig, dass er sich in der gleichen Sache an den Erzbischof von Mainz, den Bischof von Würzburg und den Abt von Fulda wandte. Ebenfalls lag ihm am Herzen, dass die vom Herzog von Österreich konfiszierten Güter des Bischofs Ekbert und die seines Bistums restituiert werden müssten. Und so lautet sein Schreiben vom November 1209 an Kaiser Otto IV. :

Bischof Ekbert. Ausschnitt aus der Freytagschronik

„Wie verabscheuungswürdig auch jenes schreckliche Verbrechen an dem Herzog Philipp von Schwaben sel. Andenkens gewesen war, das ein Sohn des Satans verübt hat, so ist auch jenes ungerechte Urteil verabscheuungswürdig, das man sich gegen unseren Bruder, den Bischof von Bamberg, betreff jener Ermordung überaus ordnungswidrig angemaßt hat. Wenn dieser Bischof deswegen voll schuldig gewesen sein sollte, so muss auf jeden Fall über ihn mit einer ordnungsgemäßen und einer gerechten Untersuchung gerichtet werden.

Weil Wir nun die Sache auf den Weg der Ordnung zurückbringen wollen, haben Wir Unserem ehrwürdigen Bruder Hugolino, dem Bischof von Ostia und unserem geliebten Sohn, Kardinalpriester Leo vom Hl.Kreuz, die damals Legaten des Apostolischen Stuhles waren, diese Sache übertragen mit der Maßgabe, dass der Bischof von Bamberg in diesem Fall von jedem kirchlichen Amt und jeglicher Pfründe enthoben werden muss, ohne Einwand und Appellation zuzulassen und ihn absetzen. Andernfalls sollen sie ihm die kanonische Reinigung auferlegen, und wenn er diese nicht vornimmt, ihn mit gleichem Urteil schuldig sprechen. Wenn er sich aber reinigen wollte, sollen sie ihn wegen des Verbrechens an Philipp als völlig unschuldig erklären. Als danach dieser Bischof von den Legaten vorgeladen wurde und dieser sich sogar großen Gefahren aussetzen musste, um dorthin zu gelangen, haben ihn seine Widersacher daran gehindert und an den Apostolischen Stuhl appelliert, doch in der Sache selbst keinerlei Fortschritt erzielt. Bei der Krönung des Königs bei Uns haben sie nicht dafür gesorgt, dass in Bezug auf den Bischof vor Uns keine einwandfreien Sachwalter erschienen. Deshalb haben Wir mit Schreiben an unseren ehrwürdigen Bruder aufgetragen, dass Ekbert in seinen früheren Stand wieder versetzt werde. Sollte trotzdem irgend ein Widerstand gegen unsere Entscheidung aufkommen, so soll über jene, die sich dagegen auflehnen, die Exkommunikation ausgesprochen werden, ggf. auch über ein ganzes Land. Wenn nun dies öffentlich

[253] „Quantumcunque… " PL 216, 149, nr. 18; Potthast I, 3841; Katona V, 90 ;Mandat an Erzb. von Mainz , Bischof von Nürnberg und Abt von Fulda und Richterkollegen Potthast 3842; PL 216, Sp. 150; Regest. XII, 118-121; Zusammenfassung bei Looshorn, 603

[254] Kraft, Andechser Studien, 2, 402 Anm.2

verkündet ist und dann innerhalb von drei Monaten ein legitimer Ankläger auftrtitt und der Bischof schuldig gesprochen werden sollte, dann soll ein Verfahren eröffnet werden. Sonst nicht.“[253]

Damit hat der Papst im Spätjahr 1209 durch Einleitung eines förmlichen Gerichtsverfahrens zu Rom den Freispruch Ekberts abgesegnet.[254] Aber die Richter verstanden wieder geschickt, das Verfahren auszusetzen. Den Wittelsbachern gelang es, den Prozess hinauszuschieben, denn Ludwig I. von Bayern hatte sich bereits Reichslehen und Eigenbesitz des Markgrafen Heinrich angeeignet. Das fiel ihnen nicht schwer, da sie unter dem Schutz des Welfen Otto IV. freie Hand hatten. Inzwischen merkte der Papst, dass auf Otto IV. kein Verlass war. Er sprach daher 1210 das Anathem über ihn aus. Das Blatt drehte sich und Erzbischof Siegfried von Mainz eröffnete das Verfahren für Ekbert im März 1211 in Bamberg, was er bereits schon vor zwei Jahren hätte tun müssen. Ekbert wurde für unschuldig gesprochen und wieder in sein bischöfliches Amt eingeführt. Der Landgraf von Thüringen und König Ottokar von Böhmen erklärten endlich die Wiedereinsetzung Bischof Ekberts am 13. Juni 1211.[255] Ekbert blieb in Bamberg bis zum Herbst 1211 und muss sich in dieser Zeit auch mit Landgraf Hermann I. von Thüringen wegen der Verlobung seiner Nichte Elisabeth getroffen haben. Er wird wohl im September 1211 auf dem Nürnberger Fürstentag gewesen sein, wo unter anderen auch sein Bruder Herzog Otto VII. von Meranien anwesend war und der junge Friedrich von Sizilien zum Kaiser gewählt wurde.[256] Am 1. Oktober 1211 beurkundet er für das Kloster St. Theodor und dann ist ein Jahr lang nichts mehr von ihm zu hören oder nachzuweisen. Kaiser Otto IV., dem inzwischen die Felle wegschwammen, versuchte den Andechser Bischof noch auf seine Seite zu ziehen und bot ihm das Amt des Hofkanzlers an. Aber Ekbert sah schon den neuen Stern am Himmel aufziehen: Friedrich II., der am Ende des Jahres nach Deutschland kommen sollte.

Anfang des Jahres 1212 meldete sich wieder der Papst zu Wort mit einem Schreiben an den ungarischen König Andreas II., in dem er entschied, dass nichts mehr gegen Bischof Ekbert unternommen werden dürfe: *„Obwohl der Bischof von Bamberg nun schon zu wiederholten Malen gefehlt hat, wollen Wir doch auf Grund Deiner Bitte nicht die volle Gerechtigkeit anwenden. Wir haben mit Unserem Schreiben den Legaten des Apostolischen Stuhles beauftragt, den Erzischof von Mainz, das Verfahren gegen ihn einzustellen, und dass nach Untersuchung seines Falles, die Wir angeordnet haben, er nicht zögere, die Wahrheit, die er herausfände Uns vollständig und getreulich zu melden, so dass Wir in dieser Sache vorgehen können, wie es notwendig ist“.*[257]

Bischof Ekbert. Miniatur aus dem Landgrafenpsalter.

Die Lösung von der Acht erfolgte dann im Mai 1212.[258] Am 3. Dez. 1212 taucht Ekbert wieder auf bei einer weiteren Beurkundung für das Kloster Arnoldstein auf Burg Federaun im Gailtal in Kärnten, wo er wohl den Winter verbracht haben muss, dann zieht er sich wieder nach Kärnten zurück. Wo ist Ekbert im Jahre 1213 gewesen? Nicht in Bamberg? Dort ist er nur kurz anwesend und hat die Stadt wieder verlassen. Vielleicht hat er Bamberg wegen seiner Feinde im hochstiftigen Adel gemieden und sich nur dort aufgehalten, wenn sein Bruder Otto VII. mit seinem Heer anwesend war.[259] Eine Vermutung.

Wir können nach der Analyse der Jahre 1206 bis 1211 sicher feststellen, dass Ekbert, dessen rastlose Reisen sein ganzes Leben geprägt haben, sich kaum mehr als drei zusammenhängende Monate in Ungarn aufgehalten haben kann.

[255] Winkelmann II, 273ff und 243
[256] s. Looshorn Bd. 2, S. 609
[257] „Licet Bambergensis episcopus...“ 2. Brief gleichen Beginns v. 3. Febr. 1212 ;PL 216, p.757; Féjer III.1.,139-140; Potthast I, nr. 4670
[258] Germ. sacra II, 1,165
[259] Die Andechs-Meranier in Franken, S.37
[260] Vorwerk, Die Andechs-Meranier und der Neubau des Bamberger Doms, S.214 f

Ekbert ist in Bamberg bei der Überführung der sterblichen Reste König Philipps von Schwaben nach Speyer Ende 1213, im Mai 1215 in Würzburg, im Juli bei der Krönung Friedrichs II. in Aachen, am 1. November 1215 auf dem Laterankonzil. Und nebenher sozusagen ist er für die „grundlegenden Baukonzepte, für Finanzierung und Anwerben von Bauhütten verantwortlich gewesen[260], besonders jenen aus Reims. Ekbert ist 1216 wieder in Kärnten und urkundet in Wolfsburg, wie überhaupt er immer wieder in Kärnten nachweisbar ist.Ist es unter solchen Umständen möglich, dem umtriebigen Ekbert anzuhängen, er habe sich jahrelang in Ungarn aufgehalten und sei gar von seiner Schwester „unterhalten" worden?[261] Davon kann keine Rede sein. Nach all diesen Nachweisen über die jeweiligen Aufenthaltsorte Ekberts[262] und seines ständigen Ortswechsels muss man sich fragen, ob der für Bamberg zuständige Bischof, der zwischen den kämpfenden Parteien der Staufer und Welfen eine strategische Rolle in der Andechser Dynastie eingenommen hatte, allein zeitlich nie in der Lage gewesen wäre, in Ungarn zu Amt und Würden zu kommen. Wenn er sich in Ungarn aufgehalten hat, dann kann dies nie lange gewesen sein. Das beweist auch das Zeugnis der recht zuverlässigen Marbacher Annalen, die berichten, Ekbert sei nur eine „kleine Weile" in Ungarn gewesen.[263]

Siegel des Bischofs Ekbert von Bamberg

Ekbert war an Ungarn überhaupt nicht interessiert. Sollte er, der schon im kaiserlichen Reich als Reichsbischof zu hohem Ansehen und zu einer politisch einflussreichen Figur geworden war, sein Leben nur einen Tag länger als nötig als Gutsherr in der abgelegenen Zips verbringen? Nein, Ekberts Betätigungsfeld war nicht Ungarn. Er hatte kein Interesse an ungarischen Ämtern oder Gütern. Diese waren nicht attraktiv genug im Vergleich zu den kaiserlichen Möglichkeiten und Ehren im Deutschen Reich.

„Magnanimus et bellicosus" wird er in den Quellen genannt, der überaus Große und Kriegserfahrene. Er hielt die Bande der Familie stark und lebendig im Bewusstsein. Aus seinem Leben wissen wir, dass er so verwegen war, das Versprechen gegenüber Innocenz III. im Jahre 1206 zu brechen. Er fädelte die Hochzeit seiner Nichte Elisabeth mit dem Landgrafen von Thüringen ein. In seinem bischöflichen Palast in Bamberg fand der Mord an König Philipp von Schwaben statt und wer weiß, was er alles verheimlichte oder im Schilde führte. Er übermittelte päpstliche Grüße zur Geburt des ungarischen Thronfolgers Bela IV.. Er konspirierte noch 1211 gegen Otto IV. und war 1212 sein Hofkanzler, um ein Jahr später wieder zu Friedrich II. überzutreten. Auch seine spätere Karriere weist auf einen cleveren, diplomatischen und starken Vertreter seines Hauses hin. Er war einer der zehn fürstlichen Königswähler und kaiserlicher Statthalter von Niederösterreich. Man hat sich natürlich gefragt, warum er bei der Einweihung des von ihm geleiteten Domes in Bamberg nicht zugegen war? Zur selben Zeit reiste er im Auftrag des Kaisers Friedrich II. und führte für ihn einen Straffeldzug gegen den aufsässigen Herzog Friedrich von Österreich. Ein Hinweis, wie sehr er viel öfters im kaiserlichen als im kirchlichen Dienst war. Mit seinen Brüdern Otto und Berthold wird er in den kaiserlichen Zeugenlisten innerhalb weniger Monate allein 25 mal genannt.[264]

Überall dort, wo es möglich war, versuchte er seine Verwandten in hohe Stellungen zu bringen. Er war es, der das Sippenbewusstsein seines Vaters nicht vor sich hertrug, sondern seine Familienangehörigen in vorteilhafte Bahnen schob. Kurz nach seiner Bischofserhebung hatte er seinerzeit die Dompropstei in Bamberg seinem Bruder Berthold verliehen. Als Berthold 1205 nach Ungarn ging, vermachte er dieses Amt seinem Onkel Poppo.

---

[261]Hervay, Die Geschwister der Hl. Hedwig, S. 211
[262]Renate Neumüller-Klauser, Das Itinerar Ekberts von Bambarg, in: D.v. Winterfeld, Der Dom zu Bamberg, S.36
[263]moratus est illic aliquantulum temporis" MGH SS VII, 171; über seine nach 1215 hinausgehende Tätigkeit im Reich s. Schütz, S. 37-42, Die Andechs-Meranier in Franken
[264]Lyon, Elisabeth von Thüringen, Katalog, 46

Bischof Ekbert hat eigene Münzen prägen dürfen. Auf der Vorderseite mit Mitra und Stab, Rückseite mit Reichadler

Seine Schwester Mechthild wurde mit seiner Hilfe Äbtissin von Kitzingen. Diese Beispiele zeigen, dass sich Ekbert eifrig für die Mitglieder seines Hauses einsetzte. Ekbert war – besonders nach dem Tode seines Vaters im Jahre 1204 – die zentrale Figur der Andechser Familie.
Thannhäuser stellte ihm ein gutes Zeugnis aus, wenn er Ekbert rühmt, er sei mit allen Tugenden ausgestattet.[265] Wenn man seinen Lebenslauf und seine Karriere genau verfolgt, dürfte jeder Vorwurf ad absurdum geführt sein, er habe sich in Ungarn Ämter angeeignet oder Güter erworben. Er war an allen möglichen Dingen interessiert. Aber an Ungarn nicht.

7.2 Markgraf Heinrich

Der zweite Bruder Gertruds ist nur in einer einzigen Urkunde aus dem Jahre 1209 erwähnt, und darin nicht einmal mit seinem eigenen Namen.
Am 11. November 1208 fiel auch über Heinrich IV., der 1204 nach dem Tode seines Vaters Berthold IV. Markgraf von Istrien wurde, zu Frankfurt der Schuldspruch, am Mord des Königs Philipp von Schwaben beteiligt gewesen zu sein. Heinrich wurde seiner Güter in Krain und Istrien für verlustig erklärt. Er musste mit seinem Bruder noch im Sommer 1208 nach Ungarn fliehen. Beide bangten um ihr Leben, da sie geächtet und für vogelfrei erklärt worden waren. Die Bamberger Besitzungen wurden Königsgut, die Markgrafschaft Istrien, die Heinrich innehatte, holte sich Anfang Januar 1209 auf dem Reichstag zu Augsburg der Patriarch Wolfger von Aquileja. Die Reichsfürsten rafften alles zusammen, was an Andechser Gut noch zu haben war. Während Ekbert sich noch als Kleriker ein Recht auf ein geistliches Gericht erhoffte, konnte sich Heinrich an kein namhaftes Tribunal wenden. 1207 hatte er Gräfin Sophie von Weichselburg geheiratet, die mit ihm sein Schicksal kurzfristig als Flüchtender teilen musste.[266] Jedoch blieb ihm sein persönlicher Besitz in Windischgräz und Stein erhalten.[267] Da er Anfang 1209 eine Urkunde für Amras ausstellte und im März 1209 nach Rom reiste, um bei Innocenz III. das ihm angetane Unrecht vorzutragen, muss er es nicht lange in Ungarn ausgehalten haben. Nach seiner vergeblichen Romreise besuchte er den österreichischen Hof des Herzogs Leopold VI. und daraufhin den Kärntener Herzog Bernhard von Spanheim.[268] Häufig hielt er sich in Windischgrätz auf, da ihm sein persönlicher Besitz dort und in Stein erhalten blieb.[269] Sein Bruder Otto VII. überließ ihm alle Eigengüter in Krain, Kärnten und Steiermark, die bayerischen und diejenigen in Tirol erhielt er nicht mehr zurück. Politisch spielte Heinrich keine Rolle mehr.

[265] „Von Babenberger bischof Egebrecht , den will ich gerne grüezen, er was an allen Tugenden recht, er kunde wol kumber büezen." nach Bumke, Mäzene des MA, S. 191
[266] Janez Majcenovic, Veronika von Mali Grad, S. 159, in : Die Andechs-Meranier, Beiträge zur Geschichte Europas im Hochmittelalter
[267] Kosan, M., Windischgräz zu Zeiten der Grafen von Andechs, S. 92, in: Beiträge zur Geschichte Europas im Hochmittelalter
[268] Majcenovic, Veronika von Mali Grad, in: Beiträge zur Geschichte Europas im Hochmittelalter, 160
[269] Kosan, M., 92

Markgraf Heinrich von Istrien. Ausschnitt aus dem Familienbild im Schlackenwerther Codex

Am 24. August 1211 urkundet er in „Graeze".(Windischgräz) Seit 1211 lebte er wieder auf seinen Gütern in Krain und Steiermark wie auch auf den Gütern seiner Frau Sophie von Weichselburg. Er besuchte immer wieder den Babenberger Hof von Leopold VI., der ein Anziehungspunkt für höfische Literatur und Kunst war. Heinrich starb am 28. Juli 1228.
Zusammenfassend müssen wir dem Vorwurf einer Bevorzugung Heinrichs am ungarischen Königshof eine gründliche Absage erteilen und ohne Bedenken zu dem Schluss kommen, dass der Markgraf von Istrien durch seine Schwester Gertrud nicht in irgendeiner Weise favorisiert sein konnte oder politische, finanzielle oder gesellschaftliche Vorteile gehabt hätte. Heinrich IV. kann sich nach den vorliegenden Urkunden nicht lange und nur mit Unterbrechungen in Ungarn aufgehalten haben, wenn er überhaupt nach 1209 noch einmal zu seiner Schwester zurückkehrte. Warum sollte er auch? In der wahrlich kurzen Zeit seines Exils hatte er keine Ämter bekleidet und keine nachweisbaren Dotationen des Königs und der Königin erhalten. Im Übrigen wird er sich mehr um seine Andechser und angeheirateten Weixlberger Besitzungen in Krain und Steiermark gekümmert haben, als um die Belange seiner Schwester. Ein Aufenthalt in Ungarn wird also nur ein kurzer und vorübergehender gewesen sein, so dass er deshalb als „begünstigter Verwandter" sicherlich nicht in Frage kommen kann, wie ihm fälschlicherweise nachgesagt wird. Man müsste sich schon fragen, warum er sich in Ungarn aufhalten sollte, während seine 1207 geheiratete Sophie von Weichselburg ihr junges Leben auf den Gütern von Krain, Steiermark und ihren ererbten Gütern ohne ihren Mann fristen sollte? Schließlich war der österreichische Herzogshof attraktiver als der ungarische Königshof in Esztergom oder in Buda. Mehr als ein Meranier, den wir gleich kennen lernen, war für die Strategie der andechsisch-staufischen Politik nicht nötig. Was sollten drei oder vier Geschwister in Ungarn tun? Strategisch und diplomatisch wäre das ein Verschleiß des andechsischen „Personals". Markgraf Heinrich hatte keine erkennbaren Motive, in Ungarn zu bleiben.

7.3 Berthold der Aufsteiger

Berthold muss im Jahre 1182 geboren sein, weil er 1212 das kanonische Alter erreicht hatte. Er war der ältere Bruder Gertruds. Sein Aufenthalt in Ungarn ist historisch sicher belegt, schon deshalb, weil er in mehreren Zeugenlisten von Urkunden als Bischof von Kalocsa erwähnt wird. In dieser Eigenschaft spielte er zur Zeit Gertruds und nachher keine unerhebliche Rolle. Deshalb wird man seinem Lebenslauf besondere Aufmerksamkeit widmen und alle historischen Zeugnisse und Briefe zu Hilfe nehmen, denn auch seine Anwesenheit und seine Stellung sollten das Drama um Gertruds Tod mitbewirkt haben.
Berthold war zunächst Probst in Bamberg, wo sein Bruder Ekbert seit 1203 den Bischofstuhl innehatte. Unmittelbar nachdem sein Schwager Andreas II. im Mai 1205 den Thron bestieg, reiste er, wahrscheinlich auf Einladung Gertruds oder nach Aufforderung seines Bruders Ekbert noch im selben Jahr an den ungarischen Hof. Vielleicht hat er seine junge Schwester auch schon 1204 auf ihrer Rückreise nach Ungarn begleitet und blieb gleich im Land, aber das

ist nicht verbürgt. Warum kam er überhaupt nach Ungarn? Hätte er nicht auch in Deutschland Karriere machen können? Sicherlich auch, aber bot sich nicht in Ungarn gerade die Aussicht auf einen frei werdenden Bischofssitz? Oder gab es noch einen anderen Grund? Hatte die junge Gertrud eine männliche Hilfe nötig?
Berthold wird als „ junger und unterrichteter Mann“ bezeichnet.[270] Der französische Geschichtsschreiber Friedrichs II., Fra Salimbene, rühmte Bertholds männliche Schönheit.[271] Er soll sich auch gleich in ein ungarisches Mädchen verliebt und diese zur Frau genommen haben. Ein gewisser Michael Horvath berichtete nämlich: *„Es wird erzählt, dass Berthold auf Anraten seiner Freunde im Jahre 1206 die mit ihm verlobte Jungfrau geheiratet habe. Ehe er aber mit ihr ins Brautgemach trat, fiel ihm ein, dass er an diesem Tag nicht wie gewöhnlich seine Andacht zu Ehren der Hl. Jungfrau gehalten hatte. Daher zog er sich sofort in einen stillen Winkel seines Hauses zurück, um seine Andacht zu verrichten. Als er während des Gebets zu den Worten kam: „Ganz schön bist du meine Freundin, " da erschien ihm die Gottesmutter Maria und sprach: „Wenn ich ganz schön bin und deine Freundin sein soll, warum verlässt du mich dann und erwählst dir eine andere Braut ? " Als Berthold das hörte, war er ganz verblüfft und sagte: „Was willst du, dass ich tun soll ? " Darauf sprach die göttliche Jungfrau: "Wenn du deine Braut um meiner Liebe willen wegschickst, wirst du mich im Himmelreich besitzen. Und wenn du dann noch das Fest Mariä Empfängnis jedes Jahr feierst und dies auch den anderen empfiehlst, wirst du im Reich meines Sohnes den Lorbeer empfangen. "*[272]
Ein gewisser Nikolaus Muszka ergänzte diese Geschichte: „Berthold hatte sich zur Ehe verpflichtet, doch nach kurzer Zeit erreichte er aus nicht geringen Gründen die Scheidung und entließ seine jungfräuliche Braut. Die verlassene Gattin hat später mit Erlaubnis des Papstes den Palatin Chephan geheiratet.“[273] Diese Geschichte kann genauso gut wahr sein wie falsch und kein Historiker äußerte sich dazu. Wahrscheinlich stammt sie aus kirchlich-monastischen Kreisen, in denen die Lehre vom Jungfrauenstand vertreten wurde, der höher als der Ehestand zu bewerten sei.

Überraschenderweise wurde Berthold schon Ende 1205 vom Kapitel zum Erzbischof von Kalocsa gewählt. Dies sicherlich auf Betreiben des Königs Andreas. Wenn man die Texte genauer liest, stellt man fest, dass das Kapitel von Kalocsa einen dem König genehmen Kandidaten wählen wollte. Ein solcher Vorgang war üblich. Auch in Spalato und Esztergom hatten sich die Kanoniker für ihren Bischof im vorigen Einvernehmen mit dem König entschieden. Aus welchen Gründen auch immer, bei der Wahl Bertholds hatten sich die Kanoniker nicht gegen den König „verschworen“ und auch offensichtlich keine Bedenken gegen Berthold geäußert. Es ist natürlich naheliegend, dass dabei die junge Königin „mitgemischt“ hatte, aber das ist weder zu beweisen noch zu bestreiten. Der Urkunde des Papstes an Andreas entnimmt man lediglich, dass sie die Schwester Bertholds ist, nicht aber, dass sie den Antrag auf Einsetzung ihres Bruders betrieben hätte, was in vergleichbaren Urkunden immer mit der „Intervention“ der Regentin schriftlich festgehalten wird oder mit der Erwähnung der Mitregentin, der „consors regni“. Der König allein bittet den Papst um Zustimmung, Berthold als Erzbischof in Kalocsa einzusetzen. Die klassische Reihenfolge wurde eingehalten: kanonische Wahl, Zustimmung und Investition durch den König, nur die Weihe durch den Metropoliten blieb noch aus. Ähnlich war es auch bei dem Patriarchen Wolfger von Erlau, der 1191 erst vom Domkapitel und den Ministerialen gewählt wurde und danach von Erzbischof Adalbert von Salzburg die Priester-und Bischofsweihe erhielt.[274]

[270] Engl, Königreich Ungarn, S.212
[271] Bosl, Der Heilige Berg, S.40
[272] Katona, Historia critica Reg.Hung. V, 31 f
[273] Katona V, 36
[274] Wolfger war verheiratet und stieg erst nach dem Tode seiner Frau in die geistliche Laufbahn ein. Sein Sohn saß sogar in seinem eigenen Domkapitel. Kalocsa war das zweitgrößte Erzbistum nach Esztergom und hatte demnach eine dem Primas fast gleichrangige Stellung. Es gehörte zu den ältesten Bistümern Ungarns überhaupt und wurde bereits von Stephan I. gegründet. Der erste Bischof war Astrik, ein im Gefolge Bischof Adalberts weitgereister und europäisch gebildeter Mann, der vom Papst die ungarische Königskrone nach Ungarn gebracht hatte. Astrik baute die erste Kirche in Kalocsa.

Die befestigte Bischofsstadt Kalocsa im Jahre 1686.
Sitz des Erzbischofs Berthold von Andechs-Meranien

Der Bischofsstuhl von Kalocsa war 1205 gerade frei geworden, da der bisherige Inhaber Erzbischof Johann nach Esztergom wechselte. Innocenz III. entsprach der Bitte um Bestätigung Bertholds als Nachfolger auf den Stuhl von Kalocsa zunächst nicht. Er verweigerte ihm das Pallium mit der Begründung, dass Berthold noch zu jung sei und mit seinen 25 Jahren das kanonische Alter noch nicht erreicht habe. Christus hätte seine Lehrtätigkeit auch erst mit 30 Jahren angetreten. Man müsse die Sache in Ruhe angehen, denn, so Innocenz, man wisse ja auch noch nicht, ob Berthold ausreichende Kenntnisse in Latein und im Kirchenrecht habe. Das müsse man erst prüfen. Dafür habe er, der Papst, den Erzbischof Eberhard von Salzburg vorgesehen. Der Brief lautet:

1. Juni 1206. An den König von Ungarn:

„Wir bekennen vor dem Herrn, vor dem man nicht lügen kann, dass Wir Deine Person mit reinem Herzen, guten Gewissens und aufrichtiger Treue lieben, dass Wir wirksam zu Deiner Ehre und Deinem Wohlergehen beitragen wollen, so sehr Wir es mit Gott schaffen. Wir wollen Dir versichern, dass Du wegen eines anderen Fürsten keinerlei Zurückweisung erfährst. Allerdings möchten Wir auch, dass Du weißt, wie sehr Wir kraft unseres Amtes im Apostolischen Dienst bei einem Urteil gebunden sind und wie Wir, ohne schlechtes Gewissen und Gefahr für unseren Ruf, nicht nach rechts und links abweichen können. Da ein Licht nicht verborgen sein kann, das auf dem Leuchter steht, müssen Wir uns immer die Wahrheit vor Augen halten und bedenken „Ihr seid das Salz der Erde.

Du hast uns bezüglich des geliebten Sohnes, dem Probst und leiblichem Bruder Deiner Frau eine herzliche Bitte zukommen lassen, wir möchten doch geruhen, dem inzwischen gewählten Erzbischof von Kalocsa, der nach Deiner Überzeugung Dir und Deinem Reich im Amt des Erzbischofs nützlich und nötig sei, das Pallium zu bestätigen. Wie aber der Apostel lehrt, sollen Wir niemandem vorschnell die Hand auflegen, ehe Wir nicht durch eine kanonische Prüfung volle Gewissheit über seine Person haben. Da Wir nun über des Probstes Wissen und sein Alter nicht sicher sind, sondern mit einiger Wahrscheinlichkeit berechtigte Zweifel haben, konnten Wir Deiner Angelegenheit nicht sofort nachkommen, weil nach göttlichem Gesetz das ausreichende Wissen und das kanonische Alter fehlen. Weil Wir aber Deinen Wünschen entgegenkommen wollen – soweit Wir es in Ehren tun können – handeln Wir vorläufig wenigstens so,wie Wir können und beauftragen unseren ehrwürdigen Bruder, den Erzbischof von Salzburg, er solle über Wissen und Alter des Berthold sorgfältig nachforschen und Uns dann getreulich mitteilen, was er herausgefunden hat. Erst wenn Wir nach Mitteilung dieser Dinge unterrichtet sind, können Wir ohne Gefahr weiter handeln: Eurer Hoheit werden wir dann durch vorliegende Briefe Mitteilung machen und Dich umso mehr durch die dringende Notwendigkeit zufrieden stellen, auch wenn Berthold im Schriftwesen nicht gerade hervorragend, sondern nur annähernd hervorragend wäre und wenn er in seinem Alter nicht gerade so weit, so doch wenigstens annähernd so weit wäre. Sollte der Erzbischof von Salzburg aber zu einer Ablehnung des Gesuches kommen, dann ist dies nicht Unserer Härte, sondern seinem Unvermögen zuzuschreiben.“ [275]

Man sieht, dass der Papst dem ungarischen König weit entgegenkommt, indem er Zugeständnisse bezüglich des Alters und des Wissens macht und in Aussicht stellt, dass im Zweifelsfalle auch ein „annähernd“ beider Bedingungen reichen würde.

Berthold blieb also „Verwalter“ des Erzbistums, sogenannter „electus“, d.h. er war der vom Domkapitel „Gewählte“ und erhielt die Einkünfte, konnte aber keine bischöflichen Weihehandlungen vornehmen. Unter der Ernennung als „Hirte“ verstand der Papst nur die Verwaltungstätigkeit, nicht aber seine Weihevollmacht.

Nach einem halben Jahr, während dessen wir einen weiteren Brief des Königs vermuten

[275] Katona, Historia Critica Reg. Hung. V, 29

müssen, wandte sich Innocenz III. direkt an Berthold und erkannte ihn im Januar 1207 schriftlich „mit Rücksicht auf die königliche Familie“ als „electus“ an, obwohl sein Alter offensichtlich noch nicht dem kanonischen entsprach. Im übrigen gab es da auch Ausnahmen. Bertholds Bruder Ekbert hatte 1203 auch noch nicht das kanonische Alter von 30 Jahren. Trotzdem gewährte ihm Papst Innocenz III. eine Dispens, und er erhielt 1203 das Pallium. Berthold dagegen erhielt das Pallium 1206 noch nicht.

Der Papst schrieb im Januar 1207 an Berthold:

„ Die kanonischen Bestimmungen verhindern manchmal eine Wahl, was eine Bitte nicht verhindern kann. Bei den Ersteren muss man nach der Strenge des Gesetzes vorgehen, aber bei der Bitte werden Gunst und Gnade erwartet. Wir haben Deine Wahl, die unsere geliebten Söhne die Kanoniker von Kalocsa durchführten – obwohl sie durch Uns ohne Bestätigung blieb und mit vielen Bitten vorgetragen wurde - wegen des damaligen Mangels an Alter nicht bestätigen können. Weil diese aber kürzlich demütig bei Uns angefragt haben und Dich unbedingt haben wollten, haben Wir beschlossen wegen der dringenden Not und der offenkundigen Eignung, die vor Deiner Einsetzung erwartet wird, Dich der Kirche von Kalocsa als Hirten zu geben, im Glauben daran, dass Du über Ehrbarkeit und sittliche Lebensführung verfügst. Wir tragen den betreffenden Kanonikern durch unser Schreiben auf, dass sie – so wie Unser geliebter Sohn, der Kardinalpriester Gregor, Legat des Apostolischen Stuhles verkündet – Dir die Achtung als Hirten erweise, dessen Amt Du von Uns verliehen und bestätigt bekamst und zwar in geistlichen wie auch in weltlichen Dingen. Damit es aber nicht so weit komme, dass Unsere Anordnungen unbeachtet bleiben, tragen Wir Deiner Ergebenheit durch Apostolisches Schreiben auf, dass Du – wenn durch irgend einen Umstand etwas nicht verkündet wird - was Wir Unserem Legaten aufgetragen haben, nichtsdestoweniger auf Grund Unserer Briefe Dein von Uns verliehenes und bestätigtes Hirtenamt in der Provinz Kalocsa ausüben kannst. “[276]

Bischof Berthold. Ausschnitt aus dem Familienbild der Freytagschronik

Das Kapitel drängte, wie es im Brief heißt, auf eine baldige Ernennung Bertholds zum Erzbischof. Um Unruhestifter zum Schweigen zu bringen, sorgte der Papst vor, indem er Berthold durch seinen Brief zusicherte, er sei rechtens der Erzbischof von Kalocsa.

Inzwischen – das muss im Frühjahr 1207 gewesen sein - hatte der Erzbischof von Salzburg die kanonische Prüfung vorgenommen. Bei dieser Prüfung waren auch zwei Weihbischöfe aus Kalocsa anwesend. Eberhard von Salzburg war selbst ein Senkrechtstarter, da er schon mit 26 Jahren zum Bischof von Brixen gewählt wurde, also zum „Elekt“, nachdem er in Italien Recht und Theologie studiert hatte. Der Papst war jedoch mit dem Ergebnis der Prüfung Bertholds nicht zufrieden und stellte fest, dass dieser nicht einmal annähernd die notwendigen Kenntnisse und nicht einmal annähernd das kanonische Alter habe. Vor einem Jahr war der Papst dem ungarischen König schon so weit entgegengekommen, dass er nur deutlich heruntergeschraubte Voraussetzungen forderte. Jetzt aber musste er feststellen, dass Berthold nicht einmal diese erfüllen konnte. Insofern war der Brief des Papstes ein vernichtendes Urteil und stellte sowohl den König wie auch den Anwärter Berthold ziemlich bloß.[277] Innocenz III. antwortete dem König, nicht ohne die voreilige Wahl von 1205 durch das Domkapitel nachträglich zu rügen, dass dieser sich schon vor der Wahl Bertholds sich über seine Eigenschaften hätte erkundigen müssen.

---

[276] Katona V, 72 f und PL 216, lib. X, p. 1626 v. 9 Kal. Januar 1207
[277] Katona V, 66

Innocenz III an Andreas im April 1207:

„Der vorgenannte Erzbischof von Salzburg hat kürzlich dem Apostolischen Stuhl mitgeteilt, dass er, als er nach Ungarn gekommen sei, zwei Bischöfe der Kirche von Kalocsa und andere geeignete Männer zu sich gerufen habe und die Prüfung des genannten Probstes entsprechend dem Wortlaut Unseres Auftrags vornahm. Der Erzbischof habe festgestellt, dass Berthold den Text flüssig las, seine Worte kompetent und richtig in seine Sprache übersetzte und auch die grammatischen Konstruktionen erklären konnte. Ein Ritter, der Lehrer dieses Probstes, habe durch einen durch Handerhebung bekräftigten Schwur versichert, dass Berthold ohne Zweifel 25 Jahre oder ein wenig älter sei und dass dieses Alter auch seinem Körperbau entspreche. Nach sorgfältiger Beratung mit unseren Brüdern über ihn sind Wir zu der eindeutigen Meinung gekommen, dass Berthold aber sich weder im Kanonischen Recht noch in der Hl. Schrift ausreichend empfehlen konnte und dass sein Alter nicht nur nicht ausreichend, sondern nicht einmal annähernd ausreichend sei. Diese beiden Dinge, nämlich kanonisches Alter und ausreichendes Wissen sind derart nötig für einen Erzbischof, welcher der Vater der Väter sein muss und der Lehrer der Lehrer. Wenn Kleriker sich herausnehmen, jemanden zum Erzbischof zu wählen oder allein schon zu einem Bischof, der in diesen Dingen auch noch Mängel aufweist oder auch nur einen, dann würden sie nach einem Beschluss des Laterankonzils das Wahlrecht verlieren und drei Jahre lang keine Benefizien mehr erhalten, abgesehen davon, dass eine solche Wahl ungültig wäre. Obwohl Wir das, was ipso jure ungültig ist, nicht anerkennen konnten, haben wir aus Barmherzigkeit zu Deiner Gunst und aus Gnade für das Kapitel von Kalocsa nicht vor, die Strafe des besagten Dekrets anzuwenden. Wir bedauern aber nicht wenig, dass Wir darin allein schon Deinen königlichen Willen zufrieden stellen können. Wir können nicht nach links und nach rechts abweichen und nicht in unseren Händen verschiedene Gewichte und verschiedene Maße halten, was beides vor Gott ein Abscheu ist. Jesus Christus hat bis zu seinem 30. Jahr das Predigen hinausgeschoben. Dadurch hat er unmissverständlich gezeigt, dass sich niemand vor dem 30. Lebensjahr das Predigtamt anmaßen solle, was am meisten der Sorge des Hirten geziemt. Wenn Berthold zwar dem nötigen Alter für die Wahl zum Bischof schon nahe ist und für Dich nötig und nützlich ist, so müssen doch seine Lebensführung und sein Wissen ausreichend vorhanden sein. Wenn es anders geschehe, wäre es nicht Nachsicht, sondern Verschleuderung. Wir bitten Eure königliche Hoheit und drängen sie, dass in dieser Sache aufgrund des zwingenden Rechts nichts geschehen kann. Eure Hoheit möge nicht betrübt sein, sondern den besagten Probst in theologischer und kanonischer Lehre unterrichten lassen, damit er mit der Zeit in seinem Wissen Fortschritte mache. " [278]

In der Meinung, Berthold würde seine erforderlichen Kenntnisse in einer Art „Selbststudium" nachholen, bestätigte der Papst am 24. Dez. 1207 [279] zwar die Wahl Bertholds zum Erzbischof, aber nur als „Elekt". Vermutlich fand Berhold in den dürftigen Verhältnissen von Kalocsa nicht ausreichende Studienmöglichkeiten oder er war einfach zu bequem, einige kundige Magister herzuholen, kurzum er dachte sich, das Angenehme mit dem Nützlichen zu verbinden, verließ Anfang 1208 kurzerhand seinen Bischofssitz Kalocsa und begab sich nach Vicenza, um seine theologischen Lücken auszufüllen. Vicenza war seit Kaiser Lothar um 825 zum Schulsitz

Ausder Karte ersieht man, dass Vicenza der nächstgelegene Studienort um diese Zeit gewesen war. Vicenza liegt etwa 600 km von Kalocsa entfernt.

[278] „Sicut regali prudenti..." PL 215, p.1132 Katona V, 68 ff, Potthast nr. 3037

[279] Potthast I, no 3252

[280] „Landau,P., Die Internationalität der Bolgneser Kanonistik, S.42, in: Archiv für Katholisches Kirchenrecht, Bd. 176, 2007

für alle Städte des östlichen Venetiens erhoben worden. 1204 enstand dort eine neue Universität. Obwohl Bologna die unumstrittene Hochburg des Kirchenrechts war, galt die Stadt trotzdem nicht als Monopol der Studien. In Bologna lehrte sogar zu dieser Zeit der ungarische Kanonist Damasus.[280] Berthold zog trotzdem Vicenza vor. Außerdem gehörte Vicenza zum Lombardischen Städtebund Barbarossas und galt als staufischeDomäne in Oberitalien, was dem jungen Berthold gerade heimatliche Gefühle bereiten musste. Er wurde als willkommener Gast betrachtet. Ein ganzes „Sommersemester“ und den Herbst 1208 verbrachte er in Vicenza. Vermutlich hat es sich Berthold in Vicenza auch gut gehen lassen und seine notwendigen Studien so nebenher betrieben, wie das eben junge Leute in der Mitte ihrer 20-er Jahre gerne tun.

Im Hörsaal einer mittelalterlichen Universität. Scholaren mit unterschiedlichem Alter und Interesse. „Liber ethicorum » des Frater Henricus de Allemania.

Dem Papst hatte dieser Aufenthalt aber ganz und gar nicht gefallen. Er teilte Berthold mit, dass er sofort wieder nach Kalocsa zurückkehren müsse. Schließlich sei er zum „Lehrer der Lehrer“, zum „magistrorum magistrum“ bestellt worden und habe seine Aufsichtspflicht als Bischof verletzt. Er hätte besser daran getan, zu Hause zu bleiben. Das Ärgernis bestand also aus keinem anderen Grund als aus dem, dass er seine Diözese verlassen hatte. Darin war Innocenz unerbittlich. Er hatte sogar einmal im Juni 1205 den Pfarrer Gonobitz aus der Diözese Passau der Apostasie (Glaubensabfall) schuldig gesprochen, weil er seine Pfarrei verlassen hatte.[281] So wichtig erschien ihm die Gebundenheit des Hirten an seine ihm anvertraute Gemeinde oder Diözese. In seinem Brief vom Februar 1209 verschonte er auch Andreas II. nicht und warf ihm vor, wie er habe zulassen können, dass Berthold seine Diözese verlasse.
Wir beklagen uns über Eure königliche Weisheit sehr und über Dich selbst, dass Du Uns mit dem Erwählten von Kalocsa durch Dein allzu großes Drängen in Schwierigkeiten gebracht hast. Viele halten Uns mit Recht inzwischen vor, dass wir diesen zum Meister der Meister gemacht haben, obwohl er nicht einmal, wie man wusste, Schüler der Schüler zu sein verstand und äußerst wenig von den bischöflichen Kenntnissen besitzt. Wir haben ihn zum Bischof der Bischöfe gemacht, obwohl es ihm an bischöflichem Wissen für dieses Amt zum größten Teil fehlte. Er hat die Sorge der ihm anvertrauten Kirche vernachlässigt, schlimmer als wenn er tot wäre und hat sich nach Vicenza begeben, um sich dort mit den Anfängen der Wissenschaft zu beschäftigen. Nicht geschämt hat er sich auf diese Weise seines Unwissens, das er auch zu Hause hätte unauffällig wettmachen können. So hat er sein Unwissen schimpflich in die Öffentlichkeit getragen, indem er ohne Scheu herumreiste. Deshalb haben Wir ihm durch einen Brief befohlen, dass er unverzüglich zur Kirche von Kalocsa zurückkehre, ein paar gelehrte Leute in seine Umgebung hole, dadurch unter ihrer Anleitung in der Wissenschaft voranschreite. Er solle so den Mangel an Bildung mit guten Sitten und einem ehrbaren Lebenswandel wenigstens sorgsam ausgleichen, so dass Wir, wenn das eine durch das andere ausgeglichen ist, ihn einigermaßen ertragen können. Andernfalls müssten wir nach dem Beispiel dessen, der gesagt hat, es reue ihn, den Menschen gemacht zu haben, etwas anderes ausdenken und – weil man uns umgangen hat – das, was wir aufgebaut hatten, nun mit Hilfe Gottes eben wieder niederreißen. Deshalb möchte ich Eure königliche Hoheit eindringlich mahnen, dass Du ihn sorgsam zum Guten bringst. Denn wenn er anders handeln sollte, so musst Du den fallen lassen, um den zu erheben Du Dich so sehr bemüht hast.“ [282]

---

[281] s. Hagender, Die Register Innocenz III., Bd. 8, nr 82, S. 147
[282] “Licet Bamb. Episcop.”... 2. Teil vom Februar 1208 PL 215 p. 1534 und Katona V, 87 ff
[283] Katona V, 73

Wie und wann und ob Berthold sein theologisches Wissen erreicht hat, ist nicht überliefert. Sicher ist nur, dass er in den Urkunden dieser Jahre zwar als Bischof, aber immer nur mit dem Beinamen „electus“ von Kalocsa angeredet wurde. Erst im Jahre 1212 erhielt er das Pallium. Dies wäre das Jahr, in dem er das kanonische Alter erreicht hätte und vermutlich auch sein notweniges Wissen in der Kanonistik und Exegese.[283]

Es wurde viel Aufhebens wegen des noch zu jungen Alters Bertholds gemacht. Das vorgeschriebene **Mindestalter** war 30 Jahre, aber es gab Ausnahmen. In einer Untersuchung von 27 bekannten Fällen von ungarischen Bischofsernennungen war das Durchschnittsalter 26 Jahre (!), von einigen noch extremeren Fällen ganz zu schweigen.[284] Einen Fall kennen wir aus dem Jahre 1219, in dem der von Jolanthe, der zweiten Frau des Andreas II., mitgebrachte Kleriker, ohne ausreichende Kenntnisse und Fehlen des kanonischen Alters, Bischof von Pecs geworden war.[285] Kein Grund also für die Entrüstung, Andreas und Gertrud hätten Berthold unrechtmäßig gefördert. In anderen Fällen wurde kein einziges Wort darüber verloren.

Hat Berthold nach der Einsetzung als Erzbischof von Kalocsa einen **Streit** mit dem Erzbischof Johann von Esztergom wegen des Krönungsrecht entfacht, um mehr Machtbefugnisse zu besitzen? Entfacht hat er ihn nicht, aber fortgeführt. Einen Streit zwischen den Erzbistümern Kalocsa und Esztergom wegen des Krönungsrechts der Könige hatte es schon früher gegeben. Der althergebrachte Brauch des Vorrechts von Esztergom wurde inzwischen angezweifelt, weil bereits fünf Könige in Folge in Kalocsa geweiht worden waren,[286] und so erschien der Anspruch nicht verwunderlich, nunmehr die Kalocser Kirche zur königlichen Krönungskirche zu machen. Der Streit zwischen Kalocsa und Gran dauerte seit Jahrzehnten“[287] und entstand nicht erst mit Berthold! Nach einem Schreiben von Papst Innocenz III. hat Berthold, sicherlich in Absprache mit dem König, das Krönungsrecht für den Erzbischof von Kalocsa beansprucht und zwar aus eben den bekannten Gründen.[288] Interessant ist aber, dass sein Vorgänger Johann in Kalocsa, als er in Esztergom war, das Krönungsrecht wieder für sich in Esztergom beanspruchte! Die Auseinandersetzungen gab es nicht wegen der vermeintlichen Gunsterweise des Königs gegenüber Berthold.[289] In der Tat handelte es sich auch nicht um einen persönlichen Machtkampf der beiden Erzbischöfe, wie oft zu Unrecht behauptet wird, sondern um einen Streit der Diözesanbischöfe untereinander im Verbund mit ihren Oberhirten, so dass zwei ganze Erzbistümer das Recht der Königskrönung beanspruchten. Das geht aus einem Schreiben des Papstes Innocenz III. von Februar 1211 hervor, in dem er nicht von einzelnen Personen spricht, sondern vom Einverständnis und gemeinsamen Willen der Suffraganbischöfe mit ihrem jeweiligen Erzbischof.[290] Es ging um Ansehen und um Geld, das bei jeder Krönung floss. Streit gab es schon zwischen Erzbischof Lukas von Esztergom (1158-1183) und seinem Mitbruder in Kalocsa. Lukas exkommunizierte ihn sogar.[291] Beide müssen Erzfeinde gewesen sein.[292] Heftigen Streit gab es auch zwischen Erzbischof Job von Esztergom und dem zänkerischen Erzbischof Johann von Kalocsa. Der Streit zwischen Kalocsa und Esztergom ist also nicht erst mit Berthold entstanden. Das zeigt schon ein Brief König Emerichs 1203 an den Papst, in dem er ihn bat, er möge den Erzbischöfen Job von Esztergom und Johann von Kalocsa auftragen, während seiner Abwesenheit auf dem Kreuzzug keinen Streit über das Krönungsrecht zu entfachen.[293] Innocenz III. hatte dem Streit 1212 schließlich ein Ende gesetzt

---

[284]Hungarien Biscops in the Fifteenth Century, II, S. 376; in Fügedi, Kings, Bishops...
[285]Thoroczkay, Janos, 1205.oktober 6.-1223.november, S. 94
[286]1162 Ladislaus II., 1163 Stephan IV., 1173 Bela III., 1204 Ladislaus III. 1205 Andreas II.; nach Udvardy József, A Kalocsai érsekek életrajza, Köln 1991, S. 106, auch Varga 241
[287]Varga, Ungarn und das Reich, 241
[288] “ impetere videbatur..“ Katona V, 108
[289]Katona, Epitome, I, 408
[290]„ex parte una et ex altera….de consensu et voluntate Suffraganeorum “, Wenzel, Cod.dipl.Arpad. 11, nr.215
[291]Adrianyi, Geschichte der katholischen Kirche in Ungarn, S.37
[292]Kristo, Arpadendynastie, 153; Katona V, 32
[293]Hageneder, Die Register Innocenz III., Bd 6, no 8

Der Erzbischof von Esztergom ist allein befugt, die Könige Ungarns zu krönen. Weiheszene. Siegel des Erzbischofs von Esztergom.

und eindeutig erklärt, dass nur der Graner Kirche das Krönungsrecht zustehe.[294] So völlig aus der Luft gegriffen war also der Anspruch des Krönungsrechts in Kalocsa nicht. Der Streit hat mit der Person Bertholds nichts zu tun.

Es bleibt aber das Unverständnis, warum der erst angekommene Propst Berthold 1205 derart schnell auf den zweitgrößten Bischofssitz Ungarns gekommen ist. Was hatte ihn überhaupt bewogen, nach Ungarn zu reisen? Die Gründe sind bekannt: der erste bestand darin, dass Königin Gertrud die vakante Stelle ihrer Familie in Andechs mitgeteilt haben muss und auf die Möglichkeit einer Besetzung durch ihren Bruder aufmerksam machte. Der zweite Grund lag darin, dass der Andechser Rat unter Ekbert beschloss, Berthold auf jeden Fall nach Ungarn zu schicken, um neben seiner jungen Schwester bei der Verwirklichung staufisch-andechsischer Interessen mitzuwirken. Es ist nur unerklärlich, warum der König, die Königin und die andechsische Verwandtschaft so wenig Sensibilität bewiesen, indem sie Berthold so übereilt und geradezu ungestüm auf den erzbischöflichen Stuhl von Kalocsa setzen wollten.

Dessen nicht genug machte Andreas seinen Schwager Berthold im Jahre 1209 zum Ban von Dalmatien und Kroatien. Ein Ban ist ein hoher Würdenträger des Königs und war oft ein reicher Mann. Der Ban von Kroatien hatte zusätzlich das Münzrecht und war auch deshalb eine so wichtige Person, weil er in dieser Eigenschaft den Zugang zum Meer garantieren konnte. Jene Gebiete waren die einstigen Provinzen des Herzogs Andreas.

Der rührige Berthold plante auch, die Propstei Hermannstadt in Siebenbürgen dem Kolocser Bistum zu unterstellen und zankte sich daher mit seinem Kontrahenten, dem Erzbischof von Esztergom. Immerhin lag die Propstei geographisch mehr im Einzugsgebiet der Diözese Kalocsa als in dem von Esztergom. Aber der Papst bewilligte es Berthold nicht, weil er nicht schon wieder einen Streit auslösen wollte.[295]

1212, drei Jahre später, wurde Berthold zum „Woiwoden" von Siebenbürgen ernannt. Ein Woiwode ist der Statthalter eines Territoriums mit militärischen Befugnissen. Damit stellte der König einen diplomatischen Zusammenhang her zwischen dem dort ansässigen Deutschritteroden in Siebenbürgen und dem Erzbischof von Kalocsa. Außerdem verschaffte sich Berthold im selben Jahr den Titel eines Obergespan der Grafschaften Bacs und Bodrog. Im Falle der Abwesenheit des Königs durfte er sich „Mitverwalter der Reichsgeschäfte" nennen. Berthold hatte also innerhalb von sechs Jahren einen mächtigen Aufstieg geschafft.

Berthold von Andechs-Meranien, Erzbischof von Kalocsa. Ausschnitt aus dem Landgrafenpsalter

Hat sich Berthold meistens am Hofe in Esztergom aufgehalten? Das ist durchaus möglich, denn in den Urkunden des Königs ist er sehr oft als Zeuge erwähnt. Von seiner Tätigkeit in Kalocsa ist nichts bekannt, außer der Tatsache, dass er den Neubau der Kathedrale anregte und sie bauen ließ. [296] Aber nicht nur er hielt sich öfters am Hofe auf, sondern alle hohen kirchlichen Würdenträger.

[295]Katona V, 130

[296]Kosan, Windischrätz zu Zeiten der Grafen von Andechs, 95

Bischöfe und Äbte lebten genauso oft in Esztergom wie in ihren Diözesen und führten selbst dort ihren administrativen Bischofshof.[297] Die Bischöfe hatten eben auch weltliche Aufgaben. Darin unterschied sich Ungarn nicht von anderen europäischen Ländern. Nun ist von anderen ungarischen Bischöfen nicht so viel bekannt, wann sie am Hof und an ihrem Bischofssitz weilten. Was Berthold betrifft, so konnte er die Strecke Kalocsa-Esztergom auf der Donau relativ schnell zurücklegen.
Auffallend ist ohne Zweifel der schnelle Aufstieg Bertholds innerhalb der ersten sechs Jahre seines Aufenthalts in Ungarn. Diese Blitzkarriere muss Unverständnis und Neid entfacht haben. Dass er so schnell zu Würden gekommen ist, geht sicherlich auf seinen Schwager zurück. Und dass ein solcher Aufstieg möglicherweise gewisse ungarische Prätendenden auf den Bischofsstuhl von Kalocsa verärgert hat und Eifersucht entfachte, ist verständlich. Auch die Art und Weise des Vorgehens, wie Berthold zu den Ämtern gekommen ist, muss einigen Ungarn übel aufgestoßen sein.[298] Die Übertragung von mehreren Würden darf man aber auch nicht überbewerten, denn hohe Beamte des Königs vereinten immer schon zahlreiche Ämter und Titel in einer Hand.[299] Ämterhäufung in Ungarn war durchaus keine Besonderheit. Unter Bela III. waren Paulus und Mogh sowohl Palatine wie auch Grafen von Bacs, unter Emerich war es ein gewisser Esau. Der Graf Bucan von Bihar war Hofrichter am Königshof, ebenfalls Ban Makarius, ebenfalls Graf Achilles von Kevy; der Schatzmeister Jousan war gleichzeitig Graf von Wieselburg und Lukas war gleichzeitig Großtruchsess und Graf von Pressburg.[300] Sogar Bertholds Widersacher, Ban Bank, der sich gegen die Ämterhäufung Bertholds aufregte, hatte fast alle Hauptwürden und die Gespanschaft mehrerer Komitate sogar mehrmals auf mehrere Jahre inne.[301]

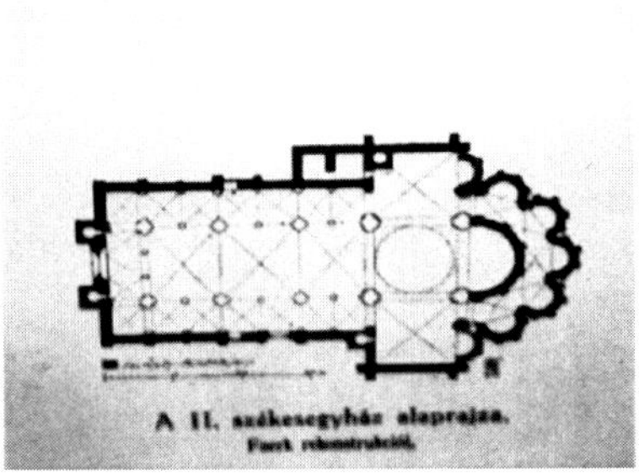

Die von Erzbischof Berthold erbaute Kathedrale in Kalocsa. Archiv der Erzdiözese Kalocsa.

Unbestreitbar sind die Verdienste Bertholds beim Neubau der Bischofskathedrale in Kalocsa. Diese zweite Kathedrale, eine dreischiffige Basilika, geht auf seine Initiative zurück.
Er war es, der französische Künstler nach Kalocsa holte. Dies lässt sich an den französischen Einflüssen in Architektur und Skulptur erkennen, sowie an einem Grabstein eines französischen Bildhauers. Die Kirche war mit „herrlichen farbenprächtigen Fresken geschmückt", wie ein türkischer Reisender berichtet.[302] Sie gilt als die einzige ungarische Kirche, die im Stile französischer zeitgenössischer Kathedralen erbaut wurde. Bertholds Schwager war der französische König Philippe Auguste und Berthold holte, genauso wie König Andreas II., französische Bauhütten nach Ungarn. Die Andechs-Meranier standen durch Verwandtschaft und durch ihre gemeinsamen politischen Interessen in enger Verbindung zu Frankreich.

---

[297] vgl. Homan II, 56
[298] ..."quidam Hungari.." Katona, Epitome I, 411 f
[299] Homan II, 68
[300] alle Angaben nach Fessler 2, S. 197
[301] Homan II, 68; Fessler, 2,412, ergeht sich – wie anders nicht zu erwarten – in allgemeinen abschätzigen Worten über Berthold. Dieser sei ein aufgeblasener Mann und den ungarischen Magnaten und Edlen mit groben Anmaßungen und empörendem Stolz begegnet. Woher er das alles wissen will?
[302] Katalin David, Die erzbischöfliche Schatzkammer zu Kalocsa, 1988, Museumskatalog S. 2

8. Die Zipser Schenkung

„Wir gewähren dem Propst Adolph auf Bitten der Königin und ihrer geliebten Brüder, des Erzbischofs von Kalocsa, des Bischofs von Bamberg und des Markgrafen ein Stück Land, das in der Zips bei Poprad liegt...“ So steht es in einer Schenkungsurkunde des Königs aus dem Jahre 1209. Die Schenkung von 1209 an **Probst Adolf** wurde bislang als Paradebeispiel für eine Verwandtenbegünstigung großen Ausmaßes angesehen, die Andreas II. und seine Frau Gertrud einem Deutschen gewährt haben.[303] Wie verthält es sich damit? Die Zips ist eine Landschaft in der Hohen Tatra am Fuße der Nordkarpaten.

Zipser Land vor dem Gebirge der Tatra

Nach der Völkerwanderung waren die Gebiete jahrhundertelang unbewohnt. Erst unter den Arpadenkönigen wurden sie dem königlichen Reich einverleibt und nach und nach an verdienstvolle Große übereignet mit der Auflage, eine Kolonisierung durch Siedler einzuleiten. So erhielten zum Beispiel die Familien Görgey und Berzevicz urwaldähnliche Gebiete als königliche Schenkung, die sie größtenteils mit Deutschen besiedelten. Bereits im 12. Jahrhundert luden ungarische Könige deutsche Siedler aus Thüringen, aus dem Rhein-Moselgebiet, aus Ostmitteldeutschland, aus Bayern und aus Südtirol ein, um die leeren Gebirgstäler der Zips zu kolonisieren, die als „undurchdringliche Urwälder“ bezeichnet wurden.[304] Geyza II. heuerte dort deutsche Siedler an. Dies geht aus einem Freiheitsbrief des Andreas II. hervor, in dem er sich ausdrücklich auf seinen Großvater bezieht.[305] 1136 wird eine Zipser Burg bezeugt und um 1202 eine Zipser Propstei erwähnt. Die Zuwanderer besiedelten das Tal der Poprad, Anfang des 13. Jahrhunderts kamen deutsche Adlige mit Gefolge und Aussiedlern aus dem Elsass. 1212 entstand Wellendorf. (Szepesolaszi) Die herbeigerufenen Siedler mussten den ungarischen Grenzwächtern beistehen und den Handelsweg zum Baltikum schützen. So entstanden die Grenzwachtdörfer in einem „Niemandsland“, das bis zu hundert Kilometer Tiefe betragen konnte. Immer dann, wenn die Grenzlinien weiter hinausgeschoben wurden, entstand Land zur Rodung und Bebauung . Am oberen Lauf der Hernad legten die Siedler eine Grenzlinie als Schutzverhau an. Die ungarischen Könige waren wegen der dortigen schwachen Bevölkerungsdichte daran interessiert, Menschen anzusiedeln, die die Wälder rodeten, den Boden bearbeiteten, Sümpfe austrockneten und Felder bewässerten und im Bergbau tätig waren. Die Arbeit war extrem hart. Nicht umsonst galt der Spruch: „Dem ersten der Tod, dem zweiten die Not, dem dritten das Brot.“

Der sprachliche Lautstand der Oberzipser Mundart wurde als mittelfränkisch identifiziert. In der ersten Hälfte des 13. Jahrhunderts waren bis zu 4000 deutsche Siedler in die Zips gekommen. Um 1300 blühten bereits 26 kleine Städtchen und über 100 Dörfer. Eine größere Gruppe von Einwanderern stammte aus dem Gebiet der Diözese Bamberg. Dies lässt sich dadurch nachweisen, dass sie Ortsbezeichnungen und Flurnamen ihrer Heimat mit nach Ungarn genommen haben, wo sie heute noch gebraucht werden.[306] Es ist bekannt, dass es in Oberfranken viele Kirchen gibt, die den Namen des Hl. Martin tragen. Der Hl. Martin ist auch der Schutzpatron der Zips.

---

[303]Fessler 2, 412, der nicht zwischen Ekbert und Adolf unterscheidet; s. auch Katona V, 16
[304]Jörg K. Hoensch, Die Zipser, in: Die Deutschen im Ostmittel-und Südosteuropa Bd.1 S. 143
[305]„vocati fuerunt a piissimo Geysa avo nostro“ nach Ernst Schwarz, Die Herkunft der Siebenbürger, S. 175
[306]Lasslob I., Die Karpatendeutschen aus Geschichte und Gegenwart, S. 57ff

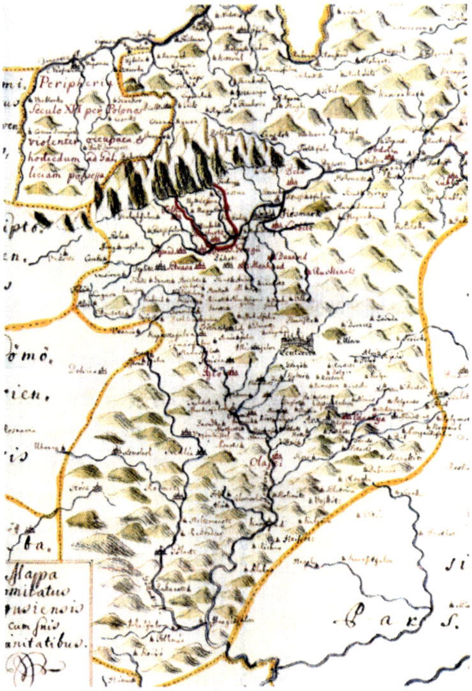

Landkarte der Zips. Der Umfang der Schenkung entspricht dem rot umrandeten Gebiet.

Wenn nun in der Urkunde von 1209 ein gewisser Probst Adolf ein Gebiet in der Zips erhält, dann unterstand dieses, wie es heißt, vorher dem Bischof Ekbert von Bamberg, vermutlich in seiner Eigenschaft als Bischof von Bamberg. Interessant ist, dass Abgaben aus diesem Gebiet seit der ersten Kolonisation in der Tat an das Bistum Bamberg flossen. Sehen wir uns die Urkunde einmal genauer an.

Propst Adolf war Gertruds Jugendlehrer und Bruder ihres Hoffräuleins und muß wohl mit ihr nach Ungarn gezogen sein. Diese Urkunde des Königs Andreas II. als Begünstigung eines Deutschen mit einer „beträchtlichen“ Schenkung liest sich so:

„Da es der Anstand verlangt und da die Forderungen des menschlichen Rechts es nicht weniger gutheißen, dass dem Einsatz verdienter Männer in einer dementsprechend folgenden Vergütung ein würdiger und ansehnlicher Lohn zugewendet werde, so weiß man auch, dass menschliches Handeln, wenn es sich an den Weg der Gerechigkeit hält, einem jeden Getreuen für seine Mühe und Arbeit einen angemessenen und gern gewährten Lohn zukommen lässt, indem er diese Mühe und Arbeit mit dem Gegendienst der Dankbarkeit vergilt. Ansonsten würde dieses Handeln den Spruch des gerechten Richters geringschätzen in dem es heißt: „Lass den Lohn des Taglöhners bei dir nicht liegen bis zum nächsten Tag“ (Tobias 4,15) Deshalb wird es der wohlbedachten und vorsorglichen Klugheit der königlichen Erhabenheit angelegen sein, ihre geistigen Augen nach oben zu lenken und jedem ihrer Getreuen seinen Verdiensten gemäß Genüge zu tun, damit sie nicht vom Urteil des gerechten Richters, bei dem kein Gutes unbelohnt bleibt, getroffen werde, wenn sie nämlich nicht dafür sorgen, dass die Mühen und Anstrengungen ihrer Untertanen durch deren Tugenden und Kräfte die Macht der Könige weit und breit in Ansehen steht, mit angemessener Vergütung zu Ehren gelangen.“

Soweit die übliche Einleitung von Urkunden, die man die „Harenga“ nennt und die oft für den heutigen Leser als recht schwülstig empfunden wird. Sie gilt als die allgemeine Begründung in einer Schenkungsurkunde schlechthin. Im weiteren Abschnitt würdigt der König den Empfänger der Dotation.

„Wir stimmen daher dem heilsamen und heiligen Rat eines Beschlusses mit Ehrfurcht zu und gewähren dem Probst Adolf, weil er sehr viel in unserem und in der Königin, unserer geliebten Frau, Diensten getan hat, sowohl durch seine Reisen zum Heiligen Vater, zu den Kaisern und zu Fürsten seine eigene Person und seinen Besitz großer Gefahr aussetzte. Er hat ohne Unterlass sich getreulich bemüht und mehr als alle anderen Getreuen Uns gedient und sogar sein Leben aufs Spiel gesetzt. So gewähren Wir ihm auf Bitten der Königin und ihrer geliebten Brüder, des Erzbischofs von Kalocsa, des Bischofs von Bamberg und des Markgrafen ein Stück Land , das in der Zips bei Poprad liegt und von der Zips herausgelöst wird. Dieses Stück Land, das vorher schon dem Bischof von Bamberg verliehen worden war, wird jetzt mit Zustimmung und Bitten des Bischofs aus dem Territorium der Zips herausgenommen und als ewiger Besitz dem Probst Adolf und seiner Schwester, die aus ihrem Heimatland in die Fremde gerufen wurde und Verwandte und Kinder verlassen musste, ohne Steuern und Abgabem mit demUns zustehenden königlichem Recht übertragen. Niemand unterfange sich, außer Uns und dem Palatin oder wen auch immer wir auf Bitten des Probstes und seiner Erben beauftragt haben, die Leute aus ihrer Umgebung, woher sie

auch kommen, zu richten oder zu belästigen. Es muss dafür gesorgt werden, dass alle Feindseligkeiten der umliegenden Bewohner dieses Landes vermieden werden, die öfters einmal vorgefallen sind.“ [307]

In den darauffolgenden Ausführungen wird äußerst genau der Besitz in seinen Grenzen umschrieben:

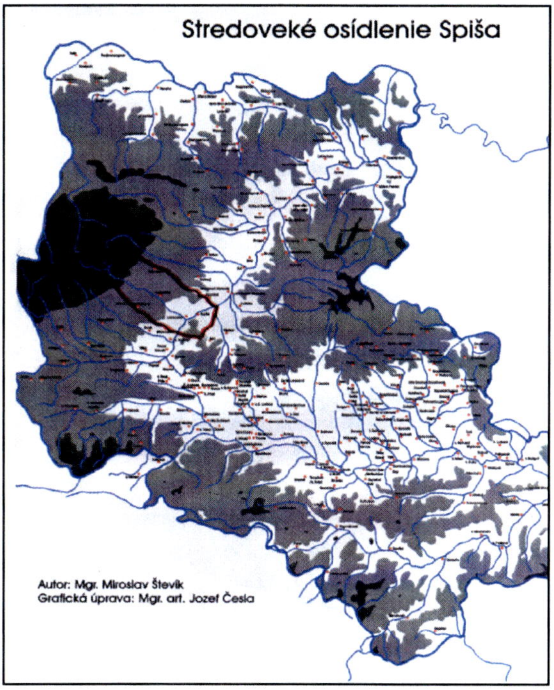

Anteil des Landes in der Zips, das König Andreas II. in der Urkunde von 1209 an Propst Adolpf schenkte. Die Größe der Schenkung ist rot umrandet. Karte: Mgr.art. Jozef Cesia, Zeichnung: Mgr. Miroslav Stevik. Kezmarok 2006

Heute nur noch ein Bach. Der ehemalige Grenzfluss Jaskunov bei Nova lesna.

Das Flüsschen Hunounig, heute Zakovsky potok. Sichtbar ist nur noch der Streifen des Ufergebüsches.

In der Mitte des Bildes Ufergebüsch des ehemaligen Grenzflusses Oskoy, heute Slavosky jarok. Im Hintergrund das Tatragebirge.

„Dieses Land wird von folgenden Grenzen eingeschlossen:die erste Grenze beginnt beim Schneeberg, an dessen Fuß ein Flüsschen entspringt, das Jascunov heisst.

Die Grenze führt bis zur Poprad und führt darüber hinweg geradewegs in Richtung Villa Isaac bis zu einem bestimmten Grenzpunkt jenseits einer Wiese, wo ein Gewässer entspringt, welches durch eben diese Wiese bis zu einem Flüsschen namens Hunounig.

Dieses Flüsschen fließt in die Poprad, von dort aus geht die Grenze an der Oscoy entlang. Die Grenze kehrt zurück zu den vorgenannten Schneebergen, wo sie begonnen hat.“

Wir haben durch den dort ansässigen Lutuinus, den Hofgrafen des Landes unseres geliebten Bruders, Bischof von Bamberg, das betreffende Gebiet im Auftrag des Königs vertraglich übertragen lassen. So erklären wir, dass es niemandem erlaubt sei, irgendein Dekret einzuführen, das vorgenannte Land anzutasten, etwas davon wegzunehmen oder zu verkleinern oder zu zerstören. Es verbleibt dem Propst ungeschmälert und unversehrt und durch ihn auch seinen Erben für alle Zeiten zu seinem geeigneten Gebrauch.

Damit all das vorher Genannte rechtskräftig und dauerhaft bestehe und nicht im Laufe der Zeit durch Anfeindungen gefährdet werde, bestätigen wir kraft dieser Urkunde und mit dem Siegel der königlichen Hoheit.“ Gegeben im Jahre 1209

[307]Katona V, 91; Marsina, R., Cod.Dipl.et epistol. Slov. I, NUM 154

Als Zeugen sind aufgeführt:

„Der Ehrwürdige Erzbischof Johann von Esztergom, der Hochwürdige Berthold von Kalocsa und Ban, die Bischöfe und der Kirche treue Führer Calanus von Fünfkirchen, Boleslaus von Waitzen, Kathapan von Agriensi, Simon von Varasd, Wilhelm von Transilvanien, Desiderius von Csanad, Peter von Gevrinensi. Der Palatin Poth und Graf von Muson, der Woiwode Michael, Marcello von Bacs, Jula von Bodrog, Bank von Bichor, Ochuz von Sopron, Benedikt von Novo Castro, Graf Moses von Eisenburg, im fünften Jahr unserer Regierung."

Die Urkunde gibt also die Grenzen der Gebietsschenkung ziemlich genau an, es ist die Rede von einem Bächlein und einer Quelle und einer Wiese. Flüsse galten damals als geeignete Grenzen. Bis heute sind diese Flussverläufe in Form von kleinen Bächen mit Gebüsch, Sträuchern und Bäumen teilweise erkennbar. Der Gebietskomplex umfasst das Land um Großlomnitz zwischen Eisdorf und der Hohen Tatra.

Aus der Formulierung der Grenzbeschreibung geht allein schon hervor, dass es sich um einen flächenmäßig nicht allzu großen Besitz gehandelt haben muss,[308] um einen „beträchtlichen Besitz" schon gar nicht. Es handelt sich um die südliche Gegend des Lomnicky Stit, eines 2600 Meter hohen Berges im Tatragebirge, der höchsten Berge des Karpatenbogens überhaupt.[309] Der Landstreifen zieht sich von Nordwest nach Südost, hat eine ungefähre Breite von 6 km und eine Länge von 18 km, insgesamt etwa 110 Quadratkilometer, das entspricht einer Fläche von 3 % (!) der gesamten historischen Zips, also nur der Zips allein(!)[310] und einem Anteil von 0,034 % von ganz Ungarn. Die Fläche von Ungarn in der Arpadenzeit betrug 320 000 Quadratkilometer.[311] Das Verwaltungszentrum muss in Spisky Hrad gewesen sein.

Diese topographische Kenntnis ist sehr wichtig, um das Stück Land zu ermessen, das Propst Adolph erhalten hat. Als Gebiet der Bodenkultivierung kommt diese Gegend nur bedingt in Frage, weil es in den Talböden auch Feucht-und Moorlandschaften gibt. In der Gegend um Kesmarok herrscht im Allgemeinen ein relativ gutes Klima, es kann aber auch sehr rau und kalt werden, oft schneit es schon im September.[312] Die Schenkung des Königs an Propst Adolph ist also kein kolonisatorisches Filetstück, hundert Jahre vorher wurde es sogar noch als „res nullius", als Niemandsland bezeichnet![313] Es gab nicht einmal Eisen-und Erzvorkommen, an deren Erträgen sich die Grundbesitzer Ekbert und Adolph hätten bereichern können.[314] Alles weist darauf hin, dass – da es sich um ein am weitesten im Norden vorgeschobenes Stück Land handelt – der Auftrag wohl neben der Urbarmachung eine Grenzsicherung einschließt, wenn auch die Urkunde davon nicht spricht. Wie soll man es sich sonst erklären, dass der „begünstigte" Adolph eine solch eher karge Gegend als Geschenk erhält, in der der Berg Lomnicky Stit zu den höchsten der Berge der Hohen Tatra gehört und die Grenze zu Polen darstellt. Aus einem größeren Ganzen wurde für Propst Adolph ein Teil des Landes am Poprad, das Gölnichbanya Gebiet, herausgelöst. Der Ekbertbesitz lag also im Grenzgebiet zu Polen. Die Deutschen sollten auch die Gebirgswege schützen, die wichtige Handelswege zur Ostsee waren.

Die Burg Spisky Rad aus dem 12. Jahrhundert. Verwaltungszentrum der Zips seit dem ersten Gespan Lutuinus.

[308]vgl. Fessler II, spricht ahnungslos von einer „beträchtlichen Herrschaft" ; S. 412
[309]Jan Lacika, Tatra, S. 18
[310]Während der Besitzschenkung gehörte der nördliche Teil der Zips zu Polen -Polonia interior- so dass sich das Gebiet der Schenkung in Relation zum ungarischen Teil der Zips auf 4 % beläuft. Alle Angaben nach M. Stevik, The settlement of Scepus in Middle Ages, Kezmarok 2006
[311]Györffy György, Wirtschaft und Gesellschaft der Ungarn um die Jahrtausendwende, Wien 1983; Veszprémy, Aufsätze, S. 62
[312]J.A. Krickel, Fußreise durch den größten Teil der österreichischen Staaten, S. 158
[313]Lacika, Tatra S. 18
[314]s. Karte bei Györffy, S. 86

Gibt es einen Grund dafür, warum gerade Bischof Ekbert und später der Propst dieses Land erhielt? Wohl deshalb, weil es ein schon von Deutschen besiedeltes Gebiet gewesen war. Die Übertragung eines ländlichen Gebietes bedeutete ja für den Beschenkten nicht nur Einkünfte, sondern auch Aufgabe und Sorge für die Untertanen. Das betreffende Gebiet war schwächer besiedelt als der mittlere Teil der Zips (Hornadska kotlina). Der König hätte ohne weiteres ein größeres, einträglicheres Gebiet schenken können, denn das bewilligte Territorium war nicht so wertvoll wie das Gebiet des Poppertals oder das fruchtbare Hornadska-Tal. Von Natur her also nicht übermäßig ertragreiche Äcker, fast nirgends fette Böden, kein Wein noch edles Obst.[315] Bis 1241 hatte die Zips 4000 meistens deutsche Einwohner, hauptsächlich aus dem Rheinland und aus dem Eisacktal in Südtirol. Sie gründeten Eisdorf. „Zu den ältesten und bekanntesten Geschlechtern der Zips gehörten die Nachkommen Rüdigers von Matrei, der sich Anfang des 13. Jahhunderts hier niederließ und Stammvater der Familie Berzeviczy wurde."[316]
Wo in aller Welt ist nun darin eine besondere Begünstigung zu sehen, wenn König und Königin einem ihrer verdienten Leute ein Stück Land zuteilen? Weder die Größe noch der Grund der Schenkung haben irgend etwas Anrüchiges an sich. Die Lokalisierung dieser Dotation und deren Umfang hat bislang niemand untersuchen wollen. Zu der Entrüstung über eine Schenkung an einen Bekannten der meranischen Königin – nicht einmal ein Verwandter! – meint man auch noch hinzufügen zu müssen, dass es sich um einen „umfangreichen" Besitz handle. Es wurde die horrende Größe von 20 000 Quadratkilometer genannt! Teilgebiete zu verschenken war nichts Besonderes. „Aus den königlichen Domänen wurden kleinere und größere Besitzungen herausgenommen und mit privatrechtlichen Verpflichtungen der Untertanen zu Nutznießung überlassen." [317] Es wird auch ganz deutlich gesagt, dass die Schenkung nicht wegen der Verwandtschaft erteilt wird – diese wird nur als Bittsteller erwähnt! – sondern wegen der Verdienste des Propstes Adolph für den königlichen Hof. Wer die politisch äußerst prekäre Lage im Deutschen Reich um 1209 kennt, der weiß, wie schwierig es war, als Bote der jeweils gegnerischen Partei anzugehören. Jeder, der abgefangen wurde, galt als Anhänger der Feinde und musste mit der sofortigen Tötung rechnen. Propst Adolph hatte in der Tat für Andreas II. bei Kaiser Otto IV. einen Auftrag erledigen müssen[318] und er war es wohl auch, der die Botschaften zwischen dem ungarischen König und dem Papst überbrachte. Daher ist es würdig und recht, wie es in der Harenga heißt, ihn für eine Aufgabe zu belohnen, die er freiwillig auf sich genommen haben muss, obwohl diese gefährliche Mission eigentlich die Aufgabe eines ungarischen Hofbeamten gewesen wäre. Der Umstand dieser Schenkung ist überhaupt nichts Außergewöhnliches. Die ungarischen Könige haben immer schon denjenigen Güter übereignet, die sich um sie verdient gemacht hatten.
Eine Frage bleibt aber noch offen. Von wem hatte Bischof Ekbert dieses Gebiet erhalten und warum? Erwarb er es in Eigenschaft als Bischof von Bamberg, konnte er es nicht veräußern, auch nicht einen Teil davon. Gehörte es ihm als Eigengut, so muss man fragen, was den König Andreas und wohl auch Gertrud bewogen haben mag, ihn ein Jahr vorher damit zu beschenken? Eine Urkunde liegt nicht vor. Es könnte auch eine kaiserliche Schenkung gewesen sein, ähnlich der von Kaiser Heinrich IV., der 1074 im Wieselburger Komitat der Kirche von Freising den Ort Neudorf (Ujfalu) und andere Orte verliehen hat. Naheliegend ist auch die Erklärung, dass Ekbert die Belehnung in der Zips 1208 anläßlich seines Aufenthalts am ungarischen Hofe erhalten hatte, als er aus Deutschland vertrieben wurde und vom König eine Art Lehen bekam, um seinen Lebensunterhalt damit zu finanzieren. Da Ekbert im Juli 1208 nach Ungarn kam, könnte er dieses Land ein halbes oder höchstens ein Jahr lang als Lehensherr inne gehabt haben. Nach der Rückkehr Ekberts nach Deutschland wird es dann vom König an Propst Adolf übereignet worden sein. Um Propst Adolph ist es sehr bald still geworden. Erwähnt wurde er nie mehr.

[315]Battyany, Reise durch einen Teil Ungarns, S. 42
[316]Kaindl R.F., Studien zu den ungarischen Geschichtsquellen, S.55
[317]Homan I, 224
[318]Hucker, Otto IV., 341

Eine weitere Frage stellt sich bei der Lektüre jener Urkunde: es ist die Erwähnung eines Markgrafen, eines „marchionis". Entweder meinte der Schreiber, dass Ekbert auch ein Markgraf gewesen sei, was eher unwahrscheinlich ist. Oder es könnte sich auch um den Markgrafen Heinrich, einen der Brüder Gertruds und Bertholds gehandelt haben, der namentlich nicht genannt ist, weil er – wie sein Bruder Ekbert – vielleicht bekannt war. Damit hätten wir den einzigsten Hinweis auf eine Mitwirkung des Markgrafen auf ungarischem Boden, aber diese ist auch zugleich die unsicherste Stelle. Lutuinus wird als Hofgraf genannt, aber grammatikalisch bezieht sich sein Titel nicht auf die Person Ekberts, sondern auf das Gebiet, also das „Land unseres vielgeliebten Bruders". Wenn also dieser Teil der Zips unter der Verantwortung des Bischofs von Bamberg stand, so blieb doch die Oberhoheit beim König von Ungarn.
Fällt Gertruds Mitwirkung an einer königlichen Schenkung aus dem Rahmen des Üblichen? Zunächst ist diese Dotation die einzige nachweisbare und schriftlich festgehaltene Schenkung, bei der Gertrud als „consors-regis" genannt wird. Es gibt keine andere, keine überlieferte, keine weitere Urkunde als diese. Warum sollte dies so außergewöhnlich sein? Dafür gibt es keinen Grund. Es ist völlig unhaltbar, wenn behauptet wird, Gertrud habe, ähnlich wie bei der Zipser Schenkung eine „vorrangige Stelle bei der Vergabe von Dotationen" gehabt". Das ist genauso haltlos, wie wenn man Yolanthe, der zweiten Frau von Andreas II. eine dominierende Stellung zuweisen würde, weil der König auf ihre Bitten hin dem Großmeister der Templer Pontius da Croce eine Schenkung macht.[319] Wir kennen diese Mitwirkung auch von anderen Fürstinnen.

9. Ausländer

Der aus Deutschland stammenden ungarischen Königin Gertrud wurde des öfteren vorgeworfen, sie habe zu viele Ausländer ins Land geholt, insbesonders Deutsche. Wir werden uns ausführlich mit dieser Frage befassen müssen. Schließlich sagen ja auch die Marbacher Annalen, der Grund für ihre Ermordung hänge damit zusammen. Gab es denn zur Zeit Gertruds überhaupt erheblich mehr Ausländer in Ungarn als vorher? Hatten sie mehr Einfluss? Lebten in Ungarn nicht immer schon viele Ausländer und woher kamen sie? Ein kurzer Rückblick soll Aufhellung bringen.
Von Stefan d. Hl. wird erzählt, dass er zu seinem Sohn Emerich gesagt haben soll: „So wie die Fremden aus verschiedenen Ländern und Provinzen kommen, ebenso bringen sie auch verschiedene Sprachen und Sitten, verschiedene lehrreiche Dinge und Waffen mit sich, welche den königlichen Hof zieren und verherrlichen, die auswärtigen Mächte aber erschrecken. Ein Land, das nur einerlei Sprache und einerlei Sitten hat, ist schwach und gebrechlich. Darum, mein Sohn, trage ich Dir auf, gehe auf sie zu und behandle sie anständig, damit sie sich lieber bei dir als anderswo aufhalten."[320]
In der Tat zogen **Mönche** und Kleriker nach Ungarn, die die „wilden Magyaren" missionieren sollten und die in der Reichsverwaltung eingesetzt wurden. Man gab ihnen den schönen Namen „Klerikergäste" „hospes clerici". Ein Autor des 15. Jahrhunderts erklärt das so:
„Hye mag man fragen, warumb daz sey, daz eczlich geste in Ungarlant seint gleich den Ungarn in adel und edlen. Darumb soll man wissen, daz sie daz lant erefulten der herzoc Geysa do wolt er daz ungarisch volk czu christen glauben haben bekert, do rüffi er an die hilff und stewr der cristen fursten so sie kumen mit ir selbst leib."[321]
Hundert Jahre später etwa wanderten weitere Kleriker ein, nur nicht mehr als Missionare, sondern sie kamen als Flüchtlinge, die im Investiturstreit zwischen Kaiser und Papst jeweils auf der falschen Seite standen. Sie wurden in den Pfarrsprengeln eingesetzt und hatten

[319] ad petitionem regine....Féjer III,1, 273

[320] „...sicut enim ex diversis partibus et provinciis veniunt hospites, ita diversas linguas et consuetudines , diversaque documenta et arma secum ducunt, qua omnia regiam ornant et magnificant aulam...nam unius linguae uniusque moris regnum imbecille et fragile est "J.Déer, Der Weg zur Goldenen Bulle, S.135f; Julius v. Farkas , Ungarns Geschichte und Kultur S.12, dt.Text

[321] Mügeln, in: Szentpétery, Scriptores Rer. Hung.S.135

strengen bischöflichen Anweisungen zu folgen. Dies geht daraus hervor, dass man ihnen z. B. verbot, eigene Gasthäuser zu führen.[322] Auch kamen jüngere Leute aus vornehmen Familien, die sich in Ungarn eine leichtere Existenz erhofften. Eine andere Gruppe waren die Kaufleute. Zunächst waren es einfache Hausierer, die von Burg zu Burg und von Flecken zu Flecken zogen. Ab 1100 bildete sich eine obere Schicht von Kaufleuten heraus, die ihre Ware auf den Märkten verkauften. Einige wurden ansässig, andere blieben nur vorübergehend. Es kamen auch Gaukler, Spielleute, Abenteurer und Vagabunden aller Art. Schließlich darf man auch die vielen Sklaven nicht vergessen, die nach Ungarn als Siedlerknechte verkauft wurden. Sie waren meistens arme Bauern, die sich auf den Kreuzzug begeben hatten, in Bulgarien überfallen oder von plündernden Scharen aufgerieben, gefangen genommen, als Hörige behandelt und in Ungarn zum Kauf angeboten wurden. Eine Vielzahl von Unfreiwilligen schleppten die Hunnen nach ihren Feldzügen aus dem Westen nach Ungarn ein. Was da an lebendiger Beute auf den dreißig mal wiederkehrenden Heereszügen der Magyaren heimgebracht wurde, lässt sich nicht ermessen. Sie standen nun im Dienste des ungarischen Adels und vererbten ihre Abhängigkeit von Generation zu Generation.
Wir können also feststellen, dass die Einwanderung von Ausländern nach Ungarn eine lange Tradition aufweist und nicht erst unter Gertrud erfolgte.
Unter allen Einwanderern traten drei Gruppen deutlich hervor: die **Siedler**, die **Ritter** und die **Deutschen**. Diese Schichten lassen sich natürlich nicht genau voneinander trennen, denn es sind viel Deutsche unter den Siedlern und unter den Rittern. Die Deutschen müssen aber unter einem besonderen Blickwinkel gesehen werden, weil sie zur Zeit Gertruds für ein hohes Maß an Fremdenfeindlichkeit gesorgt haben sollen. Gertrud habe also die Deutschen bevorzugt. Welche Deutschen sollten es gewesen sein?

9.1. Willkommene Siedler

Seit Gründung der ungarischen Monarchie wurden Siedler ins Land gerufen, um das fruchtbare Land zu kolonisieren. Besonders im letzten Viertel des 11. und Anfang des 12. Jahrhunderts – also unter Ladislaus I. und Koloman – kamen slawische und westeuropäische „hospites“, wie man sie nannte, ins Land. In ihrem Herkunftsland gab es nicht ausreichend fruchtbaren Boden, die jüngeren Söhne konnten keine Bauern mehr werden und so nahmen sie bereitwillig die Einladung der ungarischen Emissionäre an. Sie erhielten persönliche Freiheiten, mussten weniger oder gar keine Abgaben bezahlen. Einem nachweisbaren Aufruf geistlicher und weltlicher Fürsten, nach Ungarn Siedler einzuladen, begegnet man in Ostsachsen aus dem Jahre 1208, als Gertrud gerade drei Jahre Königin war. Dort heißt es:
„Diese Heiden hier sind die allerschlimmsten, aber ihr Land ist das allerbeste an Fleisch, Honig, Mehl, Geflügel und – wenn man es auch noch ordentlich bestellt – an Fruchtbarkeit und landwirtschaftlichen Erzeugnisse nicht zu überbieten, so dass kein Land mit ihm den Vergleich aushält. Das versichern wenigstens diejenigen, die es kennen. Wohlan denn ihr Sachsen, Franken, Lothringer, Flamen, ihr berühmten Bezwinger der Welt: hier könnt ihr sowohl für das Heil eurer Seele sorgen wie auch – wenn ihr wollt – das fruchtbarste Land zur Siedlung erwerben.“ [323]
Wer könnte einer solchen Offerte widerstehen?
Förderer dieser Besiedlung waren kirchliche und adlige Grundherren, die den Siedlern Privilegien und Steuerentlastungen und innerhalb ihrer Gebiete eine unfangreiche Autonomie gewährten. Die Siedler sprachen ihre deutsche Sprache, konnten eigene Pfarrer wählen und hatten eigene Gerichtsbarkeit. Die Bedingungen für die Besiedelung wurden vorher festgelegt. Der König und die Förderer übernahmen die Verantwortung für die ordnungsgemäße Kultivierung und gewährten ihren Schutz, da ohne diese Zusicherung wohl nur wenige Zuwanderer gekommen wären.

---

[322] Schünemann, Die Deutschen in Ungarn, 107
[323] Liptak, Bilder aus der Zipser Vergangenheit, 158

Die Siedler bestellten urbaren Boden in kaum bevölkerten Gebieten und machten sich durch intensiven Ausbau des städtischen Lebens sehr verdient. Immigration nach Ungarn hatte lange Tradition. Die Siebenbürgener Sachsen hatten seit dem 11. Jahrhundert von den ungarischen Königen eine privilegierte Stellung und eine gewisse Gebietsautonomie. Ihr Brauchtum und ihre Kultur haben sich bis ins 20. Jahrhundert aufrecht erhalten. Im Jahre 1143 sind aus deutschen Gauen des Niederrheins fünfhundert Familien ins Land gekommen, denen König Geyza II. unbewohnte Teile des Landes zum Siedeln übergab. In Siebenbürgen bauten sie Burgen, an deren Fuß ganze Städte entstanden. Die Nachkommen dieser fränkischen Siedler wohnen heute noch dort. Schließlich kam die deutsche Einwanderung dem Bedürfnis der ungarischen Könige entgegen, die in den abgelegenen Gebieten durch die Ansiedlung eine Grenzverteidigung wünschten. Die ungeheuere Masse verwertbaren, brachliegenden Bodens bedurfte der Arbeitskraft aus der Fremde. Der Ruf nach Ausländern lag also im Interesse des ganzen Landes. Bischof Stephan von Bathor sagte, dass Ungarn die deutschen Siedler dringend brauche: „wollte Gott, dass es nicht umb Ungarland geschehen sei, bald man die deutschen drauß vertreibet."[324]
Noch im 13. Jahrhundert schickte Bela IV. Werber nach Deutschland, um Siedler ins Land zu holen. Ebenso trugen die deutschen und italienischen Mönche zum Fortschritt der Besiedelung bei und hoben gleichzeitig das kulturelle Niveau des Landes. Gründe für die Auswanderung lagen nicht nur am Angebot der ungarischen Könige und Fürsten, sondern auch an dem Mangel an fruchtbarem Boden im Heimatland und an einer fast vierfachen Bevölkerung zwischen dem 9. und 12. Jahrhundert. Dazu kamen Hungersnöte und Kriegsverwüstungen.
„Die ungarischen Könige siedelten im 12. Jahrhundert auch eine große Zahl von Einwanderer an, die aus dem Steppengebiet Innerasiens kamen, Petschenegen, Armenier,Sarazenen, Kumanen, Ismaeliten, auch Bohemier, Polonier, Graecier, Saxonen, Thüringer, Rheinländer, Latiner. Man kann geradezu von einer „massenhaften Einwanderung" nach Ungarn in unbewohnte Gebiete sprechen. [325] Sie verfügten über selbständige Verwaltung und Rechtsprechung und waren oft von den Komitatsgrafen unabhängig. Zehn Dörfer zusammen mussten eine Kirche bauen, dem Pfarrer zwei Hufen Land geben, zwei Sklaven, zwei Ochsen, zwei Kühe, ein Pferd und 34 Schafe stellen.[326] Zu ihren Pflichten gehörte die Abgabe eines Grundzinses, Kriegsdienst bei 100 Höfen, einen gut gerüsteten Krieger mit Pferd, Zelt und Waffen.[327] Schließlich darf man auch den Beitrag der Zisterzienser nicht vergessen, die zur Kolonisation und Rodung beitrugen, z. B. in Pilis und Fogarasch.
Die Privilegierungsurkunden sind in Inhalt und Form recht verschieden, aber der Grundgedanke ist immer derselbe: den Immigranten werden Freiheiten geschenkt oder alte wieder neu bekräftigt. Zu den Freiheiten gehörten der freie Zugang und freier Abzug der Siedler, die Benutzung von Wald und Wasser innerhalb ihres zugeteilten Gebiets, Mühlenbau und Jagd. Dafür mussten sie auch für den König nach Bedarf Truppen stellen. Die große Auswanderungswelle im 12. und 13. Jahrhundert hat nichts zu tun mit gewissen Ambitionen der deutschen Eroberungspolitik. Die Bauern, Händler, Kaufleute wurden aus innenpolitischen und wirtschaftlichen Gründen von den ungarischen Fürsten ins Land geholt.
Die Ansiedlung von Fremden erfolgte aber nicht planlos. Das Ziel der Arpadenkönige lag darin, die Fremden nicht in zusammenhängenden Gebieten anzusiedeln, sondern die Ankömmlinge meist im ganzen Land zu zerstreuen, da sie befürchteten, die Siedler würden ihre ausgeprägte Partikularität pflegen und sich deshalb nicht „magyarisieren". Im Grunde wollten die ungarischen Könige eine Verschmelzung ins Ungarische, keine Gettobildung der Immigranten mit eigener Sprache.[328]

[324]Bonfini, nach Weidlein, Die deutsche Ungarnforschung, S. 23
[325]Beller, Kurze Geschichte der Deutschen in Ungarn, S.26
[326]Schneller, Die Geschichte Ungarns, S.75
[327]Kaindl, Geschichte der Deutschen in den Karpatenländern, 2, 247
[328]Kristo, Die Geburt der Nation, 124

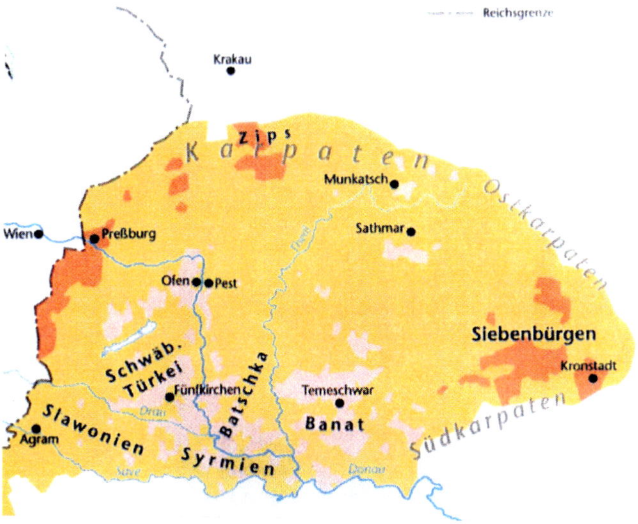

Deutsche Siedlungen im Königreich Ungarn um 1200

Einer Durchmischung von Einheimischen und Ausländern gaben sie den Vorzug. Viele Aussiedler drückten sich jedoch vor solchen Zwangszuweisungen und versuchten sich in eigenen Ortschaften zusammenzuschließen. Bereits im 11. Jahrhundert hatt es schon geschlossene Siedlungen an den Flüssen Berettyo und Kraszna gegeben.[329] Heute noch kann man fast ein Dutzend solcher Territorien ausmachen.[330] In der Tat setzten sich auch die meisten Immigranten durch und gründeten in den ihnen zugewiesenen Gebieten ihre Siedlungen. Sie wollten ihre eigene Kultur erhalten und waren auch nicht gewillt, ihre königlichen Privilegien mit Einheimischen zu teilen.

Es war zu erwarten, dass die gebürtigen Ungarn wohl kaum mit den Privilegien der ausländischen Migranten einverstanden sein konnten. In einigen Gebieten durften ungarische Adlige keine Güter auf dem Boden der sächsichen Siedler erwerben. Dies alles trug zu einer schwelenden anti-ausländischen Stimmung bei. Es wäre unrealistisch zu glauben, dass ungleiche Behandlung nicht Neid und Eifersucht nach sich ziehen würde. Aber darüber gibt es keine historischen Nachweise. Es muss wohl heftige Konflikte gegeben haben zwischen Einheimischen und Siedlern, die jeweils andere Vorstellungen davon hatten, wie und wie lange gearbeitet wurde, auf welche Art die Felder zu bestellen seien, wie der tägliche Lebensrhythmus ablief, welches Brauchtum gepflegt wurde und zu welchen Zeiten. Wahrscheinlich spielten auch verschiedene moralische Wertungen, andere Sitten und und die diversen kleinen Dinge des nachbarschaftlichen Zusammenlebens eine Rolle. Nicht zu vergessen sind die rudimentären sprachlichen Kenntnisse, die schnell zu Missverständnissen führen konnten. Auf jeden Fall war es keine Besonderheit der meranischen Königin Gertrud, Siedler nach Ungarn geholt zu haben. Es gibt keine einzige Urkunde, in der Gertrud selbst, in ihrer Eigenschaft als Königin bei der Besiedelung von Deutschen mitgewirkt hätte, so wie etwa die Berichte über die gezielte Besiedelung schlesischer Gebiete durch Gertruds Schwester Hedwig. Und die Privilegien der Siedler bestanden nicht erst seit Gertrud, sie könnten aber zur Zeit ihrer Regentschaft ein größeres Ärgernis geworden sein, weil ein neues Bewusstsein für die ungarische Identität entstanden war, so dass eine aufgeheizte Stimmung im Lande gegen König und Königin entstand. Lang schwelendes Gefühl der Ungleichbehandlung der ausländischen und einheimischen Siedler bedurfte nur eines kleinen „Auslösers“, und schon konnte der latent niedergehaltene Neid in Handgreiflichkeiten umschlagen.

[329] Weidlein, Die deutsche Ungarnforschung, S. 22
[330] Beller, Kurze Geschichte der Deutschen in Ungarn, S.10

9.2. Die Ritter

Offensichtlich empfanden auch ungarische national-denkende Aristokraten die eingewanderten Ritter zunehmend als Gefährdung ihres Standes. Warum kamen sie nach Ungarn? Was trieben sie dort? Welche Gründe veranlassten die aus Frankreich und Deutschland angereisten Ritter?
Es ist mehrfach überliefert, dass seit Stephan I. deutsche Ritter am königlichen Hof lebten, die dem König mit ihrer bewaffneten Unterstützung im Kampf gegen eine alte heidnische Ordnung zur Seite standen. Am Vorabend der großen Schlacht Stephans I. gegen den heidnischen Kopany tötete der deutsche Ritter Vencelin den Widersacher des ungarischen Königs. Dieser Ritter stammte aus der Eskorte Giselas. Sie brachte bayerische Ritter mit, die offiziell das Gastrecht erhielten. Seit der Gründung des ungarischen Reiches gab es also eine Gruppe von Herren, die in dieses Machtgerangel zwischen christlichem König und heidnischen Stammeshäuptern involviert war: die deutschen, französischen und italienischen Ritter, die sich mit ihren Kriegskenntnissen und ihrer Kriegsausrüstung den Königen und Königinnen zur Verfügung stellten. Sie waren nicht nur als Schutz des Hofes präsent, sondern erfüllten auch Aufgaben in der Verwaltung und Organisation des Reiches. Als Beweis für ihre unbedingte Treue und Gefolgschaft verschafften ihnen die Könige Würden und Dotationen. Die ungarischen Arpaden haben sich immer wieder fremde Ritter zur Stärkung ihrer Macht ins Land geholt. Sie erhielten dafür Land, zählten sich zu den „nobiles", glichen sich auch mit der Zeit den ungarischen Gebräuchen und Sitten an. Das war sicherlich ein politischer Schachzug der Könige gegen die Territorialfürsten, denn auf die bezahlten Ritter konnten sie sich verlassen."[331]
In Begleitung der Königinnen normannischer, französischer, englischer, arragonesischer und byzantinischer Herkunft kamen immer wieder andere Ritter ins Land. Die Schwägerin Gertruds, die Frau des Königs Emerich, des Bruders von Andreas II., Constanze, Tochter Alfons II. aus dem Königreich Aragonien, führte einen ganzen Tross von Hofgesinde und Rittern mit sich. „Zahlreiche Spanier, die Constanze begleitet hatten, blieben auch nach dem Tod ihres Gemahls und nach ihrer Flucht 1204 im Lande zurück. Sie erhielten reiche Güter und spielten teilweise im politischen Leben eine Rolle."[332]
Für den einheimischen Adel bedeutete der ausländische Ritterstand ein Hindernis, gebührenden Einfluss am ungarischen Königshof zu erlangen. Diese Abneigung ließ sich der Autor des „Chronicon pictum" deutlich anmerken. Er nennt einige Ritter mit Namen: „Aus Bavaria kam Vencellinus, dann kamen Hunt und Paznan, die den Hl. Stephan nach teutonischer Art umgürteten. Dann kam Rathold aus Apulien, Buzad aus Orlamünde, Keled aus Meißen und Simson aus Spanien."[333] Missgünstig fügt er hinzu, dass die Ritter damals mit reichen Erbgütern für ihre Dienste belohnt worden seien, wie es auch heute noch vorkomme und überhaupt seien noch „diese und jene" gekommen, womit er geringschätzig andeutete, dass diese Eindringliche auch heute noch in Ungarn seien. Die ungarische Oberschicht mit ihrem wachsenden nationalbewussten Denken witterte durch die „eingedrungenen" Ritter eine Unterwanderung ihrer eigenen Kultur und ihrer Einflusssphäre.
1211 holte Andreas II. den **Deutschritterorden** ins Land und wies ihm das Burzenland zu, um die südöstliche Grenze Ungarns zu überwachen und die Angriffe der Kumanen und andere räuberische Eindringlinge aus der Walachei abzuwehren.
Angesichts der Aufgaben für Schutz, Kampf und Ansehen der arpadischen Könige, ist es nicht verwunderlich, dass Andreas II. einen geschlossenen Verbund von Rittern nach Ungarn holte. Überkluge Historiker meinten, dies sei ein Fehler gewesen, weil sie heute das Ende der Mission kennen, aber damals hatte diese Maßnahme durchaus einen Sinn.

---

[331] Szekely, A., Kleine ungarische Geschichte, S.7
[332] J.Deér, Der Weg zur Goldenen Bulle, S.136; Engl,216
[333] Chronicon pictum, Textband, S.108

König Andreas II. verleiht dem Deutschritterorden das Burzenland

In einer eigens angefertigten Urkunde stellte König Andreas II. die Aufgaben des Ordens fest.[334] Die Ritter sollten vom Burzenlande aus die Gren- ze gegen die Kumanen verteidigen und den Schutz des Landes gewähren. Die gut berittenen kumanischen Kriegerhorden hatten immer wieder periodische Raubzüge in ungarisches Hoheitsgebiet unternommen, um Luxusgüter und Sklaven zu erbeuten. Ihre Einfälle waren in der Tat bedrohlich. Weder ihre Einfälle in die Kiever Rus noch diejenigen ins Byzantinische Reich waren aufzuhalten. Die Kumanen waren ein mongolisches Steppenvolk ohne eine zentrale Gewalt. Andreas wusste, dass sein Land durch diese Reiterhorden ständig bedroht war. Mit Hilfe der gut militärisch ausgebildeten Deutschen Ritter schien ihm die Verteidigung in guten Händen zu sein und er selbst konnte sein eigenes Heer dabei schonen.

Warum wählte der König nicht die Templer oder die Johanniter? Die Berufung im Jahre 1211 hängt zusammen mit der Verlobung Elisabeths und dem Sohne des Landgrafen Hermann VI. von Thüringen. Es ist sicher anzunehmen, dass bei diesem Vorhaben auch Königin Gertrud mitgewirkt hat, da sie ja über hervorragende Verbindungen zum Deutschen Reich verfügte. Während die Szekler im Nordosten als Grenzwächter dienten, übernahmen die Deutschen Ritter den äußersten Südosten des Reiches. In der Verteidigungsstrategie gab es verschiedene Methoden. Entweder den plündernden Horden keine Nahrung mehr zu ermöglichen, indem man ihnen eine verbrannte Erde hinterließ und alle Lebensmittelvorräte vernichtete und die Bewohner kurzfristig evakuierte. Oder man schnitt sie vom Rückzug ab und nahm sie militärisch in die Zange. Schließlich dienten Wälle, Grenzverhaue und gezielte Überschwemmungen dazu, deren Weiterkommen zu stoppen. Solche Maßnahmen konnte nur ein militärisch geschultes Heer durchführen.

Der Orden hatte nicht nur eine defensive Aufgabe, sondern er musste auch Gebiete erschließen, die ihm der König überlassen hatte. Das war keine Aufgaben für Ruheständler. Da gab es kein Ausruhen oder Genießen der schönen Landschaft. In den 14 Jahren ihres Aufenthalts in Ungarn haben die Ritter keine Samariterdienste geleistet oder Spitäler gegründet, sondern sie waren Schutzdienst für die Siedler und bauten deshalb immerhin fünf große Burgen.

Eine von den deutschen Rittern gebaute Burg in Siebenbürgen. Heutiger Zustand

Auf Grund einer Aussage des Hochmeister Hermann von Salza: „Wenn ich für eine meiner Aufgaben immer zehn marschfertige Ritter zur Verfügung hätte, dann würde ich dafür gern ein Auge verlieren,“[335] hatte man gefolgert, dass es anfänglich nur ein Dutzend Ritter und etwa 100 berittene Soldaten gewesen sein konnten.

[334]Dieser Orden war einer der drei großen Ritterorden. Er wurde 1199 gegründet und widmete sich ursprünglich der Hospitalpflege. Prominente Adlige traten ihm bei und die Staufer förderten den „Ordo Theutonicorum“ sehr.

[335]Bethlen, Geschichtliche Darstellung des Deutschen Ordens, S.23

König Andreas wies also in dieser 1. Urkunde dem Orden die „terra Borza" zu, und übertrug ihm, wie es darin heißt, ödes und menschenleeres Gebiet zu dauerndem und freiem Besitz mit dem Auftrag, das Reich im Osten zu schützen und die Verteidigungslinie mit Burgen und Grenzverhauen, den „castra und indagines" zu stärken, das Land mit Siedlern zu bevölkern und die dortigen Christen vor den heidnischen Eindringlingen zu schützen. In der Berufungsurkunde ist der Bruder Gertruds, Erzbischof Berthold von Kalocsa, als „Ban von Dalmatien und Kroatien" genannt. Er muss also auch an dem Auftrag für den Deutschritterorden mitgewirkt haben. Ebenso sicher dürfen wir annehmen, dass auch Bischof Ekbert bei den diplomatischen Verhandlungen über Verlobung und Berufung beteiligt war.
Das Burzenland ist eine zwar fruchtbare aber dünn besiedelte Landschaft im Südosten von Siebenbürgen.[336] Die Größe umfasst etwa 24 Quadratkilometer.[337] Zu den ausgehandelten Bedingungen gehörte auch die Schürfung von Gold und Silber in den noch zu schaffenden Bergwerken. Die Hälfte der Erträge mussten dem König ausgehändigt werden. Die Ritter durften auf Märkten im eigenen Land eine Maut erheben, hölzerne Burgen bauen, hatten vollkommene Steuerfreiheit, eigene Richter innerhalb des Ordens und waren nur dem König als oberstem Herr verpflichtet. Sie erhielten Immunität vor den königlichen Münzbeamten, die den Boden nicht betreten durften. Unbestritten ist, dass die Deutschen Ritter im Burzenland hervorragende Arbeit geleistet hatten. Es entstanden neue Siedlungen und Dörfer, Ackerbau und Viehzucht kamen gleichermaßen voran, es gab eine ordentliche Verwaltung, nomadisierende Hirten wurden sesshaft und gliederten sich in die christlichen Gemeinden ein.

Siedler und Hirten unter der Leitung der Ritter werden sesshaft

An der Grenze entstanden Burgen, auch jenseits des Gebirges. Papst Honorius III. musste bestätigen, dass sich das Land unter ihrer Anwesenheit „blühend entwickelt" habe. Die fremden Ritter gehörten von Anfang an zur Oberschicht. Zu ihrem Ehrenkodex gehörten Bildung, Lateinkenntnisse, Benehmen und höfische Tracht.
In der Überlassungsurkunde von 1211 stellt man fest, dass mit Ausnahme der vereinbarten Leistungen keine weiteren Verpflichtungen gegenüber dem König erwähnt sind, also auch keine Heeresfolge. Hermann von Salza hat auch nie vor dem König einen Treueeid geschworen, ist nicht einmal bei ihm am Hofe erschienen, was schon eine beabsichtigte Souveränität des Ordens ausdrückt.
Den ungarischen Oligarchen waren die Deutschritter ein Dorn im Auge. Als Andreas II. einmal wieder leichtsinnig verschenkten Kronbesitz von seinen Baronen einziehen wollte, drängten sie den willenlosen König, diesen doch zuerst einmal den Deutschrittern abzunehmen. Die Aristokraten hatten Erfolg und so verbannte der König den Orden nach zehn Jahren Arbeit mit schönem Erfolg auf dem Gebiet der Siedlung und des Grenzschutzes aus einem Land, welches sie wüst übernommen hatten, durch ihren Mut verteidigt und durch ihren Fleiß blühend umgeschaffen hatten.[338] Die ungarischen Magnaten jubelten. Doch schon ein Jahr später durften die Ritter wieder zurückkehren. In einer zweiten Urkunde vom Oktober 1222 erhielt der Orden das Gebiet zwischen Karpaten und dem Unterlauf der Donau als eigenes Land. Das Territorium des Ordens wurde also weiter ausgedehnt mit der Begründung, dass die Ritter die ständigen heidnischen Angriffe an der Grenze tapfer abhielten, dass sie täglich zum Tode bereit sein müssten und für das Reich ein fester Schild seien. [339]

---

[337] s. Bethlen, A., S. 21, der dort genauestens die Grenzen des Territoriums beschreibt
[338] Bethlen, A., 29
[339] Zimmermann, Der Deutsche Ritterorden in Siebenbürgen, S.275

Dafür dürften sie, so heißt es weiter, auch die Einkünfte am Münztausch mit genießen, nicht aber wurde ihnen die eigene Münzprägung erlaubt. Der König hatte sich also gegenüber seinen Magnaten zugunsten des Ordens durchgesetzt. Der Grund für eine Wiederaufnahme könnte daran liegen, dass der Papst darauf drängte und die Kumaneneinfälle wieder zugenommen hatten. Ein weiterer Grund lag aber wohl darin, dass gerade im September 1222 das seit einem Jahr vermählte thüringische Ehepaar Ludwig IV. und Elisabeth in Ungarn einen Besuch machten. Ludwig IV. war selbst Angehöriger des Ordens. Bei dieser Gelegenheit wird sicher auch über eine Rückkehr der Ritter gesprochen und eine erweiterte Schenkung beschlossen worden sein. Nun durften die Ritter auch „steinerne Burgen" bauen, sechs Schiffe für ihren Lebensmittel-und Salztransport auf der Alt und auf dem Maros besitzen. Doch immer mehr schien der Papst das Burzenland unter seine päpstliche Autorität zu stellen, da ihn wohl auch die Ritter darum baten. Aus dem ursprünglichen „Papstschutz" wurde ein Papstlehen. Die Ritter drängten auf Unabhängigkeit in ihrem Territorium und politische und geistliche Jurisdiktion. Mag wohl auch von Anfang an ein Missverständnis vorgelegen haben, in der Auslegung von „geliehenem Land" und „ewigem Besitz", dem „beneficium" und „in perpetuum libere possidendam", was auf die schlampige Art der Urkundenausstellung des Andreas II. zurückgeht. Honorius III. meinte, dass das Burzenland nicht sterblichen Menschen gegeben worden sei, sondern Gott und damit unter den Schutz des Papstes falle. Die Privilegien und der Umstand, dass die Ländereien des Ordens weit abgelegen waren, bargen aber nun die Gefahr in sich, dass sie von der Krone abgetrennt würden und die ungarische Integrität darunter Schaden nehmen könnte. Andreas II. hatte Papst Honorius III. in großem Zorne mitgeteilt, dass sich die Ritter unrechtmäßig königliche Besitzungen angeeignet hätten und mit ihren doch reichen Dotationen immer noch nicht zufrieden seien. Der Papst versprach, dass er den Orden zur Restituierung auffordern würde, dass aber auch er, der König von Ungarn sich militärisch aus dem Ordensgebiet zurückziehen solle und die Ritter nicht länger „ molestieren" möge.[340] Das war zu viel.

Was die Sache noch verschärfte, war der Umstand, dass der Orden einen eigenen Dekan mit bischöflicher und päpstlicher Befugnis anstellte und so der ungarische Episkopat nichts mehr zu sagen hatte. Der zuständige Bischof Raynald von Erlau sollte sich nunmehr aller Eingriffe gegen den Orden enthalten und im Burzenland keine geistliche Gerichtsbarkeit mehr ausüben, d.h. der Orden hatte schließlich volle Handlungsfreiheit gegenüber dem Bischof."[341] Raynald wollte diese Unabhängigkeit des Ordens nicht hinnehmen. Vermutlich ließ auch der Orden trotz des Verbots eigene Münzen prägen. Schließlich warben die Ritter auf königlichem Boden Siedler an, um sie in ihrem Land seßhaft zu machen. Das brachte den Topf zum Überlaufen. Der Orden war inzwischen längst vom Grundherren zum Landesherren geworden, er war ein Staat im Staate und Andreas sah sich genötigt, ihn aus Ungarn wieder zu entlassen. Der Orden suchte Unterstützung beim Papst. Dieser nahm ihn in seiner Bulle v. 30. April 1224 unter seinen unmittelbaren Schutz, sozusagen unter die Landeshoheit des Hl. Petrus, wo er doch gemäß der Urkunde vom Oktober 1211 unter des Königs Schirm und Schild stehen sollte. Diese Emanzipation war dem Siebenbürger Bischof zu viel. Die ungarischen Barone drängten den König wieder, sich sein Eigentumsrecht nicht streitig machen zu lassen. Damit hatten sie zwar recht, doch sie lenkten damit auch des Königs Aufmerksamkeit von ihren Eigenmächtigkeiten ab.[342] Böse Anstifter hätten die Begierde des Königs gereizt, schrieb der Papst. Aber es war zu spät. Da auf friedlichem Weg keine Einigung zu erzielen war, vertrieb Andreas II. im Jahre 1225 den Orden mit Waffengewalt. Sein Heer muß ihm dabei aus dem Ruder gelaufen sein. Es plünderte, wo es nur möglich war, eine schon aufgeblühte Kolonie, die „durch deutschen Fleiß und Sinn" aufgebaut war. [343]

[340]Zimmermann, 282
[341]„ nullum praeter Romanum Pontificum habent episcopum".Kosztolnyik, Hungary in the thirteenth century, 94
[342]Bethlen A., 39
[343]Bethlen A., 35

Ein Schreiben des Ordensoberen an den Papst berichtet, dass Andreas mit einem ungeheueren Heer von Reitern und Fußvolk plündernd in das Gebiet der Deutschen Ritter eingedrungen sei und viele davon getötet oder gefangen genommen worden seien. Der Papst bestand noch einmal auf der Unversehrtheit des päpstlichen Hoheitsgebiets, aber umsonst. Andreas antwortete ihm, dass der Orden immer dreister geworden sei, „wie ein Brand im Busen, eine Ratte im Ranzen, eine Schlange im Schoß“[344] und er deshalb zu dieser Maßnahme hätte greifen müssen. Herzog Konrad von Masovien konnte sich die Hände reiben, weil er den Orden schon lange nach Preußen holen wollte. Die Ritter zogen nach Norden und der Herzog schenkte ihnen für ihren Kampf gegen die Preussen das Kulmer Land. Da gab es keine Probleme. Auch Kaiser Friedrich II. ermächtigte den Orden zu eigener Herrschaft in dem von ihm unterworfenen Land.
Geblieben von den Deutschen Rittern sind nur noch jene Festungsburgen, die wiederum Vorbilder geworden sind für die Verteidigungsburgen Belas IV. im Kampf gegen die Türken. Bela IV. wird es wohl sehr bedauert haben, dass es zu einer Vertreibung der Deutschen Ritter gekommen war. Sowohl während wie auch nach der Mongolenschlacht hätte er sie dringend brauchen können.“[345] Vielleicht hätten die barbarischen Osmanen das Land schon gar nicht derart überschwemmen können. Aber zu dieser Zeit hatte der Deutsche Orden schon beispielhafte Leistungen in Preussen vollbracht. Seine Kampfkraft wäre für das ungarische Reich sehr nützlich gewesen und Bela IV. hätte seine Szekler Soldaten in der Schlacht von Höd gegen die Kumanen nicht opfern müssen.
Die Beurteilung über die Notwendigkeit und die Aufgaben des Deutschen Ritterordens in Ungarn fällt in der historischen Literatur verschieden aus. Da liest man kritische Urteile. König Andreas habe eine Kolonie von Ausländern angesiedelt , ein abenteuerliches Corps an Edelmönchen und der Mann am Tiber sei auch noch so frech gewesen, dieses neue Pflanzvolk an der Alt unter seine Protektion zu nehmen und durch jährliche Einkünfte für seinen Geldbeutel zu belegen.[346]

Deutschritter in ihrer Ordenskleidung: Weißer Mantel und schwarzes Kreuz.

Andere Beurteilungen fallen besser aus. Die Berufung der Deutschen Ritter nach Ungarn sei politisch und militärisch eine notwendige Entscheidung gewesen. Die Templer und Johanniter kamen aus dem französischen und italienischen Adel, aber der Deutschritterorden war dem ungarischen König durch seine Frau und durch die engen Beziehungen mit dem Landgrafen von Thüringen und Herzog Leopold VI. von Österreich, den Mitbegründern des Ordens bekannt. Was lag da näher, als den Deutschritterorden für Kolonisierung und Gernzschutz zu beauftragen? Der Ordensmeister Hermann von Salza stammte aus der Ministerialität des Landgrafen von Thüringen. Diese engen Kontakte waren geeignet, den Orden nach Ungarn zu holen. Der ungarische König musste seine Nordostgrenze in der Tat vor den Einfällen der Kumanen schützen. So lag der Gedanke nahe, begünstigt durch die Andechser, den Deutschrittern diese Aufgabe zu übertragen. Die Deutschen Ritter verfügten über Burgenbaukunst, eine hochentwickelte Verwaltung, planmäßige Bodenkultivierung und Besiedelungsfähigkeiten. Darauf konnte sich der König verlassen. Die Großzügigkeit des Andreas schien aber zu weit zu gehen, dem Orden zweifelhafte Rechte und Immunität einzuräumen, was er später bereuen sollte. Auf der anderen Seite fehlte es auch dem Orden an Verständnis für das Ansehen der ungarischen Krone, die einen Staat im Staate nicht dulden konnte. Und schließlich war es auch ein Kampf zwischen Papst und König. Daß die Andechser Geschwister dadurch ihre Macht in Ungarn stärken wollten, ist aber zweifellos sicher.

[344]„tamquam ignis in sinu, mus in pera, et serpens in gremio“ ,Zimmermann, 282
[345]Bethlen A., 56
[346]Schlözer, in: Harald Zimmermann, „Die deutschen Ritterorden“ S.269

Zwei Jahre vor der Ermordung Gertruds war zwischen den ungarischen Adligen und den Deutschen Rittern ein Zwist enstanden, der die allgemeine Stimmung gegen die Deutschen aufheizte und auch der deutschen Fürstin am ungarischen Hof zum Verhängnis wurde, weil man sie verdächtigte, sie habe mit Hilfe des Ritterordens eine deutsche Binnenmacht aufbauen wollen.

9.3. Das Ansehen der Deutschen

Von der Hl. Hedwig wird berichtet, dass sie ihre Gefolgsleute ins Land holte, nicht nur Verwandte, sondern auch Kleriker, Mönche, Nonnen aus Thüringen und Franken. Die schlesischen Bischöfe ließen den Deutschen freie Hand und stellten ihnen unermessliche Ländereien zur Verfügung.[347] Die Zisterzienser waren fast alle Deutsche, Nonnen kamen aus Bamberg. So einfach und problemlos war es in Ungarn nicht. Die Deutschen waren für die ungarischen Barone unterschwellig ein Reizwort.

Schon als Stephan I. im Kampf gegen die alte Ordnung der Stammesfürsten in der Schlacht von Somogy siegte, konnte man in alten Erzählungen hören, dass es eine Schlacht zwischen „Deutschen" und „Ungarn", den „Theutonicis et Ungarii" gewesen sei, so als ob auf der Seite Stephans nur Deutsche gekämpft hätten. Es hört sich an wie ein Seitenhieb auf die Eindringlinge, die das alte gewachsene Stammesfürstentum der Ungarn hätten auslöschen wollen. Peter Orseolo, der erste König nach Stephan I., musste sich bereits dem Vorwurf aussetzen, die Deutschen maßlos gefördert zu haben:

„Als Peter König geworden war, hat er alle Güte eines wahrhaften Königs abgelegt, indem er mit einem geradezu teutonischen Furor wütete, die ungarischen Adligen hat er zurückgesetzt, die Güter des Landes mit hochmütigem Auge und unersättlichem Herzen mit den Deutschen und den Lateinern zusammen verschlungen, die wie Tiere brüllten und schwätzten wie das Gezwitschere von Schwalben. Diesen Deutschen und Lateinern hat er die Festungen, Militärposten und Burgen zur Bewachung übergeben."[348]

Nach dem Autor des „Chronicon pictum" soll Orseolo gesagt haben: „Solange ich lebe, werde ich alle Ämter mit Teutonen besetzen. Mit Fremden fülle ich dieses Land und ich gebe es schließlich ganz in ihre Hand."[349] Der Ausdruck **„furor teutonicus"**, der so viel bedeutet wie die „teutonische Wut oder Raserei" kommt in den „Gesta Ungarorum Christianorum" 1210 allein fünfmal vor. Peter I. sei durch „teutonico furore" grausam geworden, Geyza führte sein Heer „contra furorem Teutonicorum", ungarische Truppen fürchteten sich „a furore Teutonicorum", Adlige mussten Andreas schützen „a furore Teutonicorum", zwei deutsche Heerführer kämpften „furore concitati" mit „erbittertem Grimm".

Ein gehorsamer Schreiber im Auftrag des Adels.

Der Notar Anonymus kennt zwar die Bezeichnung „furor Teutonicus" nicht, aber er spricht von „rasenden Deutschen."[350]

Als Beweis für die deutschen Ausbeuter in Ungarn zur Zeit Gertruds, hatte man bislang den anonoymen Notar Belas zitiert, vermutlich ein Zeit- genosse Gertruds. Er spricht in seinen „Gesta Hungarorum" von gewissen **„Romani"**, die in dem schönen Land Ungarn „weiden" würden. Da der angesehene Autor aus der adligen Schicht kam, zumindest ihr hörig war, nimmt es nicht Wunder, dass sich hier ungarisches Misstrauen und Fremdenfurcht ausdrücken. Gehören Chronisten einer bestimmten Schicht an, so ist die Einseitigkeit ihrer Berichte vorherzusehen.

---

[347]Higounet, Die deutsche Ostsiedlung im Mittelalter, S.174
[348]Chronici Hungarici compositio saeculi XIV c.71, 323. in: SS RH I. Hrg.Sándor Domanovszky, 217-505
[349]Textband des Chronicon Pictum, S. 116
[350]„ furibundi Theutonici": andere Stellen bei Silagi, S. 44-45; 76-77; 94-95; 48-49

Sollte nun diese verdeckte Anspielung auf die Herrschaft Gertruds zielen, die als Repräsentantin des Römischen Reiches Deutscher Nation den Deutschen „Weiderechte" eingeräumt habe, d.h. Länder und Pfründe vergeben?[351] So einfach ist die Sache nicht. Zunächst streiten sich die Historiker darüber, wann der „Anonyme Notar Belas" überhaupt gelebt hat und vor allem, nach welchem von den vier Königen namens Bela im Laufe der Geschichte er sich nannte.[352] Die Quelle hat viel zu allgemeine Bedeutung, als dass man den Satz an eine bestimmte Zeit und an bestimmte Personen knüpfen könnte.[353] Zweitens verwendet der Chronist in seinen „Gesta" sowohl den Ausdruck „Romani" wie auch den Ausdruck „Theutonici", manchmal sogar innerhalb eines Kapitels.[354] Daraus muss man schließen, dass beide Wörter für ihn nicht identisch sind. Der betreffende Text, der die „deutsche Fremdherrschaft" der Königin Gertrud beweisen soll, heißt im Wortlaut:

„Nach dem Tode von König Attila nannten die Römer Pannonien das Weideland, weil sie ihre Herden in Pannonien weiden ließen; es hieß mit gutem Grund so, denn die Römer weiden immer noch auf ungarischem Grund." [355]

Gehen wir einmal davon aus, wie es bis heute am liebsten gedeutet wurde, dass also ein „Romanus" für Anonymus gleichbedeutend ist mit Untertan des Deutsch-Römischen Reiches, der römische Kaiser der deutsche Kaiser ist, dann könnten Anonymus und der Verfasser einer christlichen „Gesta" an die Zeit des deutschfreundlichen Königs Peter I. erinnern und Ähnliches in der Gegenwart befürchten! Treffender kann man die Angst um die eigenen Güter und die Furcht vor Fremden nicht ausdrücken.

Anonymus schreibt nieder, was der national denkende ungarische Adel reklamierte und schließlich einige Jahre später auch in der „Goldenen Bulle" zugestanden bekam: Ausschluss aller „Fremden" von Ämtern und Schenkungen.

Die Marbacher Annalen berichten, Königin Gertrud habe sich gegenüber den Deutschen freigebig und hilfsbereit verhalten. Aus dem Kontext ist zu entnehmen, dass sie deshalb ermordet worden sei. Wir werden später ausführlich darauf eingehen. Andreas II. schrieb in einem Brief aus dem Jahre 1214 an Innocenz III., er habe sich bei der Erhebung des Deutschen Berthold „Hass" der Großen zugezogen. Bei dem Mordanschlag auf Gertrud im Wald von Pilis sind auch Landgraf Leopold VI. von Österreich und Erzbischof Berthold im Visier. Beide waren Deutsche. „Der Mord an Gertrud war der sichtbare Anfang eines Streits, der in einer Tragödie endenden Fremdenfeindlichkeit".[356] Unausgesprochen hatte der Hass gegenüber den Deutschen auch das Bild der ansonsten integren Königin Gisela gepägt. Als der französische Zisterziensermönch Alberich von Troisfontaines in den 30-er Jahren durch Ungarn reiste, bekam er einen Hauch von jener deutschfeindlichen Stimmung zu spüren. Man muss ihm gesagt haben, dass ja bereits die sonst so verehrte erste ungarische Königin Gisela – aus Deutschland stammend – die Deutschen bevorzugt und die Ungarn benachteiligt habe. Wie anders ist es sonst zu erklären, dass er fälschlich schrieb, Gisela sei es gewesen, die den verhassten Deutsch-Venezianer Peter Orseolo nach dem Tode Stephans I. zum Nachfolger wollte? Es war aber nicht Gisela, sondern Stephan I. selbst. Gisela habe danach gestrebt, dass Ungarn „ohne Hindernisse den Deutschen unterworfen sein sollte." [357] Hier nimmt nicht Gisela die Gestalt Gertruds an, sondern Gertrud die „vermeintliche" Gestalt Giselas. Alberich von Troisfontaines gibt lediglich wieder, was er in Ungarn hörte: „Gisela tat, wie man sagt, in diesem Land viel Schlechtes und sie wurde nach dem Tod des

---

[351]Kristo, Die Geburt der Nation, 141

[352]„Predictus magister ac quondam bone memorie gloriosissimi Bele regis Hungarie notarius N."in: Gabriel Silagi, Die Gesta Hungarorum des anonymen Notars, S. 28

[353]Kaindl, in: Archiv für österreichische Geschichte nr. 88, S. 394 f

[354]z.B. in Kapitel 48 und 49

[355]Silagi, Anonymus, Kap. 9, Z. 90f, S. 49 und Endlicher, cap. 9, S. 11 „quam terram habitarent Sclavi, Bulgarii et Blachii ac pastores Romanorum quia post mortem Athile regis terram Pannonie Romani dicebant pascua esse, eo quod, greges eorum in terra Pannonie pascebantur et jure terra Pannonie pascua Romanorum esse dicebatur, non et modo Romani pascuntur de bonis Ungarie. Quid plura?

[356]Kristo, Geburt der Nation, 142

[357]Szentepétery, Reg.regum stirpis arpad.crit.-dipl. I, 322f

Hl.Königs nach Verdienst ermordet."[358] Gisela war auch eine Fremde. Sie wurde nicht getötet, in Wirklichkeit ermordete man Gertrud. Der Hass auf die Deutschen oder auf deutsche Königinnen schwelte bis 1213.
Deutschfeindlichkeit hatte in Ungarn Tradition. Woher kam das? Vornehme deutsche Herren standen im 11. und 12. Jahrhundert im Dienste der Könige und erwarben sich Ruhm und Reichtum. König Salomon rief im Kampfe gegen Geyza drei deutsche Herzogsheere herbei, die er mit schwerem Geld bezahlte.[359] Bela II. wandte sich um Hilfe an Deutschland und sammelte ein beachtliches Heer mit deutschen Söldnern. 1152 rekrutierte Geyza II. sein Heer mit zahlreichen Sachsen. Im Heer der Ungarn 1167 befanden sich vor allem deutsche Söldner. Stephan II. wurde im Kampf gegen die Byzantiner 1129 von 700 fränkischen Rittern begleitet, mit deren „Schläue" er die Burgen verwüstete.[360] Alle diese historischen Überlieferungen waren im kollektiven Gedächtnis der ungarischen Adligen gegenwärtig. Ihnen waren die im Solde der Arpadenkönige stehenden deutschen Gäste ein ständiges Ärgernis. Diese deutschen Söldner oder Ritter waren dauernd im Einsatz gegen „die zu allen Zeiten zu Aufstand und Aufruhr geneigten Ungarn."[361] Die Präsenz der Deutschen in Ungarn um die Jahrhundertwende ist überall spürbar. In späteren Jahren hatte der deutsche Einfluß in manchen Städten noch zugenommen, so dass die Ungarn aus der kommunalen Führung völlig ausgeschlossen waren und die Ämter überwiegend in Händen deutscher Patrizier lagen. Es bahnte sich eine ungarische Opposition an, die sich z. B. in Ofen Luft verschaffte.[362] Eine groteske Situation ergab sich, als in der Hauptstadt Ungarns nur deutsche Richter tätig sein durften. Es dauerte fast 30 Jahre bis schließlich ein Aufstand losbrach, der diesem Zustand ein Ende machte. Der deutsche Dichter Chipenweger hat den Ruf der Unzufriedenen in folgenden Worten ausgedrückt: „Wir wollen chainen Deutschen hie haben, wir wollen se aus dem Lande hie jagen, wir sein allzeit mit in ser überladen."[363] So ähnlich dürfte auch die Stimmung zur Zeit des Antritts Gertruds als Königin gewesen sein. Die deutschfeindliche Äußerung stammt freilich aus etwas späterer Zeit, aber die „germanophobe" Stimmung war um 1200 schon voll ausgebrochen. Ein Teil des ungarischen Adels, der sich benachteiligt fühlte, muss sie angeheizt haben. Gertrud sollte es am eigenen Leibe verspüren. Brodelnder Unmut und ungarischer Magnatenstolz schufen ein soziales Klima, in dem das Drama Gertrud passieren konnte.

10. Die Macht der Magnaten

Das ungarische Königtum war bekannt für seine überragende Stellung und seine Macht gegenüber dem aristokratischen Landadel. Die Könige sind – so ihre Tradition – von Gott ausgezeichnet und dürfen ihre Untertanen wie einen Besitz, wie ein ererbtes Familiengut, wie ein „Patrimonium" behandeln. Stephan I. schuf anstelle der Autonomie der Stämme und Sippen eine neue Zentralgewalt, die dafür sorgte, dass dem Herrscher die verschiedensten Dienste geleistet werden müssten.[364] Die Sippenmitglieder spielten nur dann eine Rolle, wenn die Gnade des Herrschers es wünschte. Wohl gab es auch einen Hofrat, aber dieser war nur ein beratendes Gremium. Er bestand aus den Würdenträger des Hofes, den Grafen und den Bischöfen. Der König verfügte also über eine fast unbeschränkte Gewalt über den Geburts-und Besitzadel.

---

[358] „sed illa Gisla regina, ut dicunt, multas malitias in terra illa fecit et ad extremum post mortem sancti regis meritis exigentibus interfecta" , Simon von Kezai CFH III, S.2146, nr. 29 und CFH I, S.26
[359] Schünemann, Die Deutschen in Ungarn, S.126
[360] Schünemann, 121
[361] Kaindl , Geschichte der Deutschen in den Karpatenländern 2, S. 15
[362] Beller, Kurze Geschichte der Deutschen in Ungarn, S.38
[363] Beller, 39
[364] s. Déer, Die Entstehung des ungarischen Königtums, S.105

Diese Macht und einzigartige Stellung wurde zweihundert Jahre nach dem Reichsgründer Stephan I. vom ungarischen Adel angefochten. Den Höhepunkt erreichte dieser Machtkampf zwischen den Aristokraten und dem König am Anfang des 13. Jahrhunderts, gerade in der Zeit, als Gertrud Königin von Ungarn wurde. Die politischen Querelen stammen nicht von den „Fremden", den „hospites", sondern von den einheimischen Baronen. Diese bestanden auf alt eingesessenen Rechten. Ihnen kamen jeder schwache König und die Kämpfe der Arpadenkönige untereinander gelegen. Mit ihrem tief verwurzelten aristokratischen Geist, versetzten sie, wo es ging, der Monarchie ihre gezielten kräftigen Schläge.[365] Sie waren ständig geneigt, ihrem Herrscher Schwierigkeiten zu schaffen, waren Patrioten auf ihre Art, die die Freiheiten des Landes gleichsetzten mit ihren persönlichen Freiheiten. Da erhebt sich die Frage, warum sie überhaupt noch einen König brauchten? Dafür gibt es Gründe: die äußere Einheit wäre ohne König gefährdet gewesen, und das monarchische Europa hätte einer anonymen und pluralen Aristokratie weniger vertraut als einem Monarchen. Unter diesen Oligarchen gab es geradezu machtlüsterne Männer, die zwar die königliche Macht als solche nie in Frage stellten, aber nicht die absolute unumschränkte Autorität akzeptierten. Am liebsten hätten sie einen willigen König nach ihrem Geschmack selbst gekrönt.

Magnaten setzen einem nachgiebigen König die Krone aufs Haupt. Bible moralisée.

Das waren Feudalherren, die sich zu nichts verpflichtet sahen, auf ihren Burgen saßen und nur ihre Macht und ihren Besitz erhalten wollten. Von dieser Macht zeugen heute noch die „Sippenkirchen" des 11. und 12. Jahrhunderts in Jak, Zsambek und Lébény, die meist im Zentrum ihrer Ländereien lagen und die sie demonstrativ reichlich ausschmückten. Jede von ihnen wurde mit einer Herrschaftsempore ausgestattet, auf welcher der Gutsherr und seine Leute dem Gottesdienst beiwohnten. An der Größe und der Anzahl ihrer Burgen konnte man ihre jeweilige Macht erkennen. Ein Baron konnte bis zu einem Dutzend davon besitzen.[366] Am Burgenbau sah man, wie die Machtfülle der Barone zugenommen hatte, besonders deshalb, weil König Andreas II. es ihnen ermöglichte. Je mehr die zentrale Autorität des Königs schwand und schließlich „kollabierte"[367], desto mehr entstanden jene „Multiburgenbesitzer", die ihre Macht auf königähnliche Weise ausübten.

Yak. Anfang 13. Jahrhundert. Für ländliche Verhältnisse eine reiche Kirche. Ihr Erbauer legte Wert auf Repräsentation.

Während also zur Zeit Stephans I. und seinen Nachfolgern noch des Königs Freunde, Hofbeamte und geeignete „hospites" die wichtigsten Hofämter innehatten, traten um 1200 die Angehörigen der alten und reichen Geschlechter energisch auf und drängten in die begehrte königliche Verwaltung.

Wer es zu etwas bringen wollte, suchte sich einen fiktionalen Sippennamen [368] und nannte sich sich **„ de genere",**

---

[365]Fessler, Die Geschichte der Ungarn, Bd.2., 441

[366]Fügedi, Kings, bishops, nobiles and burghers, IV,3

[367]Fügedi IV,9

[368]l.c

d.h. „aus dem Geschlecht derjenigen von ...". Sie betrachteten sich als Nachfolger der ersten magyarischen Ahnen, besaßen eine eigene Kultstätte und hatten Besitz, der – unbeweisbar – nur auf mündlicher Überlieferung beruhte. Daher blieben Herkunft und Größe der Ländereien im Dunklen.[369]

Burgen der Magnaten.

Oravsky hrad

Cachtice

Lubovna hrad

Die besondere Auserwähltheit der ungarischen reinen Geschlechter wird von dem Chronisten Simon von Kezai nachdrücklich betont. Er erinnert an Attilas Sohn Csaba, dessen Mutter eine Tochter des griechischen Kaisers war. Daher wurde Csaba von der ungarischen Aristokratie verachtet, weil er kein „akumnus", kein „reiner Sprößling" der alten Ungarn, der Skythen, gewesen sei, sondern ein Mischling aus einer fremden Nation. Arpad jedoch sei ein echter Abkömmling von Attila und auf diese Weise habe er die hunnisch-ungarische Identität geschaffen, die auch die Herrschaft der Ungarn im Karpatenbecken begründen sollte.

Die Ansprüche der Magnaten hatten ihre Wurzeln in der Mentalität, ihre seit alters gewährten Privilegien verteidigen zu müssen. Vielleicht schlummerte auch ein gewisser „Bodensatz" aus dem Heidentum der Stammeshäuptlinge, die sich vom Christentum ständig bedroht fühlte. Daraus entstand der Hass gegenüber Ausländern, Priestern und Rittern, vor allem deutscher Herkunft, die Privilegien und Dotationen erhielten, die sie selber gerne erhalten hätten.

Der anonyme Notar Belas gibt gerade diese Auffassung der alten Geschlechter wieder, wenn er schreibt, dass der erste Fürst im Staate, also der König, seine Würde nicht der göttlichen Auserwähltheit verdanke, sondern der durch „freien Willen und allgemeiner Übereinstimmung" erfolgten Wahl der sieben Heerführer bei der Landbesetzung Pannoniens.[370]

Belas Hofschreiber musste aber noch eines drauflegen, um die vielen anderen Adelclans unterzubringen. Nicht nur die sieben Heerführer hätten das Land betreten und bevölkert, schreibt er: „Woher sollten denn dann die Geschlechter Akus, Bor und Aba und die Geschlechter der übrigen Vornehmen kommen?"[371] „Wenn es nur sieben Ungarn mit ihren Familien gewesen wären und nicht auch noch andere Familien mit ihren Frauen, Söhnen, Töchtern, Knechten, hätten sie dann mit so wenig Familien das Land erobern können?"

So erschuf man weitere 108 Adelsgeschlechter.[372]

Die Barone aus der oberen Schicht des Geburtsadels , der „majores natu", drückten mit eigenen Bräuchen und eigenen Wappen etwas Heldenhaftes aus, um damit die Rechtmäßigkeit ihres Besitzes seit altersher zu beweisen. Dass sie dies mit einer gewissen Hartnäckigkeit und Verbohrtheit reklamierten, ist schon dem Verfasser des „Welschen Gastes" aufgefallen, wenn er schreibt: „Was nützt es, wenn irgendwann sein alter Vorfahre ein Adliger war, wenn er selbst Sklave seiner Torheit ist."[373]

---

[369]Bak, Probleme einer vergleichenden Betrachtung mittelalterlicher Eliten, S. 619.
Unter Andreas II. gab es in der Tat 36 Clans unter den Großen, deren Namen in drei Dekaden erscheinen. Neun davon stammen von „hospites" ab: sechs deutsche Ritter, ein Franzose, ein Spanier, ein Italiener. Die Mehrheit, zwei Drittel der bekannten Geschlechter waren ungarischen Ursprungs, The arictocracy, IV,6

[370]... „ libera voluntate et communi consensu", Déer, Der Weg zur Goldenen Bulle, 129

[371]Chronicon pictum, Textband, S. 173, Anm. 183

[372]«Tunc de tribubus centum et octo elegerunt viros fortes ad bellandum...» Kezai, nr.8, Szentepétery I,148, und: «Cum plures tribus vel progenies non habeant» und: «quam generationem centum et octo videndum est»

[373]Thomasin von Circlaere Z. 4277

Die Adligen waren Großgrundbesitzer meist zusammenhängender Gebiete und behaupteten, ihre Familien seien schon seit der Landnahme in Ungarn gewesen. Nachweisbar war das alles nicht. Man bezeugte den Besitz lediglich durch einen Eid vor einem Notar und im Übrigen verwies man schlicht und einfach auf das kollektive Gedächtnis der adligen Gemeinschaft.[374] Die Abwesenheit von schriftlichen Dokumenten wurde akzeptiert. Ihre Vorlage war zwar möglich, aber nicht zwingend. Der anonyme Verfasser der „Gesta Hungarorum“ heroisiert diese Magnaten zusätzlich, indem er behauptet, ihre Vorfahren hätten ihr Blut für den ungarischen Boden im Kampfe vergossen. Man weiß aber, dass es in Wirklichkeit damals gar keine ernsthaften Gegner gab. Sie wurden einfach erfunden![375]

Von allen Seiten erfolgte der Einzug der verschiedenen Adelsgeschlechter ins gelobte Land. Rechts Arpad auf dem Schimmel mit sechs weiteren Unterführern. Unten steigen Frauen und Ritter aus einem Hohlweg heraus. Chronicon pictum.

In Wirklichkeit erfolgte die Landnahme infolge des Debakels militärischer Niederlagen. Der Einmarsch nach Pannonien war im Grund eine politische Notlösung.[376] So kam es zu einer verfälschenden Umdeutung der wirklichen Umstände. Anonymus, der die Auffassung der stolzen Aristokraten wiedergab, rief zahlreiche fiktive feindliche Fürsten ins Leben, die er als Gegner der Ungarn hinstellte. So erweckte er den Anschein, als hätten die Ungarn das Karpatenbecken erst nach harten Kämpfen erobert.

Auf dieser erfundenen Grundlage – es war ihnen wohl nicht bewusst, wie falsch diese Geschichtsverdrehung war – konnten diese ungarischen Kleinfürsten Anspruch auf Besitz des durch ihr sogenanntes „Blut“ eroberten Landes erheben. Historisch ist es allemal nicht.

Dennoch berief man sich darauf. Behauptungen, die nichts anderes im Sinn hatten, als dass es sich bei der Landnahme um eine planmäßige ruhmvolle Eroberung gehandelt habe. Einige der Magnaten führten an, dass ihre Vorfahren die Güter sogar von König Stephan I. persönlich erhalten hätten und zwar nicht als Lehen, sondern als Geschenk für ihre Verdienste um das Königreich!

Einem Schreiber wird die Deutung der Anfänge ungarischer Geschichte aufgetragen.

---

[374]Fügedi E., Les intellectuels et la société dans la Hongrie médiévale, in: Kings, bishops, nobles and burghers in Medieval Hungary, VI,6

[375]Ein Beispiel zeigt wie einfach das war. Das Geschlecht Jokai sollte usurpierte Ländereien dem Königsgut wieder zurückgeben. Als die königlichen Beamten die Forderung durchsetzen wollten, beriefen sich die Mitglieder der Familie auf die Schenkung durch König Emerich und die Verleihung des Adelstitels. Das Domkapitel von Poson bestätigte „die Wahrheit“ und die Beamten mussten sich zurückziehen, Fügedi, VI,5

[376]Kristo, Die Arpadendynastie, S. 18

Niemand schien ihnen den Anspruch streitig zu machen. Hinzu kam, dass durch die „Dotationspolitik“der Arpadenkönige, die auf die Unterstützung der großen Adelsfamilien angewiesen waren, übermächtige landbesitzende Familien in wenigen Jahrzehnten zu ansehnlicher Macht emporstiegen, die, gestützt auf ihren Besitz und auf ihre Gefolgsleute, immer mehr Einfluß und Einkünfte an sich rissen und ständig Kämpfe gegeneinander führten und bei König und Köngin um Schlüsselstellungen im Reiche buhlten. Die eingesessenen Aristokraten der alten Sippen erhoben ihre Stimme und forderten ein Recht auf Mitsprache am Hof, forderten politische leitende Stellungen, die zum Teil von den eingewanderten Rittern besetzt waren.
Anonymus bekundet unverhohlen die antimonarchische Auffassung der Feudalaristokratie, dass adlige Ratgeber und Würdenträger nicht vom fürstlichen Gutdünken abhängen dürfen, sondern ein eigenständiges Recht hätten.[377] Das „Sprachrohr des Adels“, erklärte kategorisch, dass die Edlen und ihre Vorgänger die Nachkommen derjenigen Wähler seien, die seinerzeit Almos zum Herrn erkoren hätten. Andreas II. und seine Vorgänger, so macht er spitzfindig geltend, mögen wohl die Nachkommen von Almos sein, aber sie hätten im Laufe der Zeit die Edlen vom Hofe verdrängt und sie von der Verwaltung des Reiches ferngehalten, um die Jurisdiktion nicht mit den Edlen zu teilen.[378] Aufschlussreich ist ein Zeugnis des „Chronicon pictum“, das eben jene Kräfteverhältnisse in einem Bild wiedergibt: Arpad zwischen seinesgleichen. Dort wurde der Gründer der Königsfamilie der Arpaden wie einer der Großen, jedoch nicht größer dargestellt.

Arpad inter pares. Im Chronicon pictum wird Arpad nicht als herausragender Fürst gesehen, sondern als einer von seinesgleichen, d.h. von Ebenbürtigen.

Die Vorstellung dieses Bildes schwirrte den Feudalherren im Kopf. In Wirklichkeit war jener Arpad nie einer unter Gleichberechtigten. Aber der in Ungarn lebende Miniaturenmaler schuf ein dem damaligen Wunschdenken der Großen gemäßes Bild, genauso wie der Text der Bilderchronik die Vergangenheit so beschreibt, wie der Adel sie gerne gehabt hätte.
Unter der Regierungszeit Andreas II. und Gertruds drangen diese Magnaten ungestüm an die monarchische Oberfläche und opponierten gegen die alte zentrale Königsmacht der Arpaden. Es ist richtig, dass die auseinanderstrebenden Kräfte des Feudalismus gegen eine Zentralisierung der königlichen Macht unter der Regierungszeit Andreas' II. und Gertruds begonnen haben und damit eine schrittweise Beschränkung der königlichen Herrscherrechte erreichten. Aber diese Entwicklung wäre auf jeden Fall eingetreten und jeder Arpadenkönig hätte sich damit auseinandersetzen müssen. Unter Bela III. konnten diese Ansprüche noch einigermaßen niedergehalten werden, aber seine Söhne, besonders Andreas, mussten austragen, was der Vater nicht lösen konnte.
Denkt man an die Aussagen des Bischofs Otto von Freising, dann ersieht man daraus noch die Vorrangstellung eines überaus starken Königs, da allein die versammelten Räte bei Anwesenheit des Königs nicht einmal flüstern durften. Aber Otto von Freising sieht den ungarischen König aus der Zeit um 1150. Im Laufe des 12. Jahrhunderts unternahm der Adel mehrere Versuche zur Erschütterung und Spaltung der königlichen Macht.[379]

[377]Déer, Der Weg zur Goldenen Bulle,S.131
[378]Kosztolnyik, Ungary in the thirteenth century, 4
[379]Kristo, Arpadendynastie, 169

Die wildesten Magnaten schreckten auch nicht davor zurück, die Ermordung des Königs mitsamt seiner Frau und den Söhnen einzuplanen und das Land unter sich zu verteilen.[380] Wer sich diesem Ansturm entgegenstellte, hatte um sein Leben zu fürchten. Es ist denkbar, dass es die deutsche Gertrud wagte.

Die hohen Würdenträger hielten sich meist am Hofe auf und überließen die amtlichen Verpflichtungen ihren Hofgespanen. Sie suchten ihre Besitzungen oft nur noch auf, um ihre Einkünfte entgegenzunehmen und ihre Beamten zu kontrollieren. Diese wurden unter Druck gesetzt, gaben den Druck natürlich weiter, beuteten die kleinen Burgleute aus und legten ihnen Lasten auf, um die Erträge zu steigern. Thomasin drückt das so aus:

„An das eine halten sich die Herren bestens, dass sie ihre Schatzkammern füllen. An das zweite halten sie sich dagegen nicht, denn wenn sie etwas ausgeben zu ihrer und des Landes Ehre, wollen sie, dass man ihnen mehr zuträgt und sie bringen ihre Untertanen in große Bedrängnis, um ihre Begierden durch Steuern zu füttern." [381]

Bauern beim Dreschen

Die Magnaten selbst benutzten jeden Vorwand, um ihren Besitz zu „arrondieren" und neues Land zu erwerben, sowie ihre Privilegien und Einkünfte zu vermehren. Die Folge war, dass die Großgrundbesitzer zu immer gefährlicheren Rivalen des Königs wurden. Ihre Gier kennt Thomasin und ihre Macht: *„Wer seine Macht nicht mit Verstand lenkt, dem widerfährt, dass er an Gewaltätigkeit immerzu dem Wolf gleicht."*

Leibeigene schuften für die Feudalherren. Bible moralisée.

Die herrschenden Klassen wollten auch wie Feudalherren anderen Teilen Europas leben. Die Aussagen eines älteren Adelsmitglieds weisen auf einen unglaublichen Luxus hin: *„Was war doch unsere Jugend mit nichts anderem beschäftigt als sich mit Locken zu schmücken, die Haut zu reinigen. Der ganze Tag verging mit Gastlichkeiten an angenehmen Plätzen, das ganze Leben verbrachten wir in sonnigen Wäldern."* [382]

Gefrässige Barone und trinkende Magnaten. Bible moralisée

Die Magnaten unterstützten den König nur so lange, als sie Dotationen von ihm erwarten konnten. Weil sie eben reich waren, erhielten sie pfundweise Kredite und Darlehen, sowohl vom Hof wie auch vom Kleinadel. Ungarn dürfte damals eine Aristokratie von etwa 100 Familien gehabt haben. Die Aristokraten erhielten fast unbeschränkt Steuerfreiheiten, ließen sich von Zeit zu Zeit die königlichen Schenkungen bestätigen, erschlichen sich das Recht auf Vererbung auf alle möglichen Verwandten, forderten Befreiung von den Angriffskriegen und bestanden auf Mitsprache am Reichsgericht in Szekesfehervar.

Oft taten sich auch die Magnaten und der höhere

[380] Fessler, Die Geschichte der Ungarn, Bd.2, 412
[381] Thomasin v. Circlaere, Z. 14223
[382] Nemeskürty, Abriss der Kulturgeschichte, S.58
[383] Fessler 2, S.212

Klerus zusammen und vereinten sich gegen jeden mächtigen König. Andreas musste nun auch noch die gewachsene Macht der Kirche anerkennen. „Man darf mit aller Wahrscheinlichkeit annehmen, dass bereits gegen Ende der Regierungszeit Belas III. in den reichen Gespanschaften zwei Drittel der Länder den Bischöfen, Äbten, Pröpsten und Magnaten gehörten, also in nicht-königlicher Hand waren.“[383] Die Geistlichkeit trat als neue souveräne Kraft auf, unterstützt von Innocenz III. und konnte die königliche Macht ebenfalls begrenzen. Während die Bischöfe früher vom König eingesetzt wurden und ihre politischen Rechte ihm verdankten, kamen sie nun durch die Wahl des Kapitels und durch die Bestätigung durch Rom in den Besitz ihrer Rechte[384] und der König konnte nur durch vorherige Einigung seinen Einfluss auf die Wahl geltend machen, sonst hätte der Papst selbst seinen Kandidaten auf den Bischofssitz erhoben.[385] Und dass es sich der höhere Klerus gut gehen ließ, ersieht man aus den kirchlichen Gegendemonstrationen der Geißler und Flagellanten, die gegen die Kebsweiber der Priester zu Felde zogen und die Kirchenfürsten anklagten, ein ausschweifendes Leben zu führen, und nichts anderes im Sinne hätten als zu schmausen und zu prassen, zu saufen und zu jagen.[386]

Die Besteuerung der Kirche wurde von den Bischöfen als Gottesraub ausgelegt und die Besteuerung der Edlen als Entehrung. Indessen bekämpften sich auch die Bischöfe untereinander, wenn es darum ging, immer mehr Land und Güter zu besitzen. Wenn man an die geradezu lächerlichen Streitereien um ein paar Weinberge zwischen dem Erzbischof von Esztergom und dem von Veszprem denkt, dann wird deutlich, dass der König und die Königin sich wohl tagtäglich mit solchen Bagatellen befassen mussten.

Nun hat ja der Adel seine Hörigen nicht mit Wohltaten überhäuft. Er garantierte zwar ihren Schutz, aber sie mussten dafür kräftig Steuern zahlen und Krieger bis zu 70 Schlachtreihen liefern. Unter dem Strafrecht hatten sie am meisten zu leiden. Die Strafe für die Tötung der Ehefrau betrug zwischen 5 und 50 Kühen, je nachdem, ob es sich um einen Bürger oder einen Ritter handelte. Die Bauern hatten kaum eine Chance Rechtsmittel einzulegen. Das Volk lebte noch unter Bela III. auf relativ gutem Lebensstandard, aber unter Emerich verschlechterte sich das Lebensniveau der unteren Schichten. Der Feudalismus machte die Reichen reich und ließ die Armen verarmen. Die Klasse der Großen hatte keinen Grund sich zu beklagen, weil sie, jedes Patriotismus bar, vom Schweiße der Nation lebte, während das Volk in Knechtschaft schmachtete.[387]

Sklavenarbeit der Israeliten in Ägypten. Steinklopfen gehört zu den härtesten Fronarbeiten. Aus dem Elisabethpsalter.

Das Volk war nicht prozessfähig, konnte also nicht gegen seine Herren gerichtlich vorgehen, wenn es ungerecht behandelt wurde. Selbst der König hatte darauf wenig Einfluss, da die Stände eine uneingeschränkte Verfügung über ihre Bauern hatten oder zumindest anstrebten. Die Anrufung der Komitatsbehörde war eine Farce, da die Inhaber selbst Grundbesitzer waren und daher keine echte Hilfe für die Bauern sein konnten. Hart war die Arbeit in den Bergwerken. Kinderarbeit war an der Tagesordnung. Eltern wurden gezwungen, ihre Kinder in den Dienst zu geben. Waren die Bauern mit dem Niedriglohn nicht einverstanden und begehrten auf, konnten sie mit 50 bis 100 Peitschenschlägen

[384]Homan II, 38
[385]Im Jahre 1232 schleuderte der Erzbischof von Gran, Robert, das Interdikt auf den Hof, weil Andreas II. Güter zurückholte, die die Prälaten erwarben, Schneller, 77
[386]Schneller, Die Geschichte Ungarns, S.80
[387]Csuday, Die Geschichte Ungarns, S.241

bestraft werden. Die Bauern konnte sich nicht per Flucht dieser Unterdrückung entziehen, da die Dorfvorsteher und die eigenen Nachbarndafür verantwortlich gemacht wurden. Alle Dorfbewohner mussten bei einer etwaigen Verfolgung der Flüchtenden teilnehmen. Sie hafteten für sie, ansonsten gab es kollektive Strafen. Anzeigepflicht bestand. Die Komitatsverwaltung der Barone nützte die Schwäche der Zentralgewalt aus und erließ harte Gesetze. Daher flüchteten die Bauern auf königliche Domänen, wo sie der Willkür ihrer jeweiligen Herren nicht ausgeliefert waren. „Die in ihrem Streben nach Besitz verblendeten Adligen drückten viele unter ihnen in eine soziale Schicht, die tiefer war als ihre bisherige."[388]

Der ungarische Heer und sein Knecht.

Die Ansprüche des Adels zielten natürlich auch auf die Einschränkung der privilegierten Stellung der eingewanderten fremden Hofritter, deren Zahl immer mehr zunahm, bedingt durch den ständigen Thronwechsel der Arpadenkönige. Diese Gruppe nennt man den Dienstadel, die „majores dignitate", im Gegensatz zum Geburtsadel, den „ majores natu". Der Status des Dienstadels diente als Sprungbrett für die Ernennung von Würdenträgern wie den Gespan. Der Gespan durfte den Titel „comes" tragen. Er stand an der Spitze eines Komitats. Der Inhaber war verantwortlich für die Verwaltung einer Burg und für die Rechtsprechung. Der Gespan erhielt einen beachtlichen Teil der königlichen Steuern für sich. Er war zwar von der Versammlung des Adels gewählt, jedoch ganz dem König unterstellt. Der Palatin entsprach einem Hofpfalzgraf und war der Leiter des ungarischen Hofrats, der „curia regis". Meist bekleideten führende Mitglieder des Hochadels dieses Amt. Ihm unterstanden die königlichen Höfe des Landes, und so war er praktisch der Stellvertreter des Königs, sofern es nicht die Königin war.

Der eingesessene Hochadel sah sich in seiner Stellung besonders dann gefährdet, wenn der König Adlige aus dem bayerischen oder schwäbischen Raum zur Unterstützung der administrativen Aufgaben herholte. Selbst Ehefrauen, die die ungarischen Könige aus dem „Ausland" zu sich nahmen, waren dem oberen Adel nicht sehr willkommen. Es ist sonderbar, dass die Abbildungen Stefans I. mit seiner Ehefrau Gisela äußerst selten sind. Das hängt vielleicht damit zusammen, dass gewisse Chronisten eine Antipathie gegen nicht-ungarische Ehefrauen hegten. Die Mehrheit der ungarischen Könige haben sich ihre Frauen aus dem Ausland geholt. Nicht ohne Grund. Eine Frau aus einer Magnatenfamilie hätte unweigerlich zu heftigen Diadochenkämpfen geführt und vor allem war es naheliegend, dass die Magnatenfamilie der potentiellen Königin durch sie ihre Macht am Hofe hätte ausdehnen können zum Nachteil einer ihr feindlichen oder mit ihr konkurrierenden Familie. Die ungarischen Könige haben also sehr klug gehandelt, wenn sie keine Frauen aus dem Landadel geehelicht haben.

Zugeständnisse an die ungarischen Barone musste der König Anfang der 20-er Jahre machen. Auf der Versammlung von Szekesfehervar wurde die berühmt gewordene **„Goldene Bulle"** erlassen, eine Art Gesellschaftsvertrag,[389] der dem Adel weitläufige Rechte einräumte, nicht aber dem einfachen Volke.

Im Gegenteil, die Masse des Volkes ging leer aus und es gab keine Erleichterungen für Sklaven, Bauern und Bürger, sondern ausschließlich für den Adel. Wie die Großgrundbesitzer mit dem einfachen Volk umgegangen sind, lässt sich erschließen aus dem wahrscheinlich vom König durchgesetzten Artikel, der besagt, dass es den Grundherren verboten sei, das Volk auszubeuten und zu bedrücken.[390] Den Magnaten wurde in der Goldenen Bulle gerichtliche

---

[388]Homan II, 88

[389]Nicht zu verwechseln mit der „Bulla Aurea" Kaiser Karls IV. 1356 und nicht zu verwechseln mit der Goldenen Bulle Friedrichs II. von 1212 oder jener von Rimini 1226 zugunsten des Deutschen Ordens.

Immunität, Beschränkung der Kriegsfolge und fast unbegrenzte Erbfolge auf ihren Gütern zugestanden, sowie ein Widerstandsrecht gegen den König, wenn es ihren Interessen entsprach! Andreas II. musste die Adelsfreiheiten beschwören, die Rechte der Großen und der Geistlichkeit garantieren. Von 31 Abschnitten der Goldenen Bulle beschäftigen sich 23 mit Privilegien der Freien.[391] Jetzt wurde gefordert, dass Gäste und Vornehme, die ins Land kommen, in keiner Weise mehr Würden erhalten sollten ohne die Zustimmung des Reichsrates, in dem natürlich schon die Erbaristokraten saßen.[392]

Der fast unerträgliche Prunk überreicher Barone hob sich des öfteren ab von der Pracht des Königs und der Königin. Ihr Dünkel wurde von Zeitgenossen wie Thomasin von Circlaere heftig kritisiert: *„Ist einer geboren und hat den Adel der Gesinnung verloren, dann, kann ich euch sagen, ist seine hohe Geburt in Wahrheit ein Makel. Wer nämlich hochgeboren ist, dessen Herkunft verlangt immer, dass er gut und korrekt handelt. Zwingt er sich nicht dazu, verliert seine Abkunft jegliches Ansehen."*

König Andreas II. hält die aufgerollte „Goldene Bulle" in den Händen

Wir haben schon gesehen, wie die Oligarchen im Kampf zwischen den Brüdern Emerich und Andreas laborierten, mitmischten, mitbestimmten und sich zeitweise wie die Herren des Landes aufführten. Auf Andreas II. entlud sich nun die geballte Macht der Aristokratie und forderte den Dank für die seinerzeit gegen Emerich geleisteten Dienste und Kämpfe. Der Hunger nach Macht und Einfluss der Oligarchen war kaum zu stillen.

Angestaute Xenophobie, Prestige und national-historische Hegemonie schufen zusammen das politische Klima am ungarischen Hof, das zu dem verhängnisvollen Königsmord führte. Gertrud hat diese Diadochenkämpfe schon in ihrem ersten Jahr als Herzogin erlebt. Als sie Königin geworden war, schlugen ihr die Anmaßungen der Magnaten entgegen. Sollte sie im Laufe der Jahre königliche Rechte einfordern, so musste sie vorsichtig einschreiten. Eine Riesenlast für eine mädchenhafte Fürstin, die sich völlig überfordert fühlen musste gegenüber diesen harten kriegerischen und gierigen Adelsleuten. Aber es schien, dass die forsche Gertrud sich nicht beeindrucken ließ von einigen Dutzend unbotmäßigen Grafen.

Die feudalen Reichsräte waren schnell bereit, gegen einen missliebigen König einen im Ausland wohnenden Thronanwärter ins Land zu rufen.[393] Selbst der Autor der Bilderchronik musste zugeben: "Weil die Ungarn aber immer von Bosheit auf und ab fluten wie die salzige See, luden die verworfenen Söhne Leviathans durch Boten den Bastard Borith ein, ins Land zu kommen."[394] Wenn Andreas II. aus dem „Weg geräumt" worden wäre, hätte Gertrud nichts zu lachen gehabt. Diese Schilderungen über die Macht der Magnaten war notwendig, um zu verstehen, in welche innerpolitische Kämpfe die junge Königin Gertrud geraten war. Der Weg zu einer Konfrontation war vorgezeichnet.

---

[390] Homan II, 81
[391] Homan II, 809. Sie verlangten, dass sie „aus dem Rat und den Würden des Landes nicht ausgelassen werden dürfen" Anm. Homan II,39
[392] Bulla Aurea, Nr. XI: „Si hospites videlicet boni homines ad regnum venerint, sine consilio regni ad dignitatem non promoveantur" in :Lajos Besunyei, Die Bulla Aurea, S. 26 und Nr. XVI; nur ungarischen Adligen dürfen königliche Ämter zustehen.
[393] z.B. im Jahre 1131, s. Schünemann, Die Deutschen in Ungarn, S.120
[394] Textband zur Bilderchronik, S. 148, nr.161

11. Fremdenfeindlichkeit

Als Stephan I. eine neue politische Ordnung schuf, womit er die alte Stammesverfassung und die Autonomie der Sippen auflöste, wusste er ganz genau, dass seine umwälzenden Maßnahmen ohne die Mithilfe von Ausländern, sogenannten „hospites", nicht durchzuführen gewesen wäre. Solche „Gäste" und solche „Fremde" bildeten zwei Jahrhunderte lang die tragenden Kräfte vieler Arpadenkönige. Zu der Zeit aber als Gertrud noch Herzogin von Kroatien und Dalmatien war, musste sie schon gespürt haben, dass ein Stimmungswechsel stattgefunden hatte, dass die „Gäste" nicht mehr so willkommen waren wie einst unter Stephan I. und und dass der Name „hospites" nicht mehr den Ruf genoss, den er einstmals unter dem ungarischen Reichsgründer Stephan I. besaß. Ende des 12. Jahrhunderts bestand die Bereitschaft des Adels nicht mehr, solche „Gäste" zu akzeptieren. Der „Ausländeranteil" hatte offensichtlich eine psychologische, soziale und politische Schwelle überschritten. Ein national-ungarisches Selbstbewusstsein war entstanden und hatte das patriotische Klima vor und während Gertruds Regierungszeit in Ungarn geprägt. Die Fremdenfeindlichkeit der ungarischen Großen bekam die Königin deutlich zu spüren. Eine latente fremdenfeindliche Grundstimmung muss der Hintergrund gewesen sein, dass unter patriotischer Maske eine Verschwörung gegen die Königin entstand.[395] Die an den Sohn Stephans I. gerichteten Worte hören sich noch ganz positiv an, aber sie waren zu einer anderen Zeit gültig und von einem anderen König proklamiert.
Zur Zeit Gertruds und schon einige Jahre vorher hatten sich Äußerungen und Qualifizierungen über Fremde auffallend verdichtet und vermehrt. Eine Abgrenzung gegenüber allem Fremden schwelte in den Köpfen der ungarischen feudalen Oberschicht. Es scheint eine sehr alte, fast zum Ursprung des Menschen gehörende Eigenschaft zu sein, denjenigen zu misstrauen, die von außen kommen und nicht zum eigenen Volke gehören. Das muss sich äußerlich nicht immer zeigen. Es schlummert gewissermaßen im Inneren und wird erst durch einen Auslöser offenbar. Aus einer anfänglichen Distanzierung entwickelten sich Verachtung oder Hass.
Alles, was aus dem Ausland kam, den Geruch des Fremden hatte, wurde in dieser „gertrudianischen Zeit" defensiv, herablassend oder misstrauisch beäugt und wollte kontrolliert oder überwacht werden. „Die ambivalente Haltung Fremden gegenüber gehört zu den Universalien" sagen die Humanethnologen.[396] Ihr liegt vermutlich eine archaische Angst vor Identitätsverlust zugrunde, denn angeboren ist dem Menschen das Bedürfnis nach Abgrenzung in Gruppen und das Streben nach Dominanz. Eine solche Fremdenscheu, die noch gar keine Feindlichkeit sein braucht, findet man in allen Kulturen.[397]
Während das frühe Mittelalter gegenüber ethnischen Unterschieden nicht empfindlich war und selbst Stephan I. bei der Begünstigung von Fremden weise Grenzen setzte, wie die Ermahnungen an seinen Sohn zeigen, treten in der ersten Hälfte des 12. Jahrhunderts die ersten schriftlichen Äußerungen auf, die ein gewisses „Befremden" gegenüber dem Anderssein äußern. Die Intensität der konkreten Beobachtungen nimmt zu. Bischof Gunther charakterisierte die Ungarn als „treulos" und „unterwürfig", Otto von Freisings Bemerkungen sind bekannt. Durch die Kreuzzüge und Pilgerfahrten lernten sich die Menschen näher kennen und es bildeten sich regelrechte negative Charakteristika der Völker heraus. Da waren die Deutschen „tumbe Haudegen", die Engländer „perfide und trunksüchtig", die Franzosen „ stolz und hochmütig"[398]. Warum, so fragt man sich, kam es zu einer Häufung derartig kritischer Äußerungen? Es ist die im Menschen vorhandene Neigung zur Ablehnung des Fremden, die Tendenz zur „kollektiven Xenophobie", welche endemisch in ihm ruht und nun epidemisch geworden war. Die Kreuzzüge und Pilgerfahrten ins Heilige Land,

[395] Ich beziehe mich bei den folgenden Ausführungen weitgehend auf die Arbeiten von Gyula Kristo „Die Geburt der Nation".
[396] Eibl-Eibesfeldt, In der Falle des Kurzzeitdenkens, S.159
[397] ds.13; 73; 155
[398] Heinemann, Zur Kritik ungarischer Geschichtsquellen, S. 448

auf denen sich verschiedenste westliche Völker vermehrt begegneten, haben es offenbar nicht vermocht, trotz gemeinsamer Religion, dass sich die Menschen näherkamen. Sie wurden sich vielmehr der Andersartigkeit bewusst und rieben sich aneinander. Die Soziologen stellen fest, dass gerade in der Annäherung sich auch die Unterschiede der Kulturen stärker abzeichnen. Ein weiteres Element trug zu diesem neuen Bewusstsein bei: die Aufenthalte von Studenten und jungen Gelehrten an ausländischen Universitäten, wie z. B. in Paris, wo, wie wir wissen, sich überhaupt kein multikulturelles Gemeinschaftsbewusstsein entwickelte, sondern wo sich die Studenten abgrenzten, eigene Häuser bewohnten, sich Straßenschlachten lieferten, einander misstrauten und erkennen mussten, wie verschieden die Sitten und Gebräuche und die Sprache der ethnischen Gruppen waren. Plötzlich tauchten in der Literatur „Volks- charakterologien" auf, deren Topoi die Studenten nach Hause brachten.

Wie eine schon fast vernarbte Wunde brach in der Erinnerung an Peter Orseolo das ungarische Unterbewusstsein durch und reagierte äußerst empfindlich auf Einwanderungen und Ämterbesetzungen durch Fremde. Dieses Ressentiment mag bei den ungarischen Landbewohnern wegen der Privilegien der fremden Nachbarn schon lange geherrscht haben, doch viel mehr erfasste es die herrschende Elite, die eine Gleichstellung der Fremden in Ämtern und Würden nicht akzeptieren wollte. Dies gibt der Verfasser der „Gesta" ganz offen wieder, so wie es die „Propaganda" der Magnaten verlauten ließ.

Er formulierte die Xenophobie der Aristokratie und gleichzeitig stärkte er das nationale Bewusstsein und die Neigung zur Überschätzung der eigenen Kräfte des eigenen Volkes.

Der Fürst diktiert dem Schreiber, was er zu schreiben hat. Aus Thomasin von Circlaere, Der welsche Gast

Dieses Bewußtsein sollte wohl als Schutz gegenüber Fremden herhalten und galt als Mittel zum Ausdruck der Suprematie. Der nationale Stolz war geboren und blieb haften auch ohne konkreten Anlaß, weil die Propaganda ihn wach hielt.

Gerade in dieser Zeit, als Gertrud nach Ungarn heiratete, breitete sich ein kollektiver Fremdenhass geradezu wie eine „Epidemie" aus. Die Entwicklung zum ungarischen Nationalismus um diese Zeit geht gleichzeitig einher mit einer „Überbewertung der eigenen ethnischen Vorzüglichkeit" zum Nachteil anderer fremder Völker. Als die Andersartigkeit der Fremden bewusst reflektiert wurde, traten die trennenden Züge ins Bewußtsein, und von dem Zeitpunkt an, als man in den Quellen schmähende Äußerungen über Fremde zu lesen bekommt, da sprechen die Berichte auch gleichzeitig von einer Zusammengehörigkeit der eigenen Gemeinschaft. Diese Abgrenzung spielte sich nicht auf der Instinktebene eines Gemeinschaftsgefühls ab, sondern auf einen inzwischen weit mehr entwickelten Bewusstseinsebene. Vergleichbar mit dem Auserwähltsein der Franzosen in der Berufung auf Karl den Großen und auf die „Couronne de France", bildete sich auch in Ungarn das Element der Berufung auf ihre Vorgeschichte und unter den Adligen auf ihre jeweiligen Stammesbildungen heraus und damit auf ihre politischen Ansprüche.

Der Umgang zwischen Ismaeliten und Ungarn war zunächst kein ethnisches Problem. Erst als Andreas II. die eigenen königlichen Einkommen an diese vergab oder verpachtete, wurde es gefährlich. Die Befürchtung, dass nationale Güter in fremde Hände fallen könnten, schlug sich in der „Goldenen Bulle" nieder, wo es im Artikel 11 heißt, dass „Gäste, die ins Land kommen, ohne den Rat des Landes nicht in Würden gehoben werden dürfen." Weiterhin durften im Finanz-Zoll-und Salzhandel tätige Beamte nur Adlige des Landes und nicht Juden oder Ismaeliten sein, die, so wird hinzugefügt, keine öffentlichen Ämter oder leitende Staatsämter bekleiden dürften. In der Goldenen Bulle zeigen sich offenkundige und fremdenfeindliche Verfügungen. Diese Bestimmungen bezogen sich auf „Fremde, die keine hiesigen Einwohner werden wollten und die, wie man befürchtete, den Reichtum des Landes hinaustragen würden. Bei den ausgegrenzten Gästen handelte es sich um "boni homini", das sind Vornehme und nicht Einwohner aus niederen Schichten.
Das Misstrauen gegenüber den Fremden hielt noch bis in die Regierungszeit von Gertruds Sohn Bela IV. an. In zeitgenössischen Berichten können wir nachlesen, wie die Stimmung unter den ungarischen Großen auch am Hofe Gertruds gewesen sein musste. Damals reagierten die Aristokraten recht ärgerlich, als Bela IV. mit den Kumanen verhandelte, weil er sie militärisch brauchte und die Vornehmen sich in den Hintergrund gedrängt fühlten. Auf die „fremden" Kumanen waren sie schlecht zu sprechen, weil, wie sie sagten, diese „in Ungarn herumstreunen, überall Schäden anrichten, auf ekelhafte Weise die unvermählten Töchter der armen Leute zu Boden werfen und die Betten der Adligen entehren." Wenn ein Ungar einen Kumanen schädige, würde sofort die Justiz eingreifen. Sollte aber ein Ungar Gerechtigkeit fordern, dann bekäme er eine Ohrfeige. Wenn ein Ungar den Königshof aufsuchen wolle, habe er keine Gelegenheit, den König zu sehen, aber wenn irgendein Kumane auftauche, stünden ihm sofort alle Türen offen.[399]
Unter der Regierung Belas IV. spitzte sich die Fremdenfeindlichkeit in Ungarn derart zu, dass daraufhin der kumanische König aus Fremdenhaß getötet wurde. „Weil man ihn hasste" war die Begründung und man hängte ihm an, er sei „mit den Tataren unter einer Decke gesteckt. Der Text heißt: „ in nostrum odium". Es ist fast dieselbe Formulierung, die man für den Tod Gertruds verwendet hatte: „in odium Teutonicum."[400] Der Unmut der Magnaten ging seinerzeit auf den ungarischen König Bela IV. über, der die Kumanen ins Land hereingeholt habe. Der König solle doch mit denen kämpfen, denen er ihre Güter verschenkte. Solche Aussagen konnten nur von der besitzenden Oberschicht kommen. Nun ging der Unmut auf die fremde Königin Gertrud über.
Die Fremdenfeindlichkeit war eine Ideologie der von der Macht verdrängten ungarischen Magnaten und ein Protest gegen die Ämter der Fremden. Fremdenfeindlichkeit war zu Gertruds Zeit ein markanter Faktor der Nationalitätsbildung. Papst Innocenz III. muss von diesen fremdenfeindlichen Strömungen gewusst haben, als er den Erzbischof Johann von Kalocsa auf den erzbischöflichen Stuhl von Esztergom setzte, um, wie er schrieb, keinen „Fremden" zu nehmen, was offenbar als ein öffentlicher Affront betrachtet worden wäre. Nun kam ein echter Ungar nach Esztergom, einer, der in diesem Lande geboren wurde, obwohl er unter den Suffraganbischöfen sehr unbeliebt war. Also, sagte sich der Papst diplomatisch, lieber einen ungeliebten Ungarn als einen Fremden. „Ich wollte keinen Fremden an die Spitze des Erzbistums Gran setzen, selbst wenn er würdiger erschienen wäre."[401]
Man braucht nicht viel Phantasie aufzubringen, um zu erkennen, dass eine Königin von der Gestalt einer Gertrud inmitten dieser fremdenfeindlichen Strömung, inmitten eines mit Stolz aufbrechenden Nationalgefühls einen schweren Stand hatte und keine guten Aussichten auf friedliche Kooperation erhoffen konnte. Die Chancen für Gertrud standen nicht günstig.

---

[399]Kristo, Geburt der Nation, 147
[400]Annales Gotwicensis u.a. CFH I, nr 324. Jobagione sind freie Kriegsleute ohne Abgaben und Arbeitspflicht
[401]..“ideoque non poteramus salva conscientia nostra eidem ecclesie in alia persona que de regno Ungarie originem duceret, congrue providere nec vellemus ei preficere alienum." Hageneder, Bd. 8, S. 258, nr 140

12. Die letzte Urkunde

Vom Sommer 1213 liegt uns eine Urkunde vor, die einige Monate vor Gertruds Ermordung ausgefertigt wurde. Eine Urkunde, die uns nötigt, näher auf sie einzugehen, denn so manche Interpreten haben daraus den Beweis sehen wollen, welche mächtige und beherrschende Stellung die deutsch-meranische Königin Gertrud am ungarischen Hofe gehabt haben soll. Das historische Faktum ist: König Andreas II. fühlte sich wieder einmal genötigt, mit einem Heer in die Kiever Rus nach Halicz aufzubrechen. Er steht kurz vor der Abreise. Eine Urkunde sollte ausgestellt werden, die Sache wird mündlich verhandelt, der Text dem Notar vorgelegt. Der König drängt zum Aufbruch, überläßt die letzte Bearbeitung, Formulierung und Ausfertigung seiner Frau Gertrud und seinem Schwager, dem Erzbischof Berthold von Kalocsa. Die endgültige Fertigstellung sollten also die Königin, die Hofbeamten und Erzbischof Berthold übernehmen. In dieser Angelegenheit wollte eigentlich der König selbst Recht sprechen, aber er konnte oder wollte sie nicht mehr zu Ende bringen. Das Heer gegen die Ruthenen in Galizien stand schon abmarschbereit. Die Verhandlung wurde also unterbrochen und dann ohne den König in Gegenwart von Miklos, Hofrichter der Königin und Obergespan von Raab fortgeführt. Ferner waren anwesend die Obergespane Tiborcz von Wieselburg, Bagun von Weißenburg und Peter von Csanád, die, wie es schlicht und einfach im Text heißt „damals bei der Königin waren".

„König Andreas von Ungarn, durch dringende Reichsangelegenheiten mit einer Heerschar gegen die Gubaten gehindert, hat der hochedlen Gertrud, Königin von Ungarn, dem ehrwürdigen Bischof Berthold von Kalocsa und allen Edlen, die am Hofe zu weilen pflegen, die Vollmacht („pleno jure") erteilt, gemäß dem Recht Beschlüsse zu fassen und einen vorliegenden Rechtsstreit zwischen dem Abt von St. Martinsberg und den Jobagionen zu klären." [402]

Dann folgen die einzelnen Ausführungsbestimmungen, wer die Sache untersuchen sollte, wer das Ergebnis aufzuschreiben hatte und zu welchem Ergebnis die Parteien gekommen sind. In dieser Urkunde sind drei Dinge bemerkenswert:

Erstens: Die Königin steht an erster Stelle als Entscheidungsträgerin und öffentliche Vertreterin des Königs. Sie wird vom König offiziell beauftragt, die Reichsgeschäfte weiterzuführen. In der Reihenfolge steht an zweiter Stelle ihr Bruder Berthold. Beide bestimmen nicht allein, sondern zusammen mit dem gesamten mitverantwortlichen Hofstaat, d.h. den Edlen und Fürsten. Dieses „Gremium" entschied aber nichts, sondern bestätigte wiederum nur, was bereits ein „gewähltes Schiedsgericht unter dem Bischof Desiderius von Csanád, dem ehemaligen Palatin Poth und dem Grafen Alexander von Symygri beschlossen hatte", nämlich, dass die Dörfer Stara und Udvory dem Abt von St. Martinsberg zu unangefochtenem Besitz zurückgegeben werden müssen. Derselbige Abt – um nicht als habgierig dazustehen! – verzichtet auf einen kleineren Teil des Besitzes." Zweitens: in der Urkunde geht es nicht um eine Schenkung, an einen Deutschen schon gar nicht, sondern lediglich um die Schlichtung eines Rechtsstreits. Die Urkunde ist daher für die Sicherheit oder die Landespolitik von sehr geringem Belang und von keinerlei politischer Tragweite. Die mit königlichem Siegel versehene Urkunde nennt die Anwesenheit des Grafen Nikolaus, des Grafen Thiburz von Mosun, des Grafen Albert von Bacs, des Grafen Peter von Csanád und des Palatins Bank sowie anderer Zeugen, die sich in der Sache einig gewesen sind. Wenn nun behauptet wird, der König habe –und diese Urkunde sei ein Beweis – den „Fall" der Königin und Berthold „überlassen [403],so geschah dies nicht aus einer Schwäche heraus, sondern aus dem Umstand, dass er gar nicht mehr am Hofe weilte. Der König wollte den Fall ursprünglich selbst in die Hand nehmen,[404] was angesichts des bevorstehenden Heereszugs nicht mehr möglich war.

---

[402]Katona V, 207 f
[403]Szekely György, Magyarorszag tortenete
[404]Kristo,Geburt der Nation, S. 269
[405]Kristo , Geburt der Nation, 270

Deshalb hatte er die Angelegenheit der Königin und dem „consilium" übertragen. Dass die Königin hierbei an erster Stelle steht, ist nichts Außergewöhnliches. Sie ist Mitglied des Consiliums als „Consors regis" und hat daher eine legitime Entscheidungsvollmacht.[405] Die wichtigsten Entscheidungen des Landes wurden vom königlichen Rat entschieden.[406] Es ist auch festzuhalten, dass in Abwesenheit des Königs ein ganzes Gremium beschließt. Auf jeden Fall nicht der Palatin allein. Königin und Palatin stehen nicht „auf gleicher Augenhöhe". Das war immer so. Auch beim vorgesehenen Kreuzzug 1203 übernahm nicht ein Palatin die Regierungsgschäfte, sondern die Brüder Emerich und Andreas beriefen dafür den Herzog von Österreich.[407] Und dass Berthold am Hofe weilte, ist weiterhin nicht auffällig. Die hohen Geistlichen hielten sich fast immer am Hofe auf und – leider! – nicht an ihrem Bischofssitz. Der Erzbischof Ugrin war ständig am Königshof anwesend[408] und versah sogar zeitweise das Amt des Kanzlers.

Drittens: was nun die Reihenfolge der Zeugen betrifft, macht die Situation am Hofe brisant. Unter den Zeugen steht Berthold an erster Stelle, und der Erzbischof von Esztergom an zweiter. Das ist ungewöhnlich und entspricht nicht den hierarchischen und rechtmäßigen Gepflogenheiten. Wenn diese Urkunde in dieser Form echt ist, so bedeutet die Reihenfolge eine Degradierung des Primas von Ungarn. Sie könnte ein Indiz dafür sein, dass Berthold während der Abwesenheit des Königs am Hofe eine dominierende Stellung eingenommen hat. Die Gewichtung wird bereits in der Einleitung der Urkunde offenbar: zuerst die Königin, dann Erzbischof Berthold. Erzbischof Johann wird als Mitwirkender gar nicht erwähnt. Hier wird vielleicht deutlich, dass die Querelen zwischen den beiden Erzbischöfen auch 1213 noch kein Ende gefunden haben. Wenn Andreas II. an der endgültigen Abfassung des Textes von Anfang an schon mitbeteiligt gewesen wäre – was nicht feststeht, aber sehr wahrscheinlich ist – dann wäre dies ein Hinweis dafür, dass der König seiner Frau und seinem Schwager mehr vertraute als dem Esztergomer Erzbischof, der ja Andreas II. und seiner deutschen Frau nicht hold war und nun bereits gemeinsame Sache mit den Aristokraten gemacht hatte. Das wusste wohl der König schon und misstraute ihm. Sicher ist: Andreas II. muss seinem Schwager wohl besondere Vorteile verliehen haben, wegen denen er von einigen Adligen hart angegriffen worden war, denn er schreibt im Jahre 1214 an den Papst, er habe dem Erzbischof von Kalocsa eine starke Zuneigung entgegengebracht und ihn über alle andere im Reiche gefördert, so dass er sich dadurch den Hass der Großen zugezogen habe.[409]

Diese Urkunde ist das letzte Zeugnis, das wir von Gertrud besitzen. Kurze Zeit danach wurde sie ermordet.

---

[405]Kristo , Geburt der Nation, 270
[406]Kristo, Arpadendynastie, 169
[407]...regnum Ungariae Leopoldo, duci Austriae, commendarent." Epitome I,377
[408]Homan, Geschichte des ungarischen Mittelalters, II,34
[409]Féjer, Codex diplom. Hung. Eccl. III,1,166

13. Die Ermordung der Königin

13.1. Die günstige Gelegenheit

Im Sommer 1213 zog Andreas II. nach Halicz. Die Stadt war wieder einmal Zankapfel der angrenzenden Fürstentümer geworden. Der König nahm seinen fünfjährigen Sohn Koloman mit. Die Entfernung dorthin beträgt etwa sechshundert Kilometer. Man konnte damit rechnen, dass der Tross etwa drei bis vier Wochen für diese Strecke brauchte, das bedeutet eine Abwesenheit des Königs von mindestens zwei Monaten. Dies schien die günstige Gelegenheit für die Verschwörer zu sein, ungestört ihre ruchlose Tat auszuüben. So sagt das Chronicon von Salzburg, Gertruds Ehemann sei in dieser Zeit auf dem Heereszug gegen die Ruthenen gewesen.[410] Für die Abwesenheit des Königs spricht auch die schon erwähnte letzte Urkunde von 1213, in der es ja heißt, dass der König demnächst an den Regierungsgeschäften gehindert sei, weil er zu einem Kriegszug gegen die Gubaten aufbreche und seiner Frau Gertrud, dem Erzbischof Berthold und allen Großen, die zu dieser Zeit am Hof weilten, eine Streitfrage zur Entscheidung überlassen wolle.[411] Obwohl die Admonter Annalen und der Mönch von Leoden als einzige von einem anwesenden oder gerade entwichenen König sprechen,[412] bezeugen die meisten anderen Chroniken die Abwesenheit des Königs entweder kurz bevor der Anschlag verübt wurde oder dass er schon seit längerem abwesend gewesen sei. Die Fortsetzung der Kölner Chronik sagt zwar, der König sei erst kurz vorher in einer dunklen Nachstunde geflüchtet, weil er einen Anschlag auf sich fürchtete, während Gertrud im Lager zurückgeblieben sei. Das dürfte unrealistisch sein, denn selbst ein sonst so launenhafter König lässt seine Frau nicht alleine zurück, wenn diese in solcher Gefahr ist.[413] Die Tatsache, dass der Mord auch noch das falsche Jahr 1210 angibt, dürfte die Fraglichkeit dieser Aussage der Kölner Chronik noch verstärken. Schließlich muss man die Formulierung, der König sei auf einem Heereszug gegen die Ruthenen[414], nicht unbedingt so verstehen, dass sich Andreas jenseits der Karpaten aufhielt, sondern, dass er auf dem Wege zu ihnen war. In dieser Weise spricht auch die „Wolyn'sche Chronik", eine russische Quelle aus dem Ende des 13. Jahrhunderts. Sie berichtet, dass der König ein großes Heer gesammelt und zur Tatzeit den Weg nach Halicz eingeschlagen habe.[415] Als er im Kloster Lelesz rastete, habe ihn die furchtbare Nachricht erreicht,[416] seine Frau und viele Deutsche seien erschlagen worden, Schwager Berthold und Leopold von Österreich hätten sich gerade noch retten können. Theoretisch und zeitlich könnte es zwar schon möglich gewesen sein, dass Gertrud ihren Mann bis Lelesz, südwestlich von Unghvar, im nördlichen Ungarn, begleitet hat. Andreas verfügte auch in einer Urkunde von 1214 für das Kloster Lelesz, dass ein Teil des Leichnams seiner Frau Königin in eben dieser Kirche begraben werden soll.[417]

Die Annahme jedoch, dass die Königin ihren Mann auf einem Kriegszug nach Halicz bis nach Lelesz begleitet haben soll, das ganze sechs hundert Kilometer von Esztergom entfernt und an der nord-östlichen Grenze Ungarns liegt, ist eher unwahrscheinlich. Königinnen begleiten selten ihre Männer auf ihren langen Heereszügen und Halicz liegt sehr weit weg vom Königssitz, so dass man sich fragen muss, ob König und Königin ihre Verantwortung während ihrer Abwesenheit allein auf die Hofmagnaten und den Palatin und Berthold übertragen haben sollten.

---

[410]Chroncon Salisburgense, CFH I,nr1490, p.677: .„sponso expeditionem contra Ruthenos movente"

[411]„et universis principibus communiter in curia circa ipsam reginam tum temporis commorantibus" und: „ impeditus demum necessariis regnis sui causis, puta profecturus valida manu in exercitum contra Gubatos" Wenzel, Cod.dipl.Arpad. 11,nr. 66

[412]„Andrea rege ibidem consistente" und „ marito suo vix evadente"

[413]Unde intempeste noctis hora, omnibus somno graviter oppressis, a regina premonitus rex cum paucis fugam iniit ipsa cum suis in castris permanente... nondum rex longius precesserat, cum ecce Ungarii manu armata, mente efferata in castra regis irruunt".... Chronica regia Colon.ed. Waitz, p.186

[414]„ sponso expeditionem contra Ruthenos movente"

[415]Wolynsche Chronik S.50, Kommentar

[416]Wolynsche Chronik nr 6718, nach Kommentar S. II. Anhang

[417]„qaedem corporis eiusdem regine Gertrudis pars in eadem est sepulta ecclesia duoque sacerdotes ibi sunt constituti", Huber S. 173

Die Wälder des Pilisgebirges.

Die Präsenz der Königin in Esztergom war schon aus politischen Gründen notwendig, da sie von ihrem Manne zur Verwalterin des Reiches eingesetzt wurde und daher nicht in solch weiter Entfernung vom Königshof weilen konnte. Es ist also mit großer Sicherheit anzunehmen, dass der König sich zur Zeit der Tat nicht in Gertruds Nähe aufhielt. Und diese Abwesenheit des Königs hat ja auch den Mördern mehr Möglichkeiten und mehr Spielraum gegeben, ihr Ziel zu erreichen.

13.2. Im Wald von Pilis

Während einige Chroniken keine Umstände des Todes nennen,[418] berichtet die Kölner Chronik, dass sich die Königin in einem Lager aufgehalten habe („ in castris permanente“). In diesem Text wird unterschieden zwischen den „Burgen“ („munitio“), die vom König eingenommen wurden und den „Lagern“ („castris“). Hätte sich die Königin in einer Burg oder einem Schloss aufgehalten, wären dem Chronisten auch die Wörter „munitio“ oder „castellum“ zur Verfügung gestanden. Also müssen wir annehmen, dass es sich um irgendeine Form von vorübergehendem Lager handelt. Das wird bestätigt in den Annalen der Wiener Dominikaner, wo es ausdrücklich heißt, dass Gertrud in einem Zelt getötet worden sei,[419] was die Österreichische Reimchronik wiederholt.

Auch Ladislaus IV. wurde in einem Zelt ermordet. Chronicon pictum.

Wenn man im Hochmittelalter von einem „Zelt“ spricht, dann dürfen wir Zeitgenossen des 21. Jahrhunderts diese Form von Quartier uns nicht wie ein Pfadfinderzelt vorstellen. Da die Fürsten ständig unterwegs waren und nicht immer auf ihren Reisen über Burgen verfügten oder bei ihren Standesgenossen ein Quartier fanden, war das Zelt die angemessene Unterkunft.[420] Größe und Ausstattung der Zelte entsprachen dem Reichtum und der Macht des Fürsten. Wenn ein Kaiser auf Reisen war oder bei einer Jagdveranstaltung übernachten musste, war immer ein Tross von Hofdienern damit beschäftigt, im Nu die mächtigen Zelte mit Hilfe von allerlei Maschinen, Flaschenzügen und Werkzeugen aufzubauen. Ein solches Prunkzelt schenkte die Königin Margarete von Ungarn, die Schwiegermutter von Gertrud und Frau Belas III., Tochter des Königs Ludwig VII. von Frankreich, dem Kaiser Friedrich Barbarossa anläßlich seines Durchzugs durch Ungarn 1189. Solche Prunkzelte, über die alle ungarischen Könige verfügten, waren es also, die in einer Waldlichtung oder einem windgeschütztem Plateau oder in einer flachen Talsenke jeweils in der Nähe eines Baches, eines Flusses oder einer Quelle im Pilisgebirge aufgestellt waren.

---

[418] „Reginam Ungarie obiit ab hominibus illius terre interfecta“...Annales Bawerici und Ellwanger Chronik, Hd. Zu 4 Cal. Oct. s. Geschichte der Grafen von Andechs, S. 36

[419] "occiditur in campestri tentorio“, Katona , Hist. Reg. V, 198

[420] „Die Burg war nicht die einzige Form der feudalen Wohnung“, Bumke, Höfische Kultur,I, 168

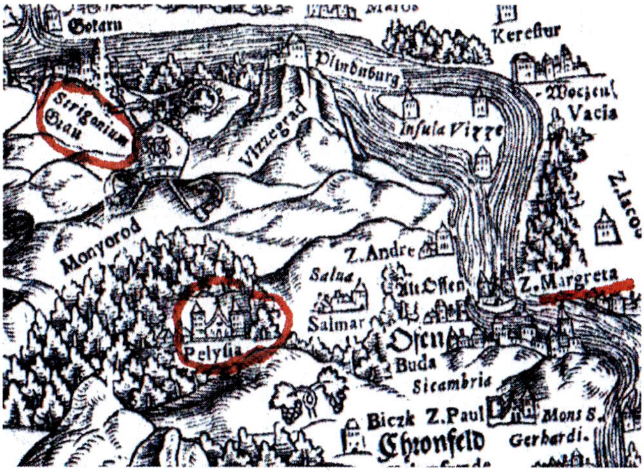

In einem Tal der Pilisberge

Nichts Außergewöhnliches also, eine Stunde vom Esztergomer Hof entfernt.

Zwar sprechen die Diessener Annalen 150 Jahre später davon, dass die Königin in einer Kammer des Palastes getötet worden sei, wo der Palatin den Verschworenen den Weg zu ihrem Gemach vorbereitet hätte.[421] Alle anderen Berichte schweigen vom Ort des Geschehens, selbst der sonst so plaudernde Bonfini lässt es offen. Ein glaubwürdiger Hinweis ist die in einigen Chroniken erwähnte Stätte im Pilisgebirge, wo sich Gertrud mit ihren Ratgebern vorher aufgehalten hat, dort, wohl in der Nähe des Zisterzienserklosters Pilis, in der Diözese Veszprém und dem Komitat Pest, das unweit des Regierungssitzes liegt und wohin man auch kurzfristig die Hofräte berufen und Unterlagen und Stempel des königlichen Siegels mitnehmen kann. Man nimmt an, Pilis sei eine der Königspfalzen von Emerich und Andreas gewesen. In die tendenziöse Vorstellung von einer vergnügungshungrigen Königin passt leider auch das Bild einer in den Piliswäldern abgehaltenen Jagdveranstaltung, wo Erzbischof Berthold von Kalocsa, sowie Herzog Leopold von Österreich sich verlustiert hätten. Es wird sich vielmehr so zugetragen haben, dass der Herzog mit König Andreas in Esztergom weilte und politische Gespräche führte. Daraufhin begleitete ihn der gesamte Hof ein Stück auf dem Weg nach Galizien, bis er alleine weiterzog. Die Tatsache, dass das königliche Siegel bei dem tödlichen Tumult verlorenging, heißt ja aber auch, dass Amtshandlungen und keine Jagdveranstaltungen abgehalten wurden, was nicht bedeutet, dass es überhaupt keine gegeben habe.

13.3. Das Gemetzel

Die Königin hatte die Todesgefahr einer sich verdichtenden Verschwörung gegen sie in den Reihen der Hofmagnaten nicht erkannt. Sie wusste von der aggressiven Haltung der Barone seit einigen Jahren aus allernächster Nähe. Sie spürte den Hass nationaler Prägung, der von gewissen um ihren Einfluss bangenden Oligarchen ausging, aber an einen tödlichen Anschlag auf ihr Leben wird sie wohl nicht gedacht haben, denn sonst hätte sie sicher eine wirksame Leibwache aufgestellt. Die Verschwörung ging sicher nicht vom Volke aus. Die einfachen Bauern, Händler, Kaufleute hatten keine Einsicht in die königlichen Machtstrukturen. Außerdem hätten sie sich auch gar nicht Zugang zu den jeweiligen Örtlichkeiten des Hofes verschaffen können. Am 28. September 1213 schienen die Mordabsichten der Verschwörerclique in Erfüllung zu gehen. Neid und Hass muss sich so gesteigert und entladen haben, dass man jetzt die günstige Gelegenheit sah, die Königin Gertrud zu töten. Die hitzigen Mörder glaubten, dadurch eine Einflussnahme auf königliche Geschäfte undEntscheidungen zu erlangen. So wurde der Aufstand gegen die „bösen Meranier" begründet. An der Spitze dieser Revolte standen der ehrgeizige Palatin Ban Bank und namentlich unbekannte Hofgrößen. Die an Shakespeare'sche Königsdramen erinnernde Hasslawine gegenüber dem königlichen Hof entlud sich in jenen Piliser Waldungen.

[421] „ intraverunt cameram" MGH SS XVII,331

Pelysia und die Wälder auf einer Karte aus dem 17. Jahrhundert

Alles wurde niedergemetzelt, was im Wege stand. Es muss sich um eine größere Meute von Attentätern gehandelt haben, denn auch Herzog Leopold warf sich aufs Pferd und konnte sich in letzter Minute gerade noch retten. Wenige konnten es nicht gewesen sein, diese Totschläger, vermutlich gedungen, belogen und wie die Diessener Annalen schreiben, „mit Geld bezahlt". Berthold entkam zwar, muss aber verwundet worden sein. Durcheinander und Chaos waren so groß, dass selbst wichtige königliche Unterlagen zerstört oder entwendet wurden. Das königliche Siegel hatten die Täter in blinder Wut unkenntlich gemacht, wie aus einer späteren Urkunde für den Grafen Nikolaus von Ferreo Castro hervorgeht,[422] in der es heißt, dass bei dem Tode Gertruds das Siegel verloren ging. Es sollte entwendet werden, um damit königliche Rechte und Ausstellung von Briefen zu usurpieren. Das Siegel wurde jedoch bei diesem Überfall derart beschädigt, dass es für Beurkundungen nicht mehr verwendet werden konnte.
Der Mordanschlag lief völlig aus dem Ruder und Wirrwar beherrschte das Lager. Herzog Leopold, Berthold und der junge Bela müssen sich in verschiedenen Zelten aufgehalten haben. Die Mörderbande drang in das Zelt der Königin ein. Eine Leibgarde hatte sie nicht. Sie war ahnungslos, fassungslos, wehrlos. Weder der Herzog noch Berthold waren in der Lage, die Mörder aufzuhalten. Da sie geflohen sind, müssen auch sie das Ziel der Verschwörer gewesen sein. Im 6. Buch der polnischen Annalen steht geschrieben, dass der Mörder Ban Bank eigentlich Berthold töten wollte.[423] Auch ihm, ohne Waffen, ausgesetzt einer wütenden Meute, blieb nur noch der Ausweg der Flucht. Diese Verschwörer wollten nicht den jungen König Bela an die Stelle des Königs setzen, da Miska, ein zum Hof gehöriger Adliger den kleinen Sohn Bela in Schutz nehmen musste und auch die Kinder Andreas und Maria von ihrem Erzieher in Sicherheit gebracht wurden. Die ganze „meranische Brut" sollte ausgelöscht werden. Ein „pura Hungaria", ein reines Ungarn sollte erstehen, frei von allen ausländischen Einflüssen. Miska, der Vater Salomons, hat später für diese heldenhafte Tat vom König ein Gut erhalten: *„Für den vorzüglichen Treuedienst, den der Graf Miska, Vater des Magisters Salomon, Uns erwiesen hat, als er nach der schändlichen Ermordung unserer geliebten Gemahlin durch die Verbrecher unseren Sohn Bela aus seiner gefährlichen Umgebung zu sich nahm, zärtlich erzog und als wir es wünschten, den treu und ruhmvoll Erzogenen in unsere väterliche Arme führte. Als Belohnung für einen derart großen und treuen Dienst schenken wir ihm das Gut Ederics in Zala."* [424] Magister Salomon hat sich also während der Mordtat an der Königin in ihrer Nähe befunden, weil er ihren Sohn in Schutz genommen hatte.[425]
Er war vielleicht der einzige Augenzeuge der Mordtat. Die schmeichelhafte Glorifizierung, Ban Bank hätte in heldenhafter Pose Gertruds Kinder Bela und Coloman aus ihren Armen gerissen, sich schützend vor sie gestellt und gerufen ~~habe~~: „Meines Königs Ahnherr tün (töte) ich nicht"[426], ist eine glatte Verdrehung des mörderischen Vorgangs. Durch diese Urkunde ist belegt, dass er niemals Bela verschonen wollte. Bela war in höchster Lebensgefahr. Allein die Königin konnte nicht mehr fliehen. Die Mörder drangen in ihr Zelt ein und schlugen zuerst ihre ausgestreckten Hände ab.

[422] "furatum extiterat" Szentepetery nr. 237, S. 77
[423] Dlugoss, Annales, VI, 218
[424] nach Matyas 881 und Féjer Cod. Dipl. VII.I.191-192
[425] Assertor libertatis Ungariae... p.13 ff
[426] Mügeln, 206

Ausschnitt aus dem Lettner im Heiligen-Geist-Hospital zu Lübeck aus dem 15. Jahrhundert. Ein gedingter Mörder zielt mit einem Schwert auf das Herz der Königin Gertrud. Zwischen den Bäumen lauern drei Gestalten und scheinen mit bösen Blicken ihre Zustimmung zur ruchlosen Tat zu geben

Mit „entsetzlicher Wut" – „mente efferata" – spielte sich das grauenhafte Spektakel nibelungenhaften Ausmaßes ab und mit wildem Hass stachen die Mörder auf Gertrud ein. „Die Mörder mussten selbst an dem Leichnam der Getöteten noch ihre Wut ausgetobt und sie in unvorstellbarem Hass in Stücke geschlagen haben, weil später ein Teil der Zisterzienserabtei Pilis, der andere in der Prämonstratenser Probstei Lelesz bestattet wurde."[427] Die Kölner Chronik geht darauf noch genauer ein:

„Sie griffen die Königin mit bestialischer Grausamkeit an, warfen sie nieder, verwundeten sie, schlugen ihr die nach oben flehenden Hände ab und durchbohrten sie grausamer als jedes Tier mit ihren Spießen und Lanzen und brachten sie auf diese Weise elendiglich um."

Dass es sich bei diesem Vorgang nicht nur um einen schnellen Tod handelte, sagt auch Hermann von Altaich (1260), wenn er schreibt, dass die Königin geradezu „abgeschlachtet" („trucidatur") wurde. Auch Thurocz berichtet, dass der Mörder sein Schwert schon voller Blut hatte, als er es noch einmal in den Leib der Königin stieß und ihr eine grausame Wunde zufügte. Von einer grausamen Hinrichtung spricht auch der Mönch von Leoden (um 1220): „ahnungslos und grausam" habe man sie getötet.[428] Auch die Marbacher Annalen bestätigen, dass sie „grausam aus dem Weg geräumt wurde" (crudeliter interempta"), und die Ungarische Bilderchronik berichtet erst von einer Verletzung, dann von einer Tötung. Die Diessener Annalen wiederum lassen die Königin „erdrosseln und erhängen"[429] und Bonfini will es 200 Jahre später noch genauer wissen, indem er den Mörder mit einem Schwert unter dem Mantel auftreten lässt und die ahnungslose Königin niedersticht.[430]

Wie um die Wette müssen die Exekutoren mit ihren Dolchen auf die Wehrlose eingestoßen haben, immer wieder vom Blutrausch betrunken, blindwütig, so dass sie sich fast selbst verwundet hatten. Wenn aufgeladener oder angestauter Hass ein Übermaß erreicht, ist er nicht mehr zu steuern. Die Täter handeln völlig unlogisch und unvernünftig. Die Würde einer Königin, die Ehrfurcht vor einer gesalbten Herrscherin, was hilft dies alles gegen das Grauenhafte, das jedem Morde anhaftet. Niemals kann die Ermordung eines lebenden Menschen nur sentimental, nur politisch sein. Immer wird der Tod durch das Schwert zum grässlichen Schrecken, zur niedrigen Schlächterei und zum Trauma der Mörder und ihrer Zeitgenossen, die nichts unternommen haben, um die atmosphärische Vorbereitung zu vermeiden. Das ungarische Mittelalter ist nicht seelenlos aber grausam und gewalttätig.

Die Ermordung einer Königin im Schlaf.
Bible moralisée

Ein Zusatz der Diessener Annalen verdient unsere Aufmerksamkeit. Der Chronist berichtet, dass die Meuchelmörder infolge ihrer grausamen Tat in eine Gliederstarre gefallen seien. Diese Bemerkung wurde bislang nicht beachtet oder nur im Lichte der gläubigen Vorstellung einer unmittelbarer Strafe Gottes für die Attentäter erklärt. Man ist immer schnell dabei, die Vergeltung eines Verbrechens durch das unmittelbare Eingreifen einer höheren Gerechtigkeit anschaulich zu machen. „Nach der Tat", so liest man dort „verfielen die gedingten Meuchelmörder in eine „contractio membrorum", eine Gliederstarre. „Als die Diener am anderen Morgen hinzutraten, trafen sie die Attentäter stumm und starr da liegen.

[427] Fessler II, 414 und Huber,173: Nach Reg. Arpad. nr. 236 ist ein Finger in Lelesz begraben.
[428] MGH SS XVI,p.667, sowie CFH III, nr. 3384, p.2041..."crudeliter et inopinante"
[429] MGH SS XVII,331
[430] Bonfini, Rerum Hungaricum decades, Decas II. liber VII, 206

Solche und andere Zeichen über die tote Königin wurden überall erzählt." Der Schreiber der Diessener Annalen sieht diesen Vorgang als eine gerechte Strafe Gottes. Dieses „Wunder" lässt sich auch auf natürliche Weise erklären. Heute ist ein solch merkwürdiges Phänomen in der Kriminalpsychologie nicht unbekannt. Es handelt sich in Wirklichkeit nicht um eine rein physiologische Gliederstarre, sondern um eine „Seelenstarre", die sich in Augenblicken höchster Anspannung, im Anblick einer grauenhaften Tat, körperlich äußert. Da wo Geistesgegenwart gefordert wird, in diesem Fall die sofortige Flucht nach der Tat, da wo ein Mensch einer Verstümmelten gegenüber steht, kann ihn eine völlige Lähmung seines eigenen Körpers erfassen, die sein ganzes Wesen total einfriert bis zu gänzlicher Passivität. Man kennt solche Fälle aus der Geschichte der Kriminologie, dass alle Willenskräfte ausfallen, wenn Menschen einer gräßlichen Situation gegenüber stehen. Fachpsychologen würden heute kein besseres Beispiel finden als dieses pathologisch perfekte Bild eines Verbrechers, der aus Wut, Leidenschaft und im Rausch einschlägt, in dem alle Kräfte im Anblick eines furchtbar zugerichteten Opfers plötzlich erschöpfen und zusammenbrechen. Diese Gliederstarre kann Stunden andauern. Die Täter hocken, sitzen, liegen völlig bewusstlos für einige Zeit herum. So schlimm also muss das Gemetzel gewesen sein, dass die Mörder vor ihrer eigenen Tat „erstarrten." Wenn der Annalist weiterfährt, erst am anderen Morgen hätten Hofdiener die ermordete Königin gefunden, so kann man daraus schließen, dass der Mord am frühen Morgen passiert sein muss, als der zweite Tiefschlaf eingetreten war.

13.4. Im Visier der noblen Mörder

Auch der siebenjährige **Sohn Bela** hielt sich an dem Schicksalstag im Reichslager von Pilis auf. Er dürfte in der Nähe seiner Mutter geschlafen haben. Als Augenzeuge der grässlichen Ermordung muss er ein Leben lang traumatisiert gewesen sein. Nach einem Brief des Königs aus dem Jahre 1214 müssen es die Attentäter auch auf den jungen Bela abgesehen haben, denn Andreas beschenkte ja dem zum Hof gehörigen Adligen Miska mit dem Gut Edelych, weil er zum Zeitpunkt des Anschlags den Königssohn Bela aus der Gefahrenzone gerettet und in Schutz genommen hatte.
War **auch König Andreas II.** im Visier der Mörder? Aus anderen Überlieferungen erfahren wir nämlich, dass etliche Magnaten ihm schon lange nach dem Leben trachteten, um seinen jungen Sohn Bela zum König zu machen. Andreas II. ahnte es, weil er im Jahre 1214 den Papst bittet, er möge alle Verschwörer und Treuebrecher exkommunizieren, sowohl Laien wie Kleriker, die seinen Sohn um der Spaltung des Reiches willen zu seinen Lebzeiten zum König krönen wollen. Das könnte ein Hinweis darauf sein, dass gleichzeitig mit der Verschwörung von 1213 auch der König eliminiert werden sollte, um Platz zu schaffen für den siebenjährigen Sohn Bela. Der Versuch, König Andreas auszuschalten, war ja schon 1209 missglückt, als ein Teil der ungarischen Mächtigen einen der Söhne des Herzogs Geyza, des jüngsten Bruders Belas III. und Neffen Andreas II., der in Griechenland gestorben war, nach Ungarn holen und auf den Thron setzen wollten. Das Unternehmen scheiterte damals, weil die Gesandten in Spalato durch den klugen Eingriff Gertruds und des Grafen Domald von Sebenigo gefangen genommen und König Andreas übergeben wurden. Einen weiteren Versuch unternahmen auch einige Bischöfe, Anhänger des ehemaligen Königs Emerich, die den jungen Bela, den erstgeborenen Sohn Gertruds, zum König erheben wollten. Auch dieser Versuch misslang, weil Papst Innocenz III. diese Erhebung unter Androhung des Bannes verbot. Seit diesem Vorfall hegte Andreas seinem Sohn gegenüber ein Misstrauen, das nach dem Tode Gertruds noch größer wurde.

Es ist also wahrscheinlich, dass seit der Verschwörung von 1213 gegen Gertrud ein anderer Clan der aristokratischen Großen den Sohn Bela gar nicht töten, sondern auf den Thron setzen wollte. Die Magnaten waren untereinander alles andere als einig. So ist auch die Ermordung der Königin sicher nicht vorher mit der gesamten ungarischen Aristokratie abgesprochen worden. Die Anhänger eines Juniorkönigs können nichts mit der Mörderclique zu tun haben, die den Knaben Bela als Glied der „meranischen Brut" ums Leben bringen wollten. Es gab keine Einigkeit unter dem ungarischen Adel. Jede Familie suchte ihre politischen Vorteile herauszuschlagen. Die ungarischen Magnaten waren untereinander heftig zerstritten. Keiner gönnte dem anderen ein Stück Land oder ein Amt. Immer bildeten sie Klüngel, aber keiner hielt zu keinem und jedem; obwohl miteinander versippt oder verschwägert, blieb jeder des anderen unerbittlicher Feind mit jeweils anderen Zielen. Diejenige Aristokraten, die den jungen Bela frühzeitig zum König erheben wollten, hätten ihn gerne als Aushängeschild missbraucht. In Wirklichkeit wären dann die Zügel der Macht in den Händen gewisser Magnaten gelegen, die einen Minderjährigen leicht hätten manipulieren können. Ein Schachzug des Adels. Also muss Andreas II. damit gerechnet haben, entweder getötet oder auf irgendeine Weise von der Macht entfernt zu werden.

Die Fortsetzung der Kölner Chronik ist auch der Ansicht, dass der König Zielscheibe eines Mordanschlags gewesen sei. „So versuchten sie den König zu töten. Als sie sich aber davon überzeugen mussten, dass der König entkommen war, griffen sie mit bestialischer Grausamkeit die Königin an."[431] Die Kölner Chronik berichtet weiter, dass die Königin ihren Ehemann gewarnt habe und aufforderte, in der Nacht die Flucht zu ergreifen in der Meinung, „dass sie wegen ihres weiblichen Geschlechts von Feinden eher verschont" werde als der König und sie auch von einem sittlichen Kodex europäischer Ritter ausging, Frauen und Kinder nicht wissentlich zu töten.[432]

Die Mörder hatten es auch auf Gertruds Bruder **Berthold** abgesehen. Lange schwelende Gründe über die schnelle Karriere des Erzbischofs von Kalocsa machen eine Attacke auf ihn noch am verständlichsten. Bei seiner Flucht wurde er verletzt. Seine Ermordung hätte noch schlimmere Folgen gehabt. Schleuderte Papst Innocenz III. schon – wie wir sehen werden – wegen Bertholds Verwundung den Bann über die Täter, wie heftig hätte er reagiert, wäre der Erzbischof bei diesem Gemetzel getötet worden. Den Bann über ein ganzes Land kennen wir aus Frankreich. Dieser dauerte fast ein ganzes Jahr.

Auf jeden Fall hat sich an diesem 28. September 1213 im Pilis-Gebirge eine der grauenvollsten Taten in der Geschichte Ungarns zugetragen. Die Aufrührer in ihrer Wut und in ihrem Hass schienen nun alles niedermachen zu wollen, was mit dem augenblicklichen Hof des ungarischen Königs zusammenhing. Es liegt auch die Vermutung nahe, dass sie gerade von jenen Großen gedungen worden waren, deren Machtansprüche Gertrud zu verhindern suchte.

Die Tatsache, dass **Herzog Leopold** von Österreich fliehen musste, heißt nun auch nichts anderes, als dass es die Aufrührer auch auf diesen abgesehen haben mussten. Die Admonter Annalen sagen deutlich, dass die Ungarn nach dem Herzog von Österreich gefahndet hätten."[433] Leopold VI. von Österreich, der als enger Verbündeter des Königs galt, wurde auch in den Strudel des Hasses und des Aufruhrs hineingezogen. Leopold VI. der Glorreiche (1177-1230), Sohn Leopolds V. von Österreich, war der Sohn Helenas, der Tochter Geyzas II. von Ungarn. Er hatte nicht uneigennützig aus dem Königsmord von 1208 und der Verbannung der Andechser ertragreichen Vorteil gezogen, indem er noch im Jahre 1208 die Güter des Bischofs Ekbert in den Ostalpen wie auch die Besitzungen des Hochstifts Bamberg in Kärnten konfisziert hatte. Nun stand er seit 1212 wieder auf der staufischen Seite und damit auch auf der europa-politischen Seite von Andreas II. Er konnte 1225 auch seine Tochter Margarete mit einem Sohn Kaiser Friedrichs II. verheiraten. Über den Grund seines Auf-

[431]Contin. I. der Chronica regia Colon. SS 24, p.15
[432]CFH III, nr.1741, p.759
[433]Contin. Admunt. , MGH SS IX, 592 :"dux Austriae…ab Ungaris perdendus inquiritur"

enthaltes am ungarischen Hof zu dieser Tatzeit gibt es nur Vermutungen. Andreas II. mag ihn eingeladen haben – was allerdings nirgendwo berichtet ist – während seiner Abwesenheit als angesehener Repräsentant und ausgleichende Persönlichkeit die Geschäfte am Hof zu begleiten. Er war ja schon einmal vorgesehen gewesen als politischer Vertreter Emerichs, als dieser 1203 zum Kreuzzug aufbrechen wollte. Auch er wäre umgebracht worden, wenn ihm die Flucht nicht gelungen wäre.
Die Wolynsche Chronik spricht gar davon, dass der Sohn des Landgrafen von Thüringen[434] sowie viele Deutsche erschlagen worden seien. Die Söhne des Landgrafen lebten aber noch, während es sich bei den „Deutschen" wohl um einen kleineren engen Kreis von Gertruds Getreuen gehandelt haben muss, die angesichts des brutalen und unerwarteten Überfalls weder die Königin noch sich selbst retten konnten.

Eine unheilvolle Gegend. Landschaft in den Piliswäldern

Die Aufrührer in ihrer Wut und in ihrem Hass schienen alles niedermachen zu wollen, was mit dem augenblicklichen Hof des ungarischen Königs zusammenhing. Möglicherweise stammten die Täter auch aus den feindseligen Nestern, die noch zur alten Seilschaft Emerichs gehörten oder bestanden aus jenen Großen, deren Machtansprüche Gertrud nicht erfüllen wollte. Das nächste Kapitel wird darauf eingehen.

14. Die Mörder

Die Kölner Chronik nennt keine Namen der Mörder, sie spricht lediglich davon, dass Andreas II. nicht nur die Urheber des Mordes ergreifen, sondern auch ihre Hintermänner durch einen grausamen und bitteren Tod hinrichten ließ.[435]
Ebenso berichtet der Mönch von Leoden nur von „Hungaris". Die Gottweiger Annalen (um 1215) reden von „ungarischen Großen,[436] die Diessener Annalen (1450) nur von einer „Todesstrafe für diejenigen, die man ertappt hatte"[437] und die Continuatio Admuntensis wiederum nur von „Ungaros". Man kann daher annehmen, dass die blutige Tat nicht das Werk einer einzelnen Person war, sondern mehrerer Verschwörer. Dies berichten die Quellen eindeutig. Die Frage bleibt jedoch, wer von diesen Verschwörern hat Hand an die Königin gelegt und, wie es die Kölner Chronik sagt, wer sind die Hintermänner?
Nach der Quellenlage kann in keiner Weise der gesamte Adel für die Tat verantwortlich gemacht werden. Es waren nicht alle Amtsträger und Magnaten am Hofe anwesend und in Pilis schon gar nicht. Man verschwört sich nicht lauthals, auch nicht unter so vielen. Man tut es mit einigen Wenigen und denen sagt man, was man im Schilde führe. Man holte sich ein paar aus den Nestern der Feinde, man traf sich und man mag auch grundsätzlich erst die schlimme Tat verworfen haben, aber angeheizt und trunken von nationaler Verbissenheit, mussten die Verschwörer wissen, dass es auf Mord hinauslaufen würde, ohne dass einer es dem andern eingestand. Nie wird man erfahren, wer und wieviele Barone in das Vorhaben eingeweiht waren und wer zur Mithilfe sonst noch gewonnen wurde.

[434] Wolynsche Chronik, S.54
[435] CFH nr. 1741, S. 759: ...."non solum auctores, set et fautores comprehensos..."
[436] „Ungarorum meliores" und von einer „gewalttätigen Schar von Meuchelmördern", CFH I, nr.324
[437] MGH SS, XVII, 331

Unabhängig davon war das Urteil längst abgekartet. Hinter den Kulissen passierte ein Schachern niederträchtigster Natur. Im Schatten. Im Zwielicht. Innerhalb weniger Tage – man erfuhr vom Lager in Pilis – wurden Ort und Art des Mordes in geheimen Besprechungen festgelegt. Die Behauptung vom Charakter der Ungarn, von ihrem hitzigen magyarischen Blut, kann nicht stimmen. Der und die Mörder haben sich nicht in einem Augenblick durch einen heftigen Disput mit der Königin hinreißen lassen. Der Mord war geplant. Ein politischer Mord stellt bei den ungarischen Baronen eine feierliche Angelegenheit dar, nicht hitzig, nicht hastig wird gleich im ersten Zorne zugeschlagen. Man bespricht sich, man konspiriert, man plant das Attentat und wartet auf die günstige Gelegenheit. Eine diffuse Anzahl von Magnaten hat sich wahrscheinlich durch verständnisvolles Schweigen und freundliches Beiseitestehen einverstanden erklärt. Die feigen Kollaborateure waren sich nur darin einig, dass die Liquidierung der Königin eine staatspolitische Notwendigkeit darstelle. Seit Jahrhunderten kannte der ungarische Adel und die Verwandtschaft der Arpaden, wie wir wissen, nur ein und dieselbe Methode, sich mit unbequemen Gegnern auseinanderzusetzen: Mord.

14.1. Graf Peter

Der König war nach seiner Rückkehr rasend vor Wut über das unerhörte Verbrechen an Gertrud und von heftigem Schmerz geschüttelt. Er soll Täter und Urheber dieses Verbrechens sofort mit dem Tode bestraft haben. Man kennt die Namen nicht und nicht die Zahl der Hinrichtungen. Einer nur wird genannt: Ein gewisser Graf Peter („comes quidam Peter"). Diesen lässt er nach seiner Rückkehr als Haupträdelsführer der Mordbuben pfählen. Nach manchen Überlieferungen soll er ein Verwandter des Ban Bank gewesen sein, nach anderen sogar sein Schwiegersohn. Die früheste Namenserwähnung findet man in den Marbacher Annalen, in denen Graf Peter als einer der Mörder genannt ist: „Es wird gesagt, dass der König einen der Mörder, den Grafen Peter, daraufhin festnehmen und zur Vergeltung des Todes seiner Gemahlin pfählen ließ; auch andere Mitschuldige ließ er auf verschiedene Weise hinrichten.[438] Dies wiederum beweist, dass mehrere direkt an der Tötung teilgenommen haben. Nach den Annalen von Kolmar(1238) soll „Graf Peter" die Königin getötet haben,[439] im Nachtrag von Altaich (1260) heißt es „ein Magnat namens Peter, der in der folgenden Nacht mitsamt seinen Genossen hingerichtet worden ist."[440] Der Anonymus von Leoben (1347) nennt ihn den Adligen „Peter von Wardein."[441] Peter, Obergespan von Csanád, der also von den Annalen von Marbach, Kolmar, Altaich und des Monachus von Leoben als der Täter des Anschlags bezichtigt wird, kannte sich in den Machenschaften und Intrigen der fürstlichen Verwaltung gut aus, da er von 1207-1210 Hofgraf am Königshof in Esztergom war. Im Todesjahr Gertruds befand er sich mit Erzbischof Berthold zusammen in der Nähe der Königin bei einem Schiedsspruch, durch den der Abt von Sankt Martin einige Güter mit richterlichem Urteil von den Pressburger Fronbauern zurückerhielt. Er hielt sich sich also nachweislich während der Tat am Hofe auf. Graf Peter scheint sich in den politischen Kräfteverhältnissen von Esztergom ausgekannt zu haben und muss beteiligt gewesen sein an den konspirativen Machenschaften der Rebellen. Warum aber wurde nur er öffentlich so grausam bestraft und nicht namentlich andere, die sicherlich ihre Hand mit im Spiel hatten? Es muß ja auch Spione gegeben haben, Anstifter, Helfershelfer. War er nur das ausführende Organ einer Cliquenverschwörung? Es gab doch auch noch gewisse Genossen. Graf Peter also ein sogenanntes „Bauernopfer"? Der König musste sein Ansehen mit einer sofortigen Strafe herstellen und den Verurteilten demütigen. Die Pfählung war eine besonders brutale Art der Hinrichtung. Andreas II. wollte damit seine Macht zur Schau stellen und den Verurteilten beschämen. Bei dieser schrecklichen Methode wurde

---

[438]... „aliis diversis penis" , MGH SS XVII; 173

[439]MGH SS XVII, p.189

[440]MGH SS XVII, 386

[441]CFH I, 592, S. 268

ein rundes Stück Holz vom Unterleib her in den Verurteilten getrieben und senkrecht aufgestellt. Mit der Zeit rutschte er auf Grund seines Körpergewichts immer tiefer. Seine Hände wurden ihm auf den Rücken gebunden.
Es scheint in der Tat so gewesen sein, dass die öffentliche Hinrichtung des Grafen Peter eine scheinheilige Demonstration des Königs war, dass er Strafen verhängen könne und er sich der mächtigen Magnaten zu erwehren imstande sei. Von Peters Adelsclan scheint keine Hilfe noch Fürsprache gekommen zu sein. Zumindest hat sich niemand für ihn eingesetzt, auch nicht sein Schwiegervater Ban Bank. Nach 1213 kommt der Name des Grafen Peter in den Urkunden nicht mehr vor. Erst als Bela IV. in einem Erlass von 1237 eine Schenkung an ein Kloster ausstellt, vermerkt er, dass das gesamte Erbe des toten Peter, des Sohnes von Gorvey, dem König anheimfallen solle. Der untreue Peter habe ein Majestätsverbrechen begangen, weil er die Mutter des Königs getötet hatte.[442]
Peter war der öffentliche Sündenbock, wenn auch vielleicht nicht der einzige. Die Verurteilung erwuchs eher aus einem starken Rachegefühl. Andreas II. wollte der ewig aufrührerischen Adelsbande zeigen, dass man nicht ungestraft gegen das Königtum konspirieren darf.

14.2. Ban Simon

Erst 15 Jahre später erfahren wir den Namen von einem weiteren Attentäter. Es ist der urkundliche Nachweis einer persönlichen Mitschuld des Banus Simon, Obergespan von Szabolu. Doch Simon kam besser weg als Graf Peter. Er schien sehr lange Jahre unbehelligt gewesen zu sein und genoss auf skandalöse Weise die Protektion des Königs, obwohl, wie später erwiesen wurde, er an der Verschwörung mitgewirkt hatte. Ban Simon soll nach anderen Autoren der Schwiegersohn von Ban Bank gewesen sein.[443] Wie auch immer, er gehörte zu jener Gruppe von Unzufriedenen, die mit Gewalt erzwingen wollten, was sie rechtlicherweise nicht erreichen konnten. An der öffentlichen Schonung Simons wird deutlich, wie stark der Clan des Ban Bank gewesen war. Der König wagte es nicht, weitere Angehörige oder Freunde der Sippe anzurühren, weil diese inzwischen viel zu mächtig geworden waren und weil sie mit der stillschweigenden und hinterhältigen Unterstützung der anderen Magnaten rechnen konnte. Andreas musste durch die Finger schauen, um den Druck der Barone nicht noch mehr zu erhöhen. Er befand sich in einer Zwickmühle zwischen Rechtsprechung und feigem Nachgeben. Jedermann wusste es oder ahnte es wenigstens, dass Graf Peter nicht der einzige Schuldige war und der König es eigentlich nicht damit belassen durfte, dieses furchtbare Verbrechen ungesühnt zu lassen. In allen Burgen, in allen Magnatensitzen wagte es niemand, die Namen der bekannten Mörder auszusprechen. Viele mögen sie gekannt haben, aber keiner wollte sein Leben lassen und die allbekannte Wahrheit sagen, denn die Verschwörersippe war stark genug, jeden mundtot zu machen, der es wagen würde, seine Vermutungen auszusprechen. Der Adel hängt zusammen, auch dann, wenn es gilt, ein Unrecht zu verschweigen. Daher fand auch kein nachweisbares Verhör statt, sondern ein Schnellgericht.
Auf Veranlassung des Königs wurden Simons Güter konfisziert. Viel zu spät. In einer Urkunde des Königs Andreas von 1228 aus den Archiven des Hauses Banffy wird Simon zwar nicht der direkten Tötung, jedoch der Teilnahme beschuldigt:
„Der heutigen und zukünftigen Welt meinen Wir mitteilen zu müssen, dass der Ban Simon, Bruder des Ban Michael mit einer nie dagewesenen und unerhörten Art von Verbrechen und mit verabscheuungswürdigen Erfindungen, grausam und widerwärtig bewaffnet, zusammen mit seinen Komplizen, blutrünstigen und hinterhältigen Helfershelfern, die zum Schimpf und Tadel der königlichen Krone sich verschworen hatten, an der Tötung Gertruds seligen Andenkens, der Frau Königin, unserer überaus geliebten Gattin beteiligt war.

---

[442] „.de possionibus haereditariis quondam Petri filii Gurwey , quae sua infidelitate exigente, quia crimen laesae majestatis matrem nostram occidendo commiserat, ad manus regias sunt devolutae....Petri de praenotato crimine condemnati..“ .nach Huber 171; Féjer III.1, 149

[443] Chronica Hungarorum, Commentarii, p.481. Es ist nirgends erwähnt, dass Ban Bank zwei Schwiegersöhne gehabt haben soll. Vielleicht wird Simon ein Verwandter oder ein weiterer Verschwörer gewesen sein.

Deshalb haben wir nach eingehender Beratung mit unseren Söhnen, Bischöfen und Baronen beschlossen, alle seine Besitzungen zu konfiszieren.“ [444]

So müssen wir unweigerlich zu dem Schluss kommen, dass die erwähnten Peter und Simon zwar maßgeblich an dem entsetzlichen Geschehen beteiligt waren, aber nicht die einzigen Verschwörer gewesen sein können. Sie waren die „Bauernopfer“. Es muss sich um eine Hofintrige gehandelt haben, deren weitere Hintermänner zunächst im Dunkeln geblieben sind, um eine Gruppe von Oligarchen, die um ihren Einfluss am Hof bangten und das Komplott angezettelt hatten. Die Rebellen gehörten zu einer Gruppe von Magnaten, die fürchteten, ihre Stellung im Königsrat zu verlieren und den „Meraniern“ die Schuld gaben, die Monarchie auf Kosten der Aristokratie zu stärken. „Von ihren Magnaten“ nennt sie Konrad von Schier,[445] sei Gertrud ermordet worden, „von verschworenen Magnaten und Baronen“, spricht Alberich von Troisfontaines und „ von ruchlosen Würdenträgern“ berichtet Dietrich von Apolda.[446] Auch die Wolynsche Chronik sagt klar, dass es „ungarische Magnaten“ gewesen seien, und auch die Gottweiger Annalen sprechen von „ ungarischen Oligarchen“. Sicher also ist die Ermordung der Königin nicht die Tat eines Einzelnen gewesen, sondern sie war eine geplante Verschwörung mehrerer Verbrecher, eines Komplotts.

Wir können den Kreis derer, die nicht beteiligt waren, auch bestimmen. Die am Hofe angestellten und für die Verwaltung des Fiskus[447] zuständigen Chalizen können nicht in Frage kommen. Die Chalizen waren jüdische und muslimische Finanz-und Verwaltungsexperten. Sie bekleideten Ämter wie Kämmerer, königliche Münzpräger und mussten die Zölle der Salzsteuern eintreiben. Sie waren nicht sehr beliebt, weil sie den Magnaten den Zugang zu den recht ertragreichen Ämtern der königlichen Finanzverwaltung versperrten. Ihre natürlichen Feinde waren die Kirche und der Adel. Aber die königliche Familie blieb für die Chalizen unangetastet. Die Mörder kamen auch nicht aus den Reihen der „Servienten“, jener begüterten Schicht der Gemeinfreien, deren soziale Stellung näher an den Bauern als an den Adligen war und die dem König mehr vertrauten, weil sie den starken Einfluss der Barone fürchteten. Die Servienten wünschten also keinen Machtzuwachs der adligen Großgrundbesitzer. Auch kamen die Mörder nicht aus den Reihen der königlichen Burgverwalter, die ebenfalls die Magnaten fürchteten, weil es ihnen schlechter erginge, wenn sie ihre Untergebene geworden wären.[448]

Ein frühes Zeugnis über die Verurteilung der Mordtat an Königin Gertrud stammt von dem Zeitgenossen Thomasin von Zerclaere, der am Hofe des Patriarchen Wolfger von Aquileja lebte. Er wirft den Ungarn vor– und damit sind eben die Großen am Hofe gemeint – ihrer Königin nicht treu gewesen zu sein.[449] Der Autor beklagt den Mangel an Beständigkeit an den europäischen Höfen. „Wo ist Treue und Aufrichtigkeit noch zu finden?“ fragt er seine Leser. Aus England sei sie vertrieben, in Frankreich nicht geblieben, in Spanien habe man sie übel behandelt, sie sei nicht in Apulien, noch in Rom noch in Tuszien und dann fügt Thomasin hinzu: „In Ungarn ist sie auch nicht, denn dort war sie schon lange nicht mehr. Untreue und blinde Wut der Ungarn wurden an ihrer Königin offenbar.“[450] Thomasin stammt aus Friaul, ist also Italiener, schrieb eine Verhaltenslehre für junge Adlige, ein Buch für Benehmen, Stil und Etikette. Das in mittelhochdeutschen Versen geschriebene Werk zielt aber gerade nicht auf ein rein äußeres Verhalten, sondern auf eine ethische Grundeinstellung. Der gebildete Thomasin hielt sich meist in Aquileja am Hofe des Patriarchen Wolfger von

---

[444]quod, cum Simon banus, frater Michaelis bani, novo et inaudito genere iniquitatis et nequitiae...crudeliter et enormiter armatus una cum suis complicibus... conspirantibus mortis b.m. Gertrudis dominae reginae... particeps extitisset, habito communi filiorum et episcoporum nec non et omnium baronum nostrorum consilio universas ejusdem possessiones decrevimus confiscandas“ , nach Huber 172; Féjer III.1, 152 und III.2., 129

[445]um 1230, MGH SS XVII, 632

[446]CFH III, nr. 4970, p.2343

[447]Göckenjan, Hilfsvölker und Grenzwächter, S.76

[448]Kristo, Arpadendynastie, 185

[449]Die betreffende Stelle findet sich unter den Zeilen 2403 ff.

[450]“Ze ungarn ist ouch niht ir wesen, wann dâ ists lange niht gewesen. Der Ungern untriu und unsinne schein wol an ir küneginne.“

Erlau auf. Das wunderbare Werk ist im Sommer 1215 entstanden, also nur zwei Jahre nach der Ermordung Gertruds. Es gibt keine Chronik, die die Verdammung der Tat in solch eindeutiger Weise geißelt. Daher kommt Thomasin eine einmalige Glaubwürdigkeit zu. Kein schlechtes Wort über Königin Gertrud, keine abschätzige Bemerkung über sie, kein Anzeichen einer Rechtfertigung des Mordes. Im Gegenteil! Gertrud schien für ihn eine unangreifbare, integre Frau gewesen zu sein. Dabei war er nicht einmal Deutscher. So gibt es keinen Grund, ihm Voreingenommenheit vorzuwerfen. Aufallend ist, dass Thomasins Werk keine Widmung an den Patriarchen enthält. Das lässt darauf schließen, dass der Verfasser unabhängig und ausreichend begütert war und eine Huldigung an den Patriarchen nicht nötig hatte. Kritisch gegenüber den Klerikern ist das Buch allemal. Auch das zeigt, dass Thomasin sich ein unbeeinflusstes Urteil leisten konnte. Für ihn war der Tod der Königin Gertrud ein großes Unrecht.

15. Die Mitwisser

15.1. Die Schuld des Ban Bank

In der ungarischen Volksliteratur und in späteren dichterischen Produkten wird der angeblich gekränkte Ban Bank als Täter genannt. In Katonas gleichnamigen Schauspiel avanciert er sogar zum Helden der Befreiung vom sogenannten Joch der Deutschen. Ban Bank, so heißt es, stamme aus dem Geschlecht Boor. Aber weder eine Urkunde belegt diese Behauptung, noch weisen seine Territorien darauf hin. Die Territorien des Geschlechtes Boor liegen im Westen, während die von Ban Bank im südlichen Teil Ungarns angesiedelt waren.[451] Ban Bank hat sich also die Verwandtschaft mit der Sippe Boor vermutlich nur deshalb zugelegt, um zu demonstrieren, dass er aus dem sogenannten Adel des „pura Hungaria“ stamme.[452]

Seit 1212 bekleidete Ban Bank, auch noch zur Zeit des Mordes an der Königin, die Würde eines Palatins. Als solcher wurde er von König Andreas II. selbst eingesetzt, der ihm offenbar sein ganzes Vertrauen geschenkt haben muss. Er genoss die Ehre einer Esterhazy-Persönlichkeit, gehörte einem Magnatengeschlecht an, das nicht am Hungertuch nagte und Einfluss und Macht besaß. Er gab vor, zu jenen stolzen Geschlechterfamilien zu gehören, die den ehrenwerten Titel „de genere“ besaßen, um sich mit ihrer Abstammung aus alten Geschlechtern der Gründerzeit zu schmücken. Auch zählte er sich zu jenen, die den Ursprung ihrer Familie möglichst weit in die Vergangenheit zu legen versuchten. Ban Bank gehörte nicht zu jenen Adligen, die eine Abstammung von den sieben landnehmenden Fürsten nachweisen konnten, jedoch zu jener ungarischen Blutsgemeinschaft, die die Urbevölkerung Pannoniens gebildet haben soll und bis heute „ohne Vermischung mit Sklaven oder Fremden“ weiterlebt. Ban Banks Sippe könnte zu all denen gehört haben, die Anspruch erhoben, zu den weiteren 108 Geschlechtern und ihrer Nachkommen zu zählen, die das „pura Hungaria“ verkörperten, die echte oder „reine“ Nation der Hunno-Ungarn, die seit den Urzeiten bis zur Gegenwart eine intakte bzw. unberührte Herkunftsgemeinschaft repräsentiert.“[453] Er muss besessen von der Idee gewesen sein, Ungarn vor jeglichem „Ausländischen“ fernzuhalten. Man könnte sich ihn vorstellen als einen fanatischen Hardliner, der den königlichen Hof und seine Zusammensetzung ohne jede Blutsvermischung anstrebte, „absque omni missitalia“. Dieser Ausdruck kommt bei Simon von Kezai drei Mal vor. Er bedeutet so viel wie „ mixtura“ das heißtVermischung. Das ungarische Volk sollte daher frei und rein von Ausländern erhalten bleiben.[454]

---

[451] Karacsonyis Janos, Die ungarischen Geschlechter bis zur Mitte des 14. Jahrhunderts, Budapest 1900, S.154; 156-157; A magyar Nemzetségek a XIV.század közepeig/2

[452] „Utrum e familia Boor natus sit, an non.....nescimus“ Dlugoss, Annales, p.369, Fußnote 19

[453] Kristo, Die Geburt der Natiuon, 175

[454] „sincerum atque ab omne colluvione peregrini sanguinis incorruptum servare populum“ Georges Kl. D-L Handwörterbuch

Simon von Kezai ist das Sprachrohr der ungarischen Aristokraten. Ausländer in ungarischen Ämtern müssen für Ban Bank ein unerträglicher Zustand gewesen sein.
Für einen Nationalisten ist jeder Ausländer zu viel. Und wenn es sich auch noch um eine ausländische Königin handelt, umso mehr. Da Ungarn gerade dabei war, sich als eigene Nation zu fühlen, seine Geschichte und seine Identität zu entdecken, so stellt Ban Bank ein Exempel für den ungarischen Patriotismus dar. Da die Grenzen von Vaterlandsliebe und Nationalismus fließend sind, so müssen wir doch in der Gestalt von Ban Bank erhebliche rassistische Züge annehmen. Mit der Systematik eines Pflichtmenschen ging er ans Werk, war davon überzeugt, dass es nötig sei, den ungarischen Königshof von Fremden zu „reinigen". Weil er wusste, dass er Gertruds Nachgiebigkeit nicht erhoffen konnte, muss er gedacht haben, dass eine ethnische Säuberung nur durch die Eliminierung der deutschen Gertrud zu machen sei. Anders dachte der in Aquileja lebende Chronist Thomasin von Circlaere: „Wer seine Probleme durch Mord zu mindern glaubt, vergrößert nur seine Notlage."[455]

Ein weiterer Grund für Banks Verstrickung in den Mord an Getrud hängt mit seiner politischen und administrativen Rolle zusammen. Wir haben bereits erwähnt, dass durch die Verteilung der Befugnisse an die Königin und an Erzbischof Berthold die Unzufriedenheit Ban Banks entstanden sein mag und ein massiver Konflikt heraufbeschwört wurde. Wenn nun bei der Abreise des Andreas nach Halicz 1213 die Königin die Stelle des Königs einnahm und damit letztlich das politische Sagen gehabt hatte, Ban Bank aber Statthalterbefugnisse höher als königliche Hoheitsrechte forderte und sich solche anmaßte, dann ist es nicht verwunderlich, dass diese Konstellation keine guten Aussichten während der Abwesenheit des Königs hatte und Ban Bank um seinen dominanten Einfluss bangte.
Zu Zeiten der Könige Belas III., Emerichs und Andreas' II. waren die Kompetenzen des Palatins nicht klar festgelegt. Jeder Palatin dehnte sie so weit aus, wie es ihm König und Königin gestatteten. Wenn immer wieder behauptet wird, dass alle wesentlichen Reichsentscheidungen von Gertrud gefällt worden seien,[456] was zwar in den Quellen nicht nachzuweisen ist, aber als Hypothese gelten mag, so könnte dies auch dem ausdrücklichen Wunsch des Königs entsprochen haben. Die ausgestellte Urkunde von 1213 bestätigt dies ohne Zweifel. Auch die polnischen Annalen bekräftigen, dass des Königs Ehefrau die Regierung innehatte, als sich Andreas II. auf einer Heerfahrt nach Galizien befand.[457] Der Palatin ist zwar mitverantwortlich, aber der vom König beauftragte Vertreter ist zunächst die Königin und nicht der Palatin. Der Beweis dafür liefert die Forderung der Barone einige Jahre später, dem Palatin mehr Befugnisse zu erteilen und seine Zuständigkeiten zu erweitern. Aus diesem einfachen Grunde konnte der Palatin damals gar nicht volle Befugnisse gehabt haben.[458] Erst in der „Goldenen Bulle" lesen wir, nie vorher, dass der König seinen Palatin als Vertreter einsetzte, wenn er zu einer Versammlung nicht erscheinen konnte.[459] Vor ihrem geplanten Kreuzzug 1202 hatten die Brüder Emerich und Andreas auch nicht den Palatin, sondern Herzog Leopold VI.von Österreich als Reichsverweser eingesetzt, also einen Fürsten.[460]
Der Aufstieg des Ban Bank begann 1206. In diesem Jahr taucht er zum ersten Mal als Gespan von Uhvar in den Zeugenlisten auf, im selben Jahr also, in dem auch Berthold vom Kapitel Kalocsa zum Elekt gewählt wurde. 1208 ist er Ban von Dalmatien und Kroatien.[461]

[455]Thomasin von Circlaere Z. 3365
[456]Fessler, Die Geschichte der Ungarn II,415
[457]..“tum eius uxor regnabat“ ,Dlugoss, p. 371, Anm 1
[458]Bulla Aurea, nr. 8,9,31: “Unser Hofgraf darf, wenn er am Hofe weilt, jedermann richten und den Rechtsstreit an jedem beliebigen Ort beenden” -“Curialis comes noster, donec in curia manserit, omnes possit judicare…”
[459]...et si nos interesse non poterimus, Palatinus procul dubio ibi erit, pro nobis“, Battyany II, 319
[460] „...et regnum Ungariae Leopoldo, duci Austriae commendarent..“ Katona, Epitome I, 377
[461] „Banko, sive Bank, Dalmatiae et Croatiae banus“

Ein Jahr darauf wird ihm der Titel genommen, denn er schreibt nur noch mit dem Namen „Bancone“ oder „Ban von Bihar“, während Berthold, Schwager des Königs und Bruder der Königin, zusätzlich zu seinem Titel des Erzbischofs von Kalocsa, auch noch mit „Ban von Dalmatien und Kroatien“ zeichnet. Die Würde des Bans von Dalmatien und Kroatien ist also auf Berthold übertragen worden, der nun die Stelle von Bank eingenommen hat.
In einer Urkunde des Königs aus dem Jahre 1208, in der die Erzbischöfe von Esztergom und Kalocsa an erster Stelle der Zeugenliste stehen, wird Ban Bank noch als „Ban von Dalmatien und Kroatien“ erwähnt. Dann nicht mehr. Die Entsetzung Banks könnte eine der Ursachen gewesen sein, warum dieser einen ständigen Groll gegen Berthold gehegt hat. Ban Bank soll sich im Jahre 1208 öffentlich über die deutschen Ankömmlinge geärgert haben. Vermutlich hat er dabei Gertruds Brüder Ekbert und Heinrich gemeint. Er hatte sich in seiner Ehre zurückgesetzt gefühlt und suchte sich vermutlich für diese Demütigung an Berthold, dem König oder der Königin zu rächen. Man kann also die Möglichkeit nicht ausschließen, dass Ban Bank, sein Schwiegersohn oder sein Schwager politische Nachteile hinnehmen mussten und daher motiviert waren, den Mord an der Königin bereits von diesem Zeitpunkt an geplant zu haben, in der Meinung, Gertrud stecke hinter der Karriere ihres Bruders, zum Nachteil von Ban Bank, was durchaus stimmen kann.
1211 gelingt ihm wieder ein gewaltiger Aufstieg als „Hofgraf der Königin“. In den Zeugenlisten unterschreibt er mit „Curialis comes reginae“, ab 1212 als „Palatin“ und mit „Graf von Keve und Poson“. Diese Titel behielt er bis zum Tod Gertruds. Als Palatin war er hauptverantwortlicher Träger für die Sicherheit des Königs und der Königin. Offensichtlich hat er sie in jener Septembernacht 1213 nicht gewährleisten können oder nicht wollen. Sollte er dazu nicht fähig gewesen sein, dann entbindet es ihn nicht von seiner Verantwortung. Sollte er aber den Mord geduldet haben, den Mördern Zustimmung signalisiert haben, so ist er auf jeden Fall mitschuldig am Geschehen. Niemand anders als der Palatin hat solche Möglichkeiten und eine solche Macht, Schlupflöcher, Geheimwege, Zeitpläne für das Hoflager zu kennen.
Allem Anschein nach hatte sich Ban Bank bei der Rückkehr des Königs geschickt aus einer möglichen Schlinge gezogen und sich reinwaschen können, weil er den Mord nicht eigenhändig begangen hatte. Aber wenn er auch selbst das Schwert nicht gezogen hat, so galt auch damals die Auffassung, dass die Planung genauso bestraft werden müsse wie die schändliche Vollstreckung selbst. „Befehl ich jemandem, der mir untertan ist, einen Menschen zu töten, begehen wir beide ein Verbrechen“, sagt Thomasin.[462] Wenn Peter sein Schwiegersohn war, dann ist dessen Tod wie der eines Sündenbocks. Ban Bank hätte demnach nicht einmal davor Halt gemacht, seinen Schwiegersohn zu opfern. Er scheint für ihn beim König auch nicht einen Finger gerührt zu haben, was ihn als ehrlichen Charakter ausgezeichnet hätte. Schmählich ließ er Peter im Stich. Sein politischer Instinkt sagte ihm, sich am schmutzigen Gemetzel lieber nicht zu beteiligen, sondern sich fernzuhalten und die blutige Arbeit anderen zu überlassen.

In dieser in Augsburg 1612 gedruckten Stammtafel wird Ban Bank als der Mörder Gertruds genannt

[462]Thomasin von Circlaere, Der Welsche Gast, Z. 7980

Nach einer unbestätigten Sage soll Ban Bank sogleich nach der Mordtat dem König entgegengeritten sein und eine Art Flucht nach vorne angetreten haben, um dem König seine Version mitzuteilen, andere sagen, sein Eingeständnis mutig entgegenzuschleudern. Diese „Heldentat" inspirierte manche Schriftsteller. Die Sage riecht allerdings ganz nach **Beschönigung** seiner Schuld. Nur wenige haben diesen Trick durchschaut. Hinter der vermeintlich heroischen Aufrichtigkeit erhoffte er sich Nachsicht und Schonung. Heinrich von Mügeln hat diesen Vorstoß des Palatins schon früh in seiner „Chronica" entlarvt, die er um 1600 schrieb.

„Nun hatte Andreas in seinem abzug Banckban zu einem stadthalter im Königreich Ungarn verordnet und während der König sich also zum besten der Christenheit bemühet, ermordet jener Banck die Königin Gertraud jemmerlich, allein darumb weil sie bey den Ungarischen Landtherren in verdacht geriete, die Teutschen an den Hoff geholt, denen die Ungarn von natur feind und gehessig waren. Damit er aber die that beschönige, machte er sich eilents auf und berichtet dem König, dass an allem der Bruder Berthold schuldig sei, der mit viel mutwillen nach Ungarn eingereist sei. Diese Entschuldigung hatte ein solches Aussehen, dass der König den statthalter hierdurch nach seiner that halb frei spricht." [463]

In Wirklichkeit ist Ban Bank gleich nach dem Tode Gertruds geflohen.[464] Nicht nur er, sondern ein großer Teil der Verschwörer soll sich aus dem Staube gemacht haben.[465] Unmittelbar nach der blutigen Tat von 1213 ist Ban Bank auch tatsächlich aus den Urkunden verschwunden und wir finden seinen Namen in keinem einzigen Vertrag oder Diplom wieder. Ebenfalls fehlt jeglicher Hinweis darauf, dass er von Andreas der Mitschuld am Mord bezichtigt worden sei.[466] Und das ist genau der springende Punkt: man konnte ihm nichts nachweisen, zumindest der König nicht. Wenn Ban Bank keine Schuld nachzuweisen war, so konnte der König ihn ja auch nicht öffentlich bestrafen. Es sei denn, der König wusste oder ahnte von der Komplizenschaft seines Palatins mit den Mördern und ließ ihn deshalb verschont, weil er die Hausmacht Banks, seine ganze Großfamilie und andere Unzufriedene fürchtete, die ihn unter Druck setzten wollten oder gar nach seinem Leben trachteten.

Der König sieht über seinen Palatin hinweg und schaut offensichtlich durch die Finger, weil ihn seine Verbündeten decken. Eine ähnliche Situation wie die, als Saul den Jonathas zum Tode veurteilte, dann aber auf Grund der Intervention der Großen davon absieht. Bible moralisée.

Da Ban Bank offensichtlich über eine solche mächtige Hausmacht verfügte, ließ Andreas ihn ungeschoren davonkommen.

Begünstigt hat Bank auch der Umstand, dass die Mitglieder, die im Hofgericht saßen, aus der adligen Schicht stammten. Daher war eine Verurteilung eines ihrer Mitglieder natürlich nicht zu erwarten.[467] Es ist mehr als verdächtig, dass er ab 1213 endgültig für vier Jahre in den Urkunden verschwunden ist, und an seine Stelle der Palatin Miklos tritt. Daher muss man annehmen, ein Grund liege dafür vor, nämlich der nächstgelegene, er sei für die Tat an der Königin durch die Absetzung bestraft worden. Einen Palatin löst man nicht ohne schwerwiegenden Grund ab.

[463] Mügeln, S. 86
[464] Pesty Frigyes, in: Chronol. Vizsgálat Bánk bán körül. Pesti Naplo, 1856, 263 sz
[465] Homan II,74
[466] Malyusz, K., Commentarii, 482: „ ...sed Bank nulla contumelia affectus est"
[467] Kasztolnyik, Hungary in the thirteenth century,48

Die Ungarische Bilderchronik berichtet: „Wegen ihrer Ermordung folgte ein schreckliches und entsetzliches Blutvergießen im ganzen Geschlechte des Ban Bank.“[468] Heinrich von Mügeln erzählt das Ganze nach, Ban Bank habe die Königin erschlagen und „ darnach wart getotet das gantz geslecht Bankan.“[469] Ebenso erwähnen es die Georgenberger Chronik um 1460 und in heroisch verdächtigen Auschmückungen die „Chronica Hungarorum“ des Johannes von Thurocz. Dieser ungarische Chronist des 14. Jahrhunderts bekräftigte, Bank habe Gertrud eigenhändig umgebracht. Hier wird aber eine aktuelle Geschichte des 14. Jahrhunderts, die der Familie **Feliczian Zachs**, auf die Familie des Bank übertragen. Die Ausrottung der Familie Zach ist historisch nachweisbar, weil Feliczian Zach am 17. April 1330 ein Attentat auf den König und seine Familie begangen hatte, worauf der König eine fürchterliche Vergeltung übte und die ganze Familie ausgerottet habe. Die Übertragung der „Ausrottung“ auf die Familie Bank ist aber nichts anderes als eine retrospektive Sicht.[470] Es ist recht unwahrscheinlich, daß das gesamte Geschlecht des Ban Bank wegen des mutmaßlichen Verbrechens eines einzigen Menschen vertilgt worden wäre. Beim Chronisten des 14. Jahrhunderts handelt es sich also um einen interpolierten Text aus späterer Zeit, er kann also nicht als historisch gesicherter Beweis für die Vernichtung der Familie Bank gelten.[471] Es ist aber bezeichnend, dass der Chronist offensichtlich eine Strafe für Ban Bank für gerecht und notwendig hielt. Die, wenn auch nicht historische, so doch moralische Verurteilung Ban Banks zweihundert Jahre später war ihm ein moralisches Bedürfnis, womit er auf die Schuld Ban Banks hinweisen will.

Auf der Burg Visegrad will Feliczian Zach den König und die Königin ermorden. Chronicon pictum.

Man muss zweifellos zu der Ansicht gelangen, dass der König doch nicht alle am Morde Beteilgten zu bestrafen wagte.[472] Er ist mit ihnen sanftmütig umgegangen, weil er mit dem Beistand der Großen ja seinerzeit auch seinen Bruder Emerich besiegt hatte, und diese dauerhaften Dank des Königs erwarteten oder, sollten sie am Komplott nur indirekt beteiligt gewesen sein, wenigstens mit der Aussetzung der Strafe rechneten. Auffallend ist schon die Milde der Strafe.[473] Kronprinz Bela wird ihm dies später vorwerfen. Verständlicherweise erweckte das Verhalten des Königs gegenüber Ban Bank auch bei einigen Bischöfen Unverständnis und Unzufriedenheit.

Es gab auch keinen Aufruhr der anderen Barone und Adligen, um ein ordentliches **Gerichtsverfahren** einzuleiten. Warum nicht? Ban Bank hat nicht öffentliche Buße geleistet, die ja doch für schwere, öffentliche und bekannt gewordene Verbrechen wie Totschlag obligatorisch war.[474]

Im kanonischen Recht gelten alle Verbrechen grundsätzlich als „öffentlich“. Selbst wenn der Ankläger – in diesem Fall der schwache König – zurücktreten würde, wäre das Verbrechen auf keinen Fall erledigt, sondern es wäre eine richterliche Untersuchnung von Amts wegen einzuleiten.

---

[468] CFH I, nr. 1456, S. 655

[469] Szentpétery, E., Scriptores Rer. Hung. I, no 61, p.205

[470] Mátyás Florian, p.884 in Századok 41, 1907, Volkssagen und historische Fakten über den gewaltsamen Tod der Königin Gertrud

[471] Horvath, J., Die ungarischen Chronisten der Angiovinenzeit in: Acta Linguista Academiae Scientiarum Hungaricae, T. 21.3.4, p. 327

[472] s.auch Huber, Studien zur Geschichte Ungarns, 174

[473] auch Huber, 163ff und Homan II, 72ff

[474] Kéry, Kirchenrechtliche Grundlagen des öffentlichen Strafrechts, S.135

Auch ein Vergleich zwischen König und Bank wäre allenfalls bei privaten Kriminalfällen möglich, aber nicht in diesem Fall. Es gab keinen öffentlichen Ankläger! Eine Zeugenvernehmung fehlte offenbar völlig, die ja auch den Beweis für Banks Unschuld hätte bringen müssen. Ganz anders beim Mord an Philipp von Schwaben in Bamberg. Wie hatte man im Deutschen Reich darauf reagiert? Die Fürsten kamen kurz nach dem Geschehen in Frankfurt zusammen und riefen laut, dass kein Regent in Zukunft seines Lebens sicher sei, wenn dieses Verbrechen am König ungestraft bliebe.[475] Der Bischof von Trient verlangte die Ächtung der Mörder. Otto von Wittelsbach, Ekbert und Heinrich von Istrien wurden noch im selben Jahr für recht-und friedlos erklärt! Nichts davon hört man aus Ungarn. Wurde ein Begehren des Adels zur Untersuchung der Tat eingeleitet? Nein, der Adel schwieg. Waren die Barone und eventuellen Mittäter schon so stark, dass sie einen erforderlichen Prozess gegen die Hintermänner des Mordes an der Königin im Keime ersticken konnten? Zwar spricht die „Chronica regia Coloniensis" davon, dass der König, von Schmerz getroffen, in Zorn und Wut entbrannte und sowohl Urheber wie auch Hintermänner durch einen bitteren Tod habe hinrichten lassen.[476] Die Marbacher Annalen fügen hinzu, dass er die Schuldigen auf verschiedene Weise hinrichten ließ[477] und einigen Schuldigen ihre Güter weggenommen habe, was für einen Adligen seine ganze Existenz bedeutete. Aber diese Scheinbestrafungen sehen über die wahren Hintergründe eher hinweg, als dass sie durch ein gerechtes Gerichtsurteil aufgedeckt worden wären. Der Papst, der sehr schnell die Schreckensnachricht erfährt, hält sich aus der Affäre ganz heraus und nimmt keine Stellung zu dem betreffenden Mord. Das ist ungewöhnlich, denn Innocenz III. ist bekannt durch unnachsichtige Ahndung von Verbrechen. Der Überfall auf den Erzbischof Berthold war ihm eine ganze Exkommunikation wert, obwohl Berthold dabei nur verwundet wurde! Über den Mord an Königin Gertrud verliert er kein Wort.

Wie getreu war nun dieser Palatin? Galt für ihn nicht der **Treueeid**, den er seinem König und damit auch der Königin einmal geschworen hatte? Wie weit reichte sein Versprechen, seine Verpflichtung, sein Schwur, den ja auch die Königin bei der Krönung für ihr Volk geleistet hatte? Reicht es darauf hinzuweisen, dass ohnehin im ganzen Reich die Treue am Schwinden begriffen sei, wie es Thomasin von Circlaere bedauerte? Nein, das reicht nicht für eine Entschuldung. Der Anschlag des Feliczian Zach auf das Königspaar im Jahre 1333 wurde allgemein als „Treulosigkeit" angesehen. Feliczian Zach verdiene die gerechte Strafe, so begründete man, weil er die „Treue" mit dem Schandfleck der hässlichen Unehre befleckt habe, wo doch gerade die Treue ein vorrangiges Merkmal der ungarischen Nation sei, die „fidelitas prerogativam Ungarice nationis".[478]

Nun gab es in Ungarn **keinen Vasalleneid** wie im Deutschen-Römischen Reich, der von der germanischen Treueidee herstammt. Der Vasall leistete den Eid unter Anrufung des Himmels und der Erde, er schwur bei Gott und den Heiligen, auf das Kreuz, auf die Evangelien oder Reliquien. Dieser Eid war ein Akt der Unterwerfung und Treuebindung an das königliche Haus. Es war selbstverständlich, dass der Untertan niemals gegen den Herrn das Schwert ziehen durfte und man mied sogar den direkten Kampf gegen die Person des Königs in der Schlacht. Ging die Treue an den König verloren, so drohte jedem Treuebrecher die Ächtung und der Verlust seiner Lehen. Es galt sogar als besonders ehrenhaft, einer Lehensherrin zu dienen und nicht nur dem König, sondern auch der Königin Gefolgschaft bis zum Tod zu geloben. Wenn ein Mann in eigener Person die Waffen gegen seinen Herrn oder seine Herrin erhob, so sah man darin eine besondere schwere Verletzung der Treuepflicht,[479] und vor dem Tribunal des staatlichen Rechts wurde er als Majestätsverbrecher ohne Gnade verdammt. Schließlich herrschte eine gewisse Scheu vor dem Gesalbten und

---

[475]Hucker, Der Königsmord von 1208, S.166

[476]„Rex tam inhumano audito scelere, stimulo doloris vehementis in furorem et in iram exardescens, huius criminis non solum auctores sed et fautores comprehensos crudeli et amara morte consumsit", CFH I, nr. 1741, p.759

[477]„Similiter alii diversis penis extincti fuerunt." MGH SS XVII, 173

[478]Kristo, Die Geburt der Nation, S. 187

[479]Kienast, Untertaneneid und Treuevorbehalt, S.120 nach Wilhelm Brito § 199, I, 292

der Gesalbten. Daher ist das „Majestätsverbrechen" („crimen laesae majestatis") eines der ältesten und schwersten Delikte."[480]

In Ungarn kannte man zwar diesen Vasalleneid nicht, aber es gab seit den Zeiten des ersten Arpadenfürsten einen „Blutsvertrag", den die Fürsten mit ihrem König beschworen,[481] gemäß dem die Stifter von Uneinigkeit sogar mit dem Tode bestraft werden.[482] In den „Gesta" des Anonymus wird von den Treueschwüren der Fürsten ausführlich berichtet. „Dann besiegelten die genannten Männer nach Art der Heiden ihren Schwur für Almos, indem sie etwas von ihrem Blut in ein Gefäss zusammenfließen ließen. Obwohl sie Heiden waren, hielten sie den gemeinsamen **Treueschwur** von damals bis zu ihrem Tode." [483] Unter den sogenannten „Abmachungen" der Stammesfürsten gegenüber ihrem König lautet die vierte: „Wenn einer ihrer Nachfahren die Treue brechen sollte gegen die Person des Fürsten und Zwietracht säen wollte zwischen dem Fürsten und seinen Verwandten, dann solle das Blut des Übeltäters vergossen werden, so wie sie ihr Blut beim Schwure mit Almos vergossen hatten.[484] Wie eng sich der Eid auch auf die Königin bezog, zeigt der Zusammenhang innerhalb des Textes in Kapitel 57 der Gesta: „Fürst Zolta gab seinem Sohn Taksony eine Frau aus dem Gebiet der Kumanen zur Gemahlin und noch zu Lebzeiten nahm er seinen Edlen einen Eid für sie ab." Die Großen des Landes leisteten also dem Fürsten sehr wohl einen Eid, der bei Treuebruch mindestens mit einem ewigen Fluch belegt war. „Wenn einer der Nachfahren des Fürsten Almos oder andere Fürsten die Bestimmungen ihres Schwures brechen sollten, sollte er auf ewig verflucht sein."[485] heißt es weiter bei dem Chronisten. Zu den „Verwandten" zählt natülich in erster Linie durch die Vermählung die Ehefrau des Königs. Wenn man bedenkt, wie hoch das ungarische Königtum als sakrale Institution galt, so war die Unversehrtheit von König und Königin oberstes Prinzip, denn die „Heiligkeit" wurde auf die ganze Königssippe ausgedehnt.[486] Der Anschlag auf eine gesalbte Königin war ein Anschlag auf das sakrale Königtum. Die politische und kulturelle Verbindung des ungarischen Hofes mit Byzanz hatte zur Folge, dass man auch dessen moralische Wertvorstellung übernahm. In den Anweisungen an einen Aristokraten heißt es, dass die Herrin des Hofes in Wahrheit wie die eigene Mutter und Schwester verehrt werden solle, und selbst wenn der Fürst dumm und ungeschickt wäre, so sollte man ihn nicht verachten. Ban Bank und seine Verschwörer müssen wohl ein recht „großmaschiges Gewissen" gehabt haben, um ihren Mord zu legitimieren.

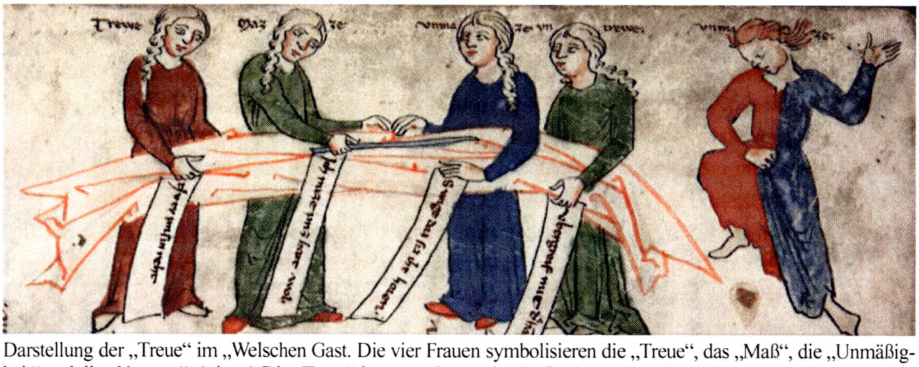

Darstellung der „Treue" im „Welschen Gast. Die vier Frauen symbolisieren die „Treue", das „Maß", die „Unmäßigkeit" und die „Untreue". (v.l.n.r.) Die „Treue" im roten Gewand steht für das Recht, die „Untreue"im grünen Gewand rechts außen für Überheblichkeit. „Untreue" flüstert der „Unmäßigkeit" zu, sich mehr Stoff anzueignen als ihr zusteht. Das „Maß" misst mit der Elle das Tuch gerecht ab

[480]Kienast, Untertaneneid und Treuevorbehalt, S. 158

[481]Marczali, Ungarns Geschichtsquellen im Zeitalter der Arpaden, S.95

[482]Marczali, 98, c. VI

[483]Anonymus Belae Regis Notarius, cap. 6, p.41

[484]„Quantus status juramenti sic fuit: ut si quis de posterius eorum infidelis fierit et contra personam ducalem, et discordiam faceret inter ducem et cognatus suos, sanguis nocentis gunderetur, sicut sanguis eorum fuit fusus juramento quod fecerunt Almo duci " Anonymus, p.41, nr.6

[485]..„ ut siquis de posteris ducis Almi et aliarum personarum principalium juramenti statuta ipsorum infringere voluit, anathemi subjacet in perpetuum." . Anonymus, p.43; weitere Stellen nr.10, p.49

[486]„beata stirps" , Klaniczay, Königliche und dynastische Heiligkeit in Ungarn, S.36

In den Dekreten des Hl.Stephan heißt es im Kapitel XII: „Wenn jemand einen Menschen mit dem Schwert tötet, so muss er auch mit dem Schwert gerichtet werden,“[487] und im Kapitel XVII liest man: „Wenn einer gegen König oder Königtum sich verschwört, hat er kein Recht auf Kirchenasyl. Und wenn einer gegen das Heil des Königs oder seine Ehre auf welche Weise auch immer einen Anschlag verübt oder bewusst dem Versuch zustimmt, der sei mit dem Fluch belegt und der ganzen Gemeinschaft der Gläubigen entzogen.“[488] Auch die Dekrete des Hl. Ladislaus verurteilen jeglichen Mord mit den Worten: „Wenn jemand einen anderen mit dem Schwert ermordet, muss er durch ein ordentliches Gerichtsverfahren in den Kerker geworfen und all seiner Habe entledigt werden.[489]
Wie sehr der Mord an einer Frau als Schande gilt, erfahren wir wieder aus der dichterischen Literatur. Im „Straßburger Alexander“ warnt die Amazonenkönigin den kriegslüsternen Alexander davor, einen Krieg gegen eine Frau zu beginnen. Dieser könne für den Mann nur nachteilig sein::Töte er sie, bringe es ihm keinen Ruhm, unterlieg er ihr aber, so sei es für ihn eine Schande.“[490]
Man würde die Umstände ins Groteske steigern, wenn sich die Mörder auch noch ihre Legitimität verschafften, in dem irrigen Wahn, einen **„Tyrannenmord“** begehen zu müssen. Das wäre derart abwegig und an den Haaren herbeigezogen, denn an allen europäischen Höfen und in allen Fürstenspiegeln ist ein solcher nur dann gerechtfertigt, wenn göttliches Recht verletzt wird. Hugo von Fleury riet, einen Tyrannen bis zum äußersten zu ertragen und den Herrscherbefehl nur dann zu verweigern, wenn er dem göttlichen Gebot widerspricht. Beaumanoir, einer der größten Juristen des westlichen Europas, ließ eine Tötung nur dann zu, wenn der Tyrann etwas befehlen würde, was „wider Gottes Gebot und die guten Sitten“ verstößt.[491] Eines der entscheidenden Kriterien ist aber, dass ein Mord niemals gerechtfertigt ist, wenn er für das Eigenwohl geschieht und nicht dabei das Gemeinwohl verfolgt. Die Verschwörer aber hatten alles andere im Sinn als die Königin für das Gemeinwohl zu töten, sondern sie mordeten zugunsten ihres eigenen Nutzens. Man darf nicht glauben, dass sie sich um die Zukunft Ungarns groß gesorgt hätten. Ihnen ging es nur um ihren persönlichen Vorteil.

War Ban Bank ein Volksheld? Mit den in den Admonter und Marbacher Annalen genannten „Ungaros“ sind natürlich nicht einfache Leute gemeint, keine Bauern, Handwerker, Kaufleute, Lehensabhängige, die mit dem Königshaus unzufrieden gewesen sein könnten, weil ihre Lebensbedingungen schlecht gewesen wären. Die Unterdrückung des Volkes wurde viel mehr durch die Großgrundherren, den Oligarchen und Magnaten ausgeübt, nicht vom König. Es handelte sich also sicherlich nicht um einen Volksaufstand wie bei den neueren europäischen Revolutionen, sondern um eine Palastrevolte einiger zu kurz gekommener Magnaten oder solcher, die der Meinung waren, zu kurz gekommen zu sein. An ihrer Spitze stand Ban Bank, der nicht nur seinen Treueeid brach, sondern auch für sich selbst Vorteile erhoffte. Er ist nicht der Anführer eines Volksaufstands, ist nicht der Held, der sich für das Volk einsetzte, denn dem Volk ging es nach der Ermordung der Königin kein bisschen besser. Das Volk litt unter den Oligarchen nach wie vor. Den Beweis sehen wir in der einige Jahre später verfassten „Goldenen Bulle“ von 1222, die die Großen des Landes erzwangen. Aus den dort niedergelegten Verordnungen profitierten aussschließlich die Aristokraten, das Volk überhaupt nicht.

---

[487]„Si qui gladio hominem occiderit, eodem gladio jugulatur “ Sancti Stephani Decretorum liber secundus, nr. XII; in: Györffy György, Wirtschaft und Gesellschaft der Ungarn um die Jahrtausendwende, S.277
[488]„ Si quis in regem aut in regnum conspiraverit, refugium nullum habeat ad ecclesiam. Et si quis circa regis salutem aut dignitatem quolibet modo aliquid conspiraverit aut conspirare aliquid temptaverit, seu temptanti sciens consenserit anatema matizetur et omnium fidelium communione privetur. Et si quis hujusmodi aliquem noverit et probare valens non edicaverit, predicte subjacet dampnacione.“ (l.c.
[489] “ Si quis extracto gladio jugulaverit hominem, regali judicio tradatur in carcerem et omnia sua dividentur, cap.VIII, S. 290
[490]K.-Haaf, Frau und Politik im Mittealter, S.14
[491]Kienast, Untertaneneid und Treuevorbehalt, S.93

“Nicht die Volksgesellschaft zog daraus einen Nutzen, sondern die herrschende Elite.“[492] Der Mord war nichts anderes als der Versuch, sich oder dem Adel mehr Einfluss zu verschaffen, mit dem verlogenen Vorwand, das Volk zu befreien. Ban Bank handelte nicht ohne Eigennutz. Er war alles andere als ein Volksheld. Das wäre eine Verdrehung der Tatsachen.

Wie bei vielen historischen Helden gab es auch für Ban Bank einen Punkt, wo der Ruhm, als er einmal erfunden wurde, ohne weitere Zutat an Leistung und sachlichem Verdienst fortwucherte als Echo seiner selbst. Der „Held“ Ban Bank erlebte sozusagen ohne Verbesserung der Geschichtsfakten immer wieder Neuauflagen und trug wortgewaltige Zinsen und Zinseszinsen, selbst als sein hinterlegtes Kapital längst entschwunden war. Mit dem Volk hatte Ban Bank nichts gemein. Es gab keine politischen Unruhen in der Bevölkerung, nur unter den Baronen. Die abhängigen Bauern und dienstbaren Leibeigenen hatten nicht unter dem König oder der Königin zu leiden, sondern unter den „gefräßigen“ Großgrundbesitzern, Grafen, Mächtigen im Umkreis des Hofes. Selbst die Kirche musste die Willkür der Großen spüren und „breite Volksschichten sahen der Gefahr einer gutsherrlichen Entrechtung entgegen.“[493] „Die Pächter der Regalieneinkünfte bedrückten und beuteten das arbeitende Volk mit der ihnen zur Verfügung stehenden amtlichen Gewalt gewissenlos aus.“[494] Ban Bank hatte keine nachweisbaren Beziehungen zur bäuerlichen Schicht. Er gehörte zur herrschenden Elite und hatte keinerlei Interesse, das Volk zu entlasten, die Untertanen von ihren unerträglichen Abgaben, die sie den Aristokraten entrichten mussten, zu befreien. Und es gab deren viele. Von je zehn Personen auf den Gütern der Großgrundbesitzer waren neun unfrei.[495] Dieses abhängige, unterworfene Volk genoss keinen Vorteil durch die Ermordung der Königin. Ihre überwiegend totale Rechtlosigkeit änderte sich nicht durch die „Beseitigung“ einer angeblich auf Kosten des Volkes herrschenden Königin. Die Besitzlosen, die Arbeiter auf den Herrenhöfen konnten von den besitzenden Aristokraten nach wie vor zu allen beliebigen Arbeiten gezwungen werden. Nach dem Tode von Gertrud hat sich für die Hörigen überhaupt nichts geändert, denn die darauffolgenden Jahre waren nichts anderes als eine Vorbereitung der „Goldenen Bulle“ von 1222, in deren Kapitel kein einziges Wort von Befreiung der niederen Volksgruppen vorkommt. Im Gegenteil! Die Goldene Bulle verschaffte den Großgrundbesitzern ein beträchtlichen Machtzuwachs. An diesem hat wohl auch Ban Bank erfolgreich mitgewirkt.
Die Verschwörer im Umkreis von Ban Bank rechtfertigten ihre kriminelle Gewalt mit dem Hinweis auf eine angeblich herrschsüchtige Frau, die sich aber anhand der Quellen nicht nachweisen lässt. Selbst wenn Gertrud eine deutsche Hausmacht aufgestellt hatte, konnte von einer „Ausbeutung“ des ungarischen Volkes durch sie nicht die Rede sein. Diese muss man eher den Verschwörern anlasten, denen es nur darum ging, noch mehr Macht zu erhalten, mit der sie das Volk auspressen konnten. Dass dem so ist, zeigt die Formulierung in der „Goldenen Bulle“, in der es heißt, dass der König den Magnaten eigens noch verbieten musste, das Volk auszubeuten und zu bedrücken.[496] Selbst die Halbfreien, die unter den gewalttätigen Grundherren so viel gelitten hatten, erhielten die Versicherung des Königs, dass sie nicht ohne Anklage und ordentliches Gericht zugunsten irgendeines mächtigen Herren gefangen genommen werden oder ihrer Güter beraubt werden dürften.
Gestatten wir uns noch einen kurzen Vorausblick auf die merkwürdige Karriere Ban Banks. Wir stellen fest, dass der vermutliche Drahtzieher des Königinnenmords seine schlauen Winkelzüge fortgesetzt hat. Aus undurchsichtigen Gründen war es aber doch wieder möglich, ihn ab 1217 mit einem Amt zu bekleiden.[497]

[492]Kristo, Die Geburt der Nation, S. 143
[493]Déer, Der Weg zur Goldenen Bulle, S.132
[494]Homan, Geschichte des ungarischen Mittelalters II,71
[495]Kristo, Die Arpadendynastie, 165
[496]Homan, Geschichte des ungarischen Mittelalters II, 81
[497]..“in huius negotii deliberatione legitime per nos pertracta ratio..“ , Huber, Studien zur Geschichte Ungarns, 169

Inzwischen war viel Zeit vergangen. Der König soll ihm einen Besitz geschenkt haben. Vielleicht war er ihm 1213 stillschweigend und vorübergehend genommen worden. Der wankelmütige König bezeichnete ihn wieder als einen „fidelis". Das ist mehr als merkwürdig oder eher nicht? Stand der schwache Andreas II. immer noch unter Druck jener Komplizen? Ist es möglich, dass der König auch nach Jahren für den Mörder seiner geliebten Gemahlin eine solche Nachsicht geübt hat, wenn Ban Bank der Verursacher des Komplotts gewesen wäre? Das ist durchaus möglich und zwar deshalb, weil man Bank schon damals nichts nachweisen konnte und nach fast vier Jahren noch viel weniger. Da war schon viel Gras darüber gewachsen. Bank war also listigerweise für ein paar Jahre abgetaucht und sah nun 1217 wieder seine Chance gekommen, zu den führenden Funktionsträgern am Hofe zu gehören. Der schwache König konnte einen solchen Mitwisser nicht dauernd unter Verdacht halten. Die Vermutung, Ban Bank habe zumindest seine Hand mit im Spiel gehabt, ließ sich immer noch nicht beweisen, noch weniger als damals. Der Druck der Bank-Clique hielt an, weil man argumentierte, man könne doch nicht jahrelang einen ehrbaren Mann vom Hof fernhalten. Und schließlich lässt sich doch im Laufe der Zeit auch durch „leichtes Vergessen" eine solche Straftat verwischen „Es ist halt so in der Welt", sagt ein altes ungarisches Sprichwort, „dass die Erinnerung an Geschehenes durch leichtes Entfallen das Gedächtnis die Sterblichen verlässt."[498] Die Mittäterschaft am Mord Gertruds hatte man in Insiderkreisen nicht mehr aufgerollt, und jedermann dachte, dass ein wirklicher Mörder der Königin ein neueres Amt nicht bekleiden könnte. Ein solch großzügiges Übergehen eines Mordes könne man dem König ja wirklich nicht zuschreiben. Damit wurde die Sache endgültig unter den Teppich gekehrt und vorerst hatte Bank seine Ruhe. Schuld und Mord aber verjähren nicht und wir werden sehen, dass Bela IV., der Sohn der ermordeten Gertrud, sich diese falsche Nachsicht nicht hat gefallen lassen und der Vertuschungspolitik seines Vaters ein Ende setzte.

Vielleicht gibt es auch noch einen anderen Grund für die **unerklärliche Rückkehr** des ehemaligen Palatins. Der König hatte 1215 eine neue Ausländerin geheiratet, Yolanthe, Tochter von Peter von Courtenay, der 1216 Andreas den kaiserlichen Thron von Byzanz wegschnappte. Man musste ihr mit neuem Misstrauen begegnen, weil die Würdenträger nicht wussten, wie stark die neue Königin sich gegenüber den Forderungen der Barone und Hofleute verhalte. Offensichtlich war sie eine zurückhaltende Frau, so ganz nach dem Geschmack der Großen, denn es wird kein Wort über sie berichtet, als dass Andreas sie geehelicht habe. Vielleicht hatte Bank inzwischen die Gunst der neuen Königin errungen, weil sie sich politisch nicht äußerte. Sie kam aus einem nicht stauferfreundlichen Haus und sie wird deshalb Gertrud nicht nachgetrauert haben. Man hat auch selten gehört, dass die zweite Frau eines Mannes viel Gutes über die Vorgängerin spricht und mit ausreichendem Geschick wird es Ban Bank gelungen sein, das Vertrauen der Königin zu erringen, um beim König wieder zu Ehren zu kommen. Vielleicht mag auch die chronische Schwäche des Königs wieder der Grund für einen wiederholten Gnadenerweis gewesen sein. Irgendwelche Fürsprecher muss es gegeben haben, dass Ban Bank wieder an den Hof zurückkehren durfte. Mit Vertuschungsmethoden war es ein Leichtes, sich bei der neuen Herrscherin einzuschmeicheln. Das muss Ban Bank wohl nach einer gewissen Zeit auch gelungen sein. Bank hätte auf diese Weise eine geschickte Fürsprecherin gefunden. Aber das ist nur eine Vermutung. Vier ganze Jahre nach dem Mord an Gertrud hatte er sich vom Hofe fernhalten müssen. Anfang 1217 ist er wieder da und urkundet unter einer Reihe von Diplomen.

Als es im Sommer 1217 zum Aufbruch des Kreuzzugs kommt, ist Bank nicht dabei. Ban Bank hatte den Kreuzzug entweder nicht mitmachen wollen oder er wurde vom König für die Mitregierung des Landes eingesetzt. Das Letzte dürfte zutreffen. Innerhalb der drei

---

[498] „Verum quia facili lapsu rei gestae memoria mentes mortalium deserit"

Monate seiner Abwesenheit stürzte das Land in ein Chaos. Warum? Der König gab die Schuld den Baronen. Wo ist Banks so gerühmte patriotische Standhaftigkeit geblieben? Man muss sich fragen, welche Rolle Ban Bank in dieser Zeit gespielt hat. Er war es doch, der, nach den Zeugenlisten zu schließen, wieder im Hofrat saß, von Andreas wieder rehabilitiert worden war und vermutlich auch neben dem Erzbischof von Esztergom für Ordnung und Ruhe sorgen sollte. Offensichtlich hat der wegen seiner angeblichen Treue zum König so Gerühmte nichts ausgerichtet oder vielleicht auch gar nichts beeinflussen wollen und steckte selbst unter der Decke mit jenen Aufrührern, über die sich Andreas beim Papst beklagte? Von Ban Bank hört man nichts. Hätte man ihn in die Flucht getrieben, wäre das wenigstens ein Zeichen seiner Königstreue gewesen. Wie weit reichte die angeblich patriotische Zuverlässigkeit gegenüber seinem König?

Es braucht ihm ja nicht unterstellt werden, dass er mit den anderen Baronen gemeinsame Sache gemacht hatte, aber es ist doch sehr auffällig, dass er nach der Rückkehr des Königs vom Kreuzzug **zum zweiten Mal wieder vom Hof entfernt** wurde und wieder in den Zeugenlisten von Urkunden fehlt. Das muss doch einen Grund gehabt haben. Es ist dasselbe Bild wie nach der Ermordung Gertruds. Bank taucht ab oder musste abtauchen, fast drei Jahre lang hört man wieder nichts von ihm.

1221 muss er noch einmal ein kurzes Comeback gehabt haben, als er mit dem Titel „Obergespan von Fehervar" unterzeichnete. Bei der Vorbereitung der Goldenen Bulle wirkte er kräftig mit, wurde dann aber ein Jahr später endgültig von Graf Miklos auf allen Gebieten abgelöst. Die Versammlung der Würdenträger hatte ihn mit anderen zusammen wohl als abgesetzt erklärt, da sie sich dazu für berechtigt hielt und das verfassungsmäßige Recht beanspruchte, sowohl Palatin wie andere Würdenträger im Falle einer Verfehlung zu entfernen[499] und an ihrer Statt die Ernennung eines neuen durchzusetzen. Die Mitglieder der entlassenen Regierung wurden schon nicht mehr aufgezählt, die neuen noch nicht erwähnt. Die Verfügung der Goldenen Bulle sagt klar, dass der Ban, der Missbräuche begeht, vor dem ganzen Lande, d.h. vor der Gerichtsversammlung, seiner Würde beraubt werden sollte. Was braucht man mehr zum Ende des Ban Bank sagen? Er konnte sich lange genug als Schützling des Königs erfreuen.

Den letzten Beweis lieferte der Nachfolger des Königs, Sohn Bela IV., der sicher gut über die Hintergründe des Mordes an seiner Mutter informiert war. Er befahl, den Drahtzieher des Mordes auf immer zu verbannen. „Bank wurde auf den Wunsch Belas IV. endgültig gestürzt und verlor einige Jahre später sein ganzes Vermögen."[500] 1240 wurden alle Güter, Habe und Landwirtschaft eingezogen.[501] Dabei kam er noch gut weg, was er wohl der Protektion des Altkönigs zu verdanken hatte. Sicherlich auch einer der Gründe, warum sich Sohn und Vater immer weniger miteinander vertrugen.[502]

Wir müssen uns nach all diesen Kenntnissen in Ban Bank eine geschickte und verschlagene Gestalt vorstellen. Dass er gleich zwei Mal vom Hofe verbannt wurde, ist sehr verdächtig. Dass er nach einigen Jahren wieder auftauchen kann, zeugt von einem schlauen manövrierenden Hofmagnat, der die Schwächen des Königs kannte, ihn um den Finger wickeln konnte, ohne dass dieser es merkte. Sein machiavellisches Gespür für Macht und Einfluss verschaffte ihm immer wieder Zugang zum Hof. Er schwamm auf der Welle der heftigen Deutschfeindlichkeit. Zwischen der Ahnungslosigkeit des Königs und der Klugheit der Königin, die ihn durchschaut haben muss, trieb er sein Spiel, und das machte ihn schließlich zum Mörder, auch wenn er den Mord nicht selbst verübt hat.

---

[499]Homan II,84
[500]Homan II, 88
[501]nach Karacsonyis, Die ungarischen Geschlechter, S.155
[502]nach Dlugoss, Annales, p.369, Anm. 19 soll er 1240 noch gelent haben, „ anno 1240 vixit."

15.2. Der Erzbischof von Esztergom

Da wir in der Lage sind, von Erzbischof Johann von Esztergom eine zeitgleiche Äußerung zu der Ermordung der ungarischen Königin Gertrud zu besitzen, wird man nicht umhin können, seine Aussage im Zusammenhang mit seiner politischen Einstellung und seinem Werdegang zu sehen.
Unsere Kenntnisse gehen zurück auf das Ende des 12. Jahrhunderts. Damals setzte Papst Innocenz III. im Einvernehmen mit König Emerich den offenbar tatendurstigen Bischof im Kampf gegen die Sekte der Bogomilen ein. Dafür konnte man keinen zimperlichen Mann brauchen. Er musste vielmehr die Eigenschaften eines Inquisitors besitzen. Seine Mission muss er auch vorbildlich erfüllt haben, denn zu seiner Belohnung durfte er 1198 Bischof der renommierten Diözese von Csanad werden.[503]
Entstanden war diese Sekte in Bulgarien. Die Auffassung der Bogomilen von der irdischen Welt des Bösen und der himmlischen Welt des Guten hätte Rom ja noch hingenommen, aber ihre Ablehnung der Priester, Mönche und Bischöfe, die „aus Tollwütigen bestehe und den Friedhöfen entstiegen" sei, war eine Provokation. Diesen selbstsicheren Christen konnte man nur mit eisernen Bandagen begegnen und da war Johann der richtige Mann. Ende der 90-er Jahre soll er sich mit den Vertretern der Sekte auf der Insel Chepel getroffen haben. Nach einer anderen Überlieferung fand dieses Treffen erst 1203 statt.
Als König Emerich zum Kreuzzug aufbrechen wollte, setzte er Bischof Johann zu einem seiner Stellvertreter ein und nicht den Primas, Erzbischof Job, den der König als seinen „ausgemachten Feind" bezeichnete.[504] Da es aber zu einem Kreuzzug nicht kam und Johann schon nach mehr Kirchenwürden trachtete, gelang ihm - mit Hilfe des Königs - der Sprung auf das zweithöchste Kirchenamt Ungarns, den Bischofsstuhl von Kalocsa, den er von 1203-1205 innehate. Wie eng die Vertrautheit zwischen König und Bischof schon gewesen sein muss, zeigt das Entgegenkommen Emerichs, Johann den Königspalast in Esztergom als zeitweiligen Aufenthaltsort zu überlassen. Er machte ihm lediglich die bescheidene Auflage, dass der Königshof Gastrecht genießen dürfe, sollte er sich in Esztergom aufhalten.[505]
Johann hatte Zugang zum königlichen Stempel und stand am Sterbebett des Königs am 30. November 1204.[506] Er genoss unter Emerich den Ruf eines genialen Schlichters, so bewährte er sich 1199 zwischen Bischof Elvin von Varasd und seinen Kanonikern, ebenso zwischen dem Bischof von Pecs und dem Abt von Földvar und anderen Streitfällen.[507] Als treuer Anhänger König Emerichs war er folgerichtig ein Gegner des aufmüpfigen jüngeren Bruders, des Herzog Andreas, ebenfalls des Erzbischofs Job sowie einer anderen Persönlichkeit der Kirche Ungarns, dem Abt von Sankt Martinsberg. Der Abt und Erzbischof Job auf der Seite des Andreas, der ein Freund der Staufer war, während Emerich zur welfischen Partei neigte. Diese politische Konstellation sollte man nicht aus dem Auge verlieren.

Als der Knabe Ladislaus am 7. Mai 1205 starb, stieg Andreas zu den Königswürden auf und das Schicksal wollte es, dass Johann den westlich-staufisch orientierten Andreas krönen musste und das auch noch in Anwesenheit einer Gemahlin aus dem deutsch-meranischen Haus, das wie kein anderes zu den treuen Anhängern der Staufer zählte.
Kaum dass sich Johannes in Kalocsa eingerichtet hatte, provozierte er einen **Streit mit seinem Mitbruder Job,** dem Erzbischof von Esztergom. Johann beanspruchte das Krönungsrecht der Könige für sich, und er bezog sich auf die mehrfach bereits erfolgten Krönungen durch den Kalocsaer Erzbischof, obwohl er genau gewusst haben muss, dass dieses Recht seit 1174 für den Primas von Eztergom verbürgt und 1180 und 1191 von Rom bestätigt worden war. Es ist bezeichnend für seinen Ehrgeiz, dass er 1203 etwas forderte,

---

[503] Szentpétery, Reg. Regum stirpis Arp. I, 174
[504] „...qui noster est inimicus manifester..." Knauz , Monumenta Ecclesiae Strig.I, 156
[505] Kosztolnyik,Z.J., Ungary in the thirteenth century, 6
[506] Katona, A kalocsai érseki egyház története, Kalocsa 2001, S. 122
[507] Thoroczkay Gabor, S. 88, in: Esztergomi ersekek 1001-2003

was er Erzbischof Berthold ein paar Jahre später abstreiten wird!
Ein Jahr später prasselten auch schon die ersten Beschwerden in Rom ein. Aus einem Brief des Papstes Innocenz III. vom 5. Mai 1206 erfahren wir, dass sich sein Mitbruder Job, Erzbischof von Esztergom, Primas von Ungarn, über Johannes beklagte. Der Papst rügte daraufhin den Bischof von Kalocsa und reagierte erbost:

„Ein schweres Problem hat Unser ehrwürdiger Bruder, Erzbischof von Esztergom vorgebracht, nämlich, dass Du in einer Kirche, die in seine Zuständigkeit gehört, ihm den Schlusssegen mit nicht geringem Stimmenaufwand vorweggenommen hast.[508]

Dies ist eine Verletzung und Schädigung seines Rechts. Außerdem hast Du gegen seinen ausdrücklichen Willen in einer zu ihm gehörenden Kirche zwei Bischöfen die Weihe gespendet. Auch hättest Du in anderen Kirchen seiner Diözese Dein Vortragskreuz feierlich vor Dir hertragen lassen und gegen seinen Willen Pontifikalämter gelesen. Diese Taten dulden Wir nicht, noch lassen Wir zu, dass dem Erzbischof Unrecht angetan wird. Wir tragen Dir auf und befehlen Dir strengstens durch dieses apostolische Schreiben, dass Du alles persönlich wieder in Ordnung bringst, was Du zu seinem Unrecht und seinem Schaden angestellt hast und was Du gegen alles, wie man weiß, unternommen hast, das gegen übliches und althergebrachtes Herkommen gerichtet ist. Du mögest in Zukunft Abstand davon nehmen, ihm Unrecht zuzufügen, und Wir wollen uns nicht gezwungen sehen, Dir in der Sache einen noch strengeren Brief zu schreiben.“[509]

Als 1204 der Erzbischof Ugrin von Esztergom starb, sah Johann seine größte Chance, Primas von Ungarn zu werden, obwohl eine wohl mündliche Regelung galt, dass der Erzbischof von Kalocsa nicht Nachfolger des Erzbischofs von Esztergom werden konnte. Johann von Kalocsa wollte seine Transferierung trotzdem durchsetzen, aber die Suffraganbischöfe Kalan von Pecs, Johann von Neutra, Boleslaus von Waitzen und Kalan von Veszprem waren strikt dagegen,[510] während die Kanoniker von Esztergom für Johann votierten. Ob sie in ihm einen fähigen Oberhirten sahen oder ob sie sich von Johann handfeste Vorteile versprachen, ist nicht zu erfahren. Papst Innocenz III. berief die streitenden Parteien nach Rom. Um ihren Forderungen Nachdruck zu verleihen, schickte die Kanoniker von Esztergom ihren Schatzmeister mit.
Das Kapitel von Esztergom sprach den Suffraganbischöfen weiterhin das Recht auf Mitsprache ab. Diese wiederum argumentierten, dass schon „von Anfang des ungarischen Reiches das Recht ihrer Mitsprache“ bestanden habe. Die gebildeten und sicherlich gut informierten Bischöfe waren der Auffassung, dass Johann des 1. Bischofssitzes nicht würdig sei. Sie drückten ihren Unmut in einem Schreiben an den Papst aus und bemerkten, dass es im Lande viele würdige, kluge und gebildete Männer gebe, die weitaus geeigneter für den Esztergomer Bischofssitz seien als Johann.[511]
Inzwischen hatte Andreas die **deutsche Gertrud** aus der Dynastie der Andechs-Meranier Ende 1204 geheiratet. Diese sah sich einer heftigen „unbischöflichen Polemik“ ausgesetzt. Es ist nicht ausgeschlossen, dass Gertrud von Anfang an eine Abneigung gegen Johann empfand, da dieser den Königsanwärter Andreas nicht anerkennen wollte. Daher schob Andreas II. seinen Favoriten, den Bischof Kalan von Pecs, in die Arena.
Die Schlammschlacht ging nun erst recht los. Um ihn als Kandidaten loszubekommen, unterstellte man Bischof Kalan, er habe mit seiner Nichte ein sexuelles Verhältnis gehabt.[512] Außerdem, als ob das nicht reichen würde, sei er mitverantwortlich für die heimliche Tötung Belas III.[513] Papst Innocenz III. schenkte dieser Anschuldigung zwar keinen Glauben,[514] lehnte Kalan aber trotzdem wegen der «Streitigkeiten» ab und ließ es bei einem Reinigungs-

---

[508] „in non modicum clamorem prorumpens“ József, A kalocsai Érsekek Életrajza , Köln 1991, S. 95 und Mon. Eccl.Strig. I, nr. 166
[509] Knauz, I, nr.153
[510] Hageneder, Die Register Innocenz III.,Bd.7, nr. 159..."penitus contradicunt"
[511] ..multi sund viri honesti, discreti et litterati qui possent illi ecclesiae decentius praesidere" Potthast I, p.200,nr.2328 v. 22. November 1204
[512] Hageneder, Die Register Innocenz III. ,Bd. 9. nr.113, S.206
[513] Alberich von Troisfontaines schreibt zum Jahr 1196: „Rex Ungarie Bela moritur in cena Domini de cuius potionatione contra quendam episcopum Calanum orta fuit suspicio“ , MGH SS XXIII, p.873
[514] Schreiben v. 2. Januar 1204, Hageneder, 6, nr.194

verfahren bewenden.[515] Der Papst nahm ihn aber in Schutz: „Laßt ihn nicht durch böse Umtriebe unterdrücken. Wir glauben nämlich mit großer Wahrscheinlichkeit, dass einige unter euch von Neid beherrscht werden. Diesen wäre es gerade recht, wenn er zu Fall käme."[516] Woher die „bösen Umtriebe" kamen und wer von „Neid beherrscht" war, ist nicht zu erfahren, aber zu vermuten. Innocenz III. entschied sich also für Johann, der derben politischen Natur. „Da Wir keine vollkommene Kenntnis der Personen des Königreiches haben und daher keine andere aus Ungarn stammende Person in Frage käme, haben Wir uns für Johann entschieden, da Wir auch keinen Fremden nehmen wollten."

Ein Jahr lang soll **Kalan** als Elekt in Esztergom gewesen sein. Dort wurde er seit 20. August 1204 als „Calanus de genere Bár-Kalan" in den Bischofslisten geführt. Aber Kalan schien keine dauerhafte Chance mehr gehabt zu haben.[517] König Andreas, bekannt für sein ständiges Umschalten von heiß auf kalt, votierte nun für Erzbischof Johann. Dadurch wurde der erzbischöfliche Stuhl von Kalocsa vakant. Für den Umschwung des Königs gibt es auch eine Erklärung: weil er durch den Wechsel Johanns nach Esztergom auf den Biscofsitz in Kalocsa seinen Schwager Berthold, den Bruder der Köngin, setzen lassen konnte.[518]

Der neue Erzbischof von Esztergom musste nun den stauferfreundlichen König wohl oder übel akzeptieren und Andreas seinerseits den ihm zwiespältig gesinnten Johann als Primas von Ungarn anerkennen. Von nun an ist das Verhältnis der beiden Männer ein Wechselbad von Anerkennung und Ablehnung.

Johann muss sich schon früher gegenüber dem Bistum Esztergom recht aggressiv verhalten haben. Er habe, so die Suffraganbischöfe, der Kirche von Esztergom „unerträgliche Dinge in Worten und Taten zugefügt." Wenn er an die besagte Metropole versetzt werden würde, müsste er sich über seine eigenen Worte schämen und sich selbst widersprechen. Die Suffraganbischöfe hätten im Falle seiner Versetzung nach Esztergom nichts Gutes zu erwarten.[519]

Der Gipfel der Ironie war schließlich, daß Johann, nun Erzbischof von Esztergom geworden, das alleinige Krönungsrecht wieder für sich und seine Kirche beanspruchte. Diesen Widerspruch äußerten auch die Suffraganbischöfe. Johann habe seinerzeit immer behauptet, das Bistum Kalocsa sei demjenigen von Gran ebenbürtig. Er habe es sogar einverleiben wollen! Wenn dem aber so sei, warum wolle er dann unbedingt Erzbischof von Esztergom werden?

Berthold, der 1206 auf den erzbischöflichen Sitz von Kalocsa nachfolgte, führte traditionsgemäß den Krönungsstreit weiter, bis ihn Papst Innocenz III. endgültig klärte. Diese Vorkenntnisse der politischen Konstellation im Umkreis von Erzbischof Johann und König Andreas II. gehören zum Verständnis der Umstände im Jahre der Ermordung Gertruds.

In diesem verhängnisvollen Jahr 1213 machte Johann durch seine berühmt gewordene zweideutige Antwort von sich reden. Seine geradezu berüchtigte Aussage sollte schwerwiegende Folgen haben. Sie betrifft die Anfrage einiger Hofbarone, vielleicht sogar der zukünftigen Mörder der Königin, ob es erlaubt sei, die Königin Gertrud umzubringen. Seine Antwort - wenn er sie überhaupt in dieser Form gegeben hat - soll nicht ohne Erklärung bleiben.

Alberich von Troisfontaines berichtet, der Erzbischof Johann von Gran habe zu der Absicht, die Königin zu töten, keine eindeutige Stellung bezogen. Seine zweideutige Antwort, ein sogenannter „amphibologischer" Spruch, erlaubte es, die potentiellen Mörder zu ermuntern oder sie davon abzuhalten. Je nach Stellung der Satzzeichen konnte man eine Zustimmung zum Mord oder eine Missbilligung herauslesen. Demzufolge soll er sich aus der Affäre gezogen haben, indem er jenen viel zitierten Ausspruch schriftlich formuliert haben soll.

---

[515]Schreiben v. 19. Juni 2005, Hageneder 8, nr. 99

[516]PL

[517]Mailath, Geschichte der Magyaren,149; Udvardy, A kolocsai érsekekk, 100

[518]Die überraschende Versetzung Johanns nach Gran hat auch die Legende aufgebracht, Johann sei ein Bruder Gertruds gewesen. Dadurch wollte man offensichtlich wieder die Begünstigung eines Verwandten der Königin kolportieren, s. Kotona, Epitome, 400

[519]PL 215, nr. 442, S.463

Kein ernsthafter Historiker hält diese Überlieferung für gesichert. Auf der anderen Seite muss man sich aber fragen, warum sie sich so hartnäckig gehalten hat und ob sie nicht eben seine Einstellung wiedergibt.
Die überlieferte Antwort ist eine schriftliche Replique in zwei Zeilen und ohne Satzzeichen:
„Reginam interficere nolite timere bonum est
si omnes consentiunt ego non contradico"[520]
Auf holprigem Deutsch – weil kaum entsprechend übersetzbar – müsste dieser Satz etwa so lauten:
„Die Königin zu töten fürchtet nicht gut ist es wenn alle übereinstimmen widerspreche ich nicht tut es."
Nicht gerade einen Grund für den Mord an der Königin, so doch mindestens eine Legitimation fanden jene Feinde Gertruds in der Antwort des Erzbischofs von Esztergom, dass es – je nachdem wie man den Spruch punktiert – moralisch gerechtfertigt sei, die Königin umzubringen.
Die Königin nicht zu töten würde so interpunktiert werden:
"Reginam occidere nolite, timere bonum est
si omnes consentiunt, ego non, contradico"
„Wollet nicht die Königin töten, sich davor fürchten ist gut;
wenn alle einverstanden sind, ich nicht, ich widerspreche"
Die Zustimmung zum Töten würde lauten:
„Reginam occidere nolite timere, bonum est
si omnes consentiunt, ego non contradico"
Ihr sollt euch nicht fürchten, die Königin zu töten, es ist gut so;
Wenn alle einverstanden sind, widerspreche ich nicht."[521]
Wenn es auch nicht verbürgt ist, dass der Erzbischof diese zweideutige Antwort gegeben hat, so gibt sie doch eine allgemeine Auffassung innerhalb der gebildeten Oberschicht über die dubiose oder vage Stellung des Erzbischofs Johann wieder, dem man eine solche mögliche Meinung immerhin zutraute. Das Wortspiel mag zwar offen bleiben, aber es stimmt doch nachdenklich, dass der Erzbischof in einer derart wichtigen über Leben und Tod entscheidenden Angelegenheit keine eindeutige Antwort gegeben hat. Auf eine Anfrage solcher Art müsste der erste Kirchenmann des Staates keinen Zweifel daran lassen, einen Mord strengstens zu verbieten. Wenn er diese Worte nicht gesagt hat, so geben sie doch die Einschätzung einiger Zisterzienser Mönche wieder,[522] die enthüllt, was sie von ihrem Bischof hielten und welche moralische Autorität er genossen haben muss. Alberich von Troisfontaines erzählt sie 1240, ebenso Hermann von Altaich 1260, der Anonymus von Leoben 1347 und Rupert von Salzburg in seinen Annalen.[523]
Auf jeden Fall scheint der Erzbischof eine Rolle in der Verschwörung gespielt zu haben. Es wäre sehr verwunderlich, wenn er, so nahe am politischen Geschehen des Königshofes, von der brodelnden Verschwörung einer gewissen Aristokraten-Clique gegen den König oder die Königin nichts erfahren hätte. Das holde Märchen von der Ahnungslosigkeit des Kirchenmannes wäre allzu verwegen aufgezäumt.
Es ist vorstellbar, dass Erzbischof Johann kein Freund der „Deutschen" war, denn die Auseinandersetzungen um die Krönungsrechte von Esztergom oder Kalocsa, wurden vom König, von Gertrud und ihrem Bruder Berthold, Erzbischof von Kalocsa, immer noch

[520]CFH I nr. 103, p.31
[521]Die Amphibolie ist ein beliebter Topos, der bereits bei griechischen und lateinischen Autoren erscheint , bei Xenophon, Platon, Aischylos sowie bei Cicero, in den Satiren von Horaz und Martial. Immer ist Amphibolie Zweideutigkeit, Mehrdeutigkeit eines Satzes. Sie entsteht durch verschiedene Möglichkeiten der Betonung, der Beziehung oder der Anordnung von Satzzeichen. Vereinzelt kommt sie auch noch vor im Zusammenhang mit dem Tod von Königen im 13. und 14. Jahrhundert.
[522]Kosztolnyik, Hungary in the thirteenth century, 58
[523]Alberich von Troisfontaines schreibt: „ De morte autem huius regine quaedam archiepiscopi Johannis Strigoninesis publicate sunt lietere amphibologice, duplicem habentes constructionem..."CFH I, nr.103, p.31. Bei Hermann von Altaich im Nachtrag steht sogar, der Erzbischof habe dem zukünftigen Mörder, dem Grafen Peter, selbst den doppelsinnigen Brief geschickt: " Peter...cui episcopus de Gran misit in epistola amphibologica..." MGH SS XVII, 386)

heftig geführt.[524] Johanns schwelendes Misstrauen gegenüber Andreas ist wahrscheinlich nie verschwunden, sowie sein Ärger auf den ständig launischen König.
In einem Kommentar zu den „Chronica Hungarorum“ wird von Klerikern gesprochen, die unter den hasserfüllten Baronen gewesen sein sollen.“[525] Der niedere Klerus kann damit nicht gemeint sein. Befand sich unter diesen „clerici“ auch Erzbischof Johann?
In der Urkunde von 1213, ausgestellt kurze Zeit vor der Ermordung Königin Gertruds, erscheint in der Reihenfolge der Zeugen der deutsche Erzbischof Berthold an erster Stelle, vor dem Erzbischof von Esztergom. Dieser Vorgang ist einmalig und macht die damalige politische Situation am Hofe brisant. Wenn diese Urkunde in dieser Form echt ist, so bedeutet die Reihenfolge der Zeugenliste eine Degradierung des Primas von Ungarn. Unbestritten steht der Primas von Esztergom immer an erster Stelle. Dieser Umstand könnte den beleidigten Erzbischof Johann dazu veranlasst haben, den Groll gegen den deutschen Erzbischof Berthold und gegen die deutsche Königin Gertrud zu verstärken, aus dem vielleicht jener amphibologische Spruch entstanden sein könnte. Die Durchbrechung der üblichen Hierarchie in dieser Zeugenliste kann natürlich auch ganz andere Gründe haben.
Weiterhin ist zu fragen, warum der Oberhirte kein **kirchliches Gerichtsverfahren** gegen die Mörder eingeleitet hatt, da doch die Bestrafung von Mord sehr wohl auch in die Zuständigkeit der Kirche fiel und man gegen den oder die Schuldigen die gerechte kirchliche Verurteilung hätte verhängen müssen? Warum wurde gegen den Drahtzieher der Ermordung Ban Bank, kein ordentlicher kirchlicher Anklageprozess angestrengt? Hatte doch Papst Alexander III. (1159-1181) den folgenschweren Grundsatz erlassen, dass kirchliche Gerichte auch in einer weltlichen Angelegenheit zuständig seien, wenn der weltliche Richter eine Entscheidung verzögere oder verharmlose. Auch Papst Innocenz III. hatte klargestellt, dass die Räte des Königs und seiner Vertrauten, zu denen ja auch Ban Bank gehörte, unter ein kirchliches Gericht gestellt werden dürften und einen gerechten Prozess bekommen müssten,[526] und dass bei einem ungerechten Spruch des weltlichen Gerichts oder bei Parteilichkeit des Gerichts an den Bischof oder Papst appelliert werden könnte. Aber von einer Appellation des Erzbischofs ist nichts zu hören. Die synodalen Gerichte gibt es seit den Zeiten Kolomans. Sie setzten sich bei den Prozessen der Komitate und des Königs immer mehr durch.[527] Aus den Gesetzen Kolomans geht hervor, dass auch die Bischöfe bei qualifizierten und einfachen Mordtaten zuständig seien. Dasselbe sagte Papst Lucius (1181-1185), der die Instanz der geistlichen Gerichtsbarkeit in Kriminalsachen ausdrücklich betont.
Gerade in den beiden ersten Jahrzehnten des 13. Jahrhunderts ging immer mehr richterliche Kompetenz auf den Erzbischof von Esztergom über. Ein kirchliches Gericht muss in Esztergom bestanden haben, da hundert Jahre später diese Zuständigkeit bekannt war, zu der auch die Bestrafung von Blutvergießen gehörte. Auch wenn um diese Zeit die geistliche Gerichtsbarkeit noch eher gewohnheitsmäßig und primitiv ausgeübt wurde, so muss sie doch schon relativ verbreitet gewesen sein. Leider gibt es aus dieser Zeit keine Gerichtsprotokolle. Wie sehr aber Jurisdiktion ausgeübt wurde, kann man an den mehrfachen Exkommunikationen durch Erzbischof Lukas Banffy erkennen, wie auch der des Bischofs Robert von Esztergom, die er über das Land verhängte. War also der Erzbischof von Esztergom befangen oder mit dem König stillschweigend übereingekommen, kein weiteres Aufhebens über die Mordtat an der Königin zu machen, weil die Macht der Mörder und ihre adlige Großfamilie zu stark war? Fulbert von Chartres (1006-1028) verpflichtete König und Bischöfe, Verbrechen zu bestrafen auf Grund ihrer Amtspflicht als Richter und drohte ihnen mit dem Zorn Gottes und mit göttlichen Strafen, falls sie diese Pflicht vernachlässigten und sich untereinander verschwörten unter Verachtung göttlicher Gesetze.[528]

[524]Kosztolnyik, Hungary in the thirteenth century, 46
[525]Malyusz Kristo, Chronica Hungarorum, Commentarii, p.481," inter quos etiam clerici aderant"
[526]Kosztolnyik, 9
[527]Deér, Der Weg zur Goldenen Bulle, S. 118
[528]Kéry Lotte, Kirchenrechtliche Grundlagen des öffentlichen Strafrechts, 144

Die Unterlassung sei eine Art Zustimmung. In den Gratianischen Strafgesetzen[529] wird eine Pflicht zur Strafverfolgung erhoben und ein falsch verstandenes Erbarmen gegenüber dem Schuldigen als Ungerechtigkeit gegenüber dem Unschuldigen erklärt. Untaten wie „Majestätsbeleidigung"(„crimen laesae majestatis") müssten die zuständigen geistlichen Provinzrektoren mit dem Tode bestrafen.[530] Erzbischof Johann hätte nach geltendem kanonischen Recht sogar eine Ermessensstrafe verhängen können, aber er hat auch diese nicht angewandt. Vertreter der kirchlichen Gerichtsbarkeit verlangten sogar, dass der weltliche Richter bei Nachlässigkeit kirchlicherseits gezwungen werden müsse, sowohl nach kirchlichem wie weltlichem Recht die Gerichtsbarkeit auszuüben.[531]

Nun gibt es heute die Auffassung einiger Rechtsgelehrten, dass Ende des 12. Jahrhunderts in Ungarn kirchliche Jurisdiktion nur auf Delikte an Klerikern und nicht an Laien ausgeübt worden sei. So sagen die einen. Andere wissen sehr wohl von episkopaler Gerichtsausübung. Es wurde nämlich nicht nur das Recht der Kirche auf eine eigene Strafgewalt gegenüber Klerikern reklamiert, sondern auch die Forderung erhoben, die öffentliche Strafgewalt in den Dienst der Kirche zu stellen. Eine autonome kirchliche Gerichtsbarkeit hat sich in Ungarn durchaus entfaltet. Das erste und aufschlussreichste Dokument, das „ Regestum Varadinense," überliefert, dass die Bischöfe ihre richterliche Tätigkeit nicht nur bei Klagen über Kleriker ausübten, sondern auch in Eheangelegenheiten und Strafsachen wie Diebstahl, Raub, Mord und Vergiftung. Der Richter sandte den Beklagten zu einem Synodalgericht, wo er das Gottesurteil des glühenden Eisens bestehen sollte. Erzbischof Johann hatte sich auch keine Mühe gemacht, an den Papst zu schreiben.

Wie zwiespältig und wechselhaft das Verhältnis von Andreas II. und Erzbischof Johannes gewesen sein muss, zeigen die Jahre nach der **Rückkehr vom Kreuzzug**. Als Andreas in Ungarn eintraf, fand er das Land in einem verheerenden Zustand an. Der Erzbischof von Esztergom, der vom König als Reichsverweser eingesetzt wurde, war offensichtlich nicht in der Lage, das Chaos zu beherrschen. Während des Königs Abwesenheit soll er von einigen Aristokraten verjagt worden sein, man weiß nicht warum. „Diese Satansgenossen, die vor nichts zurückschreckten", schreibt er dem Papst, hätten mit ungebührlicher Frechheit die Gesetze des Landes verletzt.

Jedenfalls hatten die ungarischen Barone es nicht auf die Würden des Erzbischofs und sein Amt abgesehen, sondern ihm seine Güter und seine beträchtlichen Einkünfte abgenommen. Er sei von Gewalttätern seines Besitzes und seiner Einkommen beraubt worden, schreibt Andreas.[532] Ob es aber die Königstreue gewesen ist, weswegen er beraubt wurde oder ob sich die Übeltäter nur an seinem Besitz vergriffen hatten, lässt sich nicht nachprüfen. Das letztere muss wohl eher stimmen, denn in seinem Brief an den Papst schreibt Andreas, die Ruchlosen hätten sich an das „Vermögen und die Einkünfte des Kirchenfürsten" gemacht. Nur das interessierte sie.

Im Jahre 1223 wandten sich die Bischöfe und einige Barone an den Papst. Sie entrüsteten sich darüber, dass der junge Bela IV. zum Ärgernis und Schaden der christlichen Religion sich von seiner angetrauten Frau Maria Laskaris scheiden lassen sollte, weil „Einflüsterungen gewisser übelwollender und irregeleiteter Personen" ihn dazu veranlasst hätten.[533] Diesen Brief hat Erzbischof Johann nicht unterschrieben. Da das Schreiben im Laufe des Jahres 1223 abgesandt wurde, muss Johann noch gelebt haben, denn er starb erst im November 1223. Hatten der Erzbischof von Esztergom und König Andreas II. eine Auflösung befürwortet? Der König forderte die Scheidung öffentlich. Von Erzbischof Johann kann man es allenfalls vermuten, weil er, in der Tradition ungarisch national gesinnter Bischöfe, wie Lukas Banffy, jeglichen ausländischen Einfluss, besonders denjenigen aus Byzanz, vermeiden wollte. Und diese Gefahr fürchtete er, wenn Maria Laskaris Königin bleiben würde.

---

[529]Decretum Gratiani, quertier4; um 1140
[530]Kéry, 163
[531]Kéry, 148
[532]"rebus omnibus et redditibus spoliatus" Katona V, p.270
[533]Epitome I, 436; Battyani, Leges Ecclesiasticae Regni Hungariae, T.2,324 f

Genauso muss er den Einfluss der deutschen Königin Gertrud gefürchtet haben.
Es gibt keine Beweise für irgendeine Mitschuld des Erzbischofs am Tode Gertruds. Dass sie aber in Todesgefahr schwebte und dass Johann diese geahnt haben könnte, wird man nicht ganz ausschließen.

16. Die Motive

Gibt es konkrete und nachweisbare Gründe für den Mord an Gertrud? Also etwa Veruntreuung, Ungerechtigkeit, Falschaussagen, Bestechungen, Verfehlungen oder kriminelle Taten. Oder sind die Gründe, die uns die Geschichtsquellen überliefern in ihrer Deutung der Motive nichts anderes als das Ergebnis von Verlegenheiten und Mangel an konkreten Beweisen, d.h. Erfindungen oder Übertreibungen, um im Nachhinein den Mord an einer Königin zu legitimieren? Die Motive, insofern überhaupt welche überliefert sind, bedürfen einer aufmerksamen und sehr genauen Untersuchung.
Um einen Aufstand gegen die Herrscherin zu legitimieren oder um das energische Auftreten einer Fürstin gegenüber den Magnaten verurteilen zu können, bedarf es einer rechtspolitischen Begründung nach außen, um das grauenhafte Geschehen an einer Königin zu rechtfertigen und diese schien man auch gefunden zu haben. Das Fehlen von irgendwelchen Untaten der Königin zwang nachträglich die Oligarchen und ihre „Presse", Gründe für den Mord zu finden, und da passte die allgemeine Stimmung gegen die Überfremdung durch Deutsche und ihre Bevorzugung durch die Königin trefflich hinein. Die Geschichte kennt zahlreiche Fälle von untergeschobenen Gründen.
Ging der Mord an Gertrud auf eine Privatrache zurück oder standen politische Gründe im Vordergrund? Oder traf beides zusammen? Verfolgten die Mörder noch andere Ziele? Die einzige Überlieferung eines möglichen Motivs für die Tötung ist uns in den Marbacher Annalen tradiert. Da heißt es, dass der einzige Grund dieser Tat darin bestanden habe, dass die Königin ankommende Deutsche freigebig beschenkt haben soll.[534] Und da stellt sich schon die erste Frage: kann denn eine Schenkung, wenn sie nicht in maßloser Weise ausgeübt wird, Grund für einen Mord sein? Rechtfertigt die Zuwendung an Personen – wenn sie nicht zum Nachteil anderer erteilt wird – den Mord an einer Königin? Was sagen die Quellen?

16.1. Günstlingswirtschaft?

Wir haben auf die verschiedenen politischen Strömungen aufmerksam gemacht, die zur Zeit Gertruds in Ungarn vorherrschten. Dazu gehört das aufgeheizte Klima um 1200, der Kampf zwischen Aristokratie und Monarchie, die Haltung und Machenschaften von Amtsträgern, die Zuwanderung von Deutschen, das aufkeimende Nationsbewusstsein und die damit verbundene Fremdenfeindlichkeit. Diese Strömungen zeigen allenfalls eine allgemein schwelende Bewusstseinslage, sind aber nicht der konkrete Beweggrund für die Ermordung Gertruds.
Die einzige Überlieferung eines möglichen konkreten Motivs für die Tötung ist in den Marbacher Annalen tradiert. Dort heißt es, der „einzige" Grund" dieser Mordtat habe darin bestanden, dass die Königin ankommende Deutsche freigebig beschenkt haben soll. Der Neid auf den vermeintlich privilegierten Personenkreis um die Königin Gertrud schien gewaltig zu sein. Man argumentierte in der bisherigen Geschichtsschreibung, auch der König hätte die Dotationen und Ehrentitel nur seiner Frau zuliebe verliehen. Daraufhin seien einige Unzufriedene von solcher Wut entbrannt, dass sie allen Respekt ablegten und auch den König umbringen wollten. Nun zieht sich ja das Beseitigen oder das Töten eines ungarischen Königs wie ein Faden durch die arpadische Geschichte.

---

[534]"nulla alia causa quam … ut dicebatur.." Annales Marbacensis, in: MGH, SS XVII,173

Doch die Ermordung einer Königin gehört schon in einen wesentlich sensibleren Bereich. Und wenn man sich vorstellen soll, dass ihr Tod lediglich die Folge gewesen sei, dass sie gewisse Deutsche bevorzugt haben soll, wird er noch unverständlicher. Alle ausländischen Königinnen haben einen Hofstaat von einheimischen Vertrauten mitgebracht und haben sie auch je nach Aufgabe und Verantwortung mit Geschenken bedacht. Wir wissen, dass auch Gertruds Schwester Hedwig, Herzogin von Polen, viele Deutsche an ihrem Hofe beschäftigt hatte. Aber es gab keine nennenswerte und folgenschwere Eifersüchteleien und Hassausbrüche wie in Ungarn. Gertruds Schwester sah sich zwar auch einem Kreis von Neidern gegenüber, aber sie scheint ihn zurückgedrängt zu haben, denn in der Legenda major heißt es: „Die Herzogin konnte die Neider im Zaume halten". Doch Gertrud unterschätzte wohl Anzahl und Gewaltbereitschaft ihrer Feinde. Gertrud habe dem Land viele Verwandte und deutsche Anhänger „auf den Hals geladen", schreibt einer der renommierten Geschichtsschreiber. „Diese Herren" – gemeint sind die Deutschen – oft zur Prälatenwürde erhoben, hätten den ungarischen Besitz nicht geschont und seien – mit wenigen Ausnahmen – nur daran interessiert gewesen, ihr Vermögen schnell zu vermehren und die königlichen Güter und Einkünfte auszubeuten. An der Spitze dieser Fremden, die die Güter des Landes verschlangen, sei die Königin selbst gewesen, die ihre Geschwister und Verwandten an den Einkünften des Landes „mästete".[535] Es wird behauptet, dass es besonders die Bevorzugung der Brüder der Königin gewesen sei, die den Zorn der Hofgrößen hervorgerufen habe.[536]

Diese Denkbilder, Verlegenheitsbilder, Wunschbilder machen den Eindruck, als ob hier mit allen Mitteln versucht wird, eine Legitimierung für den Mord zu erreichen. Man könnte am besten von einem „Nach-Urteil" sprechen. Ein Leichtes war es gewesen, Gertrud umzubringen, nun war es schwer, die Welt von der Richtigkeit der Tat zu überzeugen. In die Strömung der Fremdenfeindlichkeit und besonders der Deutschfeindlichkeit unter den Magnaten passte das Argument der Günstlingswirtschaft ganz hervorragend. Plötzlich tauchten dubiose Meldungen auf, um die Königin verächtlich zu machen und sie als Frau darzustellen, die ihre Gunst nur ihren Landsleuten erweise. Das mit Absicht oder aus Verlegenheit ausgedachte Motiv von der Bevorzugung Deutscher durch Gertrud war nichts anderes als das Bemühen, Konspiration und Ermordung der Königin als gerechtfertigt erscheinen zu lassen. Listig ausgestreute Gerüchte hatten schnelle Wirkung und die Königin wurde ein Opfer durch die Kunst des Diskreditierens. Ein rebellischer Akt wird in eine legale patriotische Tat verwandelt. Die Marbacher Annalen sind historisch deshalb so wertvoll, weil der Chronist kein Ungar war, sondern lediglich niederschrieb, was er vom Hörensagen her kannte, als er schrieb, Gertrud habe ihre Landsleute freigebig und großzügig beschenkt. Und er fügte das Wichtigste hinzu: „So wird es gesagt!" Keiner der Zeitzeugen hat den Vorwurf der Günstlingswirtschaft erhoben, keiner an der Unschuld Gertruds gezweifelt, keiner hat eine solche schnöde Beschuldigung erhoben, wie es doch ein Leichtes gewesen wäre, ein offensichtliches Fehlverhalten auszuposaunen. Wenn man von der schnellen Karriere Bertholds einmal absieht, dann muss man feststellen, dass kein einziger Verwandter Gertruds zu einem Prälaten erhoben wurde. Für eine Vermehrung ihres Vermögens ist kein stichhaltiger Hinweis vorhanden. Ebenso wenig lässt sich eine Ausbeutung von ungarischen Bauern, Siedlern, Kaufleuten oder Grundbesitzern nachweisen. Nicht die Königin hat Güter verschlungen, sondern die Oligarchen, die hohen Herren des Adels. Sie erpressten ihre Untertanen, hörten nicht auf die Klagen der armen Leute, weil sie auf ihren gesicherten Burgen saßen oder am Hofe nach neuen Ehren suchten und schonungslos über Leben und Tod ihrer Hörigen entschieden.

[535]Homan, Geschichte des ungarischen Mittelalters II, S. 71
[536]Katona, Epitome I, 411

Hörige bei der Ernte. Wein für die die Magnaten

Kein einziger Verwandter genoss Einkünfte des Landes, kein anderer Bruder wurde bevorzugt, keinen einzigen Ehrentitel hat sie vergeben. Was sich da die Geschichtsschreibung an Verdächtigungen und Vermutungen hat einfallen lassen, geht über alles Maß hinaus. Hier erfährt der „Fall Berthold“ eine erwünschte Vermehrung, eine wunderbare und unzulässige Titelmultiplikation!

Rufen wir uns noch einmal in Erinnerung, dass keiner von den Brüdern, außer Berthold, zu irgendeiner nachweisbaren Ehre gekommen ist. Die Tatsache, dass sich der König beim Papst für die Rehabilitierung seines Schwagers eingesetzt hat, ist ja wirklich nichts Tadelnswertes. Solche Hilfe unter Verwandten ist selbstverständlich und in keiner Weise anrüchig, zumal der König von der Unschuld Ekberts überzeugt sein musste.

Kein einziger Verwandter genoss Einkünfte des Landes, kein anderer Bruder wurde bevorzugt, keinen einzigen Ehrentitel hat sie vergeben. Was sich da die Geschichtsschreibung an Verdächtigungen und Vermutungen hat einfallen lassen, geht über alles Maß hinaus. Die glaubwürdigen Marbacher Annalen berichten von „Gertruds Freigebigkeit und Großzügigkeit gegenüber den Deutschen.“[537] Es gäbe eigentlich keinen Grund, daran zu zweifeln, nur lässt sich das nirgendwo nachweisen, mit Ausnahme der Förderung Bertholds. Gertrud hat keine einzige Urkunde allein ausgestellt. Daher kann man nicht – nur weil sie sich in einem einzigen Fall für Propst Adolph einsetzte – hergehen und behaupten, Gertruds Einfluss sei auch in allen anderen Urkunden zu vermuten und sie habe ständig eine „vorrangige Stelle bei den Dotationen eingenommen.“[538] Nicht nur Gertrud, sondern auch ihre Vorgängerinnen und Nachfolgerinnen hatten ihre eigenen Leute an den Hof geholt und förderten sie. Nur: davon wurde nicht berichtet, weil kein Mord zu erklären war. Ein gewisser „einheimischer Hofstaat“ zählte zu einem ganz normalen Vorgang. Die ausländischen Königinnen brauchten einen vertrauten Umgang mit Dienstleuten aus ihrer jeweiligen Heimat. Gertrud mag in einem von ungarischen Magnaten und ungarischen Höflingen besetzten und umworbenen Hof sich eine interne Hausmacht aufgestellt haben, umsomehr, als ihr Mann Andreas häufig abwesend war und sie sich gegenüber zudringlichen Anmaßungen von Bittstellern behaupten musste. Der Verfasser der Marbacher Annalen weiß auch sehr wohl zu unterscheiden zwischen Wirklichkeit und Gerücht, denn er fügt wohlweislich ein „ wie man sagt“ hinzu und bürgt dadurch nicht für die authentische Wahrheit. Durch dieses „wie man sagt“ wird der Bericht relativiert. Die Wirklichkeit mag ganz anders aussehen will erdamit ausdrücken: man sagt nur, man behauptet nur, man vermutet zwar, dass sie großzügig gewesen sei. Aber ob sie wirklich so freigebig war, lässt der Chronist mit dem „ut dicebatur“ offen.

Nun könnte man ja auch noch auf die Ausrede verfallen, Urkunden von Dotationen an Deutsche seien absichtlich abhanden gekommen. Warum aber dann gerade diese? Wären nicht die Neider und Ankläger daran interessiert gewesen, gerade jene Urkunden als Beweis für die Bevorzugung von Gertruds Landsleuten besonders zu bewahren, wenigstens Zweitschriften oder Gegenschriften als Beweislage anzufertigen? Nicht einmal Fälschungen

[537] „larga et liberalis erga Teutonicos“, MGH SS XVII, 173
[538] Szekely, Gjörgy, Magyarnos törtenete, S.1283

sind uns erhalten! Im Übrigen galt seit Bela III. die strikte Regelung, dass alle Rechtsgeschäfte nicht in mündlicher, sondern in schriftlicher Form abgeschlossen werden mussten. Daran hat sich bei aller Freigebigkeit auch Andreas II. gehalten.
Aus den fehlenden Zeugnissen muß man zu der Überzeugung kommen, dass der Königin Gertrud ein Übermaß an Bevorzugung ihrer Verwandten angedichtet wurde. Mit welchen Privilegien soll Gertrud ihre deutschen Landsleute ausgestattet haben?
Der Marbacher Annalist fährt fort und schreibt:..."und sie unterstützte sie (die Deutschen) in den notwendigen Dingen" „eorumque necessitate in omnibus subveniebat." Dieser Satz wurde nie ausreichend beachtet und vorurteilsfrei erklärt. Er will nicht das Verschwenderische, Unnütze, die Luxusgüter oder dotierte Ämter zum Ausdruck bringen, sondern eben „necessitate", d.h. das zum Leben Notwendige, die elementaren Bedürfnisse, einfachste Dinge des täglichen Lebens. Wenn man die gesamte Aussage des Marbacher Annalisten verstehen will, muss man sie von hinten aufrollen. Dann würde die Aussage heißen, dass Gertrud zu den Bedürftigen, Armen großzügig war und nicht den Reichen gegenüber, denn die Großen bedürfen nicht der Hilfe und Unterstützung, des „Notwendigen". Allerdings schränkt die Bemerkung „zu den Deutschen" „erga Teutonicos" ihre Mildtätigkeit ein. Denn man muss sich fragen, warum sie ihre Fürsorge nur auf die Deutschen beschränkt haben soll und nicht auch auf bedürftige Ungarn, die es sicherlich ebenfalls gab. Man wird das nicht ganz klären können, aber man könnte vielleicht eine Antwort darin finden, dass Gertrud eine umsichtige und notwendige Fürsorge für ihre Landsleute hegte, von denen es, wie es heißt, viele gegeben haben soll. Wer sind diese „teutonicos"? Es kann sich um Leute gehandelt haben, die in ihrem direkten Umkreis standen, Personen, die die Königin an ihrem Hofe als Hilfskräfte, Angestellte, Hausmacht oder Schutztruppe führte. Diese Vermutung wird in diesem Maße an Glaubwürdigkeit gewinnen, als Gertrud sich gegenüber einer drängenden ungarischen Aristokratenmacht unter Ban Bank behaupten musste, die den König und seinen Einfluss einschränken wollten. Man kann sich die Oligarchen leicht vorstellen, die nicht nur den König als Person, sondern auch seine Stellung schwächen oder ihn gar zu beseitigen wünschten. Ihnen gegenüber brauchte die Königin angesichts eines schwachen Mannes eine starke Stellung vermittels vertrauenswürdiger Mitstreiter. Sonst kommt ja niemand in Frage. Die Zeugen in den Urkunden verraten keinen einzigen Deutschen.
Wenn man nachfragt, um welche bevorzugte Deutsche es sich gehandelt haben soll, so bleiben die Beweise aus. Außer Berthold lassen sich in den Zeugenlisten der königlichen Urkunden keine Deutschen nachweisen. Weder Peter von Csanád noch Palatin Nikolaus, der unter Emerich noch Wojwode war und kurz auch Palatin, noch Tiburz von Moson oder Bager von Szekesfehervar sind Deutsche. Ebenso steht es um die Grafen Csepan von Bacs, Poth von Moson, Graf Ochuz. Bischof Kalan, Bischof von Pecs, kann kein Deutscher gewesen sein, weil er dem ungarischen Geschlecht Bankalan angehörte, aus dem auch Bank stammte.[539] Sie deuten alle auf ungarische Herkunft hin. Viele Bischöfe, die unter Emerich in den Zeugenlisten auftauchen, unterschreiben auch unter Andreas II.
Die Vorwürfe, Gertrud habe einen Hof von deutschen privilegierten Amtsträgern um sich geschart, lassen sich also nicht halten und entbehren jeder Glaubwürdigkeit. Eine starke deutsche Hausmacht am Hofe hätte die Königin vielleicht auch besser geschützt.
Viele ungarische Historiker sind aber auch nicht in der Lage, mehr als den allgemeinen Vorwurf in allen Variationen zu wiederholen. Es wird der Name Poth genannt. War Poth ein Deutscher? Wir wollen als Beispiel diesem Verdacht nachgehen.
Der Vorfahre der Familie Poth gehörte zu den unter Stephan I. nach Ungarn eingereisten Gästen, also zu den „hospites". Man wird doch nicht allen Ernstes sagen können, er sei ein von Gertrud begünstigter Deutscher, weil seine Vorfahren vor 200 Jahren immigrierten. Poth hat längst vor Gertrud eine politische Rolle gespielt.[540]

[539]Kristo, Arpadendynastie, 183
[540]Ernst A, Die Grafen Poth bis Konrad I., S.4-20

Das zeigen ja auch die Urkunden Emerichs, bei denen er als Zeuge auftritt. In der Bilderchronik von 1385 wird er im Zusammenhang mit der Landnahme genannt: „In den Tagen des Königs Salomon kam das Geschlecht Poth nach Pannonien." Die Familie war begütert im heutigen Masonmagyarovas."[541] Es muss sich dabei wohl um eine von den Ariboren abstammende Familie handeln, die im 13. Jahrhundert im Wieselburger Komitat politisch tonangebend war und die dortige wirtschaftliche Entwicklung Ungarns wesentlich beeinflusst hat.

Wie wir wissen, hatten sich eingewanderte Ritter auch nach kurzen Jahren durch Eheschließungen mit dem ungarischen Adel vermischt. Sie fühlten sich nicht mehr als Ausländer, nicht nach fast zehn Generationen! An diesem Beispiel zeigt sich, wie es sich mit den „ Deutschen" verhalten haben könnte.

Bei aufmerksamer Suche unter den Urkunden entdeckt der historische Forscher auch eine Urkunde aus dem Jahre 1211 für einenn „Gast" namens **„Lenguer"**, dem der König ein Gut vermachte.[542] Diese Urkunde für Lenguer, von dem bislang niemand so recht wusste, um wen es sich handle, bedarf auch einer genaueren Untersuchung. Weist der Name auf einen Deutschen hin ? Rein sprachlich ist das nicht ersichtlich. Aus dem Inhalt der Urkunde geht aber hervor, dass es sich bei ihm um einen der „ hospites" handle, die ihre Heimat und ihr heimatliches Erbe verlassen und sich der königlichen Hoheit „unterworfen" hätten. Für ihn, Lenguer, habe sich Berthold verwendet und auf seine „Verdienste" hingewiesen.[543] Nun kann ein „hospes" aus allen Ländern Europas eingewandert sein, aber der Hinweis in der „Harenga", dass Berthold sich für ihn verwendet hat, spricht eher dafür, dass es sich um einen Deutschen handeln könnte, aber deshalb nicht gleich schon wieder um einen „Meranier"! Er könnte auch aus einem anderen Land Deutschlands gekommen sein.

Für die Ausfertigung der Schenkung muss es einen Grund gegeben haben. Wir erfahren bei der Lektüre, dass jener Lenguer dem König und dem Erzbischof Berthold gegenüber Leistungen erbracht habe und daher zu belohnen sei. Die Formulierung, jenen „Personen gerecht zu werden, die eingewandert sind und Leistungen erbracht haben," kann man nicht übergehen. Es handelt sich also bei Lenguer um eine Person, die nicht einfach von der launischen Freigebigkeit des Königs profitiert, sondern um um einen verdienstvollen Mann der „im Hinblick auf seine Verdienste die Gaben unserer Großzügigkeit erhält." Der König weist in seinen Schenkungen immer wieder darauf hin, dass ihm die Ankömmlinge wichtig seien, da sie dem Wohl des Landes dienten. Der Umfang der Schenkung ist übrigens nicht erheblich. Es handelt sich um die Abgaben der dort lebenden hospites, also nicht einmal von einheimischen Ungarn! Um welchen Verdienst genau es sich handelt, steht leider nicht in der Urkunde. Unter den Beurkundern steht neben den beiden Erzbischöfen übrigens auch Ban Bank, der zu dieser Zeit schon Hofgraf der Königin ist. Außerdem muss sich noch ein deutscher Graf namens Berthold am Hof aufgehalten haben. Aber dieser hatte mit seiner Frau die Hl. Elisabeth im Jahre 1211 nach Thüringen begleitet.[544]

Wir wollen noch einmal prüfen, ob es sich bei den vermeintlichen Deutschen um Verwandte Gertruds gehandelt haben könnte. Außer ihren Geschwistern sind nicht einmal in Deutschland direkte Verwandte bekannt. **Waren die Brüder gemeint?**

Was die Brüder Ekbert und Heinrich betrifft, die im Jahre 1208 wegen ihrer Verfolgung im Zusammenhang mit dem Bamberger Königsmord nach Ungarn geflohen waren, so wurde bereits dargelegt, dass diese für eine Privilegierung durch die Königin nicht in Betracht kommen können. In keiner Weise nachweisbar ist, dass „Ekbert in Ungarn geblieben sei, von seiner Schwester begünstigt und vom König begütert."[545]

---

541 Chronicon pictum, Textband S. 109

542 „ ..dilecto cognato nostro Bertholdo, Colocensi electo, multa exhibuit ac fidelia servitia, ad preces ipsius cognati nostri pondera et liberos denarios quinquaginta mansionem hospitum in villa Scento" Féjer III. 1, 108.

543 Féjer, III.1, S.109

544 Féjer, III.1, S.768

545 Fessler II, 412

Das Bemühen des ungarischen Königs Andreas II. hatte vor allem die Wiedereinsetzung Ekberts in seine Würde als Bischof in Bamberg zum Ziel und nicht die reiche Ausstattung seines Schwagers mit Besitzungen.[546] Über Bischof Ekbert konnten wir uns inzwischen ein sehr gutes Bild über seinen Lebenslauf machen. Verglichen mit seinem geradezu ruhelosen Itinerar, im Hinblick auf seine als Reichsbischof anfallenden Aufgaben in seinem Bistum und für den Kaiser, kommt ein längerer Aufenthalt in Ungarn nicht in Frage. Schon die frühen Marbacher Annalen bezeugten, dass sich Ekbert nur eine „kleine Weile" in Ungarn aufgehalten hat.[547] Ekbert hatte lediglich und nur kurzfristig einen Besitz in der Zips vom König erhalten, der, wie wir wissen, bereits schon wieder 1209 in die Hände des Probstes Adolf gelangte. Außer dieser Urkunde aus dem Jahre 1209 ist für Ekbert keine andere Schenkung nachzuweisen. Wie Bischof Ekbert zu diesem Besitz gekommen sein könnte, wurde bereits früher dargelegt. Die fehlenden Urkunden über ungarisches Eigentum des Bamberger Bischofs Ekbert dürfte ein Beweis dafür sein, dass er auch nichts hatte. Schließlich war Ekbert an Ungarn nicht interessiert, da er in Deutschland eine viel mächtigere Stellung im näheren Kreis des Kaisers innehatte.

Bei Markgraf Heinrich lässt sich noch weniger eine Begünstigung erkennen, da er, wie wir gesehen haben, auch nicht lange in Ungarn gewesen sein kann, sondern sich früh seinen Besitzungen in Krain widmete. Ein Aufenthalt in Ungarn wird also nur ein provisorischer und unfreiwilliger, aus der Notlage entstammender gewesen sein, so dass er als „begünstigter Verwandter" sicherlich nicht in Frage kommt. König Andreas II. hat sich , nach dem was man aus den Urkunden kennt, für die Rehabilitierung von Ekbert und Heinrich eingesetzt, aber nicht für privilegierte Ämter.

Was nun den Bruder Otto, Herzog von Andechs-Meranien und Burgund betrifft, so kommt dieser ganz und gar nicht in Frage, denn seine Aufenthalte sind nie in Ungarn nachzuweisen, schon deshalb, weil er sich überwiegend auf seinen Besitzungen in Franken und in Burgund aufgehalten hat. Er war auch von der Friedloslegung nach dem Bamberger Mord nicht betroffen und hatte deshalb überhaupt keinen Grund zur Flucht.

Ansonsten ist in keiner weiteren Quelle eine Begünstigung von Deutschen zu finden. So zahlreich, wie gewisse Historiker glaubten, ist also die Zahl der Deutschen am Hofe zur Zeit der Königin Gertrud gar nicht gewesen. Und der sonst so zuverlässige Simon von Kezai erwähnt in seiner Schrift über die „ Nobilibus advenis" nur die Namen „Myurk von Chakan" sowie die Brüder „Wenzeslaus und Jakobus aus der Verwandtschaft der Andechs-Meranier ohne weitere Angaben." Kezai macht auch keine abfällige Bemerkung über sie und berichtet nichts von Schenkungen.

Bleibt zum Schluss nur noch **Berthold** übrig, der Bruder der Königin, dessen Karriere durchaus bemerkenswert ist. Der schnelle Aufstieg Bertholds als Deutscher in das zweithöchste Bischofsamt in Ungarn ist in der Tat auffallend. Das gab es zwar in der Geschichte Ungarns nicht zum ersten Mal. Zur Zeit Stephans I. war ein Deutscher namens Anastasius auf dem erzbischöflichen Stuhl von Esztergom, der Franzose Robert wurde Bischof von Veszprem und 1226 sogar Erzbischof von Esztergom. Er stammte aus dem Gefolge der Königin Jolanthe. Bischof Rainald aus der Normandie war Bischof von Siebenbürgen. Auf dem erzbischöflichen Stuhl von Kalocsa saß ein ehemals eingewanderter Kanoniker aus Verdun,[548] 1096 der deutsche Erzbischof Albert, 1111 ein Fulbert. In Erlau saß 1111 Bischof Wolferius, in Neutra 1168 Bischof Eduard, in Großwardein 1119 Bischof Walter, 1206 ein Bischof Wilhelm, in Weißenburg 1133 ein Bischof Walter, in Agram 1156 Bischof Gottschalk und 1206 Bischof Gotthard.[549] Alle keine gebürtigen Ungarn. Aber die politische Situation zu Beginn des 13. Jahrhunderts war eben anders. Die Prälatenposten waren um 1200 allmählich von Söhnen der großen ungarischen Familien eingenommen

[546] Huber, Studien, 166
[547] «moratus est illic aliquantulum temporis" MGH SS VII, 171
[548] Varga, Ungarn und das Reich, S.158
[549] alle Angaben nach Kaindl, Studien, S.117

worden. Auf die Bischofsstühle kamen fast ausschließlich Söhne der ungarischen Aristokraten.[550] Jeden aber, der nicht aus ihren Kreisen stammte, lehnten sie als „Fremden“ ab. Das Selbsbewusstsein der national denkenden Bischöfe war deutlich gewachsen. Die Furcht ging um, in der Einflusssphäre des Hofes übergangen zu werden. Daher war die schnelle Erhebung Bertholds zum zweiten Erzbischof zu dieser Zeit eine Provokation gewesen. Weitere Beispiele wichtiger Besetzungen von Kirchenposten durch Ausländer können diese schnelle Erhebung Bertholds nicht beschönigen, allenfalls etwas mildern. Die Tendenz, „Personennachschub“ für den höheren Klerus der ungarische Kirche aus dem fränkischen Bereich zu holen, dauerte seit dem 11. Jahrhundert an.[551] Ein weitaus gravierenderer Eingriff ist die auffällige Erhebung des polnischen Boleslavs zum Erbischof von Esztergom. Boleslav unterhielt engste Beziehungen zur Königin Elisabeth und Karl Robert. Er ließ seinen Bruder Mieszko zum Bischof von Neutra wählen, indem er das Kapitel solange gefangen hielt, bis alle ihre Stimme für den Polen gaben. Das Königspaar muss wohl mit diesem „Verfahren“ einverstanden gewesen sein, obwohl das Kapitel Beschwerde einlegte.[552] Ein ähnlicher Fall war die Wahl von Miklós Dörögdi zum obersten Würdenträger der ungarischen Kirche durch das Kapitel von Esztergom. Der ungarische König und die Königin schienen diese Wahl nicht zu akzeptieren, die den Bischof von Eger bevorzugte und ihn schließlich auch gegen die Entscheidung des Papstes durchsetzte.

Mag diese „Rekrutierung“ aus dem Deutschen Reich für die Stabilisierung der ungarischen Landeskirche einst eine Notwendigkeit gewesen sein, so könnte man eine Besetzung eines ungarischen Bischofsstuhles durch einen „Ausländer“ um die Jahr- hundertwende als überflüssig bezeichnen, wenn ausreichend gebildete Kandidaten mit „Indigenat“ vorhanden gewesen wären.[553] Als Innocenz III. den Erzbischof Johann von Kalocsa zum Primas von Esztergom erhob, antwortete er aber, dass er im Reiche Ungarn keinen geeigneten gefunden habe. Dabei erhebt sich die Frage, warum der zurückgewiesene Kalan von Pécs nicht wenigstens der zweite Erzbischof Ungarns geworden ist. Nicht er wurde es, sondern Berthold. Wo doch Kalan ein bemerkenswerter Mann gewesen ist, königlicher Kanzler bis 1193, Ban von Slavonien und Gouverneur von Kroatien und Dalmatien.

Hier scheint in der Tat die Bevorzugung Bertholds durch Andreas II. und Gertrud eine politische Rolle gespielt zu haben, was mit Recht den Unmut der Großen verursachte, zumal es sich nicht einmal nur um irgendeinen Bischofsitz handelte, sondern gleich um den zweithöchsten in ganz Ungarn. Die andechsisch-staufische Politik sah ihren Einfluss durch das Mädchen Gertrud nicht ausreichend gestärkt. Die frisch gekrönte Königin muss ihre Familie auf die vakante Stelle in Kalocsa aufmerksam gemacht haben und – so müssen wir annehmen – daraufhin wurde Berthold aus rein politisch-strategischen Gründen nach Ungarn geschickt.

---

[550] Adrianyi, Geschichte der katholischen Kirche in Ungarn, S.37
[551] Varga, Ungarn und das Reich, 158
[552] Szende László, Mitherrscherin oder einfache Königsmutter, S.49
[553] Szende, S.50

16.2. Zu viel regiert ?

Es scheint, dass sich der launenhafte Andreas mit innenpolitischen Geschäften nicht gerne auseinandersetzte und seiner Frau Entscheidungen überließ, die seine Vorgänger im Arpadenreich allein gefällt hatten. Wenn der König nun einmal nicht mag, riskiert er, dass die Königin die notwendigen Dinge alleine durchzieht. Es könnte so gewesen sein, obwohl die Urkunden und Briefe dies nicht bezeugen. Gertrud hat ihren Namen nie anstelle des Königs gesetzt. Nirgendwo ist ein Schenkungsdiplom oder die Verleihung eines Amtes durch sie aufzufinden. Nur ein einziges Mal steht sie stellvertretend für den König: in der bereits erwähnten Urkunde von 1213. Selbst darin handelte sie nicht einmal in eigener Befugnis, sondern in Vertretung des abwesenden Königs.

Und doch! Was wurde von Gertrud alles verbreitet!

Sie habe hohe politische Ambitionen gehabt, mehr als es einer Königin erlaubt sei. Am ungarischen Hofe von ihrem „meranischen Gesinde“ umgeben, habe sie den unmittelbaren Einfluss „ihrer Landsleute“ auf immer mehr Bereiche der Politik ausgeübt. Gertrud habe den Magyaren die fremden Würdenträger „aufgezwungen“, während die einheimischen Magnaten um ihre Ämter hätten bangen müssen. Sie hätte einen allmächtigen Einfluss auf den König gehabt, der sei gar der Sklave seiner Frau gewesen, die ihn gegen seinen Bruder Emerich aufgehetzt habe. Die Zügel der Gewalt über Andreas und das Reich habe allein Gertrud in der Hand gehabt.[554] Dann habe sie gegen dessen Frau Constanze und ihren Sohn Ladislaus intrigiert, so dass sie schließlich das ganze Land Ungarn „uneingeschränkt“ regiert und jegliches Recht missachtet habe. Gertrud sei ehrgeizig gewesen, hochfahrend, übermächtig, ruchlos, habe mit leidenschaftlicher Gier Schätze für ihre Tochter Elisabeth gesammelt. Der Übereifer übelwollender Geschichtschreiber dehnt noch genüsslich aus, dass die Königin gleich alle ihre Kinder mit großem Vermögen beschenkt habe.[555]

Königin Gertrud mit Tochter Elisabeth. Aus dem Mosaik der Elisabeth-Kemenate in der Wartburg

Alle diese Vorwürfe sind durch nichts zu belegen, Nachweise dafür gibt es nicht. Obwohl diese Anschuldigungen also nirgends nachgewiesen sind, halten sie sich hartnäckig und sie werden nicht wahrer, wenn man sie ständig wiederholt.

Es ist das alte Lied über den Machthunger der Frau, denn Macht war exklusiv männlich besetzt und alles Politische bei ihr wurde ausgeklammert, politische Abstinenz der Königin haben die pfauenhaften Feudalherren erwartet. Selbst in den mittelalterlichen Versdichtungen ist die höfische Dame permanent fremdbestimmt, mit wenig Eigenwillen ausgestattet, d.h. sie ist für den Ritter ein Mittel, der besonders dann in Fahrt kommt, je hilfloser die Dame ist.

Diese Wunschvorstellung entspricht aber nicht der historischen Wirklichkeit. Es ist gar keine Frage, dass Königinnen Herrschaftsrechte ausgeübt haben. „Zusammen mit dem König an der Spitze des Reiches stehend, konnte die Königin

[554] Mojoros/Rill, Bayern und die Magyaren, 1991, S. 79 ;solche Bewertungen sind nicht verwunderlich, wenn man drei Jahrhunderte ungarische Geschichte auf 17 Seiten abhandelt.

[555] Györffy György, König Stephan der Heilige, S. 1283; auch hier wird nach dem selben Schema verfahren wie bei der Titelmultiplikation: ein Kind, Elisabeth, wird reichlich ausgestattet, also sollen auch die anderen Kinder mit Schätzen überhäuft worden sein.

zu jeder Zeit in ganz unterschiedlicher Hinsicht Einfluss auf politische Entwicklungen nehmen."[556] Hat Gertrud ihn übermäßig ausgeübt? Von vielen Königinnen ist nichts als der Name bekannt. Von anderen kennt man ihr aktives Mitwirken als „Mitregentin im Reich". Dafür gibt es mehrere Beispiele. Die in Urkunden verwendeten Formulierungen findet man besonders unter den salischen Königen. „Auf den Rat unserer teuersten Gattin"steht da geschrieben oder: „Auf die Fürsprache.." „Auf die gütige Bitte von....."[557] Kaiserin Kunigunde war eine hilfreiche Beraterin ihres Gemahls, alle wichtigen Entscheidungen wurden mit ihrer Kenntnis getroffen, was daraus hervorgeht, dass sie in mehr als einem Drittel aller Urkunden genannt wird. Wie oft haben Fürstinnen in Urkunden interveniert! Man ist erstaunt, in welchem Maße Königinnen urkundlich nachzuweisen sind. „Der Grad der Einflussnahme der Königin auf die Regierungshandlungen wird besonders an der Häufigkeit ihrer Nennung als Intervenientin und Petentin in den Urkunden gemessen."[558] In Tabellen hat man aufgelistet, wie häufig die Interventionen der Königinnen in den jeweiligen Urkunden vorkamen. Sie betrugen zwischen 10 und 30 %, in manchen Fällen noch mehr.[559]

Gertrud und Andreas. Im Bogenfeld der Miniatur: Regina Ungarie + Rex Ungarie. Landgrafenpsalter

Demgegenüber sind die Erwähnungen Gertruds äußerst minimal. Von allen 71 königlichen Diplomen zwischen 1205 und 1213, die Andreas II. ausgestellt hat[560] kommt Gertrud gerade drei Mal vor!

In der ersten Urkunde intervenierte sie 1209 „ad instantiam Reginae nostrae" zusammen mit anderen Ratgebern, für ihren Mundschenk Demetrius Raska für seine Dienste als königlicher Kurier beim Papst, Kaiser und bei Fürsten![561] Der König bewilligte ihm die Einnahmen eines Zolls in der Zips. In der zweiten Urkunde desselben Jahres geht es um die Zipser Schenkung. In der dritten Urkunde wurde Gertrud 1213 offiziell als Vertreterin des Königs eingesetzt.

Andreas hat seine Frau Gertrud in seiner Korrespondenz mit dem Papst nicht ein einziges Mal genannt, obwohl es im Zusammenhang mit der Rehabilitation ihrer Brüder zu erwarten gewesen wäre. Kein Wortlaut wie „Auf Bitten von", kein „Ersuchen seitens der Königin", nichts von einer „Intervention". Also kann es nicht weit her gewesen sein mit all den Befürchtungen, eine mächtige Gertrud habe sich zu sehr in die Regierungsgeschäfte eingemischt. Selbst wenn nicht alles aus Urkunden ersichtlich wird – obwohl Urkunden mehr historische Wahrheit wiedergeben als Chroniken – und man eine starke Königin aus den

[556]Fößel,Amalie, Die Königin im mittelalterlichen Reich, S. 253
[557]Bumke, Höfische Kultur 2, 484
[558]Fößel, Die Königin im mittelalterlichen Reich, S. 123
[559]Fößel, Tabelle S. 125
[560]nach Szentpétery, Regesta Regum Stirpis Arp. Crit.-dipl.
[561]Féjer III/1;79. NUM 153,154.S. 122. Wenzel 11, 129, nr. 66

Texten herauslesen will, so ist dem durchaus zuzustimmen, denn ihr stand ja eine Mitregentschaft zu. Die Frage ist nur, ob ihr diese die ungarischen Magnaten auch einräumen wollten.

Wenn es Konflikte gab mit dem König und Unzufriedenheit herrschte, war es üblich, nicht den König damit zu blamieren, sondern die Mitregentin oder üble Berater. Königinnen hatten immer den Ruf, dass ihnen das Ohr des Königs gehöre. Alle Königinnen, die sich nicht damit zufrieden gaben, fromme Stifterinnen für allerlei Kirchen und Klöster zu sein und im Schatten ihrer Ehemänner zu bleiben, liefen Gefahr, dass man ihnen Machtmissbrauch vorwarf und dass sie ihre Rolle als Frau überschritten. Zu dieser Usurpation passen die meisten Anschuldigungen gegen Gertrud: Vetternwirtschaft, übler Einfluss auf den Ehemann, tyrannische Regentin, Missachtung der Barone oder gar des Volkes. Wahrscheinlich waren die Königinnen nicht schlechter und nicht besser als ihre männlichen Zeitgenossen. Nur eines durften sie sich nicht leisten: aktive und starke Frauen zu sein. Dann zogen sie den Zorn ihrer Feinde auf sich. Hätte Gertrud dem Bild der stillen, wohltätigen, frommen Frau entsprochen, hätte sie sich begnügt mit häuslichen Arbeiten wie Spinnen und Weben, wäre sie ihrer Tragödie entgangen.

Königin und ihr Hofgesinde beim Weben. Das Wunschbild einer Königin für ungarische Aristokraten

Die Abscheu der aus dem Landadel stammenden Großen gegenüber einer regierenden Königin, die nichts anderes wollte, als die monarchische Stellung am Königshof zu behaupten, muss den Stolz der Barone tief gekränkt haben. Die Fremde und die Frau schufen eine wohlfeile Sündenbocktheorie.
„Alles in allem", so die Deutung eines Historikers „war die Rolle der Königinnen in jenen Zeiten und an jenen Orten kein beneidenswerter Job."[562]
Nach einem Traktat des Bischofs von Lincoln, Robert Grosseteste, hat die Königin eine besondere von Gott übertragene Verantwortung,[563] was sich auch aus ihrem Krönungseid ergibt. „Die Frauen des Hochadels mussten immer gewärtig sein, bei Abwesenheit oder Verhinderung des Mannes in jeder Weise für ihn einzuspringen."[564] „In ihrer Position als Hausherrin war sie Teilhaberin an der Herrschaft. In der Praxis standen der Fürstin – mit Ausnahme der Rechtssprechung – prinzipiell alle Handlungsoptionen ihres Ehemanns offen."[565] „War der König außer Landes, vertrat ihn meistens die Gemahlin oder die Mutter des Königs, in seltenen Fällen der Erzbischof von Esztergom."[566]
Gehen wir einmal davon aus, dass die Vertreter der Behauptung Recht haben, König Andreas II. habe königliches Gut unverantwortlich verschleudert, und vieles ist erwiesen, dann müsste man auch einmal einen anderen Denkweg erwägen und die immer gleiche schablonenhafte Sehweise des in sich harmonischen Königspaares in Frage stellen. Wir sind bislang stillschweigend immer von der Einmütigkeit zwischen Andreas und Gertrud ausgegangen und man stellte sie so dar, als ob beide nichts anderes zu tun gehabt hätten, als Günstlinge heranzuziehen oder das eigene Krongut zu verschleudern.

---

[562]Bak J.M., Queens and Queenship in Medieval Europe, p.233
[563]Opitz, Frauenalltag im Mittelalter, 133
[564]Ennen, Frauen im Mittelalter, S. 83
[565]Rogge J., Fürstin und Fürst, S. 12
[566]Hegedus Andras, Caput,Mater et Magistra, S.2

Gertrud könnte inzwischen zu einer selbstbewussten jungen Frau herangereift sein, die keine Verstöße mehr gegen die Monarchie dulden wollte, selbst wenn der leichtsinnige König sie achselzuckend hinnahm. Es gibt überhaupt kein Anzeichen dafür, dass sich König und Königin einig gewesen seien. An Konflikte zwischen ihnen hat niemand gedacht. Wir wissen nicht einmal, ob sie glücklich waren und sich geliebt haben. „Die Chancen für eine glückliche Ehe in der Fremde waren nicht allzu günstig." Bei der Verheiratung von Fürstentöchtern mit den Vätern von auserwählten Fürstensöhnen war die Liebe eher der seltenere Fall, wie wir es bei Gertruds Schwester Agnes, die mit dem französischen König Philippe Auguste verheiratet wurde, feststellen können. Man muss also zumindest den Einwand ernst nehmen, dass Andreas und Gertrud verschiedene Charaktere und verschiedene politische Ansichten gehabt haben könnten und dass vielleicht im Laufe der Jahre eine Inversion der Machtverhältnisse sich eingestellt hat. Vieles spricht dafür. Denn – auf unsere Hauptfrage bezogen – warum gerade die Königin und nicht der König umgebracht wurde, so liegt es doch auf der Hand und entspricht der argumentativen Logik der Mörder, dass sie nicht denjenigen beiseiteschaffen wollen, der ihren Erwartungen entgegenkommt. Vielmehr sind sie aufgebracht und voller Hass gegenüber demjenigen, der ihre Erwartung nicht erfüllt und – in unserem Falle – Dotationen solchen Ausmaßes, wie sie Andreas II. verteilte, zu verhindern versucht.

In den allermeisten Fällen werden doch nicht die Willfährigen umgebracht, nicht die Falschen, nicht die Kriminellen und schwachen Figuren, sondern die Aufrichtigen, die Mutigen, die Strengen, die die Reichspolitik in geordneten Bahnen erhalten wollen, die unverschämte und unberechtigte Ansprüche kategorisch ablehnen und dafür ihr Leben lassen müssen.[568] Warum wurde denn Gertrud später als Mätryrerin verehrt?

Schmeicheleien der Magnaten, beim König eine Schenkung zu erhaschen. Bible moralisée

Wir müssen also auf der einen Seite die Vertreterin eines dynastischen Königtums und andechsisch-staufischer Ziele sehen, die an einer stabilen berechenbaren ungarischen Monarchie festhält und – und weil dies eben auch zu dieser Politik gehört – die Verfechterin ungarischer Königshoheit. Auf der anderen Seite einen sprunghaften König, dessen politische Schwächen von den Aristokraten ausgenützt werden und dessen Ansehen und Macht im freien Fall begriffen waren. So ungewöhnlich es klingen mag, dass eine fremde Frau das ungarische Königtum stärken wollte, man wird nicht um diesen Umstand herumkommen. Schwache Männer erzeugen oft starke Frauen, auch wenn die Frauen anfänglich zum „schwachen Geschlecht" zählen und als junge Mädchen in die Ehe gehen. Das Versagen des Mannes fordert die Frau heraus.[569]

Und Gertrud schien im Lauf der Jahre neben diesem König Andreas mehr und mehr Aufgaben übernommen zu haben. Er ließ es zu, er wollte es auch. Leider kam es so, dass es ihr so erging wie andern politischen Frauenköpfen. Sollte eine Frau der Oberschicht irgendwelche politischen Entscheidungen treffen – und Gertrud wollte und musste sich politisch engagieren, weil alle adlige Frauen darin einen Handlungsspielraum besaßen – so sah man dies schnell als Anmaßung von usurpierten Rechten an. Genau so war es auch bei Gertrud. Ihre als Königin getroffenen Entscheidungen – von denen übrigens sehr wenige urkundlich nachweisbar sind, aber wir können von ihnen ausgehen – weisen auf ihre Rolle gegenüber

[569] s. auch Gerhardt, Marlies, Macht und Ohnmacht von Frauen im Mittelalter, S. 132

den mächtigen Fürsten hin. Sie zeigen eine ungewöhnlich mutige und selbstbewusste junge Königin, die seit ihrer Eheschließung im Laufe der Jahre zunehmend politische Aktivitäten übernommen haben muss. So könnte es wohl in der Konstellation der Ehe zwischen König und Königin zu Meinungsverschiedenheiten gekommen sein, die natürlich in keinen Chroniken oder Dokumenten zum Vorschein kommen.

König und Königin sind sich nicht einig.
Bible moralisée.

Sogar in den höfischen Romanen wird die Herrschaftsausübung nur von der Sonnenseite erzählt, und die Alltagsprobleme sowohl der Familie wie auch der Politik werden ausgeblendet. Von Uneinigkeiten eines Herrscherpaares ist nahezu nie die Rede. „Für den Bereich der Frau als „Beraterin" oder „Kontrahentin" kann von historischer Seite nichts beigesteuert werden. Wenn Ehegatten unter Ausschluss der Öffentlichkeit miteinander geredet oder gestritten haben, erhalten wir so gut wie keine Informationen über den Verlauf der „Meinungsbildung". Bekannt sind höchstens die Ergebnisse."[570] Dass aber solche Diskussionen stattgefunden haben müssen, das zeigen uns rein literarische Texte, die von Gesprächen der Eheleute unter vier Augen wissen, was eigentlich nur an einem einzigen Ort einer Burg geschehen kann, nämlich im Schlafzimmer.[571]

Wir brauchen aber gar nicht so weit gehen und einen Dissens zwischen König und Königin annehmen. Was viel wahrscheinlicher ist, liegt in dem Umstand, dass Andreas ständig durch seine Heereszüge vom Hofe in Esztergom fern war und in seinem unbekümmerten Charakter sich um Staatsgeschäfte nicht sonderlich kümmerte und mit eher heiterer Miene diese seiner Frau überließ. Ein schwärmerischer Geschichtsschreiber, hat schon darauf hingewiesen, dass Andreas II. ihren Weitblick, ihre geistige und praktische politische Begabung erkannt und geachtet habe.[572] Nach allem was wir über Andreas II. wissen, ist es sehr naheliegend, dass er Gertrud freie Hand gelassen hat.

Auf der einen Seite begegnen wir nun einem allzu verschwenderischen und freigebigen König, der vom Geld offenbar nur so viel versteht, als dass es gut ist, welches zu haben. Auf der anderen Seite einer besonnenen Königin, die von ihrer Andechser Familie her das Krongut, den königlichen Besitz zusammenhalten soll und keinerlei weitere Dotationen an die Magnaten, Aristokraten und Oligarchen dulden wollte. Ein ganz anderes Bild von Gertrud, jedoch durchaus logisch. Ihr Ziel musste es sein, die königliche Herrschaft zu sichern, zu diesem Zeitpunkt wahrscheinlich schon auch wieder zu restituieren. Nachdem nun Andreas von den Großen unter Druck gesetzt wurde, weil sie ihm seinerzeit im Kampf gegen seinen Bruder finanziell und militärisch geholfen hatten, blieb ihm nicht mehr viel übrig als jene unentwegt zu belohnen. Es wird auch immer wieder gesagt, dass Andreas kein berechenbarer und zuverlässiger Partner gewesen sei, er habe weder das Regieren noch das Herrschen verstanden.[573] Auch der Papst war ein konsequenter Verfechter königlicher Rechte. Er lehnte die „ungerechten Forderungen" der Barone ab und drohte denjenigen mit Exkommunikation, die den König oder die Krone angreifen würden. Sie würden die Gerechtigkeit verletzen und die königliche Macht schwächen.

Eheliche Disharmonie dringt selten oder gar nicht in die Öffentlichkeit. Sie wird von Chronisten nicht wahrgenommen, nicht für wichtig erachtet. Der Mann war unbestritten und un-

[570]K.-Haaf, Frau und Politik ium Mittealter, S.272
[571]Beispiele bei K.-Haaf, S. 271
[572]Horn, Emile, Sainte Elisabeth de Hongrie, p.4
[573]Fessler 2, 403

angreifbar der Herr über die Frau. Doch diese offizielle und durchaus reale Selbstverständlichkeit schien manchmal durchbrochen worden zu sein.

„Aus den kirchlichen Offizialregistern kann man entnehmen, dass es innereheliche Auseinandersetzungen gegeben haben muss, da nicht wenige Frauen ermahnt wurden, ihren Ehemännern doch Gehorsam zu leisten. Man braucht nicht lange zu suchen, da solche Beispiele von Konflikten auch aus der Familie der Andechser bekannt sind, z.B. bei Hedwig und Elisabeth.[575] Im „König Rother" ist die Frau des Kaisers Constantin von Byzanz die einzige Frau, die ihren Mann von seiner falschen Politik abbringen will. Aber er hört nicht auf ihre klugen Ratschläge. Das Ergebnis ist eine ungeheuere Blamage des Kaisers, als er die Schlacht verliert. König Rother siegte mit Hilfe seines guten Ratgebers „Berchtold von Meran.[576]

Dass sich Fürstinnen mehr oder weniger öffentlich gegen die politische Richtung ihres Mannes stellen, ist bekannt. „Die Aktivitäten dieser opponierenden Frauen sind deshalb so interessant, weil aus ihnen das politische Wirken unter ungünstigen Bedingungen wahrgenommen werden kann. Hier zeigt sich, welche politischen Kräfte Frauen mobilisieren können, wenn sie auf sich gestellt sind und ihre politische Linie der offiziellen Richtung widerspricht."[577] Gertrud muss sich energisch gegen jene Magnaten gestellt haben, die einen König, der ein wirklicher König sein wollte, als unerträglichen Rivalen betrachteten.

Es ist unbestritten, dass der ungarische Adel mehrere Versuche zur Erschütterung und Spaltung der königlichen Macht unternahm.[578] Das konnte die Königin Gertrud nicht unberührt lassen. Sie wird die Situation im Deutschen Reich sehr gut in Erinnerung haben, ja, sie wird in den Jahren 1205 bis 1208 sehr wohl informiert gewesen sein über den ungebührlichen Einfluss der deutschen Ministerialen auf den schwachen König Philipp von Schwaben.[579] Nun sind die Ministeriale nicht mit den Aristokraten in Ungarn zu vergleichen. Die Konstellation war aber dieselbe. Die Stellung des Königs wurde in Frage gestellt. Gertrud handelte in der Familientradition der Andechs-Meranier, denen eine Schwächung des ungarischen Königs nicht gelegen war. Aus ihren eigenen Erfahrungen mit den deutschen Reichsministerialen, die die Königsmacht massiv eingeschränkt hatten, wussten sie sehr genau, wohin das führen konnte. Walther von der Vogelweide, der sich im Umkreis des Landgrafen von Thüringen aufhielt, einem Sinnesverwandten der Andechser, spottete über die falschen Räte, die „Köche" des Königs.

Eine aufgeweckte Königin, die zusehen muss, wie sich die Schlinge um den unbekümmerten König immer mehr zuzieht, die bereits 1209 erleben musste, dass man ihren Ehemann zugunsten eines Onkels entmachten, notfalls umbringen wollte, eine Königin, die das wachsende Machtstreben eines Hausmeier-Palatins durchschaut, sollte diese Königin angesichts dieser Bedrohung stillhalten? Oder schweigen? Oder die Augen schließen und sich zurückziehen? Da hieße man eine andechs-meranische Gertrud schlecht kennen.

Wenn nun die Königin Gertrud auf Bewahrung des königlichen Gutes bedacht war, d.h. den Adligen keine Dotationen in diesem Umfang mehr zu genehmigen gewillt war, so musste sich der Hass einer Gruppe von nicht zum Zuge gekommenen Großen logischerweise auf Gertrud richten, weil sie den König daran hinderte, immer noch mehr Schenkungen vorzunehmen. Gewisse Oligarchen sahen sich durch die Königin an der Erfüllung ihrer Wünsche gehindert, so dass sie ihren Tod wünschten. Die Granden befürchteten einen größeren Verlust ihres Einflusses durch Gertrud und schnell ist das Gerücht gestreut, die Königin beabsichtige noch mehr Einschränkungen.

---

[575] Opitz, S. 141
[576] K.-Haaf, 10-13
[577] K.-Haaf, 251
[578] Kristo, Arpadendynastie, 169
[579] Hucker , Der Königsmord von 1208, S.112

Die Königin verwehrt den Anspruch eines Bittstellers. Aus Thomasin von Circlaere „Der welsche Gast".

Die Tatsache ist nicht zu leugnen, dass die weitsichtige Gertrud eine strengere Linie verfolgte als Andreas und auf die Bewahrung der königlichen Rechte bedacht war. Auf sie geht es auch zurück, dass die Burgen der aufsässigsten Magnaten angegriffen wurde. „Königin Gertrud wagte es, mehrere Raubschlösser ungarischer Magnaten zu zerstören."[580]

Dieser Bericht der Kölner Chronik ist sehr bezeichnend und aufschlussreich. Die Burgen der Barone waren Machtdemonstrationen und überaus stark befestigt. Meist waren es Wallburgen mit bis zu 300 Metern Durchmesser, mit Palisaden umgeben und durch Gräben gesichert. Deshalb ist gerade die Einnahme einer Burg ein Angriff auf Ansehen und Macht des Adels. In der Kölner Chronik lesen wir zum Jahre 1210, dass Andreas II. einen seiner unbotmäßigen Oligarchen zur Ordnung rufen musste, der sich in seiner Burg verschanzte. Erst auf die Ratschläge seiner Frau Gertrud hin glückte die **Einnahme der Festung** mit Hilfe einer Truppe deutscher Ritter ohne einen groß angelegten Kampf und in kürzester Zeit.

„Als der König von Ungarn mit seinen Leuten eine Burg nicht einnehmen konnte, stellte er auf Anraten seiner Frau, die aus einem deutschen Geschlechte stammt, aus den im Lande wohnenden Deutschen ein Heer zusammen und nahm die besagte Burg ohne große Gefahr und in kürzester Zeit ein."[581]

Der Text enthält vier wesentliche Aussagen: Erstens: Gertrud berät ihren Mann in strategisch-militärischen Dingen. Zweitens: Gertrud kann nach Bedarf eine Truppe deutscher Soldaten rekrutieren. Drittens: Gertrud vermeidet eine kriegerische Auseinandersetzung und Verluste von Menschenleben. Viertens: Die Belagerung und Einnahme der Burg bringt sie schnell zu Ende. Dass dieses Ereignis bis nach Köln gedrungen sein muss und vom Chronisten der Kölner Chronik festgehalten wird, beweist, dass Gertrud Klugheit und eine gewisse militärische Sachkenntnis gehabt haben muss, sonst wäre ein solcher Hinweis nicht erfolgt. Was nun die Reaktion auf diesen militärischen Erfolg betrifft, so lesen wir erstaunt:

„Die Ungarn aber waren neidisch und schämten sich gleichsam, als Geringere und Verächtliche dazustehen."[582] Hier wird in aller Deutlichkeit klar, daß die ungarischen Feldherren offensichtlich in ihrem Stolz gekränkt waren und dem König den Erfolg nicht gönnten, den er mit Hilfe seiner Frau errungen hatte, sondern stattdessen beleidigt reagierten. Ihre vermutliche Unfähigkeit verdrängten sie mit ihrer Reaktion aus Hass und Missgunst.

Es ist keine Seltenheit, dass Fürstinnen über strategische und militätische Kenntnisse verfügten, und wenn es nur schlaue Einfälle waren. Aber Krieg und Kampf war eben eine Domäne der Männer und sie räumten keiner Frau eine Chance ein. „Es ist bemerkenswert, dass in der literarischen Dichtung die Frau als am Krieg Beteiligte weithin ausgeschlossen wird"[583], weil sie dadurch den Bereich des starken Mannes gefährden würde. Daher auch die Scham der ungarischen Kriegsführer. In Wolfram von Eschenbachs „Willehalm" begegnet uns die kluge Gyburc, die einen kriegerischen Streit lediglich aus einer anderen Position her führt, nämlich von einer Burg aus, die sie verteidigen muss. Die strategische Kenntnis beider Frauen ist dieselbe. Gyburc handelte wie eine Feldherrin. „Kein zweite Frau des höfischen Romans stand ihrem Ehemann so selbstbewusst als Partnerin zur Seite wie die Fürstin Gyburc. Sie gleicht militärische Schwäche durch intellellektuelle Stärke aus, durch Vorsicht und List „Manlîche sprach daz wîp, als ob sie manlîchen lîp und mannes herze trüege."[584]

---

[580] Hormayer 1, S. 90

[581] MGH SS 24, S. 15, p. 17ff und CFH Nr. 1741, S.759

[582] "Ungarii vero invidentes et se tamquam viliores ac despectui haberi erubescentes..."

[583] K.-Haaf 305 „Manlîche sprach daz wîp, als ob sie manlîchen lîp und mannes herze trüege

[584] l.c.

Das ist das größte Kompliment, das die mittelalterliche Männergesellschaft an eine Frau vergeben kann. Ganz anders reagieren die ungarischen Großen. Anstatt die Klugheit Gertruds zu respektieren und sich zu freuen über die gelungene Eroberung, sind sie voller Neid und Missgunst. Es ist natürlich klar, dass diese ungarischen Barone schon deshalb ihren Missmut zeigten, weil sie befürchteten, dass auch sie einmal Opfer einer von Gertrud geführten Einnahme ihrer Burgen werden könnten. Auf jeden Fall ist dieses Ereignis ein gutes Beispiel dafür, wie Hass auf die deutsche Königin entstanden sein mag.

Königin Arabel organisiert die Befreiung Wars aus der Gefangenschaft. Aus „Willehalm"

Sicherlich gab es auch in anderen europäischen Ländern zwischen Adel und König heftige Kämpfe. Margarete, die Frau Ottos, ein Bruder Philipps von Schwaben, konnte sich in Burgund nicht gegen den Adel durchsetzen.[585] Aber man brachte sie deshalb nicht um. Der Papst wies immer auf die Unantastbarkeit des Königtums hin. „Die Schwächung der königlichen Macht ist eine Verletzung der Gerechtigkeit" sagte er 1222 und drohte jenen mit Exkommunikation die „den König oder dessen Krone angreifen." In Wahrheit vertrat Gertrud die königlichen Interessen Ungarns, weil sie in der Achtung des Königtums erzogen worden war und weil sie den Auftrag des andechsisch-staufischen Hauses erfüllen musste, die Königsrechte zu wahren, zumal ihr Gatte dazu nicht imstande war. Noch deutlicher wird dies in den Jahren nach Gertruds Tod. Nachdem die Königin die üppigen Dotationen nicht mehr verhindern konnte, wurde die Sache noch schlimmer. Die Dotationen nahmen beträchtlich zu, der Kirche ging es auch an den Kragen. Schließlich erreichten die Mächtigen in der Goldenen Bulle, was sie immer schon wollten. Der Umstand, dass die umfangreichen Schenkungen nach dem Tode Gertruds deutlich zunahmen, ist eher ein Indiz dafür, dass unter Gertrud das Schlimmste verhindert wurde. Auch die sogenannten „Neuen Einrichtungen", die„novae institutiones" wurden erst nach ihrem Tode eingeführt.[586]

Wenn es stimmt, dass der König nur noch symbolische Königsgewalt hatte, ein Spielball der Großen war, die Macht immer mehr auf den Hochadel und die Barone sich verschob, dann musste die den Magnaten schadende Königin aus dem Weg geräumt werden. Vom König hatte man nichts zu befürchten, da er sich ohnehin mit Staatsgeschäften ungern befasst haben soll.[587]

Dass die Verschwörer nur eines im Sinn hatten, selber große Ländereien zu erhalten, das ist leicht zu verstehen.[588] Wenn man bedenkt, daß Andreas innerhalb von 15 Jahren ganze 14 Feldzüge unternommen hatte, so darf man annehmen, daß der König zwischen 1205 und 1213 jährlich einmal während einer nicht näher bestimmten Zeit dem Hofe fern war. Die Kriegszüge nach Serbien und Bulgarien, besonders nach Galizien, waren keine Tagesausflüge und beanspruchten mehrere Monate. Wer hatte dann die Regierungsgeschäfte zu führen? Zunächst ist es einmal die Königin selbst, insbesondere, wenn der König sie eigens für eine bestimmte Aufgabe vorgesehen hat. Vielleicht hätte eine andere Gemahlin, eine zurückhaltende, vielleicht auch bescheidene oder unfähige Königin, mit frommen

---

[585] Schütz, Die Andechs-Meranier in Franken, S.31

[586] Darunter verstand man neue Steuern, neue Münzprägung, was eine allgemeine Verschlechterung des Geldwertes nach sich zog

[587] s. Nemeskürty, Istvan, Abriss der Kulturgeschichte, S.58

[588] Szekely, György , Magyarország tortenete, Elözmények és Magyarország történet 1242-ig, II.kötet, S. 1273-1302

Stiftungen beschäftigte Ehefrau, sich anders am Hofe verhalten. Nicht alle waren von diesem Schlag. Wir wissen, dass viele Königinnen dem König mit ihrem klugen Sinn beistanden. Gertrud gehörte auch zu ihnen. Ihre Tatkraft und ihre Verantwortungsgefühl für das Reich kann man ihr nicht abstreiten. Im übrigen musste sie auch über lächerliche Streitsachen entscheiden, die die Großen dem König eingebrockt hatten oder gar jene des Erzbischofs von Esztergom mit dem Bischof von Veszprem, wo es um den Zehnten einiger Weinberge ging, nicht einmal um die Weinberge selbst.[589] Mit solchen Kleinigkeiten muss sich eine Königin in Abwesenheit ihres Mannes beschäftigen. Da geht es um simple rechtliche Entscheidungen, lediglich um Nachprüfungen, um handfeste Urteile und nicht um Herrschsucht!

16.3. Keine Macht den Frauen

Königin Gertrud, dieser Frau aus deutschem Hause, ist es nicht gelungen, die Leidenschaften, Streitigkeiten und Eifersüchten am Hofe niederzuhalten. Hatte nicht einmal ein Kardinal geschrieben, dass eine notwendige Kolonisierung des ungarischen Landes mit Deutschen dringend nötig sei, da das Ungarische zu Revolution und Unruhen geneigte Geblüt durch das Deutsche gemäßigt werde.[590] Solchen überheblichen Worten wollen wir uns keinesfalls anschließen. Historisch aber wird man folgern müssen, dass die gegen die deutsche Königin Gertrud anbrandende Palastrevolte Ban Banks von außergewöhnlicher Heftigkeit und Unverhältnismäßigkeit geführt wurde.
Um auch andere soziale und politische Stömungen in Ungarn zur Zeit Gertruds zu erfassen, müssen wir uns mit einem weiteren Phänomen beschäftigen Dieses Phänomen bezeichnen Psychologen und Soziologen als „Misogynie". Es ist die traditionell gepflegte Missachtung der Frau oder gar die verborgene Angst vor einer starken Frau, vor ihrem Geschlecht, vor ihrer Rolle als Frau. Kann der Mord an Gertrud vielleicht auch etwas mit Frauenfeindlichkeit zu tun haben? Gibt es einen Grund, dass Frauenhass, Frauenfeindlichkeit oder Misstrauen gegenüber Frauen an der Macht so umschlagen, dass sie zu einer Ermordung führen? War nicht in der Männerdomäne des ungarischen Hofes die Ausübung von Herrschaftsrechten durch eine Königin schon verdächtig? Tüchtigkeit galt doch als ureigene männliche Eigenschaft. Daher stammte auch der Ausdruck „männlich handeln"-„viriliter agere" - während „weibliches Handeln" -„ actio muliebris"- als verächtlich galt.[591]
Bei einer Betrachtung der ungarischen Königinnen vom 12. bis zum 14. Jahrhundert stellt man fest, dass eine sichtbare Teilhabe an der Regierung in der Funktion als Königin zwei davon das Leben gekostet hat und die dritte eine posthume moralische Ermordung erlitt.[592] Gisela von Bayern, Gertrud von Andechs-Meranien und Elisabeth Kotromanic.
Die dritte Frau, die sich dem Misstrauen und der Ablehnung ungarischer Feudalbarone gegenüber sah, war Elisabeth Kotromanic, die Frau Ludwigs I. Auch eine „Fremde". Sie kam aus Bosnien und regierte nach dem Tod ihres Mannes mit ihrer Tochter Maria. Aber große Teile der ungarischen Gespane akzeptierten sie als Königin nicht. Schließlich wurde sie wegen angeblich „schlechter Regierung" angeklagt und erlitt einen schlimmen Tod, als sie vor den Augen ihrer Tochter erwürgt wurde. Sicherlich war sie ein herrschsüchtiges Wesen und schreckte auch vor einer Ermordung ihres Konkurrenten Karl II. nicht zurück. Auch Könige, Anwärter auf den ungarischen Königsthron und Verwandte der Arpaden wurden ermordet. Mehr als anderthalb Jahrhunderte sind von Kriegen erfüllt gewesen, in denen sich die verschiedenen Arpaden den Thron streitig machten und sich gegenseitig umbrachten.[593] Der Mord an einer Königin aber hinterlässt in der historischen Erinnerung einen tieferen Eindruck. Deshalb ist der reale oder moralische Tod von Königinnen nicht nur ein nu-

[589] Katona V, 166: .."Controversia Vesprimiensem inter episcopum Strigoniense capitulum emerit super quarandum decimus vinearum"..
[590] Bahlcke Joachim, Aristokraten aus dem Reich auf ungarischen Bischofsstühlen, Ungarn-Jahrbuch 23, S. 81
[591] s. Dienst, Heide, Rollenaspekte von Männern und Frauen im MA, S. 137; in: Weiblichkeit und Feminismus, 1983
[592] s.Bak, Janos., Queens as Scapegoats, S.223
[593] Huber, Studien zur Geschichte Ungarns, S. 156

merisches Ereignis, da dieser einen viel dauerhafteren Eindruck im kollektiven Gedächtnis der Nation hinterlässt. Ein politischer Grund für eine Tötung einer Königin kann deshalb auch mit dem Frauenbild des Mittelalters zusammenhängen, mit dem Phänomen der Frau als Mitregentin.

Wenn man sich einmal der Mühe unterzieht, die Geschicke der Fürstenhäuser näher zu ansehen, so wird man feststellen, daß immer wieder Frauen an der Macht beteiligt waren oder gar dominierend am politischen Geschehen mitwirkten. Sie nahmen eine „mitlenkende Funktion" an der Seite ihres Mannes wahr und werden gelegentlich auch in den Urkunden als die Gefährtin, als die Teilhaberin an der Herrschaft erwähnt.[594]

Kaiserin Gisela wird ein „positiver Ehrgeiz" bescheinigt, Selbstständigkeit und Willensstärke, Wipo schreibt ihr „männliche Tüchtigkeit" zu. Kaiserin Margarete, (1307-1356) die Frau Kaiser Ludwigs des Bayern, soll in „mannhafter Weise" als Herrin regiert haben. Auch Königin Eleonore von Aquitanien, deren Lebenswandel nicht immer gerade Linien aufweist, griff massiv in die Politik ein, z.B. als sie ihre Schwester Petronilla mit dem schon verheirateten Grafen von Vermandois vermählte. Sie konnte ohne Widersprüche als „queen -consort" in ihrem Namen urkunden.[595] Selbst die Mutter Stephans I., Sarolt, war eine kraftvolle Persönlichkeit,[596] die nach den ausländischen Zeitgenossen Bruno von Querfurt und Thietman von Merseburg ihrem Ehemann Geyza weit überlegen war. „Sie hatte das ganze Land in der Hand und ihren Gatten, sie lenkte akkes selbst, was dem König gehörte".

Die unwiderlegbare Tatsache, dass es in Geschichte und Politik bis in unsere Gegenwart hinein kluge und tatkräftige Frauen gab und gibt, wird wohl heute niemand mehr bestreiten können. Die Schwester Belas III., Frau Herzog Friedrichs von Böhmen (gest. 1196) habe mehr als ihr Mann über Böhmen geherrscht.[597] Die Landgräfin Sophie (gest. 1284), Tochter der Hl. Elisabeth und Enkelin Gertruds kämpfte gegen Bischof und Grafen um ihr Erbe. Selbst in Ungarn spielte die Königin Elisabeth Kotromanic eine so große Rolle, dass sie in zahlreichen Urkunden eigens erwähnt wird und man daher mit Recht schließen kann, dass sie „Mitherrscherinrechte" besaß.[598]

Sicherlich stand der Adel einer „dominatio feminae" mißtrauisch, wenn nicht feindlich gegenüber. Das dürfte noch mehr am ungarischen Hof des Königs Andreas der Fall gewesen sein. „Männergedanken und Männerhand fällten schnelle Kritik an klugen und tatkräftigen Frauen, sowohl aus Rachsucht wie auch aus Neid. „Indirekt beweist eine giftige Beurteilung über die Macht der Frau die Tatsache, dass sie einen starken Einfluss auf das Denken des Mannes ausübt."[599]

Sowohl dem Adel wie auch dem Klerus waren Herrscherinnen latent verdächtig. Unverblümt brachte es 1186 der Patriarch von Jerusalem auf den Punkt, als er die Witwe Balduins V. krönen sollte. Er weigerte sich davor mit der Begründung, er wisse nicht, warum ihr die Krone gebühren würde, da sie ja eine Frau sei.[600] In einer kirchlichen Schrift aus dem Ende des 12. Jahrhunderts wurde gelehrt: „Es ist nicht Sache der Frauen zu richten, zu herrschen etc..".[601] Ebenso erging es der Witwe Agnes von Poitou (gest. 1077), als man ihr jegliche Herrschaft absprach, da „es sich nicht gehöre, dass eine Frau das Reich regiere. Dies rief sogar den Verfasser der Vita Heinrici IV. auf den Plan, der erwiderte, dass doch von so vielen Königinnen berichtet werde, welche die Reiche mit männlicher Weisheit gelenkt haben. Man ersieht aus diesen Beispielen, wie schwer es gewesen sein muss für die Gemahlin eines Königs, wenn sie öffentliche und politische Verantwortung übernahm oder übernehmen mußte und wenn man bedenkt, in welcher Atmosphäre der Diskriminierung ihrer

[594] s.Schnith R., Frauen des Mittelalters in Lebensbildern, S.7
[595] Ennen, Edith, Frauen im MA, S.127
[596] Bogyay, Stephanus Rex, 11
[597] Bumke, Höfische Kultur 2, 485
[598] Szende, L., Mitherrscherin oder einfache Königsmutter, 56
[599] Finke H., Die Frau im Mittelalter, 1929, S. 79
[600] Bumke, Höfische Kultur, 2, 487
[601] Rhetorica ecclesastica..,nach Bumke 2, l.c.

Herrschaftsausübung sie leben musste.
Bei einer Betrachtung der ungarischen Geschichte vom 12. bis zum 14. Jahrhundert stellt man fest, dass mehrere gekrönte männliche Mitglieder des königlichen Arpadenhauses ermordet worden sind, drei davon waren Königinnen. Dabei ist nicht so sehr das Frauenbild ausschlaggebend, wonach die Nachfolgerinnen der Eva Verführung und Sünde bewirken, sondern das Misstrauen, eine Frau könne nicht an der männlichen Regierung teilhaben, sondern vielmehr habe die Frau, gleichwelchen Standes, sich dem Manne unterzuordnen und im häuslichen Bereich, in der Armenfürsorge und im Klösterstiften ihren Sinn zu finden. Für Thomasin von Circlaere, dem Zeitgenossen Gertruds, war klar, dass die Frau ihren Verstand, wenn sie überhaupt einen habe, nicht zur Schau stellen sollte. Einfältigkeit stünde den Frauen gut an und als Herrscherin wolle man sie nicht haben.[602]
Ein zusätzlicher Gesichtspunkt liegt aber – was die Geschichte Ungarns betrifft – in dem Umstand, dass die Fürstin aus dem Ausland kommt und nicht aus dem ungarischen Adel selbst. Es ist bezeichnend, dass die ungarischen Könige des Hochmittelalters in nahezu sämtlichen Fällen ihre Gemahlinnen aus benachbarten Ländern, also außerhalb des Reiches holten. Eine beeindruckende Zusammenstellung aller Arpadenkönige vom 11. bis zum 13. Jahrhundert zeigt, dass 22 ungarische Könige ihre Frauen nicht aus dem ungarischen Adel wählten.[603] Neben der politischen und diplomatischen Notwendigkeit von interfamliären Verheiratungen gab es unter den Königen eine Abneigung gegenüber „einheimischen Frauen". Die sozialen und politischen Unterschiede zwischen Aristokratie und Königtum waren sehr groß. Außerdem würde eine Frau aus einer ungarischen Adelsfamilie unweigerlich zu heftigen Kämpfen unter den Magnatenfamilien führen und die Gefahr eines zu mächtigen Einflusses auf den König durch die betreffende Frau und ihrer Anhängerschaft heraufbeschwören. Die Familie eines Magnaten würde zu nahe an den Thron geraten. Es war also eine sehr kluge Einrichtung der ungarischen Könige, fremde Frauen als Gemahlinnen zu nehmen. Sollte man meinen!
Die „Rache" an einer ausländischen Königin konnte man leicht ausüben. Die national Gesinnten warfen ihr vor, den Landesinteressen zu schaden. Dieser Vorwurf ist so alt wie alle nationalen Monarchien, aber er funktionierte ganz trefflich, denn auf diese Weise schob der Adel den ausländischen Königinnen die Rolle eines „Sündenbocks" zu, [604] wenn sie mit dem Verhalten des Königs nicht einverstanden waren, denn an der Integrität der heiligen ungarischen Männerdynstie wagte niemand zu rütteln.
Was war typisch für die ausländischen Königinnen? In welchen „Funktionen" sah sie der ungarische Adel? Dafür gibt es ein perfektes Cliché. Sie galten als Eigentümer von zu viel und unnötigem Besitz, sie führten einen eigenen Haushalt mit eigenen Beamten und genau definierten Aufgaben, sie galten als Agenten für fremden Einfluss und Immigration und schließlich dienten sie als echte oder ideologische Sündenböcke für die vom Adel angeprangerten Missstände. Dieses Cliché passt auch auf Königin Gertrud. Der ganze Unmut gegenüber dem verschwenderischen König Andreas, dessen Notare sich in den Schenkungsurkunden die Finger wund geschrieben haben, richtete sich gegen Königin Gertrud. Die Schuldige war gefunden.
Übergehen wir die unglückliche Frau Sarolt, die Mutter des Hl. Stephan, von der berichtet wird, dass sie „das ganze Land in der Hand halte und ihren Gatten, sowie das, was ihm gehörte, selbst lenkte". Viel aufschlussreicher ist die Gattin des Hl. Stephan, Gisela, die in den frühen Legenden und Schriften des 11. Jahrhunderts noch in sehr guter und unbescholtener Erinnerung war. In den Gesta Hungarorum zur Zeit des Königs Ladislaus (1077-1095) ist kein negatives Bild Giselas zu finden. Jedoch erscheint diese Gisela in einem maßgebenden Geschichtswerk des 14. Jahrhunderts, der „Ungarischen Bilderchronik", plötzlich in einem völlig anderen Licht.

---

[602]Bumke 2, 483
[603]Bak, J.M., Roles and Functions, S. 23 f
[604]Bak ,J. M., Queens as Scapegoats in Medieval Hungary, in „Queens and queenship in medieval Europe, 1997, S.223

König Stephan I. und Königin Gisela. Statuen in Veszprem

Der Chronist berichtet nämlich, dass König Stephan wegen des Todes seines Sohnes Imre sehr unglücklich gewesen sei. Er habe deshalb, so sagt die Geschichte, zu seinem Vetter Vazul Boten gesandt, damit dieser sein Nachfolger werde. Als die Königin dies gehört habe, so sagt die Geschichte, habe sie sich mit einem unheilvollen Mann namens Buda und seinem Sohne Sebus beraten, diesen Vazul unschädlich zu machen, indem man ihm heißes Blei in die Ohren gieße und ihn blende. So weit die Geschichte. In Wirklichkeit hat aber Stephan seinen Vetter Peter Orseolo als Nachfolger auf den Thron setzen wollen, und an dem von ihm wegen Aufruhrs gepeinigten Vazul selbst diese Tat vollziehen lassen. Um diese grausame Tat von dem glorreichen Stephan aus der Geschichtsschreibung herauszunehmen, hat man sie seiner Frau Gisela angehängt. Nach dem Tode ihres Mannes, so wird ihr nachgesagt, habe sie jenen Buda zum König machen wollen, so dass sie ungehindert ihren eigenen Willen durchsetzen konnte und das ungarische Königreich dem deutschen Gesetz unterwarf. Peter Orseolo aus Venedig machte man plötzlich zum Bruder Giselas, obwohl er mit den Deutschen nichts zu tun hatte. Die Motive für diese Interpretation, die Gisela zum Sündenbock machten, sind leicht festzumachen. Zu jener Zeit, als dieses verfälschte Giselabild aufkam, stand Stephan I. bereits im Rufe der christlichen Heiligkeit. 1083 wurde er heilig gesprochen. Die ungarischen Arpaden untermauerten ihren Herrschaftsanspruch auf seine geistige und politische Autorität. Da passte das Bild von einem grausamen Herrscher nicht. In der Zeit des Peter Orseolo brachen antideutsche und antiausländische Stimmungen neu auf. Nichts schien logischer als die Schande der grausamen Tat auf die „intrigierende Gisela" zu schieben. Sie wurde angeklagt, Peter Orseolo unterstützt zu haben, obwohl in Wahrheit dies nicht der Fall war.

Selbst Alberich von Troisfontaines übernahm diese Version, indem er berichtet, dass Gisela, wie man sage, „viel üble Dinge im Lande verübt hätte und sie daher mit Recht getötet" worden sei, was den historischen Tatsachen ja gar nicht entspricht. Alle negativen Ereignisse seit 1031 wurden Gisela zur Last gelegt. Vielleicht sind die Zeugnisse für ihre negative Bewertung aus Rache entstanden und aus dem gekränkten Ehrgeiz, Ungarn sei erst durch die fremde Königin Gisela christlich geworden.[605] Eine solche historische Verleumdung kann man als posthume Ermordung bezeichnen.

Ein ähnliches Feindbild enstand bei der Bewertung Gertruds. Das Misstrauen des ungarischen Adels gegenüber einer entschieden auftretenden deutschen Königin muss ein frauenfeindliches Klima geschaffen haben. Ein schwelendes Motiv, nicht viel anders als die eines latenten Misstrauens gegenüber Fremden.

Wir haben also gesehen, dass Frauenfeindlichkeit am ungarischen Hofe immer dann aufgetreten ist, wenn eine Königin auch nur die geringste Form von politischer Mitregentschaft ausübte. Am ungarischen Hof ging die Befürchtung vor einer Welt um, die von weiblichen Werten dominiert sein könnte und noch mehr vor einer Frau, die mit „männlichen Eigenschaften" den ungarischen Hof terrorisieren wolle.

[605] Marczali, Ungarns Geschichtsquellen, 65

17. Der Rufmord

Wenn große erschütternde Begebenheiten die Phantasie anheizen, kennt die Menge keine Diskretion mehr. Je rührender, je grässlicher sie sind, werden sie von Mund zu Mund weitergegeben und nach jeweiligem Gusto verformt. Das einfache Volk war immer schon gierig danach, prekäre Geschichten zu hören, wenn es sich um unerklärliche Ereignisse handelte. Wenn diese sich im Bereich der Herrscher, der „ upper class", der Adelsgesellschaft, des königlichen Hofes abspielten und ein schlechtes Bild auf diese warfen, so teilte man dem Volke die Nachricht – wenn überhaupt – meist entstellt mit, um das eigene schändliche Betragen nicht zu kompromittieren.[606] Sollte die betroffene Herrscherschicht doch den wahren Grund eines Skandals mitteilen und die eigenen Mitglieder dadurch belasten und somit den Adel oder den Königs in Misskredit bringen, so würde es das sensationsgierige Volk gar nicht glauben und darin eher eine Verschleierungstaktik sehen und lieber der Frau ein unsittliches Betragen zuschreiben, als dem Manne, was aus vielen Sagen der Weltgeschichte bewiesen ist. Genau so florierte eine Fama über Gertrud. Thomasin von Circlaere schreibt in seinem Versbenimmbuch: „Man soll nichts als wahr weitergeben, wenn man es nicht ganz sicher weiß, man glaubt allemal das Schlechte leichter als das Gute." [607]
Neben den politischen Gründen für die Ermordung Gertruds traten im Laufe der Zeit persönliche Motive in den Vordergrund und wurden eifrig zum Gerücht ausgebaut, was man nicht anders denn als Rufmord bezeichnen muss. Solche Erfindungen haben etwas Anekdotisches an sich, aber nur, wenn man dem Historischen misstraut. Die Anekdote ist keine „Legende". Sie erlaubt eher als die Legende Rückschlüsse auf eine beliebte oder unbeliebte Person oder auf bestimmte Wertvorstellungen. Man bedient sich ihrer, um zu unterhalten, nicht um zu informieren. Man fragt, wenn sie erzählt wird, nicht nach ihrem Wahrheitsgehalt, sondern freut sich über das Pikante. Daher rückt die Anekdote in die Nähe von popularisierenden, schadenfrohen Klatschgeschichten, richtige „Kabinettstückchen, die nach szenischer Aufführung verlangen." [608] Da das mittelalterliche Bildungsmonopol beim Klerus lag, der mehrheitlich meist gegen den König eingestellt war, diente die skandalöse Anekdote dazu, ein Mitglied der Königsfamilie zu schmähen.[609] Durch die oft polemische wie aggressive Darstellung einer Person, blieb von dem würdigen und glanzvollen Bild eines Königs oder einer Königin nichts mehr übrig. Am Beispiel des Chronisten Thomas Ebendorfer kann man die Lust an den Histörchen erkennen, die durch das Schnüffeln und einer geradezu lüsternen Skandalsucht des Erzählers entstehen.[610] Der Hörer wird in eine Indiskretion eingeweiht und genießt Unterhaltung. Das Genre der skandalösen Anekdote ist meist eine Ergänzung der Biographie mit einer gewissen lasziven Absicht. So wird die Klatschsucht des Thomas Ebendorfer mit zunehmendem Alter immer peinlicher.[611] Die kolportierte Geschichte kann verglichen werden mit einem schmutzigen Witz, auf den man mit einem ebenso schmutzigen Lachen reagiert.
Wir dürfen mit Recht die Einschätzung dieser Art von erfundener „Negativ-Anekdote" auf die Bonfini-Geschichte über Gertrud anwenden. Ihre tendenziös arrangierte Aufmachung passt gut in die patriotische bis nationale Stimmung Ungarns des 13. und 14. Jahrhunderts. Bonfini hat sich die publikumswirksamste Version als Grund für die Ermordung Gertruds geleistet. Sie ist an Ausmalung nicht mehr zu überbieten. Abgesehen von zeitlichen und örtlichen Irrtümern, werden 150 Jahre nach der Tat Einzelheiten propagiert, die in keiner zeitgenössischen Urkunde nicht einmal andeutungsweise zu lesen sind. Die Diffamierung lässt sich in einem Satz wiedergeben: Gertrud habe die Frau des angesehenen Palatins Ban Bank an ihren Bruder, Erzbischof Berthold von Kalocsa, verkuppelt.

---

[606] s. Mátyás, F., Nepmondak es törteneti adatok, S.873
[607] Thomasin von Circlaere, Der welsche Gast, Z. 11127, 11256
[608] Kortüm, Henning, Zur Typologie der Herrscheranekdoten, S. 23
[609] ds. S.21
[610] Lhotsky, Über das Anekdotische in spätmittelalterlichen Geschichtswerken, S.36
[611] ds. S. 87

Bonfini ist zwar nicht der erste, bei dem dieses Gerücht auftaucht. Die Annalen der Wiener Dominikaner erwähnen sie auch, und das „Chronicon rythmicon" schreibt von ihnen ab, sogar teils wörtlich. Aber diese Quellen stammen auch erst aus der 2. Hälfte des 13. Jahrhunderts, aus der Zeit von 1267 bis 1302, also ganze 70 Jahre später nach dem Tod Gertuds.[612] Diese Schriften haben zudem verschiedene Fassungen im Laufe der Zeit erfahren. Quellenforscher nennen die Annalen „einen kaum noch entwirrbaren Überlieferungsknäuel und „nicht allzu reich an verwertbaren Angaben."[613] Merkwürdig ist, dass mit keinem Wort die Könige Bela III., Emerich und Andreas II. genannt werden. Warum dann gerade diese Geschichte? Sie ist ein typisches Beispiel für das Desinteresse am Historischen zugunsten der Klatschsucht. Sachliche Fehler vermindern außerdem die Zuverlässigkeit des Textes. Königin Gertrud von Ungarn sei getötet worden, weil sie ihren Bruder, den Patriarchen von Aquileja, auf die Frau des Ban Bank lüstern gemacht habe."[614] Zu dieser Zeit war aber Berthold noch nicht Patriarch. Die Österreichische Reimchronik, aus den ersten beiden Jahrzehnten des 14.Jahrhunderts gibt die Geschichte auch noch in Versen wieder. Der „geschwätzige Poet" dieser Reimchronik erzählt, dass der Bischof von Kalocsa vor Liebe entbrannt sei, er habe die Königin wissen lassen, dass, sollte er nicht die Frau des Ban Bank besitzen, er schwermütig werde und an seinen seelischen Leiden elend zugrunde gehe. Gertrud habe ihm nach Frauenart den „Heiltrunk" verschafft, was dann zum Tode der Königin durch Ban Bank geführt habe.[615] Der Anonymus von Leoben schreibt die Entehrung sogar dem Bischof Ekbert von Bamberg zu.

Die Geschichte lässt sich also nicht über die Mitte des 14. Jahrhunderts hinaus nachweisen. Nicht einmal der zuverlässige ungarische Geschichtsschreiber, Simon von Kezai, Mitte des 13. Jahrhunderts, erwähnt dieses ehrabschneidende Gerücht, und er lebte ja zeitlich näher am Todesjahr Gertruds. Wenn die Geschichte wahr gewesen wäre, hätte er sich diese nicht entgehen lassen. Als die üble Nachrede einmal aufkam, war sie nicht mehr aufzuhalten und immer mehr Autoren meinten, sie müssten ihre Phantasien darin ausleben. Man stürzte sich geradezu auf das schlüpfrige Thema wie die Fliegen auf den Käse. Der fast gleichzeitig schreibende Johannes **de Thurocz** bringt das Gerücht auch noch in verblüffend chronistischem Stil auf ein paar knappe Sätze.

„Die Gemahlin des Andreas II. hieß Gertrud aus Deutschland. Sie gebar Bela, Coloman, Andreas und die selige Elisabeth. Aber o weh! Durch den Feind des Menschengeschlechtes überredet, verkuppelte die genannte Herrin ihrem Bruder die Frau des edlen Bank, damit er es mit ihr treibe. Wegen dieser Tat stieß Ban Bank aus dem Geschlecht Bor sein Schwert grausam und blutig in die Königin und tötete sie durch eine tiefe Wunde im Jahre 1212." [617]

Seltsam mag sein, dass die „Diessener Annalen" von 1450 die unrühmliche Erzählung aufgenommen haben, da man doch annehmen könnte, eine solche Entgleisung einer Königin aus der eigenen Familie wäre lieber verschwiegen geblieben. Der Schreiber brauchte aber keine Rücksicht mehr auf das Haus der Andechs-Meranier nehmen, da dieses längst ausgestorben waren. Außerdem ist der Diessener Chronist schlecht informiert, da er das Geschehen nach Ofen verlegt, wo die Verlobung Elisabeths stattgefunden habe und Berthold schon Patriarch gewesen sei. Dieser Satz enthält ganze drei Fehler.

---

[612]Die Nachrede als Erklärungsversuch für den Mord an der Königin Gertrud muss schon am Ende des 13.Jahrhunderts aufgetaucht sein. Interessant ist, dass die franziskanische Chronistik diese „story" nicht erwähnt, aber die Wiener Dominikanerchronik um 1283 bereitwillig erzählt. Dies könnte daran liegen, dass möglicherweise die Aufzeichnungen aus dem Wiener Dominkanerkloster schon Anzeichen einer Rivalität zwischen den Franziskanern und Dominikanern waren. Die Verbreitung einer solchen Geschichte wäre dann ein subtiler Hieb auf die Franziskaner, da auf die Mutter der mit dem Franziskanerorden eng verbundenen Heiligen Elisabeth ein schlechtes Licht fiel."

[613]Lhotsky, Über das Anekdotische, S. 190;194

[614]CFH I, 426

[615]Katona, Hist. reg. V, 198

[616]Ungarische Bilderchronik, 1358, Heinrich von Mügeln,1360, die Georgenberger Chronik, 1460, das Chronicon Posoniense,1480 und die Chronica Ungarorum des Johannes von Thurocz, 1488

[617]„ Sed proch dolor, humani generis inimico procul dubio suadente uxorem Bank bani magnifici viri domina memorata tradidit cuidam suo fratri hospiti deludendam. Qüam ob causam idem Bank banus de genere Bor oriundus suum gladium in regine sanguine miserabiliter cruentavit, et diro vulnere sauciatam anno domini M CC XII interfecit."

In einer Sammlung ungarischer Quellen aus dem 18. Jahrhundert wird Bonfinis Geschichte sehr bezweifelt: „Ganz weitschweifig erzählt dies nicht ohne Falsches beizumischen, Bonfini in seinen „Decades“.[618]

Der Mord an einer Königin ist in jedem Fall eine Schande für ein Land, wenn auch nicht „das“ Land dafür verantwortlich gemacht werden kann. Nach über hundert Jahren hat man dies in Ungarn immer noch empfunden. Die dürftigen zeitgenössischen Quellen hatten keine ausreichenden moralischen Gründe hergegeben. Aus diesem Erklärungsnotstand suchte man plausible Gründe. Die nationale Oberschicht, deren Vorfahren immer noch als die Mörder gebrandmarkt waren, brauchte irgend etwas Belastendes. Man konnte den Makel nicht auf sich sitzen lassen. Ein Gerücht musste herhalten, das bis heute nacherzählt wird. Dass man diese erlogene Geschichte als Deckmantel für die Ermordung Gertruds hernahm, hat sich ja auch längst bis in die Erbauungsliteratur herumgesprochen. Es ist geradezu lächerlich, wenn der gelehrte Verfasser einer ungarischen Geschichte niederschreibt, dass Frau Bank mit der römischen Lucretia zu vergleichen sei, die sich erdolchte, weil sie von Tarquinius entehrt wurde.[619] Auf diese Weise wurde noch um die Jahrhundertwende Geschichte geschrieben.[620] Und jährlich wird uns diese Version in Erkels Oper vor Augen geführt.

Es dauerte Jahrzehnte, bis endlich ein mutiger ungarischer Historiker einen solchen Vergleich als absoluten Unsinn und als lächerlich brandmarkte.[621] Ein anderer Autor hat diese merkwürdige Rechtfertigung erkannt: „Der Hergang der Sache (=Verkuppelung) mag wohl von einem Ungar erdichtet sein, um die Schande, dass die Ungarn im Aufruhr eine wehrlose Frau ermordet haben, zu verdecken.[622]

Bonfinis Geschichte wurde sehr früh von namhaften Historikern bezweifelt: „Es ist gewiss ein aus Hass erdichtetes Märchen, um den Mord an der Königin zu beschönigen. Gleichzeitige Schriftsteller indessen rühmen Keuschheit und Tugenden Gertruds.“[623] Mit der Glaubwürdigkeit Bonfinis scheint es also nicht weit her zu sein: „Bonfinius erzählt uns als Liebhaber des Romanmäßigen im Geschmack des Orientalen, im Geiste eines Abul Pharai ein ungereimtes Märchen als Ursache des Todes, das bereits der älteste Geschichtsschreiber Johann Dlugoss widerlegt hat. Es ist ein bekanntes Märchen, dessen romantischer Stoff nach Belieben von anderen ausgemalt, von Bonfini am ausführlichsten und von J.E.von Engel mit der ihm eigentümlichen attischen Anmut wiedergekäut wurde, um ja eine so köstliche Anekdote gegen eine für den Glauben eifernde, gegen eine klösterstiftende, gegen eine das königliche Ansehen im Guten oder Bösen aufrecht haltende und, was das ärgste ist, gegen eine deutsche Königin und Frau nicht zu verlieren.“[624] Wer also wollte sich eine so köstliche Anekdote entgehen lassen? Diese Erzählung widerspricht gar vielen anderen Umständen. Das Ganze erhält den Anstrich eines gewöhnlichen Hofklatsches, indem eine laszive Vermutung aufgeputzt und große Wirkungen aus kleinen Ursachen erklärt werden. Wie oft in der Geschichte entsteht auf Grund einer hingestreuten Bemerkung eine Lawine von Phantasien. Um die erzählerische Lust eines Bonfini zu ermessen, wird sie im Anhang abgedruckt. Hätten nicht im Laufe der Jahrhunderte eine Anzahl Dichter sie zum Stoff ihrer Tragödien, Gedichte und anderer literarischen Produkte genommen, könnte man sie zu den Akten legen. Jedoch ist das historische Interesse an der Glaubwürdigkeit dieser Nachrede angebracht. Namhafte Autoren erklärten, dass Bonfini die Geschichte nach seiner Art ausgedehnt habe und, weil er nicht einmal den Namen jenes bösen „Bruders“ nannte, hätten andere jenem „Gast“ – um nur wenigstens etwas zu sagen – alle erdenklichen Namen ihrer Brüder gegeben.

[618]Antonio Bonfini ist Italiener und ist 1441 geboren. Ende 1486 begab er sich nach Österreich zu König Mathias, von dem er finanzielle Unterstützung erwartete. Für ihn schrieb er eine Geschichte der Ungarn

[619]s. Matyas Florian, in: Szazadok 4,1; 1907, S. 879

[620]Szilágyi, Sandor, Magyar nemzet története, t.2, 1896

[621]Matyas Florian, Népmondák és történeti adotak Gertrud kirakyné erözszakos haláláról, in: Szazadok 41,1907 (Volkssagen und historische Fakten über den gewaltsamen Tod der Königin Gertrud)

[622]Stolz, Alban, Gesammelte Werke, Bd. 7 , S.21

[623]Hormayr, J., Sämtliche Werke, III, 299

[624]Hormayr, J., Sämtliche Werke III, l.c.

Es stimmt nicht, dass sich Andreas zu dieser Zeit in Konstantinopel aufhielt, sondern, wie wir gesehen haben, auf einem Heereszug nach Halicz. Der Mord ist nicht im Jahre 1218, sondern im Jahre 1213 geschehen und der König war zu dieser Zeit nicht in Palästina, sondern auf dem Weg nach Halicz. Sodann fand der Mord nicht in einem Schlafzimmer der Königin statt, sondern in einem Zeltlager bei Pilis. Und schließlich verlegt Bonfini die verlogene Geschichte nach Buda, das zur Zeit des Königs Andreas II. noch nicht Sitz der ungarischen Könige war.

Hundert Jahre später also ersann man sich die besagte Geschichte einer verführten Frau. Anlass war wohl auch die Verführung eines Mädchens aus der Umgebung König Karl Roberts (1308-1342), der Tochter Klara des Feliczan Zach. Dieses Ereignis aus dem Jahre 1330 könnte die tendenziöse Mordbegründung Bonfinis beeinflusst haben. Danach habe die Ehefrau König Karl Roberts dazu beigetragen, dass ihr Bruder, Prinz Kasimir von Polen, die Tochter des Feliczan Zach entehrt habe. Zach griff mit dem Schwert das Königspaar an, doch ein Speiseträger konnte sich gerade noch dazwischenwerfen und Zách töten. Sein Sohn wurde festgenommen und durch die Stadt geschleift, seine Tochter im Gesicht verstümmelt. Heinrich von Mügeln überträgt dieses Ereignis auf Gertrud und schreibt:

Das Attentat des wütenden Feliczian Zach auf den König, der sich für die Entehrung seiner Tochter an der Königsfamilie rächen wollte.

„Dieselb kunigin gab eins grossen fursten weib, der hiesz Bankan, iren Bruder, den bischoff von Babenberg, daz er sie beslieff mit Gewalt. Do der furst das erfür, so slug er die kunigin tzu tode.“[625]

Die Übertragung der Zach-Geschichte auf Gertrud und Berthold ist auffällig. Sowohl die ungarische Chronik wie auch Mügeln haben von der Vernichtung der Familie Zach gewusst. Hintergrund war seinerzeit die Unzufriedenheit einiger Ungarn mit der harten und grausamen Bestrafung der Familie Zach durch den König. Da man ihm eine solche harte Reaktion nicht zuschreiben wollte, suchte man nach einem anderen politischen Motiv und fand es in der Schändung Klaras durch den Prinzen. Aus Sippenrache hatte Feliczan Zach deshalb die Königin töten wollen. Während in den ungarischen Chroniken von dieser Geschichte nicht die Rede ist, bringt sie Mügeln bereitwillig zur Sprache.

In einer sehr ausführlichen Bearbeitung dieses Rufmords hat der ungarische Historiker Florian Matyas seine Gründe gegen die Bonfini-Anekdote dargelegt. Er sagt, dass es hinreichend Ursachen gebe, den Mord auch ohne diese Schandtat zu erklären. Unter 14

[625] Szentpétéry, Script.Rer.Hung. II, no 61, p.205

Chroniken, welche die Tötung Gertruds erwähnen, existieren nur sechs, die überhaupt eine gewisse Frau Bank kennen. Diese sechs Schriften sind ausgerechnet diejenigen, die von der Tat am weitesten entfernt sind. Sie enthalten teils falsche, teils sich widersprechende Umstände über Ekbert und Berthold. Die Geschichte ist nicht zeitgenössisch, sondern, wie erwiesen ist, 150 Jahre später entstanden.

Wir wollen aber trotzdem noch einem möglichen Schwachpunkt nachgehen. Es geht um den Bruder Gertruds, den Erzbischof von Kalocsa.
Was ist nun von dem „Frauenjäger" Berthold zu halten? Man muss einmal nüchtern überlegen, dass er als Erzbischof von Kalocsa auf Grund seines öffentlichen Standes und der Tatsache, dass er einst auf eine Gattin verzichtet hatte und nun ehelos lebte, dieses Verbrechen an der Frau eines angesehenen Palatins wohl schwerlich verübt haben konnte. Sonst hätte er sich auf dem erzbischöflichen Stuhl von Kalocsa nicht mehr lange halten können und wäre auch mit einem solchen Ruf später nie Patriarch von Aquileja geworden. Angesichts der Klatschsucht am engen Hofe zu Esztergom, wo kaum noch Diskretionen möglich waren, wird ein kluger Berthold nie auf die Idee kommen sein, sich gerade an der Gattin des höchsten Würdenträgers zu vergreifen. In der mittelalterlichen Rechtsordnung wird die Vergewaltigung zu den drei Vergehen gezählt, die mit dem Tode bestraft werden.[626] Wenn Berthold eine solche Tat begangen hätte, wäre er zweifellos als Täter vor Gericht gestellt worden. Man konnte doch nicht die Mitwirkende töten und den Täter frei herumlaufen lassen, der lediglich mit einigen Prügeln davon kam, im selben Jahr noch zu den regelmäßigen Zeugen der Königsurkunden zählte und später sogar noch Patriarch von Aquileja wurde! Zu bedenken ist auch, dass Innocenz III. mit keinem einzigen Wort auf ein solches vermutetes Vergehen eingegangen ist, was er sonst bei hochrangigen Klerikern mindestens in Andeutungen erwähnt hätte. Also kann diese üble Nachrede eines sexuellen Übergriffs in keiner Weise der Wahrheit entsprechen.
Wenn Bischof Ekbert der Übeltäter gewesen wäre, so ist es undenkbar, dass dieser skandalöse von ihm ausgelöste Vorfall am ungarischen Hof nicht an die deutsche Öffentlichkeit gelangt wäre und dass die deutschen Bischöfe oder der Papst nichts davon erfahren hätten. Seine Karriere wäre absolut beendet gewesen. Mit größter Wahrscheinlichkeit war er auch nach 1209 nie mehr in Ungarn.
Wie wir nachgewiesen haben, hatte sich Gertruds Bruder, Herzog Otto, nie in Ungarn aufgehalten und Heinrich von Istrien war schon längst wieder in Deutschland. Diese im Nachhinein auf Gertruds Brüder übertragene Schuldzuweisungen entbehren jeden konkreten Grund.
Noch unwahrscheinlicher ist ein Übergriff auf die Frau des Palatins schon deshalb, weil Ban Bank schon ein älterer Mann gewesen sein muss, da, um Ban von Dalmatien und Kroatien oder gar Palatin zu werden, der König nur eine Person berief, die in der Politik reichlich Erfahrung aufweisen konnte. Außerdem hatte er einen oder gar zwei Schwiegersöhne, so dass er auf jeden Fall kein junger Mann gewesen sein konnte. Daher ist auch seine Frau, deren Namen nicht einmal bekannt ist, kein blühendes junges Mädchen gewesen, sondern ebenfalls eine betagte Frau. „Frau Bank war um diese Zeit eine bejahrte Matrone und es ist kaum glaubwürdig, dass der junge Berthold im besten Mannesalter gerade sie ausgewählt haben sollte."[627]
Wir kennen ähnliche an Rufmord grenzende Verdächtigungen. Auch Eleonore von Aquitanien, die Frau des Königs Ludwig VII. und später Gemahlin König Heinrichs II. von England wurde eine Affäre angedichtet, sie habe sich auf dem Kreuzzug nicht gescheut, ihren Körper Sarazenen hinzugeben.[628]

---

[626]"violatio", "raptus", "oppressio violata"; Veszpremy S.83
[627]Kristo-Makk, 379
[628]Duby, Héloise, Isolde und andere Frauen, S.18

Solche Phantasien sprossen schnell aus dem Boden und übertrafen noch alles, was früher über sie kolportiert wurde. So geschah es auch mit Gertrud. Um einen plausiblen Grund für diese schändliche Tat zu finden, rückte man sie in ein ungünstiges Licht. Diese Geschichte ist geschickt aufpoliert. Das anekdotische Detail der Verführung weist zwei Aspekte auf: Der erste ist, den Mittelalterhistorikern wohl bekannt, die Annahme, dass Frauen der Verführung erliegen, wenn sie nicht streng überwacht werden und dass Männer immer Frauen verführen oder vergewaltigen, falls man sie nicht daran hindert. Wenn es Schwierigkeiten gab und Unzufriedenheit mit der Regierung herrschte, war es üblich, nicht den König dafür zu tadeln, sondern die üblen Berater und die Mitregentin. Königinnen hatten immer den Ruf, dass ihnen das Ohr des Königs gehöre. Alle Königinnen, die sich nicht damit zufrieden gaben, im Schatten ihrer Ehemänner zu bleiben, liefen Gefahr, dass sie Machtmissbrauch betrieben und ihr Rollenmodell überschritten hätten. Zu dieser Usurpation passen die meisten Anschuldigungen gegen Gertrud: Vetternwirtschaft, übler Einfluss auf den Ehemann, tyrannische Regentin, Missachtung der Barone oder des Volkes

Die Abscheu des Landadels gegenüber dem Hof ist nicht nur ein in Ungarn auftauchendes Symptom, sondern war im ganzen mittelalterlichen Europa bekannt. Das Fremde und die Frau schufen eine wohlfeile Sündenbocktheorie. Weiterhin ist zu bedenken, dass der andechsisch-meranisch geprägte ungarische Hof sehr westlich ausgerichtet war und weit entfernt von der einfachen Lebensart ungarischer Adelsfamilien auf dem Land. Die informierten Dichter jener Zeit wissen von der Weltoffenheit der Etzel-Burg und der Bewunderung des herrlichen Hofes.[629] Die Gäste durften zuerst ein Bad nehmen, zogen frische Kleider an, Geschenke wurden verteilt und keine Gäste verließen den Hof, ohne reiche Gaben erhalten zu haben. Es wurde reichlich getafelt, Hirsch, Reh, Wildschwein, Geflügel und herrlicher Wein wurde aufgefahren.[630] Man hatte sich standesgemäß gekleidet und Musik spielte auf.

Die Königin trug ein silbernes Kleid, mit Juwelen besetzt, einen mit Gold besetzten Mantel und Glöckchen aus Saphir und Rubin, sowie die Krone auf dem Haupt. Man schätzte die großzügige Gastfreundschaft. Diesen herrlichen Hof führte bereits der Schwiegervater von Gertrud, Bela III. Er war bekannt und wurde gerühmt für üppiges Hofleben. Das war nicht erst seit Andreas und Gertrud so. Nur ihnen scheint man es zur Last gelegt zu haben.

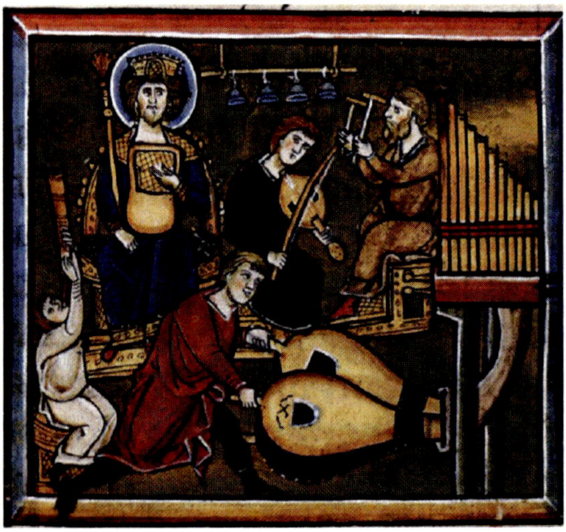
David und die Musikanten. Elisabethpsalter.

Gertrud führte keinen verschwenderischen Hof ein, sondern fand ihn vor. „Der ungarische Hof erlebte um 1200 mit Constanze von Aragon eine Blütezeit höfischer Kultur durch ihre Trobadoure Peire Vidal und Gancelm Faidit. Dieser höfische Lebensstil verschwand nicht so einfach, aber er erhielt sicher eine stärkere deutsche Ausrichtung durch Gertrud.[631]Da mögen wohl viel Entrüstung, Neid, Ablehnung, Missgunst gegenüber dem westlich orientierten üppigen Hofleben aufgekommen sein. Vor diesem „Sündenpfuhl" mussten die ungarischen Männer, wie sie meinten, ihre keuschen Frauen und Töchter hüten.

[629]Biterolf und Dietlieb, Tu 1096 f
[630]Virginal, Tu 567, 574f
[631]Kiss,E., Elisabeth von Thüringen, Katalog, 39

Ein königliches Bankett: Musik und Tafelfreuden.

Ritterliche Lebensart war am Hofe des Königs Andreas II. bekannt, ebenso die Gewohnheit höfischer Umgangsformen. Der zivilisatorische Unterschied zwischen spärlich beheizten rohen Landhäusern und Burgen aus Holz und andererseits der königlichen Burg war außerordentlich groß. Argwohn und Missachtung gegenüber einem dem Königspaar zum Vorwurf gemachten dekadenten und sündigen Leben könnten landauf landab verächtlich ausgestreut und wie ein willkommenes Gerücht aufgebauscht worden sein. Bei aller Ehre von Frau Bank ist es ja schließlich nicht ganz undenkbar, dass ein fremder Ritter, weltoffen und nach höfischer französischer Art durch ein paar Schmeicheleien die Entrüstung der Dame provoziert hat oder vielleicht auch die Gnade der etwas einfältigen Dame für einen Flirt errungen haben mag,[632] der dann – gezielt gestreut – am Hofe kursierte und nicht ohne maßlose Übertreibung bis zur Vergewaltigung kolportiert wurde. Mag sein, dass auch der weltoffene Berthold die Grenze zwischen Scherz und Ernst nicht klar eingehalten hat. Galanterien mögen es gewesen sein, die an einem westlichen Frauenhof nichts Befremdliches an sich haben. Aber für die ungarischen Sittenrichter des Adels möglicherweise ein Grund für die Entstehung der Nachrede über Berthold und Gertrud.

Das Leben an den französischen Königshöfen Ende des 12. und Anfang des 13. Jahrhunderts war geprägt vom ritterlichen Minnedienst, seinen Gesten, seinen teils erotischen Liedern, seiner Verehrung der immer unerreichbaren Dame. Französische und deutsche Ritter am ungarischen Hof pflegten dieses in Mode gekommene Verhalten. So kann es durchaus zu Missverständnissen zwischen einem westlichen Adligen und einer einheimischen Hofdame gekommen sein. Auch dem jungen 30-jährigen Berthold sind durchaus lose Sprüche zuzutrauen, die er, wie alle Ritter als Koketterie, als harmlosen Flirt verstand, was seine Dame aber viel zu ernst und wörtlich auffasste. Die prüde ungarische Dame sah darin schon eine „Anmache“, vielleicht ein „Mobbing“, wie man das heute nennt. Ihre Entrüstung mag sie überall weitererzählt haben und, wie das so ist, entstand aus einer harmlosen Szene der aufgeblasene Ballon einer anrüchigen Unterhaltung, während es allenfalls nur in Minneart vorgebrachte Komplimente gewesen waren. Hatte sich nicht Sophie, die Schwester des ungarischen Königs Geyza II. entsetzt über das Regensburger „Babylon“?
Der ungarische Chronist Thurocz musste Gefallen an dieser Geschichte gehabt haben, indem er Berthold zu einer Art Casanova machte, dessen Lieblingssport darin bestanden habe, den jungen Ungarinnen nachzulaufen. Und schließlich ging es ja auch um Gertruds Ruf.
Man sieht , dass für die Legitimierung des Mordes schweres Geschütz aufgefahren wurde, denn es ist immer schwieriger und kostet mehr Anstrengung, ihn zu rechtfertigen als vorher nötig war, ihn auszuführen.
Auch ein polnischer Chronist hält eine solche erotische Geschichte, wie sie Thurocz und Bonfini erfanden, für absurd und gänzlich unmöglich. Eine so schamhafte und keusche

[632]Bak, Queens as scapegoats, 228

Frau wie Gertrud, die eine Heilige geboren habe und aus einem edlen und frommem Geschlecht hervorgegangen sei, hätte niemals Ehebruch und Unzucht zugelassen.[633]

18. In memoriam Gertrudis

„Das zu jener Zeit durch einen sehr bedauernswerten Vorfall betroffene Pannonienreich ließ sowohl bei den angrenzenden Polen wie auch bei den anderen ausländischen Nachbarstaaten in lauten Tönen seine Klage hören. Der so mit einer prächtigen Ehe gesegnete Andreas sah dennoch den Glanz seines äußeren Segens, zu dessen Vollendung ein wohlgesonnenes Schicksal nichts hinzuzufügen hatte, plötzlich getrübt durch ein düsteres Ereignis.“[634]
So kann treffend die düstere Betroffenheit nach der Ermordung der Königin Gertrud geschildert werden. Eine beklemmende „Nibelungentragik“ lastete nach dem „Sacco di Pilis“ auf dem ganzen Land, dem Gemetzel in den Piliser Waldungen.
Dieses Ereignis muss das einfache ungarische Volk und besonders die deutschen Immigranten erschüttert haben. Wie das „Chronicon pictum“ berichtet, verbreitete sich die Nachricht vom Tode der Königin wie ein Lauffeuer im ganzen Reich. „Wegen ihrer Ermordung weinte ganz Pannonien“ schrieb der Chronist. Menschen aus den niederen Schichten hegen eine ursprüngliche Verehrung gegenüber dem Königshaus und eine Achtung vor der gesalbten Königin. Neben dieser eher spontanen Trauer erfahren wir auch, dass die monarchische Oberschicht ein Andenken an die verstorbene Königin Gertrud dauerhaft bewahrt hat.

18.1. Das Königsgrab

Eine Urkunde des Königs von 1214, die Andreas II. ausgestellt hat, lässt zunächst vermuten, dass Gertrud in Lelesz begraben sei, einem Kloster im Nordosten Ungarns. In der betreffenden Urkunde heißt es, dass der König für die „Seele der erlauchten Königin Gertrud, seiner Gattin, ein Vermächtnis erließ.“ Ein Teil ihres Leichnams sei in der Kirche von Lelesz bestattet. Zwei Priester seien damit beauftragt worden, für ihr Seelenheil zu dauerndem Gedächtnis die Heilige Messe zu lesen.“[635] Andreas muss wahrscheinlich dort die Schreckensnachricht erhalten haben. Die Kuriere sollen ihm zum Beweis einen Körperteil seiner Gemahlin oder ein untrügliches Zeichen von ihr mitgebracht haben. Das heißt aber nicht, dass der Leichnam Gertruds in diesem recht abgelegenen Kloster auch bestattet worden sei. Eine ungarische Chronik aus dem 15. Jahrhundert berichtet demgegenüber, dass „der Leib der Königin im Kloster der grauen Mönche von Pilis beigesetzt ist.“[636] Diese Mitteilung dürfte eher zutreffen, da die Grabungen im Kloster Pilis 1963 Teile eines Sarkophags freigelegt haben, die eindeutig auf Königin Gertrud hinweisen. Die Vermutung, dass sie tatsächlich dort begraben war, legt auch ein Schreiben ihres Sohnes, Belas IV., nahe, in dem berichtet wird: „Das Kloster Pilis, in dem der Körper unserer Mutter ehrenvoll ruht.“[637]
In einem Tal der Pilisberge, in der Nähe der heutigen Ortschaft Pilisszentskereszet, hatte der Schwiegervater Gertruds, Bela III., bereits 1184 ein Zisterzienserkloster gegründet.
Er stattete das Kloster Pilis großzügig mit den Erträgen von Weinbergen bei Poszony aus, mit Mühlen in Buda und Zollfreiheit für Weinlieferungen an die Abtei.
Die abgeschiedene Gegend im Piliser Wald entspricht den Ordensregeln der Zisterzienser. Ihre Klöster sollten in einsamen, möglichst unbewohnten Gegenden errichtet werden, in Wäldern und Tälern, wo es Quellen und Bäche gab. Doch der heute abgelegene Ort täuscht über die damalige Bedeutung des Klosters hinweg. Der Abt Demeter von Pilis erhielt wichtige politische Befugnisse und galt als einflussreiche Person beim König und in der Kirche.

---

[633] Dlugoss, Annales, VI, 218
[634] nach Hormayers Sämtliche Werke III, S.305
[635] nach Hormayers Sämtl. Werke III, S.309; Epitome I,412
[636] Thurocz p.2, c.72 und Assertor, p.14; Epitome I,413
[637] Näheres über das Grabmal bei Hervay S. 234, dort wird auch der französische Bildhauer Villard de Honnecourt genannt.

Die Wälder von Pilis.

Teile der Fundamente des Klosters.

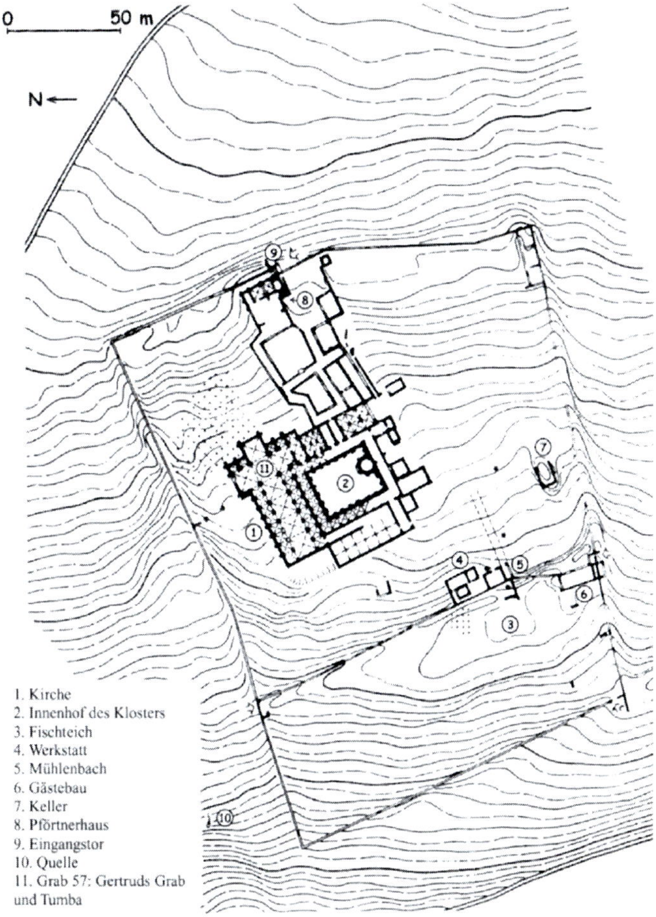

Gesamtplan der Klosteranlage Pilis.

König Emerich schickte ihn 1202 in einer diplomatischen Angelegenheit nach Rom. Dort wurde er von Papst Innocenz III. im Jahre 1204 beauftragt, einen Streit zwischen zwei Großen zu schlichten. Die prachtvoll ausgestattete Abtei beherbergte auch den Königsschatz Emerichs, der gemäß seinem Testament an die Templer, Johanniter und an Ladislaus ausgehändigt werden sollte.

Die Gebäude wurden zuerst 1241 von den heranstürmenden Mongolen verwüstet.

Die Mönche flohen nach Esztergom. Nach dem sie die Abtei mühsam wieder aufgebaut hatten, wüteten die Türkekriege im 16. Jahrhundert noch schlimmer. Nahezu alles wurde zerstört. Von Kloster und Kirche ist so gut wie nichts mehr übrig geblieben, auch nichts mehr von den umliegenden Dörfern. Die muslimische Soldateska verwüstete die Gebäude, plünderte und brannte nieder, was brennen konnte, wobei ein Mönch in den Flammen umkam. Die während der Türkenkriege verwüsteten Reste der Gebäude wurden seit 1970 archäologisch untersucht und freigelegt.

Der Mongolensturm 1241 und die Türkenkriege im 16. Jahrhundert hatten keinen Stein mehr auf dem anderen übriggelassen.

Von der ehemaligen Klosteranlage ist so gut wie nichts mehr übrig.
Jedoch haben die Grabungen Fundamente und Pfeiler einer romanischen Kirche zu Tage gebracht. Dabei entdeckte man auch Teile eines Sarkophags, der auf Königin Gertrud hinweist.
Dieser Umstand legt auch nahe, dass Gertrud nicht im königlichen Palast von Stuhlweißenburg, sondern in jener Gegend umgebracht wurde und die Bestattung in der nahegelegenen Zisterzienserabtei stattgefunden hat.
Als Andreas II. im Jahre 1235 starb, baten die Mönche vom Kloster Pilis, seinen Leichnam ebenfalls in Pilis begraben zu dürfen, damit er neben seiner Frau Gertrud ruhen könne.[638] Der Leichnam des Königs Andreas liegt aber im Kloster Egrus. Sein Sohn Bela IV. verweigerte den Wunsch der Mönche von Pilis.[639] Warum diese Ablehnung? Über den Ort des elterlichen Grabes durfte ja letzten Endes nur der neue König entscheiden, also der Nachfolger. Bela IV. hat es seinem Vater nie verziehen, die Mörder seiner Mutter geschont zu haben. Sehr genau muss er sich erinnert haben, dass König und Königin nicht eines Sinnes waren. Daher wollte er zum Ausdruck bringen, dass sein Vater mitverantwortlich am Tode seiner Mutter war, indem er sie allein und ohne Schutz gelassen hatte. Eine gemeinsame Grabstätte kam für ihn deshalb nicht in Frage.
Es ist eine großartige Leistung der ungarischen Archäologen, dass sie nach diesen zweimaligen Verheerungen der Mongolenstürme und Türkenüberfälle erstaunliche Funde ausgegraben und Rekonstruktionen angefertigt haben. Bei keiner mittelalterlichen Abtei Ungarns kann man das mönchische Leben so gut verfolgen wie in Pilis. Man erfährt etwas über die täglichen Arbeiten der Mönche und den Bau der klösterlichen Gebäude, vom Plan bis zur Vollendung durch Steinmetzen und Architekten. Die Forschungen sind heute noch nicht abgeschlossen.

Freigelegte Fundamente und Holzdächer zum Schutz der Ausgrabungsobjekte

Die Grabungen haben Reste der mächtig großen Abtei zu Tage gebracht. Fundamente der Klosteranlage sind heute noch zu sehen. Das Kirchenschiff war 57 Meter lang, das Refektorium 12 x 7 Meter, der Saal der Konversen 29 Quadratmeter.
Man entdeckte eine Mühle und im südlichen Flügel des Klosters die größte Brunnenanlage Ungarns, Werkstätten und eine Ziegelbrennerei.[640]

[638]Kosztolnyik, Hungary in the thirteenth century, 116
[639]„postulatio quidem repulsa est“ Thurocz , Comment. der Chronica Hungarorum, p.488
[640]Koszta, Laszlo, Die Gründung von Zisterzienserklöster, S. 65-80

Sockel eines Pfeilers im Kirchenschiff.

Im Kirchenschiff wurde man besonders fündig, obwohl die Türken kein Grab unversehrt ließen, weil sie wertvolle Beigaben erwarteten. Sie mussten leer ausgehen, weil die Zisterzienserabtei Pilis schon sehr früh in den Gräbern keine Wertgegenstände erlaubte und keine kostbaren Kleider oder Schmuck. In Pilis galt seit 1180 die strenge Regelung dass im Kirchenschiff ausschließlich Könige, Königinnen, Bischöfe und Äbte begraben werden durften. Man ist sich also sicher, dass sowohl in der Vierung wie auch vor dem Hauptaltar nur die Gräber von außergewöhnlich hohen Persönlichkeiten liegen konnten. Die Archäologen entdeckten im Mittelpunkt der Kirche, in der Mittelachse des Querschiffes, also der Vierung, Teile eines Grabes, das auf Königin Gertrud hinweist. Die Fachleute nennen es das Grab Nummer 57. Es ist 88 cm tief, die Seitenwände sind bearbeitet, im oberen Teil entdeckten sie ein etwa 15 cm breites Band, was der Höhe einer fehlenden Grabplatte entspricht.

In der Vertiefung soll bei den allerersten Grabungen das Skelett einer etwa 160 cm großen Frau gefunden worden sein. Es ist inzwischen verschwunden. Grabdiebe hatten es gründlich durchwühlt. Die Forscher sind sich aber darin einig, dass es das Grab der Königin Gertrud ist.

Grab Nr. 57, vermutliches Grab der Königin Gertrud.

In der unmittelbaren Nähe fanden die Archäologen zerstreut die Reste eines aufwendig gebauten Grabmals, das mit Gold und intensiven Farben bemalt war und mit Figuren reichlich geschmückt gewesen sein musste: Ein Hochgrab in Form einer majestätischen Tumba.

Rekonstruktion des Grabmals der Königin Gertrud. Weisen die sieben Figuren unter den sieben Arkadenbögen auf die heilige Zahl sieben hin?

Sie weist eine künstlerisch hervorragende Bemalung und Vergoldung auf und lässt auf eine sehr kostenaufwendige Bearbeitung schließen, was hohes, technisches Können voraussetzte. Das Grabmal hat die Form eines Schreins. Verschiedene Einzelteile befinden sich seit 1990 in der Sammlung für Alte Kunst der Ungarischen Nationalgalerie in Budapest. Das Grabmal muss ein Hochgrab gewesen sein, das auf acht Säulen gestützt war, eine Höhe von 60 cm und eine Länge von zwei Meter hatte. Auf der Deckplatte aus Rotmarmor ruhte die lebensgroße Figur der Königin , bekleidet mit einem verschnürten Mantel, der außen blau und auf der Innenseite rot gewesen sein muss. Der gesamte Grabaufbau war bemalt. Zwei Engelfiguren am Kopfende verkörpern den Glauben, dass Engel die Seele in den Himmel geleiten. Die bildhauerische Bearbeitung des Sarkophags weist auf französische Skulpteure hin, die in Chartres, Reims und Bamberg gearbeitet hatten. Einige Indizien weisen auf Villard de Honnecourt hin.

Villard de Honnecourt.

Im Jahre 1222 kam die Hl. Elisabeth mit ihrem Gemahl Landgraf Ludwig IV. nach Ungarn. Sie hatten Andreas II. wegen des Verbleibs des Deutschritterordens in Ungarn einen Besuch abgestattet. Auch wird Elisabeth mit ihrem Bruder Bela, dem jungen König, nach Pilis an das Grab ihrer Mutter gepilgert sein. Dabei ist wohl auch der gemeinsame Gedanke eines königlichen Grabmals entstanden. Der Auftrag der beiden Kinder ging an ungarische und französische Künstler.

Das Auffälligste an dieser Tumba ist, dass die Konzeption keine gebräuchliche Form eines Grabmales vorsah, also ausgestattet mit Klagefiguren, Totenkränzen und Trauerflor. Der junge König Bela und seine Schwester Elisabeth wollten offenbar keine üblichen Trauersymbole, sondern wünschten ein sichtbares Zeichen für einen Märtyrersarkophag. Es sollte dadurch sichtbar gemacht werden, dass Gertrud einen ungerechten Tod erleiden musste. Ihr Tod war für Bela IV. ein Heldentod. „Das Grabmal wurde nicht für jemand errichtet, der fürbittende Gebete nötig hatte, sondern für eine Person, von der man annahm, dass sie im Reich der ewigen Herrlichkeit unter Patriarchen und Märtyrern wohnte. Zusammen mit der Bestrafung der Attentäter wollten die Kinder Gertruds die politische und moralische Klärung des Andenkens ihrer Mutter mit Repräsentationsmitteln zum Ausdruck bringen, die Märtyrern zustanden.“[641] Bela VI. und die Hl. Elisabeth haben mit diesem majestätischen und

Ein Königskopf und ein Engelskopf am Grabmal Gertruds.

[641]Takács, Imre, Fragmente des Grabmals der Königin Gertrudis, in: Die Andechs-Meranier in Franken, Mainz 1998

reich verzierten Hochgrab ihr Vertrauen bekundet, dass ihre Mutter Gertrud durch ihren Märtyrertod die Vollendung bei Gott bereits erreicht hat. In diesem Licht gesehen, braucht man nicht mehr für sie zu beten. Vielmehr ist es so - wie bei den kanonisierten Heiligen - dass man um die Fürsprache der Verstorbenen Königin bittet. Anders kann man diese Grabgestaltung voller Symbolik nicht verstehen.
Das Grabmal sollte auf eine unschuldige Person hinweisen, auf eine Königin, die durch den gewaltsamen Tod zu einer Märtyrerin geworden ist und durch dieses Grabmal die Verehrung einer Märtyrerin verdient. Seine Gestaltung durch französische Skulpteure erstaunt nicht. Die Großmutter Belas IV. und Elisabeths, Anna von Châtillon, stammte aus Frankreich. Am Hofe ihres Vaters Andreas herrschte französische Kultur. Ihre Tante Agnes war Königin von Frankreich. Der Bruder ihrer Mutter, Bischof Ekbert, beschäftigte französische Bildhauer in seiner Bischofsstadt Bamberg. Gertruds Kinder Elisabeth und Bela schienen also Wert darauf zu legen, die angesehensten Bildhauer ihrer Zeit anzustellen. Das Grabmal sollte eine ganz bestimmte Botschaft enthalten, nämlich ihre Mutter als eine heldenhafte Gestalt darzustellen, der ein Schimmer von Heiligkeit gebühre. König Bela IV. und die Hl. Elisabeth ließen keinen Zweifel an der Integrität ihrer Mutter Gertrud.

18.2. Das Gedächtnis

Andreas II. stiftete acht Jahre nach Gertruds Tod, als er bereits zum zweiten Mal verheiratet war, einen Jahrtag für seine erste Gattin. Er übergab seine in Bodrog liegende unbesetzte Kapelle der Kirche St. Michael in Veszprem „zum Heile der geliebten Königin Gertrud“ seiner Gemahlin, mit der Maßgabe, dass die dortigen Brüder jährlich am Tage ihres Todes für ihr Seelenheil ein Requiem abhalten sollten. „An diesem Tage dürfen sie auch nach dem Gottesdienst auf Kosten des Königs reichlich verköstigt werden.“[642] Diese Stiftung war dem König offenbar so wichtig, dass er gleich zwei Siegel daran heften ließ.
Auch die anderen Verwandten haben ein sichtbares und frommes Gedächtnis für Gertrud wach gehalten. Als er Gouverneur von Slawonien war, machte Gertruds Sohn Koloman der Kirche von Trau im Gebiet Orid an der Adria, eine Stiftung für seine Mutter.[643]
Auch Bela IV. stiftete im Jahre 1225 ein Gedenken im Kloster Topusko und in St. Michael auf der Margareteninsel. Ihr Bruder Ekbert richtete 1216 einen Jahrtag für seine Schwester Gertrud ein, indem er für sechs Goldmark ein Herrengut aufkaufte und den Ertrag den Nonnen der seligen Maria auf dem Berg in Bamberg vermachte, damit „für seine Schwester allzeit fromm gebetet werde und ihr Gedächtnis bei den Nonnen in Bamberg allzeit gefeiert würde.“[644]
Gertruds Bruder Berthold ließ , nachdem er Patriarch von Aquileja geworden war, auch einen Jahrtag für seine Schwester im Nekrolog der Diözese am Fest der Empfängnis Johannes des Täufers eintragen: „Die berühmte Königin Gertrudis von Ungarn verstarb im Herrn.“[645]
Im Kloster Admont, der Drehscheibe zwischen Ungarn und Andechs steht im Totenbuch unter dem 28. September geschrieben: „Gertrud regina Ungarorum“.[646]
Ein schönes Zeugnis der Verehrung stammt aus dem Psalter der gleichnamigen Nichte Gertruds, der Äbtissin zu Altenberg, die zum 28. September eintragen ließ oder gar selbst einfügte, dass Königin Gertrud von Ungarn am besagten Tage gestorben sei. „Gertrudis regina Ungarie obiit“.[647]

---

[642]Szentepétery, Regesta Reg. nr. 372,Bd. II
[643]Horn, Sainte Elisabeth, 26
[644]Looshorn II, 610 und Wenzel VI, nr.232
[645]III.A.VIII.Kal.Conceptio S. Johanni Baptiste, in: Scalon Cesare, Necrologium aquileiense, p.310,nr.24 „Gertrudis inclita Ungarie regina obiit in Domino.“
[646]Diocesis Salisburgensis Regio Styriaca, Necrologium Admuntense, cod. 180 und 686, in MGH Necr. Germ II. S. 306 und „Gertrudus regina“ in: Necrologium Ossiacende, codex Vindob. 7243, fol.217-223
[647]Kalendarium des Psalters von Altenberg, fol. 11 r

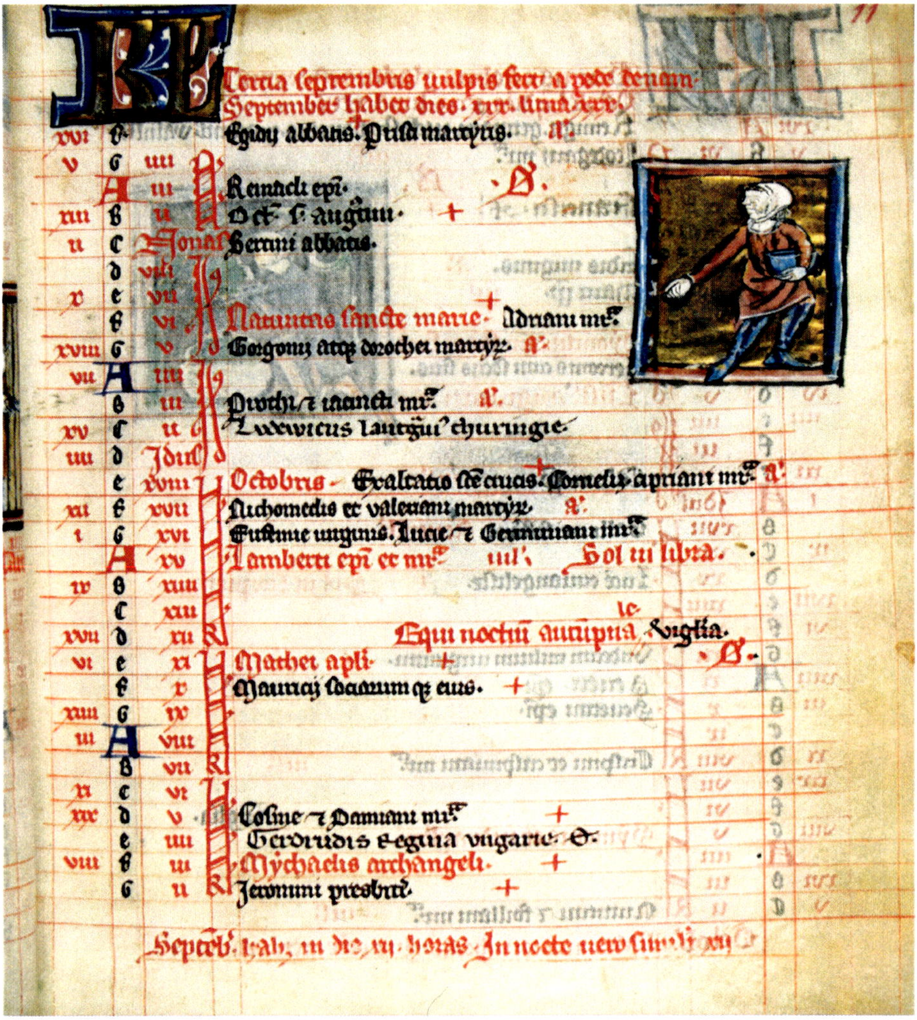

Eintrag im Psalterium der Äbtissin Gertrud am 28. September an dem Tag, als Gertrud ermordet wurde. Ein Gedächtnis ihrer gleichnamigen Nichte.

Ist Gertrud als Heilige verehrt worden ?

Dafür gibt es keine zuverlässigen Nachrichten. Man hatte auf zwei Einträge in Litaneien hingewiesen, in denen eine „Sancta Gertrudis" aufgeführt wurde. Interessant ist, dass zwei Psalterien im Umkreis des Thüringer Hofes entstanden sind und mit der Hl. Elisabeth in Verbindung stehen. Beide Psalterien sind von Landgraf Hermann I. oder seiner Frau Sophie in Auftrag gegeben worden. Könnte es sein, dass Gertrud schon sehr früh in diesen Gebetbüchern Eingang gefunden hat und im Rufe einer Heiligen stand? Wohl kaum, denn nach den Ergebnissen der Historiker sind beide Psalterien vor dem Tode Gertruds angefertigt worden und zu Lebzeiten ist noch niemand heilig gesprochen worden. Im **„Elisabethpsalter"** von Cividale und im **„Landgrafenpsalter"** werden heilige Frauen erwähnt, darunter eine „SanctaGertrudis." Es erhebt sich die Frage, wer aber damit gemeint sein könnte. Wenn ein Psalter in einem Kloster einer bestimmten Observanz entstand, dann enthält er oft die für dieses Kloster typische Litanei, und im hauseigenen Kloster Reinhardsbrunn war die Mutter der Hl. Elisabeth wohl bekannt. Der Schreiber eines klösterlichen Skriptoriums trug in die Psalterien auch befreundete Personen oder Herrscher- gestalten oder verehrungswürdige Personen ein, die dem Kloster nahe standen. Das gilt auch für den Landgrafenpsalter und für das Psalterium der Hl. Elisabeth. Während der Elisabethpsalter 12 heilige Frauen erwähnt, sind es beim Landgrafenpsalter insgesamt 13, auf zwei Seiten unregelmäßig verteilt. In den Arkadenbögen sind zwei Jungfrauen mit einer Palme abgebildet. Die Entstehung des Landgrafenpsalters wird auf die Jahre 1210 bis 1213 angesetzt, also eine Zeit, als Gertrud noch lebte.

Landgrafenpsalter.

Der von Elisabeth selbst benützte sogenannte Elisabethpsalter enthält in der Allerheiligenlitanei auf einer Seite[648] inmitten von Heiligen und Märtyrerinnen auch den Namen: „Sancta Gertrudis“. Welche Gertrudis ist hier gemeint? Der Psalter ist Anfang des 13. Jahrhunderts im Skriptorium des Klosters Reinhardsbrunn angefertigt worden, von derselben Hand wie der Landgrafenpsalter. Beide gehören wohl zu den schönsten „Luxuspsalterien“ der deutschen Buchmalerei. Die Landgräfin gab das teure Psalterium ihrer Pflegetochter Elisabeth, die es – wie wir es von den Frömmigkeitsübungen her wissen – zu ihrem täglichen Gebetbuch machte. Nach ihrem Tode gelangte es in die Hände ihres Onkels, des Patriarchen von Aquileja.

Die betreffende Seite besteht an den Seiten aus zwei senkrechten Reihen von je fünf unter Arkaden sitzenden jungen Frauen, die die Palme des Friedens oder des Martyriums in der Hand halten. Was den Elisabethpsalter aber vom Landgrafenpsalter unterscheidet, sind die in der oberen und unteren Mitte thronenenden gekrönte Frauen, was sie als Königinnen ausweist. Außerdem ziert sie ein Heiligenschein.

Die erste ist mit Sicherheit die Hl. Kunigunde, Gemahlin Heinrichs II., die 1201 heilig gesprochen wurde und auch namentlich unter den 12 Heiligen steht. Die Frage stellt sich nun: Wer ist die andere Königin ? Das ist insofern bedeutsam, als alle anderen Heiligen gar keine Königinnen waren. Die Hl. Afra soll zwar die Tochter eines Königs von Zypern gewesen sein und in einem Traum habe sie Königin werden wollen. Eine Erklärung, die nicht ausreicht, sie mit der Königskrone auszuzeichnen. Schließlich kommt nur noch Gertrud von Nivelles in Frage, Tochter Pippins des Älteren aus dem siebten Jahrhundert. Sie anzurufen könnte insofern naheliegen, als sie als Patronin der Spitäler und der Armenfürsorge gilt

Eine „Sancta Gertrudis“ in der Allerheiligenlitanei des Elisabethpsalters.

648 folio 175 r

und insofern auch Vorbild für Elisabeths Leben wäre. Dem steht aber gegenüber, dass zur Zeit der Entstehung des Psalters noch keine Kenntnis über das spätere caritative Leben Elisabeths vorhanden war. Außerdem hat Gertrud von Nivelles nie geheiratet, ist in jungen Jahren bereits Äbtissin geworden und ist daher auch als solche in der Ikonographie dargestellt und nicht als Königin. Prüft man also die Namen, die in der Mitte des Litaneibildes aufgeführt sind nach ihrer jeweiligen Vita, so wird man keine ausreichende Antwort finden. Agathe, Agnes, Lucia und Cäcilia und Scholastika kommen von vornherein als Königinnen nicht in Frage, da sie allenfalls aus einer adligen Familie kommen, Afra, Katharina und Walburga stammen zwar aus königlichem Geschlecht, werden aber nicht als Königinnen abgebildet. So bleiben nur Kunigunde und eine Gertrud. Handelt es sich um einen späteren Eintrag für die Mutter Elisabeths und um eine rein lokale Hochschätzung? Ähnlich den vier später eingefügten Namen?[649] Oder hat man sich in der Datierung der Herstellung der beiden Psalterien doch geirrt? Sind sie doch nach 1213 geschrieben worden,[650] also in einer Zeit, als man Leben und Schicksal Gertruds noch gut kannte?

Wäre diese „Sancta Gertrudis" demnach ein Hinweis auf eine frühe regionale Verehrung der meranischen Königin Gertrud als Märtyrerin oder Heilige? Regionale Heiligenverehrung ohne päpstliche Kanonisierung hat es bis in das 13. Jahrhundert häufig gegeben. Mag es offen bleiben. Jedenfalls wird sich die Hl. Elisabeth bei der Anrufung einer „Sancta Gertrudis" sicher an ihre Mutter erinnert haben.

Es ist verständlich, daß im **Hauskloster Andechs** an die verstorbene Gertrud gedacht und sie verehrt wurde. Im 7. Kapitel der Chronik von Andechs 1429 steht: „aine königin von Ungarn, die ward gemartert, die ist „hailig sand Gertrud."[651]

Das schönste historische Zeugnis stellt ihr Cäsarius von Heisterbach aus, wenn es bei ihm heißt, Gertrud habe die Krone des Maryriums verdient, genauso wie der gerechte Abel.

Neid und Eifersucht. Parellelen zu einem Urverhalten. Emser Weltchronik

„Sie aber", so schreibt er, „vertraute sich der Gnade Gottes an und verdiente sich so durch ihre Schuldlosigkeit die Krone des Martyriums. Genauso geschah auch das Martyrium des gerechten Abel [652] *(Mt 23,35), der durch den Neid seines Bruders getötet wurde und der verdient, unter allen Märtyrern der erste zu sein.* "[653] *„Daß aber die Qual dieser seligen Königin in ein Martyrium verwandelt wurde, zeigen auch die Wunder auf Grund ihrer Unschuld, die am Ort ihrer Tötung geschehen sind. Siehe, von so frommer und edler Herkunft kann Elisabeth ihren Ursprung herleiten. Wenn sie vom Fleisch ihrer Mutter den Adel ihres Fleisches herleitete, so ist es kein Wunder, wenn sie auch vom Geist ihrer Mutter – gleichsam wie vom Quell der Frömmigkeit mit Hilfe und mit Bitten ihrer Mutter – ihre Heiligkeit herleiten konnte.* "[654]

Als Beweis ihrer Heiligkeit erinnert Cäsarius daran, dass Gertrud ihren Mann kurz vor dem Überfall geschützt und sich selbst geopfert habe, ihr daher die Krone des Martyriums gebühre. Auch im Nekrolog von Diessen wird Gertrud als unschuldige Mätryrerin bezeichnet: „Wir glauben, dass sie für Christus den Tod erlitten hat. Sie ist gewiss unter den Fürstinnen die Anspruchsloseste gewesen."[655] Und der Chronist scheint sicher zu sein, dass Gertrud eine Heilige war, wenn er hinzufügt: „Später wurde die Königin vom höchsten kirchlichen Konsistorium heilig gesprochen."[656]

[649] Walter von Knesebeck, Der Elisabethpsalter, S.70

[650] dss. S. 342. Der Historiker Huth setzt die Abfassung auf mindestens 1215 an.

[651] Kraft, Andechser Studien, 350,586,590

[652] Matthäusevangelium, Kapitel 23, Vers 35:"...das Blut Abels, des Gerechten, bis zum Blute Zacharias' soll gerichtet werden"

[653] Cäsarius von Heisterbach, in: A. Huyskens, Schriften über die Hl. Elisabeth, S. 346

[654] l.c.

[655] "...quam pro christo credinus passam, quam inter principes constat fuisse frugalissimann." Oefele Geschichte der Grafen v. Andechs, S. 36

[656] De fundatoribus Diessensis; MGH SS XVII, 331. Zu einer Kanonisierung Gertruds ist es nie gekommen.

19. Der zweite Aufstieg Bertholds

Bei der Flucht nach der Ermordung Gertruds in Pilis kam Berthold nicht ungeschoren davon. Unbekannte überfielen ihn, raubten ihn aus und verprügelten ihn zusammen mit anderen Begleitern. Er konnte aber seinen Häschern gerade noch entfliehen.[657] Ein solches Vorgehen vermutlich ungarischer Magnaten oder ihrer Helfershelfer missfiel Innocenz III.. Er ordnete daher am 6. Januar 1214 in einem Brief an Erzbischof Johann und die Bischöfe Ungarns an, dass an den nächsten Sonn-und Feiertagen in sämtlichen Kirchen der päpstliche Bann über die Übeltäter verkündet werden solle. Außerdem dürfe den Verbrechern keine Aufnahme und kein Schutz gewährt werden:

„Unter gewissen Leuten besteht offensichtlich ganz und gar fehlendes Unrechtsbewusstsein, wenn sie sich herausnehmen, die Gesalbten des Herrn anzutasten und Bösartiges gegen die Prälaten der Kirche im Schilde führen. Es ist uns nämlich mitgeteilt worden, dass manche Ungarn in ausgelassene Wut gerieten, dass sie unter anderen Verbrechen (damit ist die Ermordung der Königin gemeint) auch unseren ehrwürdigen Bruder, den Erzbischof von Kalosca, mit Schlägen misshandelten. Die Wütenden, die sich nicht scheuten, selbst dem Hirten gegenüber handgreiflich zu werden, verprügelten auch die Geistlichen und Mönche des Erzbischofs, verletzten sie und fügten ihnen weiteres Unrecht zu. Hiermit werden wir diese Ruchlosen abstrafen. Damit sie aber zur Vernunft kommen und nicht verloren gehen, tragen Wir Euch auf, dass unter diesen Umständen an jedem Sonntag und Feiertag unter Glockengeläute und bei brennenden Kerzen öffentlich ihre Exkommunikation ausgesprochen werde und sie von allen Sakramenten ferngehalten werden müssen.“ [658]

Berthold von Andechs-Meranien, Patriarch von Aquileja.

Dem Papste war an der Unversehrtheit seines Erzbischofs so viel gelegen, dass er in gleichen Worten an den Primas von Polen schrieb, ihn ermahnte und aufforderte, diesen Gottesschändern keinerlei Gnade zu gewähren, wenn sie in sein Gebiet fliehen sollten.

„Wir ermahnen Euch und tragen Euch durch päpstliches Schreiben auf, dass Ihr, sollten einige der genannten Gotteslästerer zu Euch fliehen, diese bei Eurem Heil auf keinen Fall aufnehmen dürft, damit Ihr nicht durch diese unerlaubte Gunst, was fern sei, an deren Sünden teilzuhaben scheint. [659]

Auch durch dieses Schreiben wird deutlich, daß die Wut der Mörderclique nicht einmal vor den im Bistum Kalocsa tätigen Klerikern halt machte und den Unschuldigen Verletzungen beibrachten. Übergriffe auf Kleriker wurden von Rom als besonders strafwürdig angesehen, weil jeder Anschlag auf sie in zweifacher Hinsicht als Straftat zählte: einmal als Verletzung der einzelnen Person und zum andern als Angriff auf die Kirche.[660] Erzbischof Berthold musste fliehen, wenn ihm sein Leben lieb war. Manche Überlieferungen meinen, er habe sich auf eine Pilgerreise begeben. Vermutlich fühlte er sich auch in Ungarn nicht mehr sicher, wiewohl er Erzbischof von Kalocsa blieb. Er soll eine Kreuzfahrt ins Hl. Land gelobt haben.[661] Man fragt sich allerdings wozu? Das ist kaum vorstellbar, denn im selben Jahr 1214 ist Berthold wieder in der Hofkanzlei tätig, wie wir aus den Urkunden entnehmen können.

In der Zwischenzeit muss aber ein gewaltiges Missverständnis zwischen König und seinem Schwager eingetreten sein. Aus Furcht vor den wütenden Aufrührern brachte Berthold private Wertsachen und Geld seiner Schwester Gertrud in Sicherheit. Diese wird er wohl in Pilis aufbewahrt haben, in dessen Nähe auch die Mordtat passierte. Der König meinte, der königliche Schatz befinde sich in einem ihm bekannten Bürgerhaus. Jedoch kann sich Andreas II. bei seiner bekannten Ahnungslosigkeit in Geldangelegenheiten durchaus getäuscht haben.

---

[657] Féjer, Codex diplom. Hung. III,1, 152-153; Huber,174-175 und 32; nach Kos, 33
[658] PL 216, 950. „ In illis non...“ und Katona V p.178
[659] Katona, Hist. Crit., V, 179 f: PL 216, p.950
[660] Kéry, Kirchenrechtliche Grundlagen, 165
[661] Féjer, Codex dipl. Hung. III,1, 166

Andreas schrieb noch im selben Jahr 1214 dem Papst, ohne mit Berthold darüber gesprochen zu haben, und beklagte sich über ihn:

„Auch wollen wir Eurer Heiligkeit nicht verheimlichen, dass der Erzbischof von Kalocsa, der Mann meines Friedens, in den ich alle Hoffnung setzte, welchen ich aus inniger Zuneigung über alle anderen erhoben und mir dadurch den Hass fast aller Großen und Niedrigen meines Reiches zugezogen habe, dem ich noch neulich Erlaubnis zu einer Reise in das Ausland erteilte, und ihn ehrenvoller Weise wie es ihm gebührte, von zwei Bischöfen, dem Raaber Peter und dem Weszprimer Robert begleiten ließ. Das von meiner Gemahlin guten Andenkens für unsere Kinder gesammelte und bei einem unserer Bürger verwahrte Geld, Gold und Silber in Barren, goldene und silberne Gerätschaften im Wert von geschätzten 7000 Mark wurde ohne mein Wissen von ihm geholt und weggebracht. Ich bitte daher Eure Heiligkeit, ihn durch apostolische Ermahnung aufzufordern, das mir ungerecht entwendete Gut zurückzugeben, widrigenfalls möge Eure Heiligkeit es mir nicht verargen, wenn ich mich eigenmächtig durch die Einkünfte seiner Kirche entschädige.“ [662]

Andreas und Berthold müssen wohl gleich darauf das Missverständnis behoben haben, denn Berthold ist unmittelbar danach wieder am ungarischen Hofe erschienen als ob nichts passiert wäre. Gleich im Jahre 1214 erscheint er wieder als Zeuge in den königlichen Urkunden quasi nahtlos als Erzbischof von Kalocsa.[663]

Der Umstand, dass Berthold Gut und Geld zu sich genommen hat und damit geflohen ist, kann nur damit zusammenhängen, dass er befürchtete, die Aufrührer könnten nach der ruchlosen Tat auch noch über die königlichen Schätze herfallen, den somit mittellosen König isolieren und den jungen Bela zum König ausrufen.

Berthold titulierte sich ab 1214 nicht mehr mit dem Titel des Woijwoden, weil die Regel vorherrschte, dass Träger der Würde des Palatins, des Banus, des Hofgespans, des Woijwoden und anderer Hofwürden alle vier Jahre wechselten, trotzdem aber nicht aus der Regierung und aus dem königlichen Rat ausscheiden.[664] Man muss daher folgern, dass sich Berthold nichts hat zuschulden kommen lassen, weder in der Sache des beschlagnahmten Geldes und noch weniger auf moralischem Gebiet. Es wäre völlig ausgeschlossen, ihn so unmittelbar nach dem Tode der Königin in Amt und höchsten Würden zu belassen, sollte an ihm irgendein Makel hängen. Umsomehr ist seine Integrität verbürgt, da er den Schutz seiner Schwester, der Königin, nicht mehr hatte. Berthold spielte offensichtlich vier Jahre lang eine wichtige Rolle und war bis 1218 am ungarischen Hof „eine einflussreiche Person“.[665]

In dem andechsischem Besitz Stein gab es zwei Burgen. Eine im Tal und eine auf der Anhöhe. Heute „Mali grad“ und „Stari grad“genannt. Reste der oberen Burg mit weitem Blick und Reste der unteren Burg, auf derern Fundamente heute eine Kapelle steht.

Als Andreas II. zum fünften Kreuzzug aufbrach, nahm Berthold nicht daran teil. Er sollte auf den jungen Bela aufpassen, damit ihn die Magnaten nicht zum neuen König ausrufen könn-

[662]Katona, Hist. Crit. V, 212, nach Fessler II, 419; auch Huber, 167; VMH n. 1,2 ...“ ob cuius vehementem affectum et promotionem super alios fere tocius regni nostri maiorum et minorum odium incurrimus...“
[663]Katona, Hist. Crit. V, Féjer III.1, Wenzel VI,XI
[664]Homan, Geschichte d. ungarischen Mittelalters, II, 67
[665]Varga, Ungarn und das Reich, 246

ten. Erzbischof Berthold war während des Kreuzzugs nicht am Hofe in Esztergom und hatte daher mit den aufständischen ungarischen Magnaten gegen Erzbischof Johann nichts zu tun. Er nahm den immerhin schon einmal gekrönten Juniorkönig mit auf die sichere Burg Stein in der Krain. Dort hat Berthold den zwölfjährigen Jungen sicher in die politischen Grundkenntnisse eingeweiht. Wir finden die Notiz in einer späteren Urkunde Belas IV.[666]

Die Basilika von Aquileja, Sitz des Patriarchen von Aquileja.

Im Jahre 1218 wurde Berthold zum Patriarchen von Aquileja gewählt und vom Papst Honorius III. dazu ernannt. Das Kapitel von Aquileja war in der Wahl des Nachfolgers von Patriarch Wolfger zwischen Berthold und dem Domherr Ulrich geteilt. Der Papst kassierte die Wahl und entschied sich für Berthold. War schon die Besetzung der Bischofsstühle im Allgemeinen durch weltliche Herrscher ein heißes und umkämpftes Thema – was im Investiturstreit am deutlichsten hervortritt – so galt das Augenmerk der Könige und Kaiser noch mehr den wichtigsten und bedeutendsten Bistümern und am meisten natürlich den Metropolitansitzen, wozu auch das Patriarchat Aquileja gehörte, da es eine geographische Schlüsselstellung in der Südostpolitik der deutschen Herrscher innehatte.
Der feierliche Einzug Bertholds war mit einem Vorfall verbunden. Der nunmehr bestallte Berthold stolperte am Kircheneingang unglücklicherweise über eine Platte und fiel zu Boden. Um seine Verlegenheit zu verdecken, soll er gerufen haben: "Hier ruhe ich bis in Ewigkeit."[667] In der Tat starb er auch in Aquileja. Sein Grab liegt in der Basilika. Eine Tafel weist heute noch darauf hin.
Warum fiel die Wahl auf Berthold? Vielleicht hat Andreas II. etwas nachgeholfen. Nur gibt es dafür keinen Beleg. Ob er ihn loswerden wollte, wegen des immer noch schwelenden Deutschenhasses oder einfach deshalb, weil er nach der Versöhnung mit ihm, Berthold für den richtigen Kandidaten gehalten hatte, ist nicht klar. Die Bestätigung des Papstes muß im Frühjahr 1218 erfolgt sein.
Sein Einfluß und seine Macht waren offensichtlich so überragend, daß Zeitgenossen von einem „zweiten Papst" sprachen.[668]
Immerhin war Berthold als Patriarch von Aquileja nach dem Papst der höchste kirchliche Würdenträger im Westen.[669]

Grabplatte Bertholds, des Bruders der Königin Gertrud von Ungarn, Erzbischof von Kalocsa und Patriarch von Aquileja. Die Grabplatte wurde von der Gemeinde Andechs und dem Freundeskreis Kloster Andechs angebracht.

---

667 „Haec requies mea in saeculum saeculi" (Ps. 131,14);
668 Kosan, Marko, Windischgräz zu Zeiten der Grafen von Andechs,96, in: Beiträge zur Geschichte Europas
669 Beckmann, R., Hrg; Der Elisabethpsalter von Cividale de Friuli, zitiert nach Schmidinger 1954, S.87
666 Codex diplomaticus Hungariae ecclesiasticus ac civilis CDH IV/21 : ..." Patre siquidem nostro Andrea Inclito Rege Hungarorum in subsidium Terre sancte profecto, dum eidem placuisset, nos, Belam IV., in provisione dilecti avunculi nostri Bertholdi, Venerabilis Patriarche Aquileyensis, in Theutoniam in Castrum Stahin transmittere"

20. Gertruds Erben

Die bekanntesten und bedeutendsten Kinder Gertruds sind Bela und Elisabeth. Da in einer patriarchalischen Gesellschaft vorwiegend der Vater als königlicher Erzeuger in den Quellen erscheint, ist es nicht verwunderlich, dass die Mutter gar nicht erwähnt wird oder nur mit dem bloßen Namen. Es ist die mittelalterliche Vorstellung, dass die Frau des Königs nur als Gebärerin des dynastischen Nachwuchses gilt. Die soziale und hierarchische Stellung ist aber nur die eine Seite. Die andere ist der tatsächliche Einfluss der Mutter auf die Entwicklung der Kinder, das erzieherische, psychologische und genetische Element, über das wir heute mehr wissen als früher oder zumindest sehen wollen.

In der Tat hatte die Mutter Gertrud an der Erziehung ihrer Kinder im frühen Kindesalter einen weitaus größeren Anteil als der Vater Andreas, der als König und einem patriarchalischen System zugehörig, sich weniger mit Kindern befasste, zumal er nur selten am Hofe anwesend war. Der Sitz der ungarischen Königinnen war Veszprem, der des Königs Esztergom, also standen die Kinder unter der täglichen Obhut der Mutter in Veszprem.

Hatte aber im Mittelalter die Fürstin direkten Einfluss auf ihre Kinder? Oder überließ sie die Pflege und die Erziehung nicht der Amme und den Hauskaplänen?

Man ist zunächst geneigt, den erzieherischen Einfluss Gertruds auf ihre Kinder, besonders auf Elisabeth, gering zu schätzen oder gar klein zu reden. Einem Kind könne innerhalb von vier Jahren nicht viel anerzogen werden. Dennoch weiß man heute aus den Forschungen der Kinderpsychologie, dass gerade die ersten Lebensjahre von den sie begleitenden Personen, Umständen und der familiären Atmosphäre stark geprägt werden. „Häusliche Umgebung, frühkindliche emotionale Erfahrungen, Aktivitäten, Zuwendungen werden in den ersten Lebensjahren von Kindern sehr stark erlebt.“[670] Es ist außer Zweifel, dass das frühe Kindesalter maßgeblich über die spätere soziale Kompetenz entscheidet. Die emotionalen Empfindungen bilden sich in den ersten fünf, besonders in den ersten drei Jahren aus.

Auf Grund ihrer meist frühen Verlobungen und vereinbarten Ehen muß man an den Fürstenhöfen frühkindliche und behutsame Wissenvermittlung annehmen, Bildungs-und Erziehungsmethoden vermuten, die dem modernen Menschen weniger geläufig sind. Die Mütter legten Wert auf frühe Beherrschung der höfischen Tugenden. In erster Linie lag natürlich die Betreuung des Kindes in den Händen der Mutter oder einer Vertrauensperson. Gertruds Schwester Hedwig standen eigene Erzieherinnen zur Seite. So wird es auch am ungarischen Hof gewesen sein. Wenn man das Kindesalter der Königskinder im Lichte der mittelalterlichen Gebräuche sieht, so stellt man fest, dass die Königin sich nicht mit den „niederen Arbeiten“ wie die Säuglingspflege befasste. Dafür standen Ammen und Hofdienerinnen bereit und sorgten für eine standesgemäße Versorgung. Bildung und Wissensvermittlung wurde von eigenen Erziehern, Kaplänen, Klerikern, Hofleuten übernommen. Aber die Verantwortung für alles, wo, wann und was mit dem Kinde geschah, hatte immer noch die Mutter. Man wird doch nicht allen Ernstes annehmen, dass die Fürstinnen tagsüber nichts anderes tun würden als auf die Jagd zu reiten, zu essen, zu spielen oder mit den Hofräten Urkunden auszustellen. Selbstverständlich haben sie sich Zeit für ihre Kinder genommen, vielleicht sogar mehr als manche heutige Zeitgenossinnen. Häusliche Atmosphäre der Mutter und ihr zärtlicher Umgang prägen die Kinder.

Die Königin gibt der Amme den Jungen. Gemeint ist ihr Sohn Bela. Krumauer Bildercodex 1358.

---

[670]Siegler R. u.a., Entwicklungspsychologie im Kindes-und Jugendalter, S.5

So sehr solche „Prägungen“ stattgefunden haben, so wenig Einzelnes lässt sich über die Kinder Gertruds, Bela und Elisabeth, aussagen. Das trifft natürlich bei allen Fürstenkindern Europas im Mittelalter zu.
Einen anderen Faktor darf man auch nicht außer Acht lassen: die vererbten Anlagen. Bela und Elisabeth sind in auffälliger Weise ihren Eltern ähnlich: Elisabeth scheint nach ihrem Vater geraten zu sein und Bela nach seiner Mutter. Über die körperlichen Ähnlichkeiten können wir keine Aussagen mehr machen, da keine zeitgenössische Bildnisse vorliegen. Aber die charakterlichen augenscheinlichen Übereinstimmungen sind verblüffend. Die Vererbung von Merkmalen im allgemeinen ist inzwischen unbestreitbar. An der Übertragbarkeit wesentlicher Eigenschaften der Eltern gibt es keinen Zweifel, selbst ganz nebensächliche Einzelheiten mit einbegriffen. Elisabeth und Bela kamen nicht als unbeschriebens Blatt auf die Welt. „Es gibt Vorgaben, die stammesgeschichtlich begründet sind und das Handeln prägen“ sagen die Humanethnologen.[671] „Über die partielle Vorprogrammiertheit menschlichen Verhaltens besteht kein Zweifel.“[672] Natürlich können – müssen nicht – sich biologisch bedingte Verhaltensweisen durchsetzen. Ist es aber nicht erstaunlich, wenn man feststellt, dass Eigenschaften des Königs Andreas wie die der Schenkungsfreude, der Großherzigkeit, des Hergebens, der Verteilung von Gütern in sehr auffälliger Weise bei Elisabeth auftreten, wenn auch unter anderen Umständen und aus anderen Motiven? Ist es nicht ebenso auffallend, wenn man die bekannten positiven Charakterisierungen Gertruds mit denen ihres Sohnes Bela vergleicht, etwa der energischen Durchsetzungskraft, des Mutes, der Stärke, der Genialität, der Konsequenz, des Pflichtbewusstseins, der Bewahrung und Wiederherstellung der Monarchie? Es ist in der Tat überraschend! Die genetischen Zusammenhänge, psychische und geistige Ähnlichkeiten sind durchaus erkennbar. Man kann nicht vereinfachte Vergleiche im einzelnen von vererbten Merkmalen aufstellen, aber eine gewisse genetische Disposition wird heute niemand mehr leugnen. Überall dort, wo wir verblüffende Ähnlichkeiten zwischen Vater und Tochter, Mutter und Sohn feststellen, wird man an die Herkunft der Kinder erinnert werden. Daher wollen wir auf jene Kinder Gertruds eingehen, auf die Ungarn so stolz sein kann.

20.1. Der „zweite „Reichsgründer“: Bela IV.

König Bela IV. der Sohn Gertruds. Statue auf dem Freiheitsplatz in Budapest.

Die Ofener Minoritenchronik berichtet: „Bela war ein Mann voller Tugenden und sein Andenken ist noch bis zum heutigen Tag süß wie Honig im Munde aller Ungarn und auch mehrerer anderer Völker.“[673]
Bela IV., der Sohn Gertruds, sei gar „der beste der Arpaden auf dem ungarischen Thron gewesen.“[674] Er habe weit festeren Sinn gezeigt als sein Vater, viel regere Manneskraft, tiefere Achtung für Recht und Würde des Königtums und einen schärferen Blick für die reale Politik. Bela war geradezu das Gegenteil seines Vaters was Charakter, Begabung und Neigungen betrifft. Er war überlegt, pflichtbewusst, konsequent, Andreas von leichter Art, sprunghaft, von französischem Temperament, Bela eher von deutscher Wesensart. Als Andreas am 21. September 1235 starb, übernahm sein Sohn Bela IV. die Regierung. Er wurde Mitte Oktober von Erzbischof Robert von Esztergom

[671] Eibl-Eibesfeldt, In der Falle des Kurzzeitdenkens, S.53
[672] drs. 56
[673] nach Marczali, Ungarns Geschichtsquellen S. 51 f, 1882
[674] Petelin/Krosl, Pregled obènezgodovine, Celje1934, S. 189, nach J. Majcenovic, S. 159

gekrönt. Belas frühere Ansprüche auf Mitwirkung in der Regierung wurden auch vom Haus der Andechs-Meranier unterstützt. Die deutsche Verwandtschaft hatte inzwischen längst die Schwäche des Königs Andreas II. erkannt und daher auf den Sohn der Andechserin gesetzt. Bela war schon mit acht Jahren gekrönt und zum „rex junior" erklärt worden. Das war ein Jahr nach dem Tode seiner Mutter. Während des 5. Kreuzzugs überließ ihn Andreas seinem Schwager Berthold, der sich kurz vor seiner Ernennung 1218 zum Patriarchen von Aquileja in Krain aufhielt. Auf der dortigen **Burg Oberstein** sollte Bela nach dem Willen seines Vaters festgehalten werden, damit ihm nicht die Idee käme, gegen seinen Vater zu putschen. Mit 16 Jahren wurde er mit der 14-jährigen Maria Laskaris, Tochter des Kaisers Theodor von Nikäa verheiratet und erhielt im selben Jahr das Herzogtum Kroatien und Dalmatien. Wegen ständiger Konflikte zwischen ihm und seinem Vater musste er 1223 mit seiner Frau Maria nach Österreich fliehen. Andreas II. verlangte von ihm, dass er sich aus politischen Gründen von seiner Gemahlin Maria trennen solle. Man sagte, die neue Königin habe Maria gehasst und – wieder ein Beweis für den schwachen König – für die Ausweisung gesorgt.[675] 1226 erhielt er das Herzogtum Siebenbürgen mit dem kumanischen Grenzgebiet und baute es vorbildlich militärisch und verwaltungsmäßig aus. Bela IV. setzte sich mit harter Hand durch. Der Junior-König stellte die königliche Würde wieder her und forderte durch Einführung neuer Gesetze die Achtung vor der Krone.

Zuerst hielt er einmal Gericht über die Verschwörer gegen seine Mutter und verärgerte damit einige Magnatenkreise. „Er hatte mit Empörung zusehen müssen, wie sein Vater die am Leben gebliebenen Mörder seiner Mutter wieder unter seinen eigenen Vertrauten aufnahm, wo diese doch in seinen Augen verworfene Verräter waren."[676] Schon zu Lebzeiten seines Vaters hegte er einen Groll gegen ihn und sah in ihm die indirekte Ursache für den Tod seiner Mutter. Bela klagte die 1213 straflos davongekommenen Magnaten wegen der Ermordung seiner Mutter öffentlich an. Sie hätten die königliche Krone schändlich und auf unerhörte Weise beschmutzt, bösartig und unbarmherzig hätten die hinterhältigen und blutgierigen Spießgesellen eine bewaffnete Verschwörung angezettelt und seien an der Ermordung der Königin sel. Andenkens beteiligt gewesen.[677] Sie wurden des Hochverrats angeklagt, geblendet und ins Gefängnis geworfen. Der Druck auf den alten König war so stark geworden, dass er sicherlich wider Willen die Einwilligung zu dieser gerechten Strafe geben musste. Einem öffentlichen Beschluss, den die Kinder Gertruds herbeiführten, Koloman, Andreas und Bela IV., unterstützt von Bischöfen und Baronen, musste er sich beugen. Ban Bank und seine noch lebenden Komplizen wurden wegen „Untreue und Majestätsbeleidigung aller Güter verlustig erklärt, „obwohl sie eine viel größere Strafe verdient hätten."[678] Eine solche wäre entweder der Tod gewesen oder in vergleichbaren Fällen eine 30-jährige Verbannung.[679]Andreas hatte seine verschenkten Güter nicht mehr zurückbekommen, sein Sohn Bela aber versuchte es mit allen Mitteln, besonders unter denjenigen Eigentümern, bei denen er noch eine Rechnung begleichen und sich für den Mord an seiner Mutter rächen wollte. Nach dem Tode seines Vaters 1235 klagte er einige Amtsträger seines Vaters des Hochverrats an, so dass diese, namentlich soll es sich um einen gewissen Grafen P. gehandelt haben, sich mit Hilfe österreichischer Truppen nach Österreich absetzten. Rogerius berichtet: *„Einige Barone, die noch immer Anhänger des Vaters Andreas II. waren und gegen Bela opponierten, wurden so in die Enge getrieben, dass sie lieber ins Exil flohen; andere, deren er habhaft werden konnte, ließ er einkerkern, einen der Großen, Dionys, ließ er blenden."*[680] Seine Rache sei sogar so weit gegangen, dass er die Verdächtigten in Szekesfehervar zu

[675]Fessler 2, 450
[676]Homan, Geschichte des ungarischen Mittelaters II, 91
[677]Homann II, 93
[678]Homan II, 93
[679]Kéry, Kirchenrechtliche Grundlagen, 141
[680]Varga 254f, bei Rogerius, Carmen miserabile,c.4,555 ..." quosdem de suis baronibus, qui patri adheserant contra eum, compuli exulare, quosdam carcerali custodie, quos habere potuit, mancipavit, quendam de maioribus Dionisium palatinum privari fecit lumine oculorum";auch bei Homan, 106

einem Mahl eingeladen habe und sie alle enthaupten ließ.[681] Einen Nachweis dafür gibt es allerdings nicht. Er bestrafte alle, die den Zwist zwischen ihm und seinem Vater geschürt hatten. Die auf Güter lüsternen Räte hatten immer wieder jeweils den Vater oder den Sohn umworben, umschmeichelt und gegeneinander ausgespielt.[682]Diese Intriganten und Schmeichler waren, wie Bela glaubte, an den Misserfolgen seines Vaters schuldig. Er entfernte die zu mächtig gewordenen Herren aus dem königlichen Hofrat, weil sie sich in die monarchischen Zuständigkeiten eingenistet hatten, den König nicht geachtet und ihm keinerlei Ehrerbietung bezeugt hatten. Es ist verständlich, dass er sich für die Schwäche seines Vaters geschämt haben muss. Er forderte volle Unterwerfung und verbot ihnen, sich in seiner Gegenwart zu setzen. Vorsorglich ließ er alle ihre Stühle am königlichen Hof entfernen. Alle Gesuche an den König durften nur schriftlich eingereicht werden.

Bela IV. umgab sich mit neuen und kundigen Beratern aus seinen Reihen und besetzte die Hofämter und Gespanschaften mit seinen Anhängern.[683] Er hörte auf Ratschläge und konnte seine Meinung auch einmal ändern, aber es heißt, dass er meist hartnäckig seine Ziele verfolgte habe. Er war ein „geborener Autokrat und ging seinen Weg mit völliger Sicherheit, zäher Energie und kühner Entschlossenheit.“[684] Seine geradezu grenzenlose Energie schien er als Erbe seiner Mutter übernommen zu haben, deren Ermordung er als siebenjähriges Kind miterleben musste. Das hat auch ein ungarischer Geschichtsschreiber zugegeben: „Auf die Entwicklung seines Charakters hatten außer seinen ererbten Eigenschaften die schmerzlichen Erlebnisse seiner Kindheit zweifellos großen Einfluss.“[685] Vielleicht darf auch die Eigenschaft der Treue seiner Mutter zugeschrieben werden, denn er ließ sich von der ihm anvertrauten griechischen Frau gegen den Willen seines Vaters aus politischem Kalkül nicht trennen „wohl dem Triebe seines Blutes folgend,“[686] wie man es ihm nachsagte.

Eine Darstellung Belas IV. mit der Reichskrone in der Burg Visegrad.

Nun zog er alle, wie er sagte, „nutzlosen Dotationen“ zurück, weil sie die Macht und den Besitz des Königs eingeschränkt hatten.[687] Zu Lebzeiten seines Vaters hatte er sich mit Hilfe seiner starken Anhänger die Zustimmung seines Vaters erzwungen, der immer noch seine alten Schützlinge um sich scharte. Da Bela aber eine starke Hausmacht besaß, konnte der König nicht mehr anders und ließ öffentlich mitteilen, dass er seinem „geliebten“ erstgeborenen Sohn die Vollmacht erteilt habe, Schenkungen wieder einzuziehen. Er, Andreas habe ihm in dieser Sache volle Verfügungsgewalt zugestanden.[688] In einer Urkunde Belas teilte der junge König mit: *„Nachdem Uns durch göttliche Fügung die Herrschaft im Königreich Ungarn übertragen wurde, haben Wir beschlossen, die überflüssigen und unnützen Schenkungen einiger unserer Vorgänger nach dem Rat unserer Barone und des ganzen Reiches rückgängig zu machen.“*[689] Damit setzte er sich kraft seines Selbstbewusstseins und des Rückhalts bei einem großen Teil der Adligen durch. Jeder Dotationsbesitz wurde geprüft, besonders jene, die auf „ewige Zeiten“ ausgestellt waren.

681 Kraut Alfred, Gertrud von Andechs im Lichte der ungarischen Geschichtsschreibung, S.138
682 Homan, Geschichte des ungarischen Mittelalters II, 89
683 Homan II, 89
684 Homann II, 107
685 Homan I, 90
686 Homan II ,90
687 Homann II, 109
688 „universas inutiles et superfluas donaciones karissimo primogenito nostro, Bele regi, nostra auctoritate commissimus revocandas; concessa eidem a nobis in hac parte plenitudine potestatis“ Féjer III/2, 205 und Homan II, 93 f
689 „ superfluas et inutiles quorundam antecessorum nostrorum donationes, …. decrevissemus revocandas, “ Féjer IV,1

Auch vor den Kirchengütern machte er nicht Halt, obwohl der Papst heftig protestierte. Diese Rücknahmeaktion dauerte drei Jahre. Und der Chronist Rogerius konnte nur noch feststellen: „Diejenigen, die vorher reich und mächtig waren und großes Gefolge besaßen, waren nunmehr kaum imstande, ihr Leben zu fristen." Bela IV. betrieb eine" unnachgiebige Restaurationspolitik."[690] Diese Politik zielte darauf, die nicht nur von Andreas, sondern auch von Emerich verschenkten Burggüter wieder der Krone einzugliedern.

Das strenge Vorgehen brachte ihm dabei viele Feinde aus der Aristokratie. Seine rigorosen Maßnahmen waren dazu angetan, die Barone und die Großen zu verärgern, so dass ihm viele keine Gefolgschaft mehr leisteten. Wie bei seiner Mutter Gertrud zettelten einige Magnaten eine Verschwörung gegen ihn an. Aber dieses Mal gelang ihnen nichts. Die Aufrührer wurden gefasst. Andere flohen ins Ausland.[691] Wieder andere versuchten, einen ausländischen Fürsten ins Land zu holen. Nur um ihre Stellung oder ihre Güter zu behalten, schickten Barone landesverräterische Schreiben an Kaiser Friedrich II. und boten ihm die ungarische Krone an und das alles nur deshalb, weil sie ihr „Schäfchen" ins Trockene bringen wollten und meinten, dadurch ihre Vorrechte behalten zu können.[692] Aber der Kaiser ging auf das schmähliche Angebot nicht ein.

Im Jahre 1241 kam es zu einem Vorfall von fürchterlichem Ausmaß, ein Schicksalschlag, den Ungarn nicht allein bewältigen konnte und der in einer Katastrophe endete: **Der Mongoleneinfall.** Ihr Führer, Dschingis-Khan, verfügte über eine ungeheuere Kriegsmacht und eine straffe Organisation.[693] Der Dominikanerpater Julianus und ein Überläufer des Mongolenführers berichteten König Bela IV. und seinem Onkel Berthold Patriarch von Aquileja, dass Dschingis-Khan im Anmarsch sei. Die Fürsten und ganz Europa waren alarmiert. Diese hofften, dass Ungarn ausreichend Soldaten hätte, den Angriff abzuwehren. Der ungarische König berief das gesamte Heer ein und erntete bei den Großen nur Hohn und Spott über den übertriebenen Aufwand.[694] Er musste die Kumanen um Hilfe bitten, was im Lande noch mehr Missgunst und Neid über das „hergelaufene Volk" hervorrief. Bela konnte nur mit einer halbherzigen Bereitschaft der Großen rechnen. Die schnöde Haltung der Adligen gipfelte darin, dass sie die Nachricht verbreiteten, die vom König hergeholten Kumanen hätten mit den Mongolen heimlich paktiert. Die Folge war, dass der Kumanenführer ermordet wurde. Seine Leute verließen darauf das Land und standen als Stütze des ungarischen Heeres nicht mehr zur Verfügung. Diesen Verlust hatten die Magnaten dem König mit ihrem großtuerischen Stolz eingebrockt. Die Hilferufe an den Papst und den Kaiser verhallten, obwohl Bela IV. von einer großen Gefahr für die ganze westliche Christenheit sprach. Papst Gregor IX. wies in einem Trostschreiben darauf hin, dass er Ungarn unter den päpstlichen Schutz nehme, aber ein Friede mit dem Kaiser eine Voraussetzung für eine wirksame Hilfeleistung sei.[695] Der Kaiser war zwar grundsätzlich zu einer Intervention bereit, wies aber auf seine augenblicklichen Kämpfe in Italien hin, die ihn von einer Hilfe abhalten würden. Diese Absage führte daraufhin zu einer weiteren Entfremdung zwischen dem Reich und Ungarn. Bela IV. beklagte sich, „dass er die Dornen des Krieges ertragen" hätte müssen, statt dass er von „seinen Glaubensbrüdern unterstützt" worden wäre.[696] Im Januar 1241 marschierte Bat-Khan mit fünf mongolischen Heeren an der polnischen Grenze auf und vernichtete das Heer des Palatins Dionys. Am 12. April 1241 wurde das Heer des Königs eingeschlossen, die Adligen flohen vorher, ihre Halbherzigkeit und ihr Spott waren ihnen vergangen. Am Morgen des folgenden Tages waren die ungarischen Truppen vernichtet. Bela IV. konnte nur noch nach Dalmatien flüchten. Ungarn schien gänzlich verloren. Aus unerklärlichem aber glücklichem Grund zo- gen die Mongolen plötzlich ab.

690 Homann II, 110
691 Kosztolnyik, Hungary in the thirteenth century, 98, Anm.52
692 Kosztolnyik, 122
693 Homann II, 117
694 Homann II, 131
695 Varga, Ungarn und das Reich, 264
696 Varga 267,268

Der Mongoleneinfall. Bela IV. muss fliehen. Rechts der König, wie er rückwärts auf die Mongolenschar blickt. Chronicon pictum.

Schätzungen zufolge war die Bevölkerung etwa um die Hälfte dezimiert. Nach dem Mongoleneinfall unter Batu Khan 1241 kam die große Stunde von Gertruds Sohn. Er schaffte es, das zerstörte Land wieder aufzubauen, errichtete Burgen nach dem Vorbild derer des Deutschritterordens, vereinigte 1242 wieder die von Österreich eroberte Steiermark mit der ungarischen Krone und setzte sich gegen Venedig im Kampf um Dalmatien durch. Das Land begann aufzuatmen und zu florieren. Daher nannte man Bela IV. den „zweiten Reichsgründer".
Die Ungarn behaupten, dass aus dieser Zeit die Gewohnheit des Mittagsläuten stamme, das Papst Calixt III. am 29. Juni 1456 eingeführt hatte, als Erinnerung an den Abzug der Mongolen.
Bela IV. verheiratete seinen Sohn Stephan mit einer Kumanenprinzessin und – um von den Polen und Russen Hilfe gegen mögliche weitere Invasionen zu erhalten – gab vier von seinen sieben Töchtern den Söhnen polnischer Herzöge und russischer Fürsten. Eine andere, Margarete, wurde Dominikanerin. 1242 war sie geboren, seit 1246 hielt sie sich in Veszprem auf und trat mit zehn Jahren in ein Kloster auf der Margareteninsel vor Budapest, wo ihr Vater das Kloster gegründet hatte. Es wird berichtet, dass Bela IV. das Gelöbnis gemacht hatte, Margarete dem Klosterleben zu weihen, sollten die Tataren unter Batu Chan sich zurückziehen. Dieser Rückzug ist, wie bekannt, unerwartet eingetreten. Margarete, die Nichte Gertruds, wurde 1276 selig gesprochen, 1943 kam es zur Heiligsprechung.

20.2. Die Heilige: Elisabeth

„Gaudeat Hungaria, jubilet Thuringia", „Es freue sich Ungarn, es juble das Thüringer Land", so beginnt das Offizium der Hl. Elisabeth aus dem 13. Jahrhundert, das Nonnen und Mönche in den Klöstern gesungen haben. [697] Die Inschrift am Grabmal der Elisabethkirche in Marburg lautet: „Gloria Theutoniae", „Deutschlands Ruhm", was nicht auf Elisabeths caritative Tätigkeit hinweist, sondern auf ihre deutsche Abstammung durch ihre Mutter Gertrud. Das Reimoffizium „Laetare Germania" rühmt ihre deutsche Herkunft, ihren königlichen Samen und das königliche Geschlecht. Die ältesten Quellen über das Leben der Hl. Elisabeth findet man bei dem rheinischen Zisterzienser Cäsarius von Heisterbach (um 1236), dem man eine relative Zuverlässigkeit beimisst, bei dem Erfurter Dominikaner Dietrich von Apolda (um 1290) und den Aussagen der vier Dienerinnen.[698]
Der ungarische Franziskaner Oswald von Lasko, Mitte des 15. Jahrhunderts, behauptet, Gertrud habe ihre Tochter Elisabeth in Sarospatak auf die Welt gebracht, vermutlich im Sommer 1207.[699] Diese Burg war seit Mitte des 11. Jahrhunderts eine Königspfalz, ein beliebter Aufenthaltsort der ungarischen Könige.

---

[697] In dieser hymnenartigen Musik fährt der Text fort: ..."que dederunt hodie pacis et leticie pignus in ecclesia. Jam nova progenies, jam decus regium, cuius pulchra facies, genus egregium terris moritur, celis oritur. Ab adolescentia virgo victrix hodie cavens dolum subdoli, offert se custodie Johannis apostoli amoris gratia."(Haggh B. Two offices for St. Elizabeth of Hungary, S.1)
[698] „ Libellus de dictis quattor ancillarum" s. A. Huyskens, Quellenstudien zur Geschichte der Hl. Elisabeth
[699] nach einer unbewiesenen Überlieferung am 7. Juli 1207

Andreas II. unternahm fast jährlich Feldzüge dorthin,[700] und es ist naheliegend, dass Gertrud ihn begleitet hat und sich dort längere Zeit aufhielt. In dieser Pfalz pflegten immer schon die ungarischen Könige und Königinnen abzusteigen. Emerich besuchte diese Gegend öfters, weil er dort seine bevorzugten Jagdgebiete hatte. Für Andreas II. war Sarospatak strategisch wichtig, weil es auf der direkten Heerstraße nach Halicz lag. Die Burg wurde von den Mongolen fast restlos zerstört, eine neue Burg Ende des 15. Jahrhunderts wieder aufgebaut. Reste einer romanischen Kirche sind noch vorhanden.

In der heute noch vorhandenen Hofkapelle könnte Elisabeth getauft worden sein. Wenn die Taufe nicht in Sarospatak stattgefunden hat, so spätestens in Esztergom oder Veszprem durch Berthold, und man damit abgewichen wäre von dem Brauch, dass das Taufen der Königskinder ein Vorrecht des Primas ist. „Elisabeth, die berühmte Tochter des Königs von Ungarn, war ihrer Herkunft nach adlig, aber noch adliger durch ihren Glauben und ihre Frömmigkeit. Sie hat ihrem Geschlecht noch größeren Adel verliehen durch das Beispiel ihres Lebens.“ So beginnt der Dominikanermönch Jakobus von Voragine seine Beschreibung der Vita der Hl. Elisabeth.[701]

Die Burg Sarospatak in Nordungarn. Vermutlicher Geburtsort der Hl. Elisabeth. Die befestigte Anlage wurde restlos zerstört, eine neue Burg Ende des 15. Jahrhunderts wieder aufgebaut. Reste einer romanischen Kirche sind noch vorhanden.

Der französische Publizist Graf von Montalembert lobt Elisabeths frühe Frömmigkeit, die auch urkundlich von einer ihrer Dienerinnen mit dem Namen Guda bezeugt wird. Guda war eine der vier Dienerinnen, die bereits in Ungarn zu Elisabeths Spielgefährtinnen gezählt haben soll und die sie mit ihren fünf Jahren nach Thüringen begleitet habe. Da sie aber in ihrem Bericht von Elisabeths Jugend („adolescentia“) und nicht von ihrer Kindheit („infantia“) spricht, wird sie genauso wie die anderen drei Mägde, Isentrud von Hörselgau, Irmingard und Elisabeth, ihr erst auf der Wartburg zugesellt worden sein und nicht schon in Ungarn.

Guda berichtete, Elisabeth habe sich schon als Fünfjährige vor dem Altar auf die Knie geworfen und das Psalmenbuch aufgeschlagen, obwohl sie noch gar nicht lesen konnte. Bei diesen Aussagen hat man den Eindruck, als ob hier mit aller Gewalt[702] etwas kund gemacht wurde, was eben die frühe Religiosität der Heiligen schon in ihrer Kindheit bezeugen sollte. Eine so herausragende Selbstständigkeit ist kaum anzunehmen. Am ungarischen Hof war Elisabeth noch ein Kind und in einem Alter, in dem heute Mädchen in den Kindergarten gehen.

Königin Gertrud nach der Geburt der Hl. Elisabeth. Eine Dienerin hält das Kind ihrem Vater Andreas II. entgegen. Altar der Elisabethkirche in Kosice.

[700] Varga, Ungarn und das Reich, 244
[701] Jacobus de Voragine, Legenda aurea , S. 384
[702] Busse-Wilson, Das Leben der Hl. Elisabeth, 24

Die Aussagen der Kindheitsgefährtin für den Heiligsprechungsprozess muss man mit großer Vorsicht lesen. So sei Elisabeth schon als Kind nicht aus der Burgkapelle herauszuholen gewesen und habe die Spiele mit den anderen Kindern nur zum Scheine mitgemacht, um nachher nur umso schneller wieder beten zu können.

Auf der anderen Seite ist es aber berechtigt, die Wurzeln einer späteren so ausgeprägten Fürsorge und Menschenfreundlichkeit in der frühen Kindheit und in der Mutterbeziehung zu sehen. Erkenntnisse der Kinderpsychologie nötigen uns heute, die frühkindliche Prägung im Elternhaus und bei der Mutter zu suchen. Gebete, Andachten, Frömmigkeitsübungen, Gottesdienste in der Hofkapelle oder in der Kemenate der Mutter gab es ja täglich am ungarischen Hof. Es wird wohl niemand im Ernste sagen wollen, dass Elisabeth just vom Tage ihrer Ankunft auf der Wartburg an dem durchaus gar nicht so frommem Hofe des Landgrafen damit begonnen habe, fromm sein zu wollen!

Als einziger hat schon vor hundert Jahren ein französischer Autor darauf hingewiesen, dass Elisabeths Frömmigkeit nicht erst auf der Wartburg begonnen habe, sondern durch die Erziehung ihrer eigenen Mutter. Die Hl. Elisabeth habe durch Gertrud eine christliche Erziehung genossen und zwar schon in der Wiege, in der sie das „unbezähmbare Eintauchen“ in ihren Glauben erhielt, der ihr es später erlaubte, in den Klippen und Gefahren des Lebens zu bestehen.[703] Sie habe die Gabe der Liebe schon im Mutterleibe erhalten. Elisabeths Fröhlichkeit und Lebendigkeit seien zuerst unter der zärtlichen und zugleich strengen Obhut ihrer Mutter entstanden. Religiöse Umwelt und kirchliche Liturgie hätten auf sie einen unauslöschlich tiefen Eindruck gemacht. Ihre Mutter sei genauso fromm gewesen, wenn nicht noch viel mehr.[704]

In der frühesten Predigt über Elisabeth,[705] die uns erhalten ist, rief ein Franziskaner von der Kanzel herunter: „Elisabeth hat die Gabe der Liebe und des Glaubens schon mit der Muttermilch eingesaugt.“ Der namentlich nicht bekannte Prediger rühmt ihre guten Anlagen, die seit ihrer Kindheit aufgefallen seien: „Von Kindheit an ist die Gabe des Mitleids in ihr gewachsen und in den ersten kindlichen Lebensabschnitten“ habe sie schon das Erbarmen mit den Ärmsten kennengelernt. Hier begibt sich allerdings der stürmische Franziskaner auf unbekanntes Terrain und bescheinigt dem Kinde Elisabeth erwachsene Verhaltensweisen. Wenn man die allzu frommen Worte seiner Predigt und seine seelengute Projektion weglässt, dann erkennt man trotzdem das Hauptanliegen des Mönches: Elisabeth hat ihre ersten caritativen Impulse von ihrer Mutter erhalten.

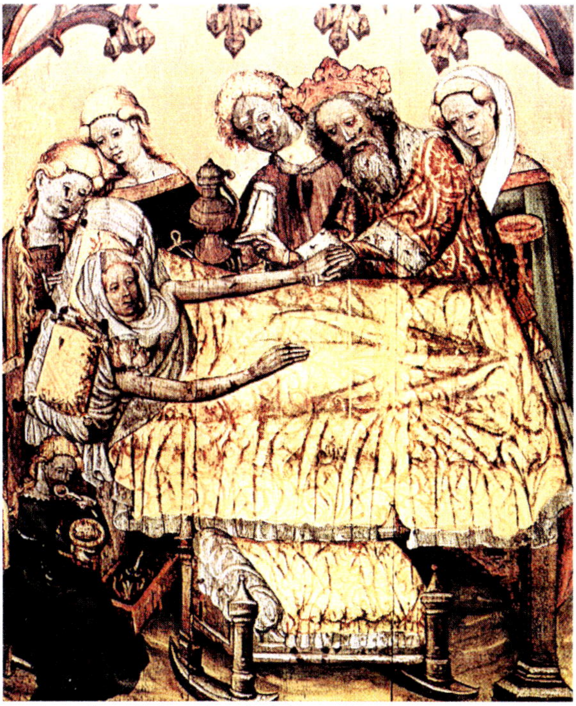

König Andreas II. besucht mit einigen Dienerinnen seine Frau Gertrud im Wochenbett. Lettner im Heilig-Geist-Hospital Lübeck.

[703] Horn, Emile, Sainte Elisabeth de Hongrie, S.6
[704] ds. S.4
[705] Pieper Lori, A new life of St.Elizabeth of Hungary, Text of the Anonymous Franciscan, Landeshauptarchiv Koblenz, Abtlg. 701, nr. 122

„Wenn Elisabeth vom Fleisch ihrer Mutter den Adel ihres Fleisches herleitet," sagt Cäsarius von Heisterbach kurz nach Elisabeths Tod, *„so ist es kein Wunder, wenn auch ihre Heiligkeit vom Geist ihrer Mutter herkommt, die die Quelle ihrer Frömmigkeit ist. Der Hilfe und der Gebete ihrer Mutter verdankt sie das, was sie ist. So wie Töchter in ihrer Gestalt und in ihren Sitten der Mutter nachschlagen, so werden Tugendsame manchmal tugendsam und Lasterhafte lasterhaft geboren."* [706]
Ein treffenderes Lob kann man Elisabeths Mutter nicht ausstellen.
In der Tat: das Ave Maria hat Elisabeth nicht erst in Thüringen gelernt. Kinder nehmen ihre Umwelt nicht intellektuell auf, sie ahmen nach und so ahmte auch Elisabeth nach, was ihre Mutter vorsprach, vorlebte und vorbetete. Wenn Guda sagte, sie habe den Psalter vor sich liegen gehabt, obwohl sie noch nicht lesen konnte, so ist das ganz richtig, denn sie brauchte ihn ja auch gar nicht lesen können. Wir wissen, dass die Psalterien voller Bilder, Miniaturen, farbiger Initialen, aller Arten von Illuminationen sind und wir wissen heute auch mehr denn je, wie Kinder die Bilder aufnehmen und aufsaugen und sie ein Leben lang behalten können. Jedermann weiß, wie schnell und leicht die Kinder Gebete und Gedichte auswendig lernen.
Wenn es stimmt, dass der Psalter des Erzbischofs Egbert von Trier in Gertruds Händen lag – daher auch sein Name „Codex Gertrudianus",[707] weil am Rande einer Seite die Intialen G R H[708] eingetragen waren – dann können wir heute nachvollziehen, was Elisabeth in ihrer Kindheit mit ihrer Mutter vor Augen hatte.[709] Sowohl der Egbert-Psalter wie auch andere Psalterien weisen einen reichen Bilderschmuck auf, der auf die kindliche Seele elisabeths sicherlich einen tiefen Eindruck gemacht hat. Es ist auf-fallend, dass Elisabeth als Mutter eine starke emotionale Bindung zu ihren eigenen Kindern hatte.[710] Solche positiven Beziehungen werden im Kindesalter grundgelegt und sind prägend für ein ganzes Leben. Elisabeth war vier, vielleicht auch fünf Jahre unter der Obhut ihrer Mutter Gertrud. Kinderpsychologen sind heute der Ansicht, dass gerade diese Zeit die Grundlinien im Leben eines Menschen ausmachen. Manche gehen sogar noch weiter und behaupten, es seien die ersten drei Jahre. „In den ersten drei Jahren entwickeln sich Anlagen etwa für die Moral."[711]

Im sogenannten Egbert-Psalter leuchten die eindrucksvollen Darstellungen von Jesus, der Kranke geheilt hat. Heilung eines Aussätzigen. Haben sich gerade solche oder ähnliche Bilder von den Heilungen Jesu in das Bewusstsein Elisabeths eingeprägt? Sind es die allertiefsten Wurzeln ihrer Hinwendung zu den Kranken? Codex Egberti.

Man wird den Einfluss der Mutter Gertrud sicher nicht zu hoch einschätzen dürfen, aber man kann ihn auch nicht umgehen. Cäsarius von Heisterbach weiß von der Beziehung Elisabeths zu ihrer Mutter, beendet seinen Hinweis mit den Worten: „Das mag genügen in Bezug auf Herkunft und Vaterland und man soll nicht allzu lange bei den Dingen des Fleisches verweilen." Nicht „allzu lange", aber auch nicht „gar nicht".

---

[706] Cäsarius von Heisterbach, Vita St. Elizabeth, in: Schriften über die Hl. Elisabeth, 347
[707] Kraus, F.X, Geschichte der christlichen Kunst, I,46
[708] „Gertrudis Regina Hungariae"
[709] Sauerland/Haseloff, Der Psalter Erzbischofs Egbert von Trier, S. 173 betr. Fol. 28 und 40; diese Zusätze konnte ich bei der Durchsicht des Faksimiles allerdings nicht erkennen.- Archivare unterscheiden zwischen dem „Codex Gertrudianus von Cividale" und dem „Psalter des Erzbischofs Egbert"
[710] Opitz,Claudia, Frauenalltag, S.204
[711] Klitzing, Kai von, Direktor der Leipziger Uniklinik für Kinder-und Jugenpsychiatrie, „Die Welt" v. 17.Oktober 2008, S.4

Erstaunt lesen wir in einem Artikel aus dem Jahre 2007,[712] dass in der Person der Hl. Elisabeth das Blut der Arpaden zusammenfließe, in ihr träfen sich die Strömungen Frankreichs und Ungarns. Elisabeth sei erwachsen aus den dynastischen Beziehungen Ungarns mit Frankreich, Portugal, Neapel, Polen. Keine Silbe von Deutschland! Keine Silbe von Gertrud! Elisabeth, so liest man weiter, habe den väterlichen Hof mit einer „festen Form von Spiritualität" verlassen! Von wem sollte Elisabeth eigentlich diese „feste Form der Spiritualität" bekommen haben?

Forschungen über Kindererziehung im Mittelalter haben auch schreckliche Einsichten ans Tageslicht gebracht: Vernachlässigung, Prügelstrafen, Aussetzungen, Kinderarbeit, Fremderziehung. An Fürstenhöfen wurden Kinder außer Haus gegeben, Erziehern und Ammen anvertraut. Diesen Ergebnissen kann man durchaus Glauben schenken. Das mag wohl alles stimmen, aber so sehr man diese unliebsamen Umstände inzwischen kennt, so wenig darf man sie auch verallgemeinern. Die Zeugnisse sind rar. Wie die persönliche oder unpersönliche Erziehung der Kinder im Einzelfall aussah, lässt sich überhaupt nicht sagen, es sei denn, man verfügt über diskrete Hinweise und Nebenbemerkungen. Warum sollte sich Gertrud nicht persönlich um ihre Kinder gekümmert haben? Gräfin Ida von Boulogne lehnte eine Amme ab, von Margarete von Schottland weiß man, dass sie ihre Kinder selbst unterrichtet hat. Es wird verschiedentlich berichtet, dass nach den Maßstäben des Mittelalters der Erfolg einer Mutter am geistlichen Ruhm ihrer Kinder gemessen wurde. Wie immer es um die Tugenden und Untugenden der einzelnen Mütter bestellt gewesen sein mag, so besteht kein Zweifel darin, dass das Beispiel der Mutter und ihre Wertvorstellungen das Leben und die Ideale jener Kinder geformt hat. „In der ersten Zeit tragen Kinder ihre gesamtes Rüstzeug für das weitere Leben zusammen ... Persönliche Fähigkiten wie Mitleid lassen sich nicht unterrichten, sondern werden von der häuslichen Umgebung bestimmt." [713]

Und es gibt noch einen weiteren ernst zu nehmenden Aspekt.

Der Zusammenhang zwischen der Mutter Gertrud und ihrer Tochter Elisabeth wurde bis heute überhaupt nicht wahrgenommen. Wenn ihn vergangene Jahrhunderte nicht für beachtenswert hielten, so mag es noch verständlich sein, weil die Mutter-Kind Beziehung weder psychologisch noch historisch über den heutigen wissenschaftlichen Stand verfügte. Inzwischen besitzen wir aber bemerkenswerte Forschungen nicht nur über frühkindliche Erfahrungen des Kindes , sondern auch über praenatale Einflüsse der Mutter auf das Kind. Es wäre töricht, diese Erkenntnisse einfach als minimal oder lächerlich abzuwerten oder sie zu ignorieren. Neueste Untersuchungen zeigen nämlich, dass gerade in der Zeit vor der Geburt die Weichen für das ganze Leben gestellt werden[714] und dass die Verbindung von innen und aussen, von körperlichen Anlagen und Umwelt viel enger ist als bisher angenommen wurde. Die Gefühlswelt der Mutter prägt auch das Seelenleben des Kindes. Der Heidelberger Psychoanalytiker Ludwig Janus[715] sagt – und das dürfen wir gerade auf die Hl. Elisabeth anwenden –„die Gabe oder Unfähigkeit zu lieben kann über Generationen vererbt werden. Erlebnisse im Mutterleib entscheiden dies mit." Deutlicher kann man die Beziehung zwischen Gertrud und Tochter Elisabeth nicht mehr darstellen als in der Erkenntnis: „Die Fähigkeit zum sozialen Miteinander...Friedfertigkeit und Empathie werden ganz entscheidend bereits in der Phase vor derGeburt geprägt."[716]Mag man also noch Verständnis aufbringen für die jahrhundertelange Vernachlässigung dieser psychologischen Kenntnisse, so kann man heute das moderne Wissen über die Mutter-Kind Beziehung vor der Geburt nicht ungestraft ignorieren. Dieser Aspekt ist aber in der umfangreichen Elisabeth-Literatur nicht einmal andeutungsweise angekommen.

---

[712]Koranyi, András, Nostra enim Elisabeth, in: Elisabeth von Thüringen, Aufsätze zur Ausstellung 2007

[713]Hüther G., Leiter der Zentralstelle für neurobiologische Präventionsforschung der Psychiatirschen Klinik der Universität Göttingen und dem Institut für Public Health der Universität Mannheim. s. auch: Hüther G./ Krens I., Das Geheimnis der ersten neun Monate, 2005

[714]Thorbrietz Petra, „Frühe Weichen" in: Wissen 1/2009, Süddeutsche Zeitung S.36

[715]ehemaliger Präsident der Internationalen Studiengemeinschaft für Praenatale und Perinatale Psychologie und Medizin

[716]Janus L., in „Frühe Weichen" S.39/40, s.o.

An die Stelle ihrer leiblichen Mutter Gertrud im Jahre 1211 trat mit der Verlobung Elisabeths die Ziehmutter Sophie, Landgräfin von Thüringen. Wenn manche Überlieferungen behaupten, Elisabeth habe durch ihre Schwiegermutter eine religiöse Erziehung erhalten, so sehen dies der Chronist von Apolda und einige Künstler der frühen Malerei ganz anders. Für die Rolle Sophies Verständnis zu finden, wird nicht leicht fallen. Die historischen Verteidiger der Landgräfin beklagen, dass man sie ungerechterweise zur „bösen Schwiegermutter typologisiert" habe, wogegen sie doch nur Elisabeth „verzweifelt" an ihre adligen Pflichterfüllung erinnern wollte.[717] Trotzdem: Von einer besonderen Fürsorge oder einem Verständnis der Landgräfin Sophie für Elisabeth ist nichts zu spüren. Im Gegenteil! In der frühen Ikonographie verrät die Schwiegermutter ihrem Sohn Ludwig, dass ihre Schwiegertochter einen fremden Mann in ihr Ehebett gelegt habe.[718] Einen solchen Ehebruch muss sie also ihre Schwiegertochter zugetraut haben!

Die Landgräfin Sophie mit schräger Kopfhaltung spielt eine zwiespältige Rolle. Sie führt ihren Sohn ins Schlafzimmer, wo sie einen fremden Mann vermutete. Sie muss sich von einer Frau belehren lassen, dass sie Unrecht hatte. Elisabethkirche Kosice.

Die Hl. Elisabeth wird aus der Wartburg ausgewiesen. Die Geste der Landgräfin verrät ihre Haltung zu Elisabeth. Elisabethkirche Kosice.

Sie hat es nicht vermocht, die Stimmen zum Schweigen zu bringen, die Elisabeth wieder nach Ungarn zurückschicken wollten. Elisabeth hat, als sie noch minderjährig war, am thüringischen Hofe Plagen und Bedrägnisse von der Hofgesellschaft erfahren müssen. Von den Verwandten und Gefolgsleuten ihres zukünftigen Gatten wurde dem jungen Landgrafen nahegelegt, er solle sie zurückschicken, weil sie mit einer wenig honorigen Mitgift ausgestattet gewesen sei, so wie es dem hervorragenden Stand des Schwiegervaters und seines thüringischen Geschlecht nicht entspreche. Sie redeten ihm zu, dass er durch eine andere Ehe eine reichere Mitgift anstreben solle und lieber eine Frau aus einem näher gelegenen Lande hole.[720] Die Landgräfin Sophie ist beteiligt bei der Vertreibung Elisabeths aus der Wartburg, zumindest hat sie nichts dagegen unternommen. Sinnigerweise übergibt gerade sie ihrer Schwiegertochter die Todesnachricht von ihrem Gemahl Ludwig IV. Warum gerade sie?

Es war eine Provokation, als Elisabeth ihre Krone vor den Altar ablegt. Die Landgräfin Sophie und Schwägerin Agnes schauen ihr misstrauisch zu.[719]

[717]Elpers, Bettina, Regieren, Erziehen, bewahren. Studien zur europäischen Rechtsgeschichte, S. 331

[718]„ quo comperto socrus apprehensa manu filii sui duxit ipsum ad lectum dicens:" Recognosce modo, quod his Elizabeth solet inficere stratum tuum." Theodoricus de Apolda,Vita Ste. Elisabeth, in : CFH III, 2350

[719]Das Spruchband erklärt, warum Elisabeth gescholten wird: „Elisabeth wird getadelt wegen ihrer erniedrigenden Frömmigkeit."

[720]Libellus 364-383, in: Huyskens, Quellenstudien, S. 14 und Theodoricus de Apolda, S. 30-32

[721]Jakobus de Voragine, Legenda Aurea, S. 393 :"konnte ihn durch Zureden dazu bringen «

Gibt es doch eine Überlieferung, Elisabeth habe ihren Mann zum Kreuzzug geraten,[721] die Landgräfin ihn dagegen abgelehnt. Und so wäre die Nachricht vom Tode Ludwigs IV. an Elisabeth durch ihre Schwiegermutter ein fast hämischer Vorwurf.
Sicher hat Elisabeth in ihrer Jugend auf der Wartburg die täglichen Gottesdienste, Andachten und Gebetsstunden erlebt. Doch diese Riten wurden an jedem europäischen Hof eingehalten. Daraus lässt sich eine „heilige" Elisabeth nicht ableiten. Auch wird sich Elisabeth mit ihrer Ziehmutter gut in Deutsch unterhalten haben. Sophie war die Tochter des Bayernherzogs Otto I. Aber im landgräflichen Hof in Thüringen gab es Streit unter den Brüdern Konrad und Heinrich Raspe, Streit der Hofgranden wegen der aufmüpfigen Elisabeth. Im Bericht der Dienerin Guda heißt es, dass Elisabeth in ihrer Jugend am Thüringer Hof sich vielerlei Beschwerden zugezogen habe und seitens der Familie Unterdrückung habe erleiden müssen.[722]

Die Eheverbindung zwischen Thüringen und Ungarn darf man auf andechsische Familienpolitik zurückführen. Aber auch seitens des Landgrafen bestand starkes Interesse an einer Beziehung, da er sich, von der welfischen Partei bedroht, durch die Andechser einen starken Rückhalt versprach. Das Bündnis mit Ungarn und dem König von Böhmen verschaffte dem Landgrafen einen großen Imagegewinn. Bischof Ekbert, Landgraf Hermann I. und König Ottokar müssen sich im Juni 1211 in Bamberg getroffen haben, um die Eheschließung Ludwigs IV. mit Elisabeth zu beschließen oder vorzubereiten.

Bischof Ekbert im Fries des Mausoleums der Hl. Elisabeth in Marburg. Linke Figur

Thüringen war damals wesentlich größer als heute, es war ein mitteldeutsches Reich, das Hessen miteinschloss, die Städte Marburg, Hersfeld, Fritzlar gehörten dazu. Bei der Vermählung spielten die gemeinsamen politischen Interessen Thüringens und Ungarns die größte Rolle: das gleiche Ziel, den neuen Prätendenden Friedrich II. zum Kaiser zu erheben. Diese Fürstenopposition gegen Otto IV. kam vor allem durch den Landgrafen zustande, was wir aus einem Brief des Papstes Innocenz III. vom 30. Oktober 1210 an die deutschen Fürsten entnehmen können. Jakobus von Voragine sieht die Vermählung im typisch mittelalterlichem Licht: „Nachdem sie ihren jungfräulichen Stand in Klugheit und Unschuld durchlaufen hatte, wurde sie genötigt, in den ehelichen Stand zu treten. So gab sie denn, wenn auch gegen ihren Willen, ihre Zustimmung zur ehelichen Verbindung."[723] Die thüringisch-andechsiche Politik kommt auch im „Landgrafenpsalter" deutlich zum Ausdruck. Wahrscheinlich ist die Verbindung Thüringen-Ungarn der Anlass für die Anfertigung.
In diesem Psalter werden je vier Doppelpaare dargestellt: Landgraf Hermann von Thüringen und sein Frau Sophia, der böhmische Herzog Ottokar und seine zweite Frau Konstanze, Bischof Ekbert und Patriarch Berthold, die Andechs-Meranierin Königin Gertrud und König Andreas II. Der Psalter bringt die politischen und verwandtschaftlichen Verbindungen zum Ausdruck. Der französische König Philippe Auguste, der auch den Staufern mehr zutraute als den ohnehin verfeindeten Welfen, muss den thüringischen Hof hoch eingeschätzt haben. Er wandte sich im Jahre 1210 an den Landgrafen Hermann mit der Bitte, eine seiner Töchter heiraten zu wollen.

[721] Jakobus de Voragine, Legenda Aurea, S. 393 :"konnte ihn durch Zureden dazu bringen «
[722] „In statu autem minoris etatis quam plurima gravamina et oppressiones sustinuit a secrete et potente familia aule in qua nutriebat traducta" Libellus de quattor ancillarum, Huyskens Quellenstudien, S.14 f
[723] Jakobus de Voragine, Legenda Aurea, S.386

Auftraggeber Landgraf Hermann und Frau Sophia. Die Landgräfin höfisch mit dem offenem Gebetbuch zum Beschauer gewandt. Der Landgraf weist auf Ekbert als wohl der aktivste Vermittler der Eheverbindung hin. Landgrafenpsalter.

Das Bischofspaar stellt Ekbert und Berthold im Brustbild und kurzem Vollbart dar. Beide tragen eine rote Kasel, weiße Mütze, Stab und Pallium. Sie halten in einem gemeinsamen Kreis das Lamm Gottes, was ihre priesterliche Würde hervorhebt. Da Berthold zur vermutlichen Zeit der Anfertigung des Psalters noch Bischof von Kalocsa war, wird er auch noch nicht als Patriarch dargestellt. Landgrafenpsalter.

König Andreas und Königin Gertrud. Ihre Königswürde im oberen Bogen ist gut lesbar. Gertrud aufmerksam mit aufgeschlagenem Gebetbuch zeigt auf Andreas. Landgrafenpsalter.

Der französische König hatte seine dritte Frau, Agnes von Andechs-Meranien, 1201 verloren und da sie offenbar sehr schön gewesen sein muss, fügte Philippe Auguste seiner Werbung bei, dass er die Tochter des Landgrafen umgehend heiraten wolle, „wenn sie nicht zu hässlich" sei. Philipp Auguste hatte damit zum Ausdruck gebracht, dass er nicht daran dachte, die von ihm verstoßene Ingeborg von Dänemark zurückzunehmen, nachdem die Annulation von einem bischöflichen Konzil ausgesprochen wurde. Nur der Papst erkannte sie nicht an.[724]

Landgraf Hermann I. von Thüringen war ein gerissener Politiker und drehte hemmungslos seine Fahne nach dem Wind. 1208 hielt er dem Attentäter Otto von Wittelsbach noch die Stange und stellte sich nicht hinter die angeprangerten Andechser. Dann, als der Papst sich für Otto IV. entschied, schwenkte er zu Otto über, dann gab er ihn wieder preis. Drei Jahre später setzte er sich für die Rehabilitierung von Ekbert ein, um über ihn an die ungarische Tochter Elisabeth heranzukommen und weil er merkte, dass die Staufer wieder Auftrieb bekamen. Seine einzige Fähigkeit schien darin zu liegen, zwischen den Ränken der Parteien zu lavieren.[725]

Seinerzeit hatte er vor Akkon den Deutschritterorden mitgegründet, verließ aber „rechtzeitig" Palästina. Es war also ein gewagtes Unternehmen, diesem skrupellosen Fürsten die ungarische Tochter anzuvertrauen. Doch die augenblickliche Politik war für Andreas und Gertrud wichtiger.

---

[724]Schüle, Agnes von Andechs Meranien, S.263,

[725]Patze H. und Schlesinger, W., Geschichte Thüringens, in: Mitteldeutsche Forschungen 48/II/1, S. 30 ff

Die Verlobung Elisabeths 1211 in Pressburg wird von Dietrich von Apolda ausführlich beschrieben. Sie war damals vier Jahre alt. Kinder wurden öfters schon früh in das Land des Ehepartners gebracht, um mit der Sprache und den Sitten rechtzeitig vertraut zu sein.[726]

Vier Szenen mit Königin Gertrud. Eine Erzählung über die Verlobung Elisabeths.
Tafel 1 links unten: Andreas II. und Königin Gertrud verloben ihre Tochter. Das Königspaar verhandelt mit den thüringischen Gesandten. Ein Bischof hält den Vertrag in den Händen. Eine Dienerin trägt das Kind Elisabeth in einem kleinen Holzbett.
Tafel 2 links oben: Der König begrüßt einen Gesandten. Gertrud spricht mit einer Frau.
Tafel 3 rechts oben: Verlobungsessen. Elisabeth zwischen ihren Eltern Andreas und Gertrud. Thüringische Gesandte am oberen Tischende. Ein Musikant spielt auf.
Tafel 4 rechts unten: Pressburg. Andreas und Gertrud verabschieden Elisabeth und geben sie in die Obhut einer Frau. Ryksmuseum Amsterdam.

[726]Spieß, Unterwegs zu einem fremden Mann, 19

Wir wollen auf Verlobung, Brautfahrt, Übergabe und Brautschatz einen besonderen Blick werfen. Ungarische Geschichtsschreiber meinten nämlich, darin Gertruds dominierende Stellung und ihre Verschwendungssucht herauslesen zu müssen. Durch den unermesslichen Brautschatz habe Gertrud ungarisches Eigentum ins Ausland getragen.

Die Stadt Pressburg, heute Bratislava. Auf der Burg übergab Königin Gertrud ihre Tochter Elisabeth an die thüringischen Gesandten.

Gertrud begleitete den Hochzeitstross. Schon der Umstand, dass der Chronist sie als alleinige Akteurin der Verlobung in Pressburg schildert und nicht den König erwähnt, gab einmal wieder pingeligen Interpreten der Szene Anlass für nörgelnde Auslegung. Warum sollte bei einer Verlobung weitab des Königshofs auch noch der König anwesend sein? Es war ja schon ohnehin genug, wenn die Königin mitfuhr. Normalerweise ist die Verheiratung eine gemeinsame Sache beider Eltern. Es gibt aber auch Fälle, bei denen die Mutter allein die Ehestifterin ist.[727] Um ihren Mann, Herzog Heinrich I. von Schlesien, aus der Gefangenschaft frei zu kaufen, verlobte die Schwester Gertruds, Hedwig von Schlesien, zwei ihrer Töchter allein mit Söhnen ihres ehemaligen Gegners.[728] Auch Sophie von Brabant (gest. 1275) verheiratete ihre beiden Kinder selbst, mit der Begründung, ihre Ansprüche auf Thüringen durchsetzen zu können. Es ist also nicht unüblich, dass Fürstinnen alleine die Verlobungsgeschäfte führten.
Im übrigen empfingen nach einer wenn auch legendenhaften Darstellung aus dem 14. Jahrhundert beide Eltern Elisabeths die thüringische Abordnung am ungarischen Hof in Esztergom und übergaben ihr dort das vierjährige Kind.[729]

Königin Gertrud und König Andreas von Ungarn in Prachtgewändern vor der Kulisse einer Burg. Dazwischen die junge Elisabeth. Die rechte Hand Gertruds liegt auf dem Kind. Das Königspaar empfängt die thüringischen Gesandten, deren Namen deutlich zu sehen sind. In der Banderole, die der vordere Mann trägt, steht der Grund ihres Kommens. Bitte um die Hand Elisabeths.

---

[727] s. Kellermann.-Haaf, Frau und Politik im Mittelalter, 293
[728] K.-Haaf, 294 f
[729] Lemmer, Das Leben der Hl. Elisabeth, S.12

Die ritterlichen **Bewerber des Landgrafen** Hermann I. von Thüringen indessen kamen unter Leitung des Grafen Meinhard von Mühlberg, Walther von Vargila und Berchta von Bendeleiden nach Pressburg, um dort die Verlobte Elisabeth abzuholen. Unter der Begleitung waren auch ihre Freundin Guda, die spätere Hofdame und die Harfnerin Adelheid.

Die beschriebene Brautfahrt war eine Reise besonderer Art, da sie meist mit einem ungeheueren Aufwand erfolgte.[730] Der Brautwagen war überaus prunkvoll hergerichtet zur Demonstration der Macht und der Selbstdarstellung des jeweiligen Landes. Hochrangige Begleiter vermehrten den Glanz der Braut. Im Wagen oder in den Wagen befanden sich Kleider, Silbergerät, Teppiche und Nippsachen. Listen der Ausstattung lagen oft bei, mit detaillierter Angabe der Werte. Barbara Gonzaga fuhr über die Alpen mit einer Begleitung von 70 Personen und 217 Pferden. Allein für ihre Aussteuer waren vier Wagen und 30 Maultiere nötig. Maria Bianca Sforza soll auf ihrem Hochzeitstross mit 600 Pferden und 60 Maultieren ausgestattet worden sein.[731]
Begleitet hatte Gertrud und Elisabeth auch ein gewisser Graf Berthold, da eine Urkunde Belas IV. aus dem Jahre 1230 besagt, dass „Berthold ein Jahr lang außerhalb unseres Königreiches bei unserer Schwester in Thüringen auf Befehl unseres Vaters sich gemeinsam mit seiner Frau unter großem Einsatz“ aufgehalten habe.[732] Bertholds Vorfahren waren bereits unter Geyza II. (1141-62) aus Deutschland nach Ungarn eingewandert. Wir erfahren auch, dass ungarische Adlige die Brautfahrt begleitet und beschützt haben. Es handelte sich dabei wohl um zwei Jugendliche Farkas und David,[733] die zwischen 1211 und 1227 am thüringischen Hofe waren und dann nach Ungarn zurückkehrten, worauf Andreas II. auf deren Meldungen hin, den Grafen Paviam zu Elisabeth schickte und sie bat, nach Ungarn zurückzukehren.
Von Pressburg bis Regensburg waren es etwa drei Tage auf der Donau, wenn man eine Geschwindigkeit von 170 km täglich annimmt. Von dort aus sind noch 250 km auf dem Land zurückzulegen, d. h. bei einer Tagesreise von 35 km konnte man in weiteren sieben Tagen Eisenach erreichen.
Verpackt und verschickt kommt das Kind Elisabeth auf der Wartburg an. Kein Wickelkind mehr und auch noch nicht ein Schulkind. Sie kann gerade über ihre kleinen Gefühle sprechen, nicht an die Zukunft denken, aber schon hat sie die Politik ergriffen. So wird die kostbare Braut verschachert über ihren noch unfertigen Körper wie eine Ware verfügt. Politik rechnet nie mit Gefühlen, sondern mit Ländern, Erbe und Kronen. Bei ihrer Ankunft in Eisenach im Jahre 1211 ist Elisabeth in die Wartburg eingezogen, denn diese war bereits 1162 mit zwei Geschossen bezugsfertig. Der Pallas war 1150 erbaut worden.

Die ungarischen Edlen übergeben Elisabeth dem Landgrafen von Thüringen. Elisabeth trägt die Krone als Zeichen ihrer königlichen Abstammung. Elisabethkirche Kosice.

Ein breiter Raum in der Elisabethvita des Theodoricus von Apolda nimmt die ausführliche Beschreibung des Brautschatzes ein. Die Tatsache, dass die Verlobungsgeschenke im einzelnen aufgezählt wurden, während bei anderen Vermählungen lediglich von „großer Mitgift“ gesprochen wird, lässt ja keine vergleichbaren Schlüsse zu, denn unter dem allgemeinen Begriff der „großen Mitgift“ verbirgt sich unter Umständen eine viel umfangreichere Schenkung als bei einer einzelnen Aufzählung.

[730] Spieß , 26
[731] Spieß, S. 27
[732] Erzsegi/Weigel, Elisabeth v. Thüringen, Katalog, 74 f.
[733] Erzsegi/Weigel, Elisabeth von Thüringen, Katalog, 75

Wir können uns glücklich schätzen, dass wir hier einen der ganz seltenen Fälle haben, in denen die Mitgift derart aufgelistet ist und der Bericht ein anschauliches historisches Beispiel ist, wie groß ein Brautschatz sein konnte. In dem Text bei Theodoricus von Apolda[734] heißt es, dass die Königin Gertrud den thüringischen Gesandten viele königlichen Gaben überreicht habe, das Kind Elisabeth sei in goldene und silberne Tücher gewickelt und in einer silbernen Wiege übergeben worden. Sie habe zahlreiche Gold- und Silbergefäße, kostbare Diademe, allerlei Schmuck, eine silberne Badewanne, Purpur-und Seidenstoffe, Fingerringe, Bänder, Pelzwerk und viele andere wertvolle Sachen hinzugefügt und schließlich noch eine Summe von 1000 Mark übergeben.
Der Erfurter Dominikaner Dietrich von Apolda sieht die Geschehnisse um Elisabeth in seiner um 1290 geschriebenen Vita im Lichte einer Heiligen und verleiht ihr dadurch noch Glanz, indem er die fürstliche Herkunft Elisabeths durch die reichhaltigen Geschenke des ungarischen Königshofes erhöht. Möglicherweise sind also diese Einzelschilderungen nicht allzu wörtlich zu nehmen. Die vierjährige Elisabeth konnte in der Tat nicht mehr in einer silbernen Wiege gelegen haben! Trotzdem: Schmuck, wertvolle Stoffe, Gold und Silber gehörten damals zu den üblichen Gegenständen einer Mitgift, da diese ja meist nicht in Form von Einkünften aus Ländereien und Regalien von Territorien bestand. „Manche Quellen informieren uns darüber, dass die für ausländische Herrscher als Ehefrauen ausgewählten ungarischen Königstöchter mit Schätzen überhäuft in ihre neue Heimat geschickt wurden,“[735] besonders dann, wenn sie nach Byzanz verlobt oder verheiratet wurden. Insofern fällt der Brautschatz Elisabeths nicht aus dem Rahmen.

Fahrt der vierjährigen Elisabeth nach Thüringen. Auf dem Brautwagen ein kostbares Bett. Heiligen-Geist-Spital Lübeck.

Der Kaplan Berthold, der 1228 eine „Vita Ludovici“ schrieb, äußerte darin “dass ein so reicher Schatz in Thüringen nie gesehen wurde.“ Gertrud habe bei der Übergabe der Geschenke hinzugefügt, dass, wenn sie noch lebe, sie dem Herrn aus Thüringen noch weitere nachschicken könne.[736]
Der thüringische Hofkaplan schreibt:
„Darum sorgte die Königin Gertrud, als sie ihre Tochter außer Landes sandte, für sie so wie es einem Königskind gebührt. Als sie alle Dinge für die weite Reise beschafft und die ehrbaren Boten reichlich mit Silber und Gold und Kleinodien beschenkt hatte, legte sie ihre Tochter, die liebe Sankta Elisabeth, in eine silberne Wiege, die mit köstlichem, seidenem Tuch ausgeschlagen war. Sie sandte mit dem Kind unzählige goldene und silberne Trinkgefäße, achtbare Fibeln, Kränze und Kronreife, viel verzierte Ringe und Spangen, schön getrieben und mit edlen Steinen viele bunte Bänder und reiches Gewand aus Pelz, golddurchwirkte Tücher und Baldachine. Wer konnte wohl das fürstliche Bettzeug von purpurner Seide bezahlen, das da geschickt wurde mit anderem teurem Hausrat, den niemand zählen konnte? Außerdem tausend Mark in feinem Silber und noch viel anderes mehr. Dazu einen Badekübel aus Silber, darin das Mägdlein baden sollte. Ein so reicher Schatz ward im Thüringer Land nie wieder gesehen."[737] *Die Königin habe zu den Gesandten gesagt: „Eurem Herrn möge es wohl ergehen, er solle gut auf das Kind aufpassen, dann werde sie es ihm reichlich und großzügig vergelten, wenn sie noch lebe.“*

[734]Theodoricus de Apolda, Vita Sanctae Elisabethe, lib.I., c.2 in: CFH I, 191, lat. und 722, mhd.
[735]Wehli, Tünde, Das Ungarnbild in der Klosterkultur, S. 45
[736]Gombos, CFH I, 191
[737]l.c.

Im völlig übertriebenen Sinn ist die Überlieferung eines unbekannten Schreibers zu verstehen. Danach soll die thüringische Gesandtschaft mit vier Wagen und 30 Pferden in Pressburg angekommen sein. Für die vielen ungarischen Geschenke seien jedoch 13 Wagen notwendig gewesen sein, um alles an den thüringischen Hof transportieren zu können.[738] Auch diese Schwärmerei war gedacht als Ausdruck des königlichen Standes und königlicher Großzügigkeit. Nach all dem, was wir über Andreas II. als angeberischem Gönner wissen, werden diese Geschenke eher auf ihn als auf Gertrud zurückzuführen sein, zumindest nicht nur auf sie.

Auf dieser Zeichnung lässt der Chronist den König Andreas II. die Verlobungsgeschenke verteilen und nicht die Königin Gertrud. Krumauer Bildercodex

Ist nun diese im einzelnen aufgeführte Aussteuer eine Verschwendung und Prahlerei?

Die Beschreibung Dietrichs von Apolda und die des Hofkaplans hatten die Absicht, die edle Herkunft Elisabeths und ihre adlige reiche Ausstattung hervorzuheben. Dabei schießen sie – wie man leicht erkennen kann – auch über das Ziel hinaus. Solche Übertreibungen darf man nicht realistisch sehen. Die übertriebenen Schilderungen wurden von den Autoren nicht als unzulässig betrachtet. Wir haben bereits gesehen, dass ein freigebiger Königshof hoch angesehen war und wenn weder König noch Königin sich als großzügig erwiesen, keine Achtung verdienten. Die Geschenke dienten nicht nur als materielle Gabe an den Bräutigam, sondern sind Ausdruck von Prestige und Noblesse. Die reiche Ausstattung der Tochter ist ein allgemein und häufig verwendetes Topos. Im „Rennewart" des Ulrich von Türheim stattet Gyburc ihre Tochter mit ungemein großen Reichtümern aus,[739] wobei offen bleibt, ob aus der königlichen Schatzkammer oder aus dem Privatbesitz der Königin. Als der Görzer Graf Leonhard die Paola Monzaga aus Mantua heiratete, brachte sie einen Brautschatz von 12 Truhen mit.[740]

Manche mäkelnden Leser aber lassen sich einfach nicht nehmen, den aufgelisteten Brautschatz Gertruds als maßlos übertrieben zu kritisieren und ihn als Ausdruck der Prahlsucht und der Verschwendung zu sehen. Sie dürften zum Vergleich nur andere Mitgiftsaustattungen anschauen. Zum Vergleich mögen einige Zahlen aufschlussreich sein:

4000 Silbermark zahlte Knut VI. von Dänemark für seine Schwester Christina als Mitgift an Friedrich I. von Schwaben. Denselben Betrag von 1000 Silbermark, den Gertrud ihrer Tochter bei der Verlobung 1211 mitgegeben hatte, erhielt Elisabeth beim Verlassen der Wartburg als Witwengeld.[741] Die dritte Ehe von Andreas II. mit Beatrice von Este ließ sich der König 5000 Silbermark kosten. Jährlich sollte sie 1000 Silbermark zusätzlich zu ihrem persönlichen Schatz für den Rest ihres Lebens besitzen.[742] Die Tochter seiner zweiten Frau, Violante, stattete er mit 12 000 Silbermark aus, sowie mit Gütern im Banat, der Burggespanschaft Varasd, Somogy, Zala und Syrmien.[743] Jolanthe von Courtenay brachte bei der Heirat mit Jakob I. von Aragon eine Mitgift von 12 000 Mark mit, wofür sich Papst Gregor IX. auch noch stark machte.[744] Sie verfügte beim Tod Emerichs über einen Schatz von

---

[738]Schmidt Gustav, Die Hl. Elisabeth, S.6

[739]Vers 7261 f, nach K.-Haaf, 135

[740]Arx 2, 2006 S. 19

[741]Schütz, Herzöge und Heilige S. 133

[742]Kosztolnyik, Hungary in the thirteenth century, 114

[743]Wie sehr ungarische Historiker sich der Tradition einer vermeintlich verschwenderischen Königin verpflichtet fühlen, und ihr Schenkungslust andrehen wollen, ersieht man z. B. daran, dass Gertrud sämtichen Kindern großes Vermögen geschenkt haben soll. S. Székely György , Magyarorszag törtenete, Elözmenyek es Magyar törtenet, II. körtet, S. 1283

[744]nach Vones-Liebenstein, Elisabeth von Thüringen, Katalog, 220

30 000Mark.[745] Die Morgengabe der Gräfin Margarete von Holland-Hennegau im Jahre 1324 betrug 16 000 Mark Regensburger Gewichts und 10 000 Silbermark. Ein Historiker sagte gar, dass 6 000 Mark Silber schon als recht bescheiden gelte.[746]

1000 Silbermark fürs erste bei der Verlobung ihrer vierjährigen Tochter Elisabeth waren also eine ansehliche, aber nicht außergewöhnliche Summe. Dieses Geld verdiente der Erzbischof von Esztergom allein in einem einzigen Monat![747] Demgegenüber konnte Gertrud ruhig sagen, dass sie den 1000 Mark noch weitere hinzufügen würde. Schließlich ist die Mitgift eine Angelegenheit beider Eltern. Gertrud wird den Betrag nicht aus ihrem eigenen Säckel geholt haben, sondern vereinbarte die Mitgift in Absprache mit dem König. Vielleicht war auch noch etwas übrig von den 166 000 Silbermark, über die der Schwiegervater Bela III. als Einkünfte verfügte.[748] Der freigebige Andreas II., als großzügig und verschwenderisch bekannt, wird wohl nicht gerade bei der Mitgift seiner Tochter gespart haben.

Offensichtlich konnte aber der gesamte Brautschatz so groß wieder nicht gewesen sein, denn schon vor der Vermählung mit dem thüringischen Ludwig IV. hatten, wie wir erfahren haben, einflussreiche Hofkreise auf der Wartburg die ungarische Tochter nach Hause schicken wollen, um eine andere Braut mit einer größeren Mitgift zu suchen.[749]

Sie missbilligten, dass Elisabeth keine große Ausstattung mitgebracht habe – „minus dotatam" – sagten sie und schlugen vor, dass sich Ludwig IV. nach einer anderen Braut mit üppigerer Mitgift umschauen sollte, wie es dem thüringischen Schwiegervater und seinem Geschlecht gezieme.

Der sagenumwobende Niclas **Klingsor,** der im Parsival (um 1210) des Wolfram von Eschenbach als Zauberer erwähnt wird und als Gegner Wolframs dargestellt ist, hatte die Geburt Elisabeths prophezeit. Nach alten Überlieferungen, die meist auf der Vita des Dietrich von Apolda basieren, ist Klingsor ein Minnesänger und Astrologe. Er habe wissenschaftliche Kenntnisse gehabt, die sieben Künste beherrscht und man munkelte, dass er es mit dunklen Mächten zu tun habe. Er war reich, erhielt vom König einen Jahresgehalt von 5000 Mark Silber.[750] Er habe sich in Paris wie auch in Arabien aufgehalten und sei vom ungarischen König beauftragt worden, für die Erforschung der Bergwerke zu arbeiten. „Dieser gelehrte und reiche Siebenbürger studierte in Krakau, Paris und Rom, unternahm mehrere große Reisen und widmete sich besonders der Sternkunde und Poesie."[751] Als Landgraf Hermann von ihm hörte, berief er ihn an den thüringischen Hof, damit er im Sängerwettstreit sein Urteil spreche.

Der unterlegene Heinrich von Ofterdingen sollte ihn in Ungarn aufsuchen und einladen, um auf der Wartburg zwischen Heinrich von Ofterdingen und Wolfram von Eschenbach den Schiedsrichter zu spielen, da Ofterdingen sich betrogen fühlte. Es kam zu einem heftigen Disput, aber die Aussöhnung gelang. Am Abend bevor Klingsor in die Wartburg kam, soll er vor seiner Herberge während eines Umtrunks mit den Sängern eine Vision gehabt haben. *„Ich sehe einen Stern, der leuchtet von Ungarn bis zur Marburg und von der Marburg in alle Welt. Ihr sollt wissen, dass in dieser Nacht dem König von Ungarn eine Tochter geboren ist, die Elisabeth heißen und ein heiliges Leben führen wird. Sie wird getraut werden mit dem jungen Fürsten, des Landgrafen Hermann Sohn und von ihrer Heiligkeit wird erfreut und erhöht werden das ganze Land.*"[752]

---

[745]Kiss E., Elisabeth v. Thüringen, Katalog der Ausstellung 2007, S.31

[746]Fößel, Die Königin im mittelalterlichen Reich, S. 78

[747]Der Betrag errechnet sich aus der königlichen monatlichen Zuwendung von 500 Silbermark plus den noch erheblich höheren Domäneneinkünften. S. G. Adriányi, Geschichte der katholischen Kirche in Ungarn, S.42

[748]Dies geht hervor aus einer Liste, die er im Zusammenhang mit der Ehewerbung um Margarete von Frankreich vorlegen mußte

[749]Huyskens S. 14 f ; Apolda S. 30-32, Libellus 364-383, ..."a proximis et vasallis atque consiliariis sponsi sui futuri moriti .... ut ipsam patri suo regi remitteret , eo quod minus sollemniter eam dotatam quam et soceri et futuri generi deceret excellentiam, asserebant persuadentes, ut tam pinguiore dote quam vicinioribus auxiliis potentum sibi propiciens alias nuptias affertaret."

[750]Montalembert spricht von 3000 Mark, S.5

[751]Bethlen, Geschichtliche Darstellung des Deutschen Ordens,17

[752]nach Justi, Elisabeth die Heilige, Landgräfin von Thüringen, S. 11

Der sagenumwobene Klingsor weissagt dem Landgrafen von Thüringen im Jahre 1207 die Geburt der HL. Elisabeth. Heiligen-Geist-Spital Lübeck.

Am folgenden Morgen soll Klingsor dem Landgrafen diese Vision mitgeteilt haben.

Elisabeth war noch keine sechs Jahre am thüringischen Hof, als ihr vorgesehener Gemahl Ludwig IV. die Nachfolge des Landgrafen übernahm. 1221 heiratete er Elisabeth, die inzwischen 14 Jahre alt war. Als Ludwig IV. auf einem Kreuzzug 1227 in Otranto starb, sollte sie wieder verheiratet werden. Ihr Onkel, Bischof Ekbert von Bamberg, schien sich dafür sehr einzusetzen. Auch soll sich Kaiser Friedrich II. für sie interessiert haben. Aber Elisabeth widersetzte sich dem Vorhaben und sagte: „Sollte mein Onkel mich doch verheiraten wollen, so werde ich mich weigern und ihm auch mit Worten widersprechen." Ihre Ablehnung einer Heirat sei so groß gewesen, dass sie sich lieber die Nase abschneiden lassen wollte, um den Abscheu der Männer zu erregen, als eine neue Ehe einzugehen.[753] Einer nicht beglaubigten Sage nach soll sie Ende der 1220 er Jahre auch die großelterliche Burg Andechs besucht haben. Allenfalls gab es lose Verbindungen mit Andechs, was auch die Übersendung des Brustkreuzes und des umgearbeiteten Brautkleids an die dortigen Mönche bestätigen könnte. Nach ihrem Gelübde von 1228 trennte sie sich auch von weiteren Kleinodien.[754]

Viel sicherer ist jedoch ein Besuch vom 29. September 1221 bis Ende des Jahres mit ihrem Ehemann, Landgraf Ludwig, in Ungarn. Damals ging es um den Verbleib des Deutschritterordens. Im Jahre 1230 wandte sich Andreas II. an seine Tochter Elisabeth und forderte sie auf, nach Ungarn zurückzukehren. Aber Elisabeth war nicht dazu zu bewegen, Marburg zu verlassen.[755]

Hergeben und Schenken darf man mit Recht als Erbe ihres Vaters sehen, denn Elisabeth hat wie kaum eine andere das Schenken und Geben wahr gemacht. So wie Andreas II. nachgesagt wurde, er habe die übergroße Großzügigkeit als königliche Tugend betrachtet, so trifft dies auch für Elisabeth zu, für die das „Maß ihres Wesens die Maß-losigkeit" war, wie es ihr Vater auf die Urkunden schreiben ließ. Elisabeth war in ihrer sozialen und caritativen Hingabe an die Armen und Kranken beispiellos „verschwenderisch", und man darf mit Recht annehmen, dass sie gerade diese Seite von ihrem Vater geerbet haben muss. So wie diesem nachgesagt wurde, er habe die Großzügigkeit als königliche Tugend betrachtet, so trifft dies auch für Elisabeth zu.

[753]Jakobus de Voragine , S. 394
[754]Kraft, Andechser Studien, 473
[755]Katona, Epitome I, 445

Aus der „Familiensubstanz"[756] entwickelte sich Elisabeth zu einer der großen Persönlichkeiten Europas. Das Milieu, in dem sie aufwuchs, war aber auch der andechsisch deutsche Hochadel, aus dem ihre Mutter stammte.

21. Die Persönlichkeit Gertruds

Nach all den zeitgeschichtlichen Analysen, Betrachtungen, Schilderungen über das Umfeld und die Ereignisse zur Zeit Gertruds in Ungarn, ist es angebracht, sich noch einmal abschließend und ausschließlich ihrer Person zu widmen.
Die zeitgenössischen Autoren der Elisabethviten schienen offenbar keinen Anlass gehabt zu haben, das Leben der Königin Gertrud in irgendeiner Weise zu beanstanden. Sie haben die meranische Fürstin in einem rundweg positiven Lichte geschildert. Während von den meisten Fürstinnen lediglich ihr Name bekannt ist, geben die Quellen für eine Charakterisierung Gertruds hinreichende Auskunft. Dabei fällt auf, dass die ungarischen Historiker des 19. Jahrhunderts Gertrud recht einseitig beurteilt haben. Aus den Quellen erfahren wir aber nichts dergleichen, nichts von einer herrschsüchtigen Frau, nichts über Hintanstellung von ungarischen Hofbeamten oder Würdenträgern, kein machtbewusstes Auftreten oder autoritäres Benehmen wie es von anderen Königinnen berichtet wird, kein Krieg gegen die Kleinfürsten wie ihn Blanka von Kastilien gegen die mächtigen französischen Fürsten führte.[757]
Aus der von Theodoricus, dem Biographen der Hl. Elisabeth, erwähnten Schilderung Gertruds als einer Frau mit männlicher Seele schloss man eine hünenhafte Gestalt shakespearhaften Ausmaßes an Macht und Bosheit. Man vergas völlig, daß Gertrud zu der besagten Zeit ein junges Mädchen zwischen 14 und 24 Jahren gewesen war!
Im Text des Theodoricus von Apolda heißt es, Gertrud habe weibliches Denken und männliches Gemüt gehabt, sie sei eine Frau „quae feminae cogitatione virilem animum inserens". Wenn diese geniale Formulierung richtig übersetzt wird, dann enthüllt sich daraus eine ganz andere Gestalt als die, wie sie uns die historischen Epigonen darstellen. Danach besaß Gertrud „weiblichen Sinn" und verband ihn mit „männlicher Seele" oder sie glich ihr weibliches Denken mit männlichem Gespür aus. Weder dem „feminae cogitatione" noch dem „virilem animum" hängt irgend ein abschätziger Sinn an. Vielmehr verleiht der Dominikaner Theodoricus mit dieser Charaktersierung der Königin Gertrud eine hohe Qualifizierung, die weder eine Einfältige noch eine Emanze ist. Die Aussage des Theodoricus ist eine sprachliche Meisterleistung. Er verbindet das für Männer übliche Denken, „cogitatio", mit dem für Frauen meist zugeschriebenen Gemüt, „animus", so dass das Männliche eine weibliche Seite und das Weibliche eine männliche Note annimmt. Was kann man Höheres von einer Königin sagen, die mit weiblichen und männlichen Tugenden ihre Stellung bekleidet?
Im übrigen ist der Kontext dieser Charakterisierung Gertruds ein Hinweis auf die hervorragende Stellung, die ihr der Biograph Elisabeths einräumt. Sie sei eine „tugendhafte und entschlossene Frau" gewesen, „mulier virtuosa et fortis". Aus dem Zusammenhang entnimmt man Lob, keinen Tadel.
Auch Königin Isabella von Spanien wird man ohne Einschränkung einen „Staatsmann" nennen dürfen.[758] Frauen übertrafen an Bildung oft ihre Männer, die beansprucht waren durch Herrschaftausübung und Kriegshandwerk.[759]

---

[756]Busse-Wilson, Das Leben der Hl. Elisabeth, 31
[757]s. Opitz, Weiblichkeit oder Feminismus, S.133
[758]Vones, Fragen politischer Integration im mittelalterlichen Europa, S.466
[759]Ennen, Frauen im MA, 1994, S.81

Im Gegensatz zu alten Clichés sind moderne Historiker von Gertruds gutem und festem Charakter überzeugt. Sie zeigen die junge Königin in einem durchaus hellen Licht und haben Verständnis für ihre schwierige Lage. Der kundige Historiker Karl Bosl schrieb: „Die zielstrebige Andechserin war eine kraftvolle Herrscherin, ihre Hand war in der Landespolitik zu spüren, sie verstand etwas vom Geld, aber sie wurde vom ungarischen Adel gehasst."[760] und: ...„Schwester und Gönnerin ihres geistlichen Bruders war sie, so scheint es, an Zielstrebigkeit in der Verfolgung ihrer Ziele ihrem Gatten ebenbürtig und eine würdige Andechserin."[761] Andere sehen in ihr eine egeschickte Herrscherin: „Die Krönung ihres Mannes zu Pfingsten 1205 verschaffte Gertrud schließlich die Möglichkeit, über Jahre hinweg entscheidenden Einfluß auf die Gestaltung der ungarischen Politik zu nehmen."[762] Nicht unkritisch aber überwiegend verständnisvoll urteilt der kundige Joseph von Hormayr. Er hält Gertrud für eine kluge und durchgreifende „Haushälterin, die die Reichs-und Krongüter zum großen Ärger der übermächtigen Oligarchen gut verwaltet hat."[763] Sie hätte Handel und Landwirtschaft belebt, habe Ansiedler ins Land gerufen, ihre Kinder mit „weiser Mutterliebe" erzogen. Sie hätte den großen Kaiser Barbarossa zum Vorbild genommen und daher – so wie dieser – die Verächter des Gesetzes scharf verurteilt und selbst Fürsten ohne Ansehen der Person nach den Reichgesetzen bestraft, wobei sie nicht davor zurückschreckte, die Raubschlösser mehrerer Großen zu brechen. Gertrud sei eine wahrhaft königliche Frau gewesen.[764] Sie habe auch angemessene Freigebigkeit gegenüber ungarischen Klöstern gezeigt und beachtliche Stiftungen gemacht. Davon ist allerdings in den Quellen nicht viel bekannt. Aber vielleicht wären die Beurteilungen der Geschichtsschreiber weitaus milder ausgefallen, wenn solche Stiftungen an die Kirche urkundlich festgehalten worden wären, denn Dotationen an die Kirche haben die Chronisten immer erwähnt, da diese Tätigkeit zu den renommiertesten Aufgaben einer Königin gehörte.

Auch nichtdeutsche Biographen zollen ihr Lob: Gertrud habe über eine seltene Entschlossenheit verfügt und einen Geist von großem Weitblick gehabt und sei fähig gewesen, die großen politischen Aufgaben zu erfassen. Selbst der wahrhaftig nicht deutsch gesinnte Charles Montalembert findet lobende Worte: „Die Historiker rühmten ihren Mut und ihre männliche Seele."[766] Alexis Graf Bethlen bescheinigt ihr gar „Mut und Stärke, mit der oligarchischen Hydra in offenen Kampf zu treten."[767]

Das meranische Mädchen hat mehr Willenskraft und Durchsetzungsvermögen aufgebracht als ihr Mann Andreas II. und erbte wohl von zu Hause auch eine Grundvitalität, die den familienbewussten Andechsern zu eigen war. Sie muss wohl auch ein gewisses angeborenes „politisches Geschick" gehabt haben.

Gertrud hatte sicherlich eine Überzeugungskraft, eine starke Ausstrahlung, Charisma, eine unbändige Energie und wurde wohl im Laufe der Jahre auch eine energische Regierungschefin angesichts des Lebensstils ihres Ehemanns. Sie scheint klug gewesen zu sein, und mutig, ihre von der andechsisch-staufischen Politik vorgegebene Ziele zu verwirklichen. Vor allem pochte sie auf die unveräußerlichen Rechte und die Integrität des ungarischen Königs. Wahrscheinlich war sie schon in ihren jungen Jahren verhältnismäßig lebendig wie keine ihrer Schwestern, von unerschöpflicher Vitalität und von diplomatischem Ehrgeiz, den drohenden Schwund königlicher Macht zu bremsen. Auf fast verlorenem Posten lernte sie bald in ihrem neuen Zuhause, ihre Angst zu bezwingen, um den Herausforderungen gegenüber den mächtigen Magnaten die Stirn zu bieten. Sie muss eine furchtlose Frau gewesen sein mit Zivilcourage und eine sicherlich emanzipierte Erbin von staufischer-meranischer Expansionspolitik.

---

[760]Bosl, Europäische Hocharistokratie,S. 142
[761]Europäischer Adel im 12./13. Jahrhundert S.44
[762]Schütz A., Das Geschlecht der Andechser Meranier, S.69 in: Katalog zur Ausstellung Herzöge und Heilige
[763]Hormayr, Sämtliche Werke III, S.298
[764]Hormayr, l.c.
[765]Horn, Sainte Elisabeth de Honfrie, S.4
[766]Montalembert, La vie de Sainte Elisabeth, S.189
[767]Bethlen, S.16

Die Andechser waren an einem stabilen verlässlichem ungarischem Partner interessiert. Darum handelte Gertrud in deren Auftrag und in der Tradition des Prinzips monarchischer Macht, die sich auf die Treue des Adels verlassen können muß. Natürlich darf man die deutschen Ministerialen nicht mit dem ungarischen Adel vergleichen, aber die Gefahr des Verlusts königlicher Würde bestand in Deutschland und in Ungarn gleichermaßen. Vielleicht waren die Andechser und ihre deutschen Reichsfürsten wie gebrannte Kinder und mussten in gewissem Sinne den schwachen Andreas II. mit Philipp von Schwaben vergleichen: Dienstlehen wurden in echte Lehen der Reichsministerialen verwandelt, Entschlusslosigkeit und Leichtfertigkeit hatten beide Könige gemeinsam.[768] Die Dienstmannen, nicht die Reichsfürsten usurpierten königliche Macht. Einen solchen Verlust königlichen Ansehens sollte es nicht auch noch in Ungarn geben. Ein schwacher ungarischer König war auch nicht im Sinne Kaisers Otto IV., der von 1208-1212 in Deutschland herrschte. Ungarn durfte auch nicht an Byzanz oder an Rom verloren gehen. Da Andreas sich nicht mehr sonderlich für die kaiserlichen Interessen einspannen ließ, vollstreckte Gertrud die Richtlinien ihres Hauses und des Reiches.

Abschließend wollen wir auf eine schöne Schilderung aus der dichterisch-historischen Literatur hinweisen. Sie steht in einem epischen Gedicht aus dem slowenischen Zisterzienserkloster Sittich und stammt aus dem Jahre 1240. Das Lied auf Gertrud hört sich wie eine Laudatio auf sie an. Der anonyme Schreiber hat vermutlich Gertrud als Königin erlebt oder vielleicht auch selbst gekannt, sicher aber ihren Sohn Bela IV., als dieser sich in Sopron aufhielt. Als Nicht-Ungar und als Zisterziensermönch kommt ihm eine gewisse Glaubwürdigkeit zu. Er macht sowohl dem ungarischem Adel wie auch dem ungarischen hohen Klerus heftige Vorhaltungen wegen seines opulenten Lebens. Ihr Reichtum und ihr Ruhmsucht seien nicht zu ertragen. Nicht so sei die Königin Gertrud gewesen. Mit keinem einzigen Wort erwähnt der Zeitgenosse, dass sich die Königin unrichtig verhalten hätte. „Unter den Blumen Deutschlands pflückte Andreas eine Rose als königliche Gemahlin, die keusch und schön war, ich meine die edle und verdienstvolle Königin Gertrud. Ihr wurde vom Sohne Gottes große Gnade verliehen.“[769]

[768]s. dazu Hucker, Der Königsmord, S.107, Anm.307

[769]Chronicon rythmicum Sitticense, Strophe 19 u. 20, SRH vol. II, 608

Schilderung des Mordes an Königin Gertrud:

„Es heißt nämlich, daß Andreas, um für sein Reich gut zu sorgen, und als er ohne Verzug in die Fremde aufbrechen wollte, Bancbanus aus dem edlen Geschlechte Bor und ein Mann von bewährter Treue und Einsicht, an die Spitze ganz Ungarns stellte, ihm königliche Regierungsgewalt übertrug, die Königin, Kinder und Güter dessen Zuverlässigkeit anvertraute und ihn vor allem ermahnte, das Königreich gerecht zu lenken. Er dürfe nicht zuzulassen, daß irgendein Unrecht geschehe, und dass mit den Nachbarn in entsprechender Weise Frieden zu wahren sei; gleichermaßen empfahl er ihm für politische Ruhe und Ehrenhaftigkeit zu sorgen. Bancbanus übernahm die ihm übertragene Obergewalt über das Königreich entschlossenen Sinnes, in der festen Meinung, daß ihm eine ganz große Gelegenheit zuteil geworden sei, seine Vortrefflichkeit und Zuverlässig-keit unter Beweis zu stellen. Aber das Schicksal war dem Manne neidisch gesonnen und vereitelte sein Vorhaben, dessen Gelingen er sich so leicht vorgestellt hatte.

Denn siehe da, es kam aus Germanien der Bruder von Königin Gertrud an, um seine Schwester, die die Abwesenheit ihres Gatten nur schwer ertrug, zu trösten. Er blieb einige Tage bei ihr und unterhielt sie mit mannigfacher Kurzweil. Dies tat er nicht ohne Grund, wußte er doch, daß sie ihm gegenüber immer sehr nachsichtig gewesen war.

Zusammen mit der Königin weilte Tag und Nacht die Gattin des Bancbanus, welche unglaubliche Sittsamkeit nur allzusehr auszeichnete; der Umgang mit ihr pflegte Gertrud in höchstem Maße zu erfreuen. Aber unvermutet verliebte sich der Bruder in die ehrbare Frau und - noch viel mehr durch ihre sittsame Scheu als durch ihre Schönheit angezogen - entbrannte er in kürzester Zeit bis zu einem solchen Maße, dass er vor heftiger Liebe zu ihr fast verging. Nachdem die Königin die Liebe des Bruders bemerkt hatte, gab sie ihm, gleichsam aus blindem Mitgefühl, welches weiblicher Gemütsart meistens innewohnt, allzusehr nach. Sie ließ die beiden nicht nur zum gemein-samen Gespräch herbeirufen, sondern lud sie noch öfter zum gemeinsamen Mahle ein und zog sich dann häufig, während sie sich unterhielten, von ihnen zurück und gewährte ihnen, wann immer es unter einem ehrbar erscheinenden Vorwand möglich war, die Gelegenheit zu einem eventuellen Liebesvollzug.

Als sie aber gemerkt hatte, daß die so unwandelbare Sittsamkeit der Frau keineswegs ins Wanken geriet, ließ sie, nachdem sie auch den Bruder vorgelassen hatte, in einem abgeschiedenen Schlafzimmer zurück, wo jene schließlich den Schaden einer verletzten Ehre erleiden mußte. Die Unglückliche verschwieg die Schandtat und, zu ihrem Gatten zurückgekehrt, sagte sie, während sie von ihm umarmt wurde, um für Nachkommenschaft zu sorgen: "Unglücklicher, was für ein Weib umarmst du nun, eine Gattin oder eine übelriechende Hure? Wenn es die Gattin ist, so täuschst du dich wahrlich. Wenn aber eine schändliche Hure, so mußt du dir vor allem selbst vor Augen halten, ob du dich mit einer besudelten Dirne zu beflecken trachtest. Geschändet ist dein Lager, Bancbanus, und die Gattin, die du der Königin anvertrautest, hat jene durch ruchlose Kuppelei ihrem Bruder zur Vergewaltigung preisgegeben. Entledige mich, wiewohl meine Seele unschuldig ist, jetzt dennoch sofort dieses meines Körpers, der vielmehr durch fremdes als durch mein eigenes Verbrechen entehrt wurde. Damit ich also nicht als unsühnbare Mörderin meiner Seele und meines eigenen Leibes mich zeigen muß und auch deine eigene Würde durch diese Schande befleckt werde, töte mich auf der Stelle, Bancbanus, um die Verletzung des göttlichen Geheißes der Keuschheit zu bestrafen.

Erzürnt darüber verbarg der Gatte dennoch seine seelische Pein und tröstete die Gattin, umarmte die Weinende, küßte sie und beschwor sie um ihrer ehelichen Liebe willen, die nicht durch ihre eigene Schuld, sondern durch fremde Begehrlichkeit verletzt worden war, die gemeinsame Schande zu verschweigen, welche er in beider Sinne zu gegebener Zeit durch eine sehr schwere Bestrafung zu ahnden versprach.

Selbst nachdem sich die Frau beruhigt hatte, konnte er seine verborgene Empörung nicht bezähmen, suchte am folgenden Tage mit einigen Leuten die Königin auf, ging mit gezücktem Schwert, das er unter dem Obergewand getragen hatte, auf sie zu, die keineswegs solches ahnte, und stach sie nieder mit todbringendem Stoß.

Darauf trat er mit blutigem Schwert an die Öffentlichkeit und rief aus, er habe in berechtigtem Zorne Gertrud getötet, da sie seine Gattin durch frevelhafte Kuppelei dem so abscheulichen Bruder zur Vergewaltigung ausgeliefert habe. Überdies bekannte er noch offen mitten in der allgemeinen Aufregung, daß er keinerlei Strafen von sich durch Bitten abzuwenden suche, sondern am nächsten Tage in Begleitung einiger Adeliger geradewegs zu Andreas nach Konstantinopel gehen und sich dort von sich aus einer gerichtlichen Untersuchung wegen Majestätsverletzung unterziehen wolle.

Nachdem er dies gesagt hatte, legte sich die allgemeine Unruhe als solche, und er gelangte, unter Mitnahme einiger der Vornehmsten als Begleitung, ohne seine Reise zu unterbrechen, nach Konstantinopel. Dort traf er den König an, welcher noch nicht abgesegelt war. Sobald er diesem vor die Augen getreten war, sagte er: „König, der Lenker deines Königreiches ist da, den andere vielleicht für einen frevelhaften Hochverräter halten mögen. Bancbanus, der nach vollbrachter Untat nicht durch Flucht Straflosigkeit, sondern durch aufrechte Zuflucht zu einem ganz unparteiischen Gerichtshof eine richterliche Entscheidung sucht, im Vertrauen auf Deine Gerechtigkeit zu Dir, um, falls er zu Recht unterliegt, eine unverzügliche und schwere Strafe zu erleiden. Auch forderte er keinen anderen als Richter für sich als den, den er verletzt hat und der eher sein Ankläger und Rächer als sein Richter sein müßte. Dem Angeklagten verlieh der unerhörte Gerechtigkeitssinn seines Fürsten diese unerhörte Kühnheit. Gertrud, der ich meine Gattin als Dienerin anvertraut hatte, gab diese ihrem so unbeherrschtem Bruder zur Vergewaltigung preis. Unfähig, berechtigte Empörung und Schande zu ertragen, welche, wie ich durch Dein Vorbild gelernt hatte, dem Tode keineswegs vorziehe, habe ich persönlich die trugvolle Herrin getötet. Hier, König, ist das Schwert der zu Recht vorgenommenen Tötung, das noch mit dem Blute Deiner Gattin befleckt ist. Wenn ich gefehlt habe, so strecke mich mit demselben augenblicklich nieder, damit ich von untragbarer Schande frei werde. Wenn Du aber der Auffassung bist, dass es zu Recht geschehen ist, dann sprich mich jetzt frei durch ein bei allen Völkern erinnerungswürdiges Urteil, damit ich nicht auf Deine Gerechtigkeit vertrauend, vergeblich hierher gekommen zu sein scheine." Der König hörte den Angeklagten mit so großer innerer Ruhe an, daß er seinen Gesichtsausdruck und seine seelische Verfassung auch nicht im geringsten veränderte. Darauf sagte er: „Dein Vertrauen in mich läßt genug Gutes von Dir hoffen. Wenn die Sache so ist, wie Du sagst, dann kehre sofort in das Königreich zurück, erfülle die Dir übertragene Aufgabe entsprechend Deiner gewohnter Zuverlässigkeit, und ich werde über Dich urteilen, wenn ich nach Ungarn zurückgekehrt bin, da es Unrecht ist, diesen unter den Schutz Gottes gestellten Kreuzzug durch einen Prozess über Leben und Tod zu unterbrechen." Nachdem er dies gesagt hatte, entließ er den Mann. Er selbst aber ließ seineTruppen nach Kleinasien übersetzen."

Antonius Bonfini, Rerum Ungaricarum Decades, Decas II., liber VII., p 153 f, Z. 192-216.

Bericht über die Ermordung König Philipps von Schwaben am 21.Juni 1208

Unter den größtenteils erhaltenen Registerbänden des Papstes Innocenz III., in denen in der Regel nur die von seiner Kanzlei ausgehenden Schriftstücke eingetragen wurden, befindet sich ein Sonderregister über den deutschen Thronstreit von 1199-1209. Hier sind neben den eigenen Briefen des Papstes auch zahlreiche an die Kurie gerichtete Aktenstücke mit einbezogen. Die Nummer 152 dieses Registers enthält einen Brief des Kardinalbischofs Ugolino an Innocenz III. vom Juli 1208 mit bedeutsamen Nachrichten über die Ermordung König Philipps in Bamberg.

„An den Herrn Papst.
Seinem Heiligsten Vater und Herrn Innocenz, durch Gottes Vorsehung Papst, Hugo, durch göttliche Erbarmung Bischof von Ostia und Velletri, Heil und schuldige Ehrerbietung.Als ich in Mantua war und dort auf den Herrn Kardinal Leo von S. Croce einige Tage lang wartete, mehrten sich am Montag nach dem Fest der Apostel Petrus und Paulus ernste Gerüchte von Herrn Philipps Tode. Am selben Tag behaupteten Kaufleute aus Piacenza, die im Herzogtum Schwaben ihrer Waren von Graf Hugo von Montfort beraubt worden waren, mit großer Sicherheit, Herr Philipp sei von dem bairischen Pfalzgrafen Otto von Wittelsbach ruchlos ermordet worden. Auch Reisende, Pilger und ein Brief des Bischofs Friedrich von Trient, der dem Patriarchen Wolfger von Aquileja und mir den Vorgang desselben Geschehnisses übereinstimmend berichteten, lieferten schwerwiegendes Beweismaterial für die begangene Untat. Als ich endlich auf Bitten und Drängen des Herrn Patriarchen und seiner Begleitung nach Verona gereist war, sagte ein Bote des Bruders Lupold von Worms in Hast aus, er komme gerade von dem Ort, wo das Verbrechen begangen worden war. Dieser erzählte vor dem Patriarchen und dessen Begleitern in meiner Gegenwart den traurigen Fall in fast derselben Weise und Reihenfolge, wie es in einem Brief des Trienter Kapitels dargestellt wurde, der durch einen besonderen Läufer überbracht worden war.
Er sagte nämlich, dass am Sonnabend vor dem Fest des Hl. Johannes des Täufers Herr Philipp mit wenigen von seiner Umgebung die Stadt Bamberg betrat, nachdem er sein Heer auf dem Felde zurückgelassen hatte. Als er um die neunte Stunde im Palast des Bischofs Ekbert von Bamberg ruhte, trat besagter Pfalzgraf, dem Herr Philipp seine Tochter gegeben und wieder genommen hatte, mit dem Herzog von Baiern und dem Markgrafen Heinrich von Istrien, dem Bruder eben dieses Bischofs, und anderen zehn bewaffneten Männern in den Palast, in dem Herr Philipp sich befand, und wird, als er an die Kammertür klopft, in gewohnter Weise vorgelassen. Während Herr Philipp von diesem, wie gewohnt, fröhliche scherzende Worte erwartete, zog jener sofort sein Schwert, mit dem er umgürtet war, und antwortete, als Herr Philipp ihm verbot, damit zu spielen: „Dies soll auch kein Spiel für dich sein!" Und stracks durchbohrte er ihn ohne alle Gottesfurcht mit dem Schwerte, brachte dem Reichstruchsess Heinrich von Waldburg, der das Verbrechen verhindern wollte, eine tödliche Wunde bei und schnitt dem, den er bereits getötet hatte, aus Furcht, er könne noch leben, die Kehle ab. Und so entkam der Mörder, geschützt durch den Beistand seiner Helfershelfer, und die nach Sühne schreiende Schandtat steht bislang nach Gottes Willen noch unbestraft da. Da nun das mir übertragene Legatenamt durch den Richterspruch des göttlichen Willens hinfällig geworden ist, kehre ich in Eile zu Euch zurück."

Miscellanae Historiae Pontificiae, vol.XII, nr. 152, p.348, Roma 1947.

LISTE DER UNGARISCHEN KÖNIGE NACH REGIERUNGSZEITEN

HAUS ARPAD

Stephan I., der Heilige	1001—1038
Peter (1. Regierungszeit)	1038—1041
Samuel Aba	1041—1044
Peter (2. Regierungszeit)	1044—1046
Andreas I.	1046—1061
Béla I.	1061—1063
Salomon	1063—1074
Géza I.	1074—1077
Ladislaus I., der Heilige	1077—1095
Koloman	1095—1116
Stephan II.	1116—1131
Béla II., der Blinde	1131—1141
Géza II.	1141—1162
Stephan III.	1162—1173
Ladislaus II.	1162—1163
Stephan IV.	1163—1165
Béla III.	1173—1196
Emmerich	1196—1204
Ladislaus III.	1205
Andreas II.	1205—1235
Béla IV.	1235—1270
Stephan V.	1270—1272
Ladislaus IV., der Kumaner	1272—1290
Andreas III.	1290—1301

KÖNIGE AUS VERSCHIEDENEN HÄUSERN

Wenzel, der Böhme	1301—1304
Otto, der Bayer	1305—1308
Karl (I.) Robert von Anjou	1308—1342
Ludwig I., der Große, von Anjou	1342—1382
Maria von Anjou	1382—1387
Karl II., der Kleine, von Anjou	1385—1386
Sigismund von Luxemburg	1387—1437
Albert von Habsburg	1437—1439
Ladislaus I. Jagello	1440—1444
Ladislaus V., „Posthumus", von Habsburg	1440—1457
Johannes Hunyady, Reichsverweser	1446—1452
Matthias I., Corvinus	1458—1490
Ladislaus II. Jagello	1490—1516
Ludwig II. Jagello	1516—1526
Johannes I. Szapolyai	1526—1540

HAUS HABSBURG

Ferdinand I.	1526—1564
Maximilian	1564—1576
Rudolf	1576—1608
Matthias II.	1608—1619
Ferdinand II.	1619—1636
Ferdinand III.	1637—1657
Ferdinand IV., der jüngere König (gestorben während der Regierungszeit seines Vaters)	1647
Leopold I.	1657—1705
Joseph I.	1705—1711
Karl III.	1711—1740
Maria Theresia	1740—1780
Joseph II., der „König mit dem Hut"	1780—1790
Leopold II .	1790—1792
Franz I.	1792—1835
Ferdinand V.	1830—1848
Franz Joseph I.	1848—1916
Karl IV.	1916—1921

Stammbaum

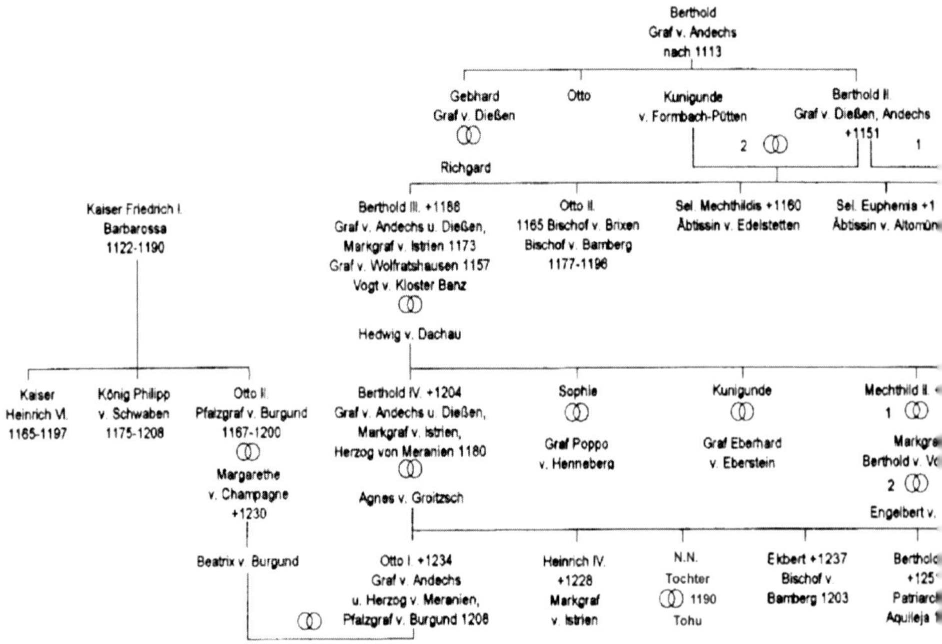
Berthold
Graf v. Andechs
nach 1113
Gebhard
Graf v. Dießen
Richgard
Otto
Kunigunde
v. Formbach-Pütten
Berthold II.
Graf v. Dießen, Andechs
+1151
2
1
Kaiser Friedrich I.
Barbarossa
1122-1190
Berthold III. +1188
Graf v. Andechs u. Dießen,
Markgraf v. Istrien 1173
Graf v. Wolfratshausen 1157
Vogt v. Kloster Banz
Hedwig v. Dachau
Otto II.
1165 Bischof v. Brixen
Bischof v. Bamberg
1177-1196
Sel. Mechthildis +1160
Äbtissin v. Edelstetten
Sel. Euphemia +1
Äbtissin v. Altomün
Kaiser
Heinrich VI.
1165-1197
König Philipp
v. Schwaben
1175-1208
Otto II.
Pfalzgraf v. Burgund
1167-1200
Margarethe
v. Champagne
+1230
Berthold IV. +1204
Graf v. Andechs u. Dießen,
Markgraf v. Istrien,
Herzog von Meranien 1180
Agnes v. Groitzsch
Sophie
Graf Poppo
v. Henneberg
Kunigunde
Graf Eberhard
v. Eberstein
Mechthild II.
1
Markgr
Berthold v. Vo
2
Engelbert v.
Beatrix v. Burgund
Otto I. +1234
Graf v. Andechs
u. Herzog v. Meranien,
Pfalzgraf v. Burgund 1208
Heinrich IV.
+1228
Markgraf
v. Istrien
N.N.
Tochter
1190
Tohu
Ekbert +1237
Bischof v.
Bamberg 1203
Berthol
+125
Patriarc
Aquileja

er Andechs-Meranier

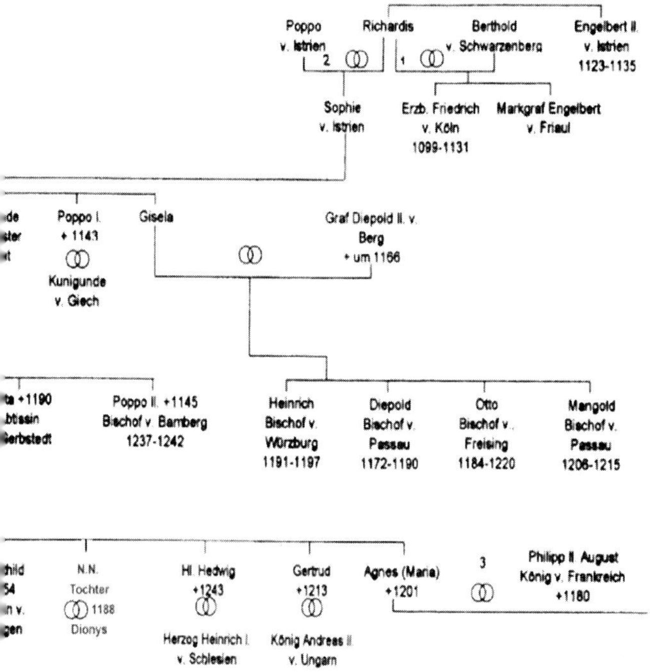

Stammtafel de

Álmos Fs., Gfs. † 895

Árpád Gfs. † 895

Liüntika ? Gfs. | Tarkatzus ? Gfs. | Jelekh ? Gfs. | Jutotzas ? Gfs.

Teveli | Ezelec | Falitzi Gfs.

?

Szerénd d. Kahlköpfige | Termatzus | **Géza** Gfs. um 970/972-997
ꝏ Sarolt, T. v. Gyula v. Siebenbürgen

Koppány

Tochter
ꝏ Boleslaw I. Kg. v. Polen

Bežprym

Tochter
ꝏ Gabriel Radomir von Bulgarien

Stephan I. d. Hl. Gfs. 997-1000, Kg. v. Ungarn 1000-103
ꝏ Gisela v. Bayern

Otto
† vor 1031

Emmerich d. Hl. † 1031
ꝏ NN, T. v. Ks. Romanos III. Argyros

Frowila
ꝏ Adalbert Mgf. d. bayer. Ostmark

Peter Orseolo Kg. v. U
ꝏ 1. Tuota (Judith) v. Re
ꝏ 2. Judith, T. v. Heinric

Adelheid † 1062
ꝏ Vratislav II. Kg. v. Böhmen

Géza I. Kg. v. Ungarn 1074-1077
ꝏ 1. Sophie v. Loos
ꝏ 2. Synadene, Nichte v. Ks. Nikephoros III. Botaneiates

Ladislaus I. d. Hl. Kg. v. Ungarn 1077-1095
ꝏ 1. NN
ꝏ 2. Adelheid, T. v. Rudolf v. Rheinfelden † 109

(1) **Koloman** Kg. v. Ungarn 1095-1116
ꝏ 1. Felicia (?), T. v. Gf. Roger I. v. Sizilien
ꝏ 2. Euphemia, T. v. Fs. Vladimir Monomach v. Kiev

(1) Álmos Hg. † 1127
ꝏ Predslava, T. v. Fs. Svjatopolk Izjaslavič v. Kiev

(1) Tocht
ꝏ Fs. Jar
v. Vladin

(1) Sophie

(1) **Stephan II.** Kg. v. Ungarn 1116-1131
ꝏ NN, T. v. Fs. Robert v. Capua

(1) Ladislaus † 1112

(2) Boris (Kalamanos) † nach 1153
ꝏ Anna Dukaina

Adelheid † 1140
ꝏ Hg. Soběslav I. von Bö

Géza II. Kg. v. Ungarn 1141-1162
ꝏ Euphrosine, T. v. Gfs. Mstislav Vladimirovič v. Kiev

Ladislaus II. Kg. v. Ungarn 1162-1163

Step
ꝏ **M**

Stephan III. Kg. v. Ungarn 1162-1172
ꝏ Agnes, T. v. Heinrich II. Jasomirgott v. Österreich

Béla III. Kg. v. Ungarn 1172-1196
verlobt mit Maria, T. v. Ks. Manuel I. Komnenos
ꝏ 1. Anna (Agnes) v. Châtillon † um 1184
ꝏ 2. Margarete, T. v. Kg. Ludwig VII. v. Frankreich

G
ꝏ

(1) **Emmerich** Kg. v. Ungarn 1196-1204
ꝏ Konstanze, T. v. Kg. Alfons II. v. Aragón † 1222

Ladislaus III.
Kg. v. Ungarn 1204-1205

(1) Margarete (Maria) † nach 1229
ꝏ 1. Ks. Isaak Angelos II.
ꝏ 2. Bonifaz I. v. Montferrat, Kg. v. Thessalonike
ꝏ 3. Nikolaus v. St.-Omer

(1
ꝏ
ꝏ
ꝏ

(1) Maria † 1237/1238
ꝏ Zar Ivan II. Asen v. Bulgarien

(1) **Béla IV.** Kg. v. Ungarn 1235-1270
ꝏ Maria, T. v. Ks. Theodor I. Laskaris v. Nikaia

(1) E
ꝏ La
v. Th

Kunigunde (Kinga) † 1292
ꝏ Boleslaw V. Wstydliwy Fs. v. Krakau-Sandomir

Margarete
† vor 1242

Anna
ꝏ Fs. Rotislav Michailovič v. Černigov

Elisabeth † 1271
ꝏ Hg. Heinrich XIII. v. Niederbayern

Konstanze
ꝏ Fs. Lev Danilovič v. Halič-Wolhynien

Béla
† 1272

Michael

Kunigunde † 1285
ꝏ 1. Kg. Otakar II. v. Böhmen
ꝏ 2. Zawisch v. Falkenstein

Otto I. Kg. v. Ungarn
1305-1307, † 1312
ꝏ Katharina v. Habsburg † 1318

Katharina
† nach 1314
ꝏ Kg. Stefan Dragutin v. Serbien

Maria † 1323
ꝏ Karl II. v. Anjou, Kg. v. Neapel † 1309

NN
ꝏ Zar Jakob Sventslav v.

(1) Wenzel II. Kg. v. Böhmen
ꝏ 1. Guta, T. v. Kg. Rudolf v. Habsburg
ꝏ 2. Elisabeth (Rixa), T. v. Kg. Przemysł II. von Großpolen

(1) **Wenzel III.** Kg. v. Ungarn, Kg. v. Böhmen und Polen, 1301-1305, † 1306

Karl Martell † 1295
ꝏ Clementia, T. v. Kg. Rudolf v. Ha

Karl I. Kg. v. Ungarn 1301-1342

altas) Gfs.

s. 955(?)-970

Michael

Tochter
⚭ Aba Kg. v. Ungarn 1041-1044

o Doge v. Venedig

Vászoly (Vazul)
⚭ NN aus dem Geschlecht Tatun

Ladislaus d. Kahlköpfige
⚭ NN v. Kiever Rus'

1044-1046, † 1059

Levente
† 1046

Andreas I. Kg. v. Ungarn 1046-1060
⚭ Anastasia, T. v. Gfs. Jaroslav v. Kiev

Béla I. Kg. v. Ungarn 1060-1063
⚭ NN, T. v. Kg. Mieszko II. v. Polen

g. v. Ungarn 1063-1074, † 1087
Ks. Heinrichs III.

David † 1090

.095

Sophie † nach 1095
⚭ 1. Ulrich v. Kärnten
⚭ 2. Magnus, sächsischer Hg.

Euphemia
⚭ Fs. Otto I. v. Mähren

Helena † 1091
⚭ Kg. Dmitar v. Kroatien

Tochter
⚭ Lamprecht aus dem Geschlecht Hontpaznan

č

(2) Piroska (Eirene) † 1134
⚭ Ks. Johannes II. Komnenos

Béla II. Kg. v. Ungarn 1131-1141
⚭ Helena, T. v. Uroš I. v. Serbien

Hedwig
⚭ Mgf. Adalbert II. v. Österreich

garn 1163-1165
Prinzessin

Álmos

Sophie, verlobt mit Heinrich,
S. v. Kg. Konrad III.

Gertrud (Elisabeth)
⚭ Fs. Mieszko III. v. Polen

nzessin

Árpád

Elisabeth † nach 1189
⚭ Hg. Friedrich von Böhmen

Odola (Odda)
⚭ Svatopluk, Sohn v. Kg. Vladislav II. v. Böhmen

Helena † 1199
⚭ Hg. Leopold V. von Österreich

v. Ungarn 1205-1235
g. Bertold V. v. Meran † 1213
eter v. Courtenay † 1233
f. Azzo IV. v. Este † 1245

(1) Stephan

(1) Tochter

(1) Salomon

(1) Konstanze † 1240
⚭ Kg. Otakar Přemysl I. von Böhmen

1

(1) Koloman Kg. v. Galizien † 1241
⚭ Salomea, T. v. Fs. Leszek Biaty v. Krakau-Sandomir

(1) Andreas † 1234
⚭ Maria (Helene), T. v. Fs. Mstislav Mstislavič Udaloj

(2) Violante † 1219
⚭ Kg. Jakob I. v. Aragón

(3) Stephan † 1271
⚭ 1. Elisabeth
⚭ 2. Tomasina Morosini

† 1298
Kalisch

Stephan V. Kg. v. Ungarn 1270-1272
⚭ Elisabeth, T. d. kuman. Fürsten Seihan

Margarete d. Hl.
† 1270

Béla

(1) Stephan

(2) **Andreas III.** Kg. v. Ungarn 1290-1301
⚭ 1. Fennena, T. v. Fs. Ziemomyst v. Kujavien † 1295
⚭ 2. Agnes v. Österreich † 1364

eth † nach 1323
visch v. Falkenstein

Anna (Agnes) † 1281
⚭ Ks. Andronikos II. Palaiologos

Ladislaus IV. Kg. v. Ungarn 1271-1290
⚭ Isabella (Elisabeth), T. v. Kg. Karl I. v. Neapel † um 1304

Andreas † 1278

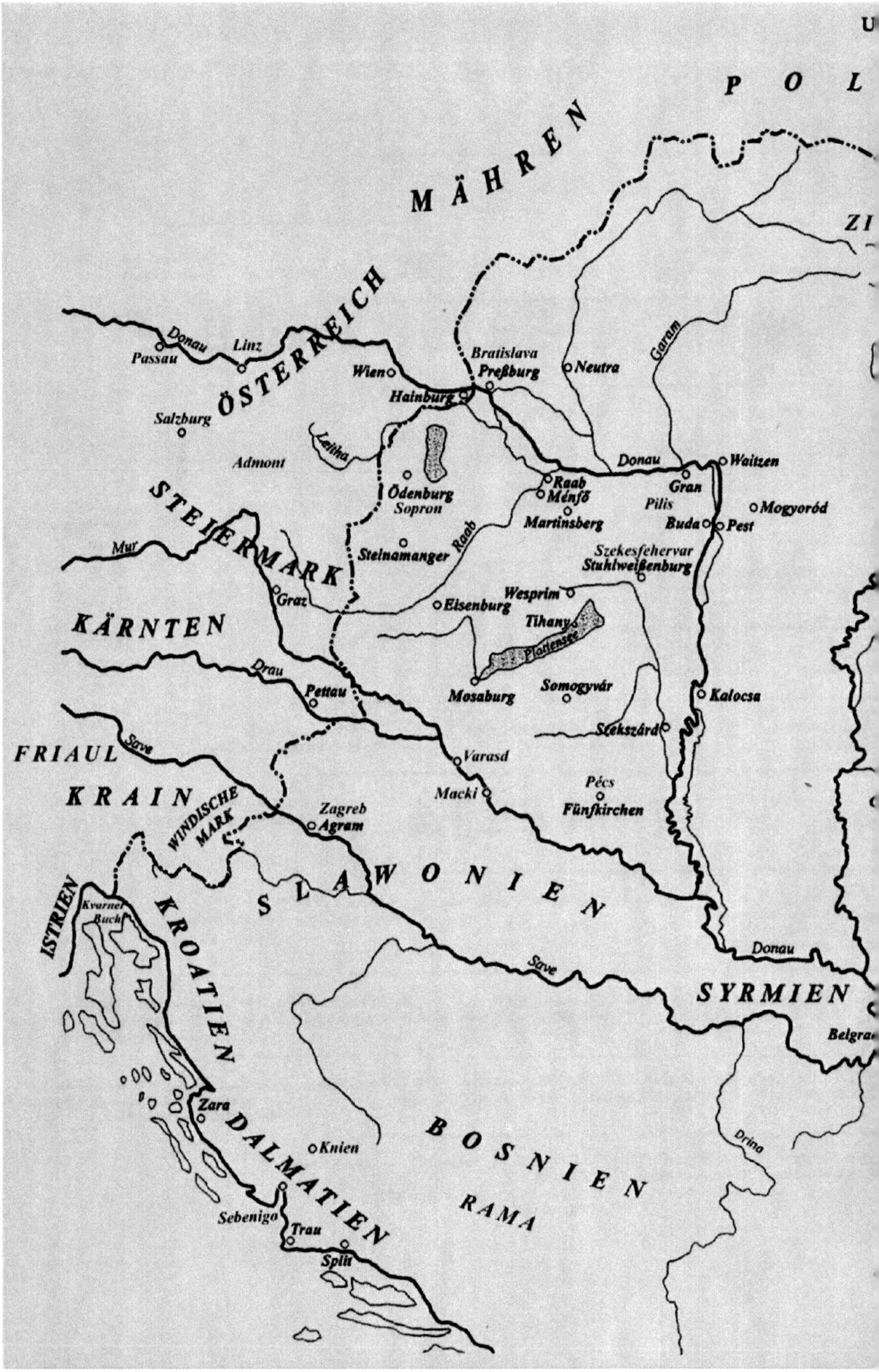
P O L
MÄHREN
ÖSTERREICH
Donau
Passau
Linz
Wien
Bratislava
Preßburg
Neutra
Garam
Hainburg
Salzburg
Leitha
Admont
Donau
Waitzen
Raab
Ménfő
Gran
Pilis
Mogyoród
Ödenburg
Sopron
Martinsberg
Buda
Pest
STEIERMARK
Mur
Steinamanger
Raab
Szekesfehervar
Stuhlweißenburg
Graz
Wesprim
Eisenburg
KÄRNTEN
Tihany
Plattensee
Drau
Pettau
Mosaburg
Somogyvár
Kalocsa
Save
Szekszárd
FRIAUL
Varasd
KRAIN
Macki
Pécs
Fünfkirchen
Zagreb
Agram
WINDISCHE MARK
SLAWONIEN
ISTRIEN
Kvarner Bucht
KROATIEN
Donau
Save
SYRMIEN
Belgra
Zara
DALMATIEN
Knien
BOSNIEN
Drina
RAMA
Sebenigo
Trau
Split

Árpádenzeit
GALIZIEN
KIEVER RUS'
Halicz
Ungvar
Sarospatak
Theiß
Dniestr
Bihar
Großwardein
Klausenburg
SIEBENBÜRGEN
Arad
Weißenburg
KUMANEN
Morava

Bildnachweise

Nationalbibliothek Széchényi Budapest:
S.11,13,14,15,16,17,18,19,20,21,22,23,26,31,37,38,40,116,117,128,199

Archiv der Hansestadt Hamburg: 34
Rijksmuseum Amsterdam: S.207
Stiftsbibliothek St. Gallen: S.9
Universitätsbibliothek Breslau: S. 61,84
Domschatzkammer Aachen: S.8
Hofbibliothek Aschaffenburg: S.188
Württembergische Landesbibliothek Stuttgart: S.39,71,85,165,189,206
Kloster Andechs, Hl. Kapelle: S. 70
Herzog August Bibliothek Wolfenbüttel: S.65
Museo Archeologico Nazionale de Cividale: S.119,180,189
Stadtbibliothek Trier: S.202
Staatl. Museen Berlin : S.93
Österreichische Nationalbibliothek Wien:
S.10,22,44,45,46,47,67,75,114,118,119,132,142,166,167,179,194,210
Vadianische Sammlung St. Gallen: S.26,27,190
Universitätsbibliothek Heidelberg: S.43,123,145,169
Bibliothèque Nationale de France: S.37,69,158,181
Stiftungs Preußischer Kulturbesitz : S.82
Stadtarchiv Kitzingen: S.60
Bayerische Staatsbibliothek München: S.68
J. Paul Getty Museum Malibu: S.49,72,80,193
Kurt Schölderle, Aufnahme S.193
Wolfgang Schüle, Aufnahme S.6,9,66,73,99,128,135,183,184,185,192,195,197,205

Bildnachweise

Archiv der Hansestadt Hamburg: 34
Bayerische Staatsbibliothek München: S.68
Bibliothèque Nationale de France (BNF): S.27,37,69,118,158,165,181,186
Domschatzkammer Aachen: S.8
Herzog August Bibliothek Wolfenbüttel: S.65
Hofbibliothek Aschaffenburg: S.188
J. Paul Getty Museum Malibu: S.49,72,80,193
Kloster Andechs, Hl. Kapelle: S.70
Museo Archeologico Nazionale de Cividale: S.119,180,189
Nationalbibliothek Széchényi Budapest:
S.11,13,14,15,16,17,18,19,20,21,22,23,26,31,37,38,40,116,117,128,199
Österreichische Nationalbibliothek Wien:
S.10,22,44,45,46,47,67,75,114,118,119,132,142,166,167,179,194,210
Rijksmuseum Amsterdam: S.207
Schölderle, Kurt, Foto: S. 193
Schüle Wolfgang, Fotos: S. 6,9,66,73,99,128,135,183,184,185,192,195,197,205
Staatl. Museen Berlin: S.93
Stadtarchiv Kitzingen: S.60
Stadtbibliothek Trier: S.202
Stiftsbibliothek St. Gallen: S.9
Stiftung Preußischer Kulturbesitz: S.82
Universitätsbibliothek Breslau: S.61,84
Universitätsbibliothek Heidelberg: S.43,123,145,169
Vadianische Sammlung St. Gallen: S.26,27,190
Württembergische Landesbibliothek Stuttgart: S.39,71,85,165,189,206

Abkürzungen

CDA: Codex diplomaticus Arpadianus contin. (hrg. G. Wenzel)
CDH: Codex diplomaticus Hungariae ecclesiasticus ac civilis (hrg. G. Féjer)
CFH: Catalogus fontium Hungaricae (hrg. A.F. Gombos)
MGH: Monumenta Germaniae Historica; SS: Scriptores
MIÖG: Mitteilungen des Instituts für österreichische Geschichtsforschung
PL: Patrologia Latina (hrg. J.P. Migne)
SRH: Scriptores Rerum Hungariae (hrg. E. Szentepétery)
VMS: Vetera monumenta historica Hungariam sacram illustrantia, t.1 (hrg. A. Theiner)

Quellen

Analecta Momentorum Hungariae, 1862, hrg. F. Toldy
Annales Bawarici et Austriaci Breves, ed. in: MGH SS XXX,1
Annales Praedicatorum Vindobonensium, ed.in : CFH III
Annales Colmariensis Minores, ed. in: MGH SS XVII
Annales Ellwangenses, ed.in: MGH SS X,23
Annales Gotwicensis, ed. in CFH I
Annales Marbacensis, ed. in MGH SS XVII
Annales Reinhardbrunensis, ed. In: CFH I
Anonymus Belae Regis Notarius, Die Gesta Ungarorum des anonymen Notars, hrg. Gabriel Silagi, 1991
Anonymi Leobiensis, ed.in: CFH I
Assertor libertatis Ungariae, Dalmatiae, Croatiae et Slavoniae,. Györ 1750, hrg. J. Szegedy
Auctor rythmicus vernaculus, ed. in: CFH I
Bonfinis, Antonius de, Rerum Ungaricaruim decades, ed. J. Fogel et B. Ivanyi, Leipzig 1936
Catalogus fontium historiae Hungaricae (CFH) 3 Bände, Budapest 1937-38, hrg. Albinus Franciscus Gombos
Chronica Alberici Monachus Trium Fontium, ed. in: MGH SS XXIII
Chronica Hungarorum des Johannes de Thurocz, t. I und II. Budapest 1985, hrg. E.Galantai et J. Kristo
Chronica regia Coloniensis Continuatio, ed. in MGH SS 24
Chronicon pictum Vindobonense, ed. In: CFH I; Die Wiener Bilderchronik, I: Bildband; II : Textband 1968
Chronicon Posoniense, ed. in: Script. Rer. Hung. II
Chronicon Rythmicum Austriacum, ed. in: MGH SS XXV
Chuonradi Schirensis Annales, ed. in: MGH SS XVII
Codex diplomaticus Arpadianus Cont., Budapest 1860-74, hrg. G. Wenzel
Codex diplomaticus Hungariae ecclesiasticus ac civilis, hrg. György Fejér, Budae 1829-1844;
Codex diplomaticus et epistolaris Slovaciae I, 1971, hrg. V. R. Marsina
Continuatio Admuntentis, ed. in CFH I
De fundatoribus monasterii Diessensis, ed. in: MGH SS XVII
Die Register Innocenz III., Bd.5/6, 1964-2001, hrg.v.O.Hageneder u.a.
Epitome Chronologica Rerum Hungaricarum, Budae 1796, pars I, Budae 1796;
Gesta Hungarorum, Simonis de Keza, hrgg. V. Jenö Szües; auch L.Veszprémy 1999
Gesta Friderici, Ottonis Episcopi Frisingensis, htg. V. F.J.Schmales Darmstadt 1965
Heinrich von Mügeln, ed. In: Script. Rer. Hung. II
Hermanni Altahensis Annales, ed.in: MGH SS XVII
Historia critica Regum Hungariae,vol. V, hrg. Stephano Katona;
Historiae Polonicae libri XII, 1711-1712 hrg. v. Johannes Dlugossius;
Jacobus de Voragine, Legenda Aurea, Manesse Bibliothek, Auswahl Jacques Laager, 1982
Legenda major de beatae Hedwigi ducissae Silesiae, Der Hedwigskodex v. 1383, hrg. W. Braunfels, 2 Bde., Berlin 1972

Lex Bajuvariorum, hrg.K. Beyerle, Mü 1926;
Magyar Nemzet Törtenete, I,2, Budapest 1899, hrgg. V. Gyula Pauler
Miscellanae Historiae Pontificiae, hrgg. Fr. Kempf, Roma 1942
Monachus Leodiensis, ed. in CFH III
Monumenta Ecclesiae Strigoniensis, t. 1, hrg. v. Ferdinandus Knauz
Potthast A., Regesta pontificium Romanorum, 1957
Necrologium Aquileiense, hrg. Cesare Scalon, 1982
Ottonis Episcopi Frisingensis, Gesta Frederici, hrg. v.F.J. Schmales, Darmstadt 1965
Quellenkunde z. mittelalterl. Geschichte Österreichs, MIÖG, Erg, Band 9, hrg.Alphons Lhotsky
Regesta critico-diplomatica, hrg. v. E. Szentepétery; Budapest 1923
Rerum Hungaricarum Monumenta Arpadiana, 1931, hrg. St.L. Endlicher;
Rerum Ungaricarum Decades von Antonio Bonfini, Lipsiae 1936, Tome 1-4
Scriptores Rerum Hungaricarum, t.II, Budapest 1938, hrg. E. Szentpétery;
Theodoricus de Apolda, Cronica sant Elisabet, ed. in: CFH III
Thomas Ebendorfer de Haselbach, ed.in: CFH I
Ungarns Geschichtsquellen im Zeitalter der Arpaden, Berlin 1882, hrg. Heinrich Marczali
Vetera monumenta historica Ungariam sacram illustr. (VMS) hrg v. Augustin Theiner 1863; MGH: 2 Okt.
Vita S. Elisabethae de Thuringia sive de Hungaria, auctore Caesario Heisterbacensi, in: CFH III, p.2341, nr. 4970; (s. Alfons Hilka, Die Wundergeschichten des Cäsarius von Heisterbach, Bibliographie)

Bibliographie

Adriányi Gabriel, Geschichte der katholischen Kirche in Ungarn, 2004
Almási Tibor, II. András, A vállalkkozó kedvü király; in: A tizenharmadik század története, Budapest 2000 (Der unternehmungslustige König Andreas II. in: Die Geschichte des 13. Jahrhunderts)
Bak Janos M. , (Hrg) Coronations, Berkeley 1990
Bak Janos M. , Probleme einer vergleichenden Betrachtung mittelalterlichen Eliten in Ostmitteleuropa, in: Borgolte, Das europäische Mittelalter im Spannungsbogen des Vergleichs, 2001
Bak Janos M., Das ungarische Königtum im späten Mittelalter, Diss. Göttingen 1960-62
Bak Janos M., Das ungarische Königtum im späten Mittelalter; Diss. Phil. Göttingen 1960
Bak Janos M., Medieval narrative sources, New York 1987
Bak Janos M., Queens as Scapegoats in Medieval Hungary, in: Queens and queenship in Mediaval Hungary, 1997
Bak Janos M., Roles and Functions of queens in Arpadian and Angevin Hungary; in: Medieval Queenship, hrg. v. John Carni Persons, 1983
Bak Janos, Königtum und Stände in Ungarn im 14.-16. Jahrhundert,1973
Bak Janos, The arictocracy in Medieval Hungary, cap.IV, in: Fügedi, Kings, bishops, nobiles and burghers in Medieval Hungary
Baranyi-Oberschall, Die St. Stephanskrone, in: Die Kronen des Hauses Österreichs, III, Wien 1961
Bartal Antonius, Glossarium mediae et infimae Latinitatis Regnis Hungariae, Leipzig 1901; MGH: 4 okt.Ac626
Battyany Vince, Reise durch einen Teil Ungarns, 1811
Beckmann, Hrg. Der Elisabethpsalter von Cividale de Friauli, Berlin 2001
Beke Margit, Esztergomi Ersekek 1001-2003, Budapest 2003
Bellér Béla, Kurze Geschichte der Deutschen in Ungarn 1. Teil, Budapest 1986
Bende/Fügedi, Tausend Jahre Stephanskrone, 1979
Berczik Arpad, Vermutliche ungarische Spuren im Nibelungenlied; in: Akten des 5. internationalen Germanistenkongresses, Band 2, Cambridge 1976
Berges Wilhelm, Die Fürstenspiegel des hohen und späten MA, Leipzig 1938
Besenyei Lajos Erszegi, Die Bulla Aurea, Verona 1999;
Besenyei Lajos, Die Bulla Aurea, Verona 1999
Besenyei/Erszegi, Die Bulla Aurea, 1999
Bethlen Alexis Graf von, Geschichtliche Darstellung des Deutschen Ordens in Siebenbürgen, Wien 1831
Beyerle Konrad, Lex Bajuvariorum; 1921;
Blume Dieter/Werner Matthias, Elisabeth von Thüringen, Aufsätze 2007
Blume Dieter/Werner Matthias, Elisabeth von Thüringen, Katalog 2007
Bogyay Thomas, Grundzüge der Geschichte Ungarns, 1967
Bogyay Thomas, Stephanus Rex, Wien 1975
Bonis György, Die Entwicklung der geistlichen Gerichtsbarkeit in Ungarn vor 1526, in: ZRG 80, 1963;
Borgolte Michael, Das europäische Mittelalter im Spannungsbogen der Vergleiche, 2001

Boros Fortunatus, Die Hl. Elisabeth in der ungarischen Geschichte; in: Franziskanische Studien 18, 1931
Bosl Karl, Das bayerische Dynastengeschlecht der Andechs-Meranier, in „ Andechs, der Heilige Berg“ hrg. v. K. Bosl, O. Lechner, W. Schüle, J.O. Zöller
Bosl Karl, Die großen Andechser Frauen des 12. und 13. Jahrhunderts, in: Gesellschaft im Aufbruch, Regensburg 1991
Bosl Karl, Europäischer Adel im 12./13. Jahrhundert, in: Zeitschrift für bayerische Landesgeschichte 1967,Band 30, Heft 1
Bratianu, G.J., Theorie und Wirklichkeit der ungarischen Geschichte, Bukarest 1940
Braunfels Ludwig von, Hrg. Der Hedwigs-Codex von 1353, Texte und Kommentare, Berlin 1972
Bumke Joachim, Höfische Kultur, Bd.1, 1986
Bumkle Joachim, Mäzene des Mittelalters, 1970
Busse-Wilson F., Das Leben der Hl. Elisabeth von Thüringen, 1991
Byzantinische Geschichtsschreiber, Band 5, Wien 1956; dort: Vademecum des Byzantinischen Aristokrates
Csoka J. Lajos, Geschichte des benediktinischen Mönchtums in Ungarn, 1980
Csuday Eugen, Die Geschichte Ungarns, Band 1, Berlin 1899
Deér Josef , Die Hl. Krone Ungarns, Österreichische Akademie des Wissenschaften, in Berichte des Österreichischen Nationalkomitees II, Wien 1966, Bd. 91
Deér Josef, Der Weg zur Goldenen Bulle; in Schweizer Beiträge zur allgemeinen Geschichte, Band 10, 1952
Déer Josef, Die Anfänge der ungarisch-kroatischen Staatengemeinschaft, 1970
Déer Josef, Die Entstehung des ungarischen Königtums, Budapest 1942
Demel Bernhard, Der Deutsche Orden einst und jetzt, 1999
Der Landgrafenpsalter, Kommentarband, Graz 1992
Diefenbach Johann, Das Leben der hl. Elisabeth von Thüringen, 1883
Dienst Heide, Rollenaspekte von Männern und Frauen im Mittelalter, in: Weiblichkeit und Feminismus, 1983
Dippold Günter, Die Plassenburg, in: CHW-Monographien , Bd.8, 2008
Domanovsky Alexander, Die Geschichte Ungarns, München 1923
Duby Georges, Die Frau ohne Stimme, 1989
Duby Georges, Mütter, Witwen, Konkubinen, Frankfurt 1997
Duby, Georges,Héloise, Isolde und andere Frauen, Frankfurt 1997
Duggan Anne, Queens and queenship in medieval Hungary, 1997
Eibl-Eibesfeldt Irenäus, In der Falle des Kurzzeitdenkens, München 2000
Elpers Bettina, Regieren, Erziehen, Bewahren. Studien zur europäischen Rechstgeschichte 166, 2003;
Engel Pál, Beilleszkedés Europába a kezdetektöl 1440-ig, Budapest 1990 (Die Eingliederung in Europa von Anfang bis 1440)
Engel Pál, Szent Istvan birodalma. A közepkori Magyaroszag története, Budapest 2001 (Das Reich des Hl. Stephan. Die Geschichte Ungarns im Mittelalter)
Engel Pal, The realm of St. Stephan: A history of Medieval Ungary, 2002
Ennen Edith, Frauen im Mittelalter, München 1994
Erdö Peter, Kirchenrecht im mittelalterlichen Ungarn; in: Aus Religion und Recht, 31, 2005;
Ernst August, Die Grafen Poth bis Konrad I. in: Burgenländische Forschungen (Sonderheft) Festgabe für J.K.Homma, 1951

Erzen/Aigner, Die Andechs-Meranier, Beiträge zur Geschichte Europas im Hochmittelalter, 2001
Farkas Julius v., Ungarns Geschichte und Kultur in Dokumenten, Wiesbaden 1955
Fata Marta, Das Ungarnbild der deutschen Historiographie, Stuttgart 2004
Fázsy Rudolf, Die Geschichte Ungarns, München 1960
Feine, Hans Erich, Kirchliche Rechtsgeschichte, 1964;
Fessel Horst, Pannonien vermessen, Stuttgart 2004
Fessler, Ignaz Aurelius, Die Geschichte der Ungarn und ihrer Landsassen, Bd. 2, 1815
Fößel Amalie, Die Königin im mittelalterlichen Reich, Stuttgart 2000;
Fried Johannes, Otto III.und Boleslaw Chrobry, der Akt von Gnesen und das frühe polnische und ungarische Königtum, Stuttgart 2001
Fügedi Erik, Kings, bishops, nobiles and burghers in Medieval Hungary, London 1986
Fügedi Erik, The avus in the Medieval Conceptual Framework of Kinship in Ungary, in: s.o. Nr. V
Gerhardt Marlies, Macht und Ohnmacht von Frauen im Mittelalter.
Glaser Lajos, Dunántúl középkori úthálózata (Straßen im Donautal während der Arpadenzeit, in: Századok 63/64, 1929
Göckenjan Hansgard, Hilfsvölker und Grenzwächter im mittelalterlichen Ungarn, 1972
Goldstein Ivo, Kroatien und Dalmatien zwischen Byzanz und dem Westen, in: Byzanz und das Abendland im 10.und 11. Jahrhundert, 1997
Gurjewitsch Aaron J. Das Weltbild des mittelaterlichen Menschen, München 1972
Gustermann, Anton Wilhelm, Die Ausbildung der Verfassung des Königreichs Ungarn, Band 1, Wien 1811
Guttenberg, Erich Frh .von, Die Regesten der Bischöfe und des Domkapitels von Bamberg, 1962
Györffy György u.a., Bayerisch-ungarische Frauengestalten, in: Hefte zur bayerischen Geschichte und Kultur, Bd. 17, hrg. v. Joachim Bahlcke, 1996
Györffy György, König Stephan der Heilige, Corvina 1988
Györffy György, Wirtschaft und Gesellschaft der Ungarn um die Jahrtausendwende, 1983
Hannenheim Julius von, Ungarn unter Bela II.und Geyza in seinen Beziehungen zu Deutschland, 1848
Hegedus Andras, Caput, Mater et Magistra, Die Rolle der Erzbischöfe in Esztergom, in: Veröffentlichungen des Steiermärkischen Landesarchivs, Bd.30, 2003
Hegedus Geza, Ungarische Jahrhunderte, 1999
Heinemann, Lothar von, Zur Kritik ungarischer Geschichtsquellen im Zeitalter der Arpaden, in: Neues Archiv der Gesellschaft für ältere Geschichtskunde, Bd. 13, 1888
Heinz Thomas, Dichtung und Politik um 1200: das Nibelungenlied; in: Philologoica Germanica 12, 1990
Hervay Ferenc, Die Geschwister der Hl. Hedwig; in Ungarn; in: Archiv für schlesische Kirchengeschichte, 40, 1982
Higounet Charles, Die deutsche Ostsiedlung im Mittelalter, München 1990
Hilka Alfons, Die Wundergeschichten des Cäsarius von Heisterbach; in: Publikationen der Gesellschaft für rheinische Geschichtskunde 43, Bonn 1937
Hoensch Jörg K, Die Zipser. Ein Überblick; in: Grimm/Gerhard/Zack/Krista (Hrg) in: Die Deutschen in Ost-Mittel-und Südosteuropa, Band 1, 1995, Veröffentlichungen des Südostdeutschen Kulturwerks, Band 1
Holl Imre, Funde aus dem Zisterzienserkloster von Pilis, Budapest 2000

Hóman Balint, Geschichte des ungarischen Mittelalters, Band 1+2, Berlin 1940
Homan Balint, Geschichtliches im Nibelungenlied, Leipzig 1924
Hóman Balint, Tausendjährige Schicksalverbundenheit, Berlin 1942
Homma Josef Karl, Festgabe zum 60. Geburtstag von J.K. Homma, Die Grafen Poth bis Konrad I. , Sonderheft 4, 1951, in: Burgenländisches Landesarchiv
Hormayr Joseph von, Sämtliche Werke/3 . Die großen Geschlechter im tirolischen Hochgebirge, Stuttgart 1822
Hormayr Joseph von, Versuch einer pragmatischen Geschichte der Grafen von Andechs, Innsbruck 1792
Horn Emile, Sainte Elisabeth de Hongrie, 1902
Huber Alfons, Studien zur Geschichte Ungarns im Zeitalter der Arpaden; Archiv für österreichische Geschichte/64, Wien 1882
Hucker Bernd Ulrich, Der Könismord von 1208, in: Die Andechs-Meranier in Franken, Mainz 1998
Huyskens A., Quellenstudien zur Geschichte der HL. Elisabeth, Marburg 1908; in: Historisches Jahrbuch 28, 1907
Huyskens A., Der sogenannte Libellus de dictis quator ancillarum, Mü. 1911;
Ihlenburg Karl Heinz, Fremdheit und Reisen im Mittelalter, 1997
Jonas, Ilona, Elisabeth von Thüringen, ungarische Königstochter; in: Bayerisch-ungarische Frauengestalten, Augsburg 1996; Hefte zur Bayerischen Geschichte und Kultur 17
Justi K.W. Elisabeth die Heilige, Landgräfin von Thüringen, 1835
Kaindl Raimund Friedrich, Geschichte der Deutschen in den Karpatenländern, Band 2, Gotha 1907
Kaindl, R.F. , Studien zu den ungarischen Geschichtsquellen, 1895
Karacsonyis Janos, Die ungarischen Geschlechter bis zur Mitte des 14. Jahrhunderts, Budapest 1900
Katona István, A kalocsai érseki egyház története, I.rész, Kalocsa 2001 (betr. Johannes 1203-1205) (Die Geschichte der erzbischöflichen Kirche in Kalocsa, I. Teil, p. 116-128)
Katona István, A kalosai érseki egyház törtenete, I.rész (betr. Berthold 1205-1218) (Die Geschichte der erzbischöflichen Kirche in Kalocsa I. Teil, p. 128-303) Kalocsa 2001
Kellermann-Haaf, Petra, Frau und Politik im Mittelalter, 1986
Kéry Lotte, Kirchenrechtliche Grundlagen des öffentlichen Strafrechts in: ZRG 122; 2005
Knesebeck Harald Wolter von dem, Der Elisabethpsalter in Cividale del Friuli, 2001
Kienast Walter, Untertaneneid und Treuevorbehalt, Weimar 1952
Kindlimann Sibyll, Die Eroberung von Konstantinopel als politische Forderung, in: Studien zur Entwicklung der Idee eines lateinischen Kaiserreichs in Byzanz, 1969
Kirn Paul, Der mittelalterliche Staat und das geistliche Gericht, in: ZRG, Kanonist. Abteilung 15, 1962
Kiss Etele, Die Hofkunst Ungarns in der 1. Hälfte des 13.Jahrhunderts, in: Katalog zur Landesausstellung 2007
Klaniczay Gabor, Holy Rulers and blessed Princesses, 2003
Klaniczay Gabor, Königliche und dynastische Heiligkeit in Ungarn, in: Politik und Heiligenverehrung im Hochmittelalter, hrg.v. J. Petersohn, 1994
Klier K.M. Urkundenfälschungen im Burgenland, Burgenländische Forschungen, Heft 23
Konstantinou Evangelos, Byzanz und das Abendland im 10. und 11. Jahrhundert, Köln 1997

Körtüm Henning, Zur Typologie der Herrscheranekdote in der mittelalterl. Geschichtsschreibung, in: MIÖG,5,1992
Kosan Marko, Windischgrätz zu Zeiten der Grafen von Andechs, in: Die Andechs-Meranier, Beiträge zur Geschichte Europas im Hochmittealter, 2000
Kosztolnyik Z.J., Hungary in the thirteenth century, 1996
Kraut Alfred, Gertrud von Andechs im Lichte der ungarischen Geschichtsschreibung, in Lech-Isarland 1972
Kristó Gyula, A király hatalom kezdödö visszaszorulása, in Magyarország törtenete 1998 (Die beginnende Schwäche der königlichen Macht)
Kristo Gyula, András király"uj intézkedései"; 231-297, in: Szazadok történelmi társulat folyóirata (Die „Neuen Einrichtungen" des Köngs Andreas II., in: Studien S. 231-297)
Kristó Gyula, Die Arpadendynastie, 1993
Kristó Gyula, Die ersten Könige Ungarns, 1999
Kristó Gyula, Die Geburt der Nation, 2004
Krones F. X, Deutschbürtiger Adel im mittelalterlichen Ungarn, in: Allgemeine Zeitung, 1986, Beilage 231/232
Landa Peter, Die Internationalität der Bologneser Kanonistik in der ersten Hälfte des 13.Jahrhunderts, in: Archin für Katholisches Kirchenrecht, Bd. 176, 2007
Lasslob Isidor, Die Karpatendeutschen aus Geschichte und Gegenwart
Legenda Aurea, Manesse Zürich 1982
Lemmer M. , Das Leben der Hl. Elisabeth, 1982
Lhotsky, Alphons, Aufsätze und Vorträge, Band 3, 1970
Lhotsky, Alphons, Über das Anekdotische in spätmittelalterlichen Geschichtswerken Österreichs; in: Festschrift für Heinrich Benedikt; Archiv für österreichische Geschichte, 125, 1966
Liptak Johann, Bilder aus der Zipser Vergangenheit, 1935
Loehr August, Beiträge zur Geschichte des mittelalterlichen Donauhandels,
Looshorn Johann, Die Geschichte des Bistums Bamberg, Band 2, 1888/1967
Lyon, R. Jonathan, Family Relationships in the House of Andechs 1100-1204, Diss. 2004
Macartney Carlile Aylmer, Geschichte Ungarns, 1971
Mailáth Johann, Geschichte der Magyaren, Regensburg 1852
Majcenovic Janos, Veronika von Mali Grad, in : Die Andechs-Mernaier, Beiträge zur Geschichte Europas im Mittelalter, 2001
Majoros/Rill, Bayern und die Magyaren, Regensburg 1991
Makk Ferenc., Ungarische Aussenpolitik 986-1196, 1999
Makk Ferenc, The arpads and the Comneni, 1989
Markmann Hans-Jochen, Frauen im Mittelalter, 1991
Marosi Ernö, Die Anfänge der Gotik in Ungarn , 1984
Matyas Florian, Nepmondak es törteneti adatok Gertrud kiralyne eröszakos halalarol (Volkssagen und historische Fakten über den gewaltsamen Tod der Königin Gertrud) in: Szazadok 4.1, 1907
Mause Lloyd de, The history of childhood, 1977
Mavius Götz, Bayer.-ungarische Beziehungen im Spiegel biographischer Fakten; Bemerkungen zu Bosl's Bespr. Ungarn-Jahrbuch 15, 1987
Molnar Miklos, Geschichte Ungarns. Von den Anfängen bis zur Gegenwart, Hamburg 1999

Montalembert, Histoire de Sainte Elisabeth, Paris 1895
Nemeskürdy Istvan, Abriss der Kulturgeschichte, 1994
Oefele Edmund von, Geschichte der Grafen von Andechs, Innbruck 1877
Ohler Norbert, Reisen im Mittelalter, 2004
Opitz Claudia, Frauenalltag im Mittelalter, Weinheim 1985
Opitz Claudia, Weiblichkeit oder Feminismus, 1983
Oppl Ferdinand, Das Treffen von Nis 1198, MÖG 97; 1989
Pal Engel, Beilleszkedés Europaba a kezdetktöl 1440-ig, Budapest 1990
Pal Engel, Szent István birodalma, Budapest 2001
Patze H. /Schlesinger W., Geschichte Thüringens, in: Mitteldeutsche Forschungen 48/II/1, 1974
Paulényi Erwin, Die Geschichte Ungarns, Vorvina 1977
Pauler, Gyula, A magyar nemzet története az árpádházi királyok alatt, 1/2; 1899
Pernoud Régine, Visages des femmes au Moyen-Age, 1998
Petersohn Jürge, Politik und Heiligenverehrung im Hochmittelalter, 1994
Pieper Lori, A new life of St. Elizabeth of Hungary, in: Archivum Franciscanum Historicum 93, Rom 2000;
Pilar Ivo, Eine Geschichte Kroatiens, Serbiens und Bosniens, Bad Kissingen 1995
Plöchl Willibald M. , Geschichte des Kirchenrechts II, 1955;
Pörnbacher Hans, Die heilige Elisabeth von Thüringen
Reber Ortrud, Elisabeth von Thüringen, 2006
Rener Monika, Die Vita der HL. Elisabeth des Dietrich von Apolda. Veröffentlichungen der Historischen Kommission für Hessen, nr. 53; 1993
Rheinische Beiträge und Hülfsbücher zur germanischen Philologie und Volkskunde, Bd.9, Bonn 1926
Rogge Jörg, Fürstin und Fürst, in: Mittelalterlichen Forschungen 15, 2004
Rückert Rainer, Der Schatz vom heiligen Berg, Ausstellung des Bayerischen Nationalmuseums, 1967
Salvini-Plawen Luifried, Zur Datierung des Nibelungenliedes. In: Mitteilungen des Instituts für Österr. Geschichtsforschung, Band 103(Heft 1-4) 1995
Sayons Edouard, Histoire générale des Hongrois, Budapest 1900
Schmidinger Heinrich, Die Besetzung des Patriarchenstuhls von Aquileja bis zur Mitte des 13. Jahrhunderts; in: Mitteilungen des Instituts für Österreichische Geschichtsforschung, Band 60; 1952
Schmidinger Heinrich, Patriarch und Landesherr; in: Publikationen des österreichischen Kulturinstituts, Rom, Abtlg.1, 1954
Schmidt Gustav, Die heilige Elisabeth, 1995
Schmidt Hans H., (Hrg) Versunkene Burgen, Arbeitskreis für Ortsgeschichtsforschung der Würmregion, 2002
Schmidt-Pauli, Die Hl. Elisabeth, 1950
Schmitt Jürge, Die Balkanpolitik der Arpaden, in: Ungarn-Jahrbuch 17, 1980
Schmugge Ludwig, Über nationale Vorurteile im Mittelalter; in Deutsches Archiv für Erforschung des Mittelalters, Band 38, 1982
Schneller J.F. Die Geschichte Ungarns, Band 1 und 2; Dresden 1829
Schnith Karl Rudolf, Frauen des Mittelalters in Lebensbildern, Wien 1997
Scholz Albert, Zur Herkunftsfrage der ersten Zipser; in: Karpaten-Jahrbuch 1985
Schramm Percy Ernst, Sphaira, Globus, Reichsapfel, 1958
Schünemann Konrad, Die Deutschen in Ungarn, Berlin 1923

Schütz Alois, Die Andechs-Meranier in Franken und ihre Rolle in der europäischen Politik des Mittelalters, in: Die Andechs-Meranier in Franken, 1998Schütz Alois, Das Geschlecht der Andechs-Meranier im europäischen Hochmittelalter, in: Katalog zur Landsausstellung im Kloster Andechs, 1993

Schwarz Ernst, Die Herkunft der Siebenbürger und Zipser Sachsen, München 1957

Siegler R., Deloache J., Eisenber N., Entwicklungspsychologie des Kindes- und Jugendalters, München 2005

Silagi Denis, Ungarn; in Hefte zur Ostkunde, Heft 5, Hannover 1964

Silagi Gabriel, Die Gesta Hungarorum des anonymen Notars, 1991.

Sinkó Katalin, Aranyérmek, ezüstkoszorúk, Budapest 1964

Spieß Karl Heinz, Unterwegs zu einem fremden Mann, in : Fremdheit und Reisen im Mittelalter, 1997

Stadtmüller G., Begegnung mit Ungarns Geschichte, München 1984

Stadtmüller G., Die ungarische Großmacht des Mittelalters; in: Historisches Jahrbuch 70, 1951

Störmer Wilhelm, Elisabeth von Thüringen; in: Schnith Karl Rudolf, Frauen in Lebensbildern

Szabados György, Imre kiraly házassága , Aranybullaja, Százodok 2002 (Die Ehe und die Goldene Bulle König Emerichs

Szanto Konrad, Das Leben der Hl. Gisela, 1988

Szégedi Janos, Assertor libertatis Ungaricae, Dalmaticae, Croaticae er Sclavonicae Andreas II. Rex Hierosolymitans, 1752

Székely Andreas, Kleine ungarische Geschichte, Budapest 1934

Székely György (Hrg) Magyaroszág törtenete Elözmények és Magyar történet 1242-ig, II.kötet, Budapest 1984 (Die Geschichte Ungarns. Vorgeschichte und ungarische Geschichte bis 1242, 2 Bände)

Szende Laszlo, Mitherrscherin oder einfache Königsmutter, in: Majestas, Bd.13, 2005

Szentirmai Alexander, Das Recht der Erzdechanten, 1957; in ZRG 74

Szücs, Nation und Geschichte, 1981

Takacs, Innocenz, Die Verehrung der Hl. Elisabeth in Ungarn,

Thomasin Circlaere, Der welsche Gast, Berlin 2004

Thoroczkay Gábor, János, 1205.október 6.-1223.november

Tóth, Istvan György, Geschichte Ungarns, Budapest 2005

Udvardy József, A kalocsai érsekkek életrajza, (1000-1526); in: Dissertationes Hungarica ex historica Ecclesia XI, Köln 1991 (Die Biographien der Erzbischöfe von Kalocsa (betr. Janos) S. 91-103

Udvardy József, A kolcsai érsekek életrajza, 1000-1526 ;betr. Berthold in: Dissertationes Hungaricae ex historia Ecclesiae, XI, Köln 1991; cap. 20 Merániai Bertold , 1206-1218

Uhlirz Karl, Handbuch der Geschichte Österreich-Ungarn I, 1963

Ungarn Jahrbuch 10 (1979); 17 (1989); 12 (1982/84);

Vademecum des byzantinischen Aristokraten, in: Byzantinische Geschichstschreiber, Wien 1956

Varga Gabor, Ungarn und das Reich vom 10.-13. Jahrhundert, München 2003

Veszpremy Laszlo, Gesta Hungarorum des Simon von Kezai, Budapest 1999

Völkl Ekkehard (hrg) : Bayern und Ungarn. Tausend Jahre enge Beziehungen, Südosteuropa-Studien 39, Regensburg 1988

Vones Ludwig, Fragen der politischen Integration im mittelalterlichen Europa, 2005

Vorwerk Ursula, Die Andechs-Meranier und der Neubau des Bamberger Domes, in: Die Andechs-Meranier in Franken, 1998

Voss Ingrid, Herrschertreffen im frühen und hohen Mittelalter, 1987
Waas Adolf, Geschichte der Kreuzzüge, 2005
Wagner Hans, Urkundenfälschungen im Burgenland, Heft 23, Burgenländische Forschungen, Heft 23
Waldmüller Lothar, Die Synoden in Dalmatien, Kroatien und Ungarn, 1987
Wehli Tünde, Das Ungarnbild in der Klosterkultur, in: Bayern-Ungarn, Tausend Jahre, Bayerische Landesausstellung 2001
Weidlein Johann, Deutsche Leistungen im Karpatenraum, 1954
Weidlein Johann, Die deutsche Ungarnforschung, 1983
Weigand Sabine, Die Plassenburg, Residenzfunktion und Hofleben bis 1604
Weithmann M.W., Die Donau, Regensburg2000
Wichner Jakob, Geschichte des Benediktiner-Stiftes Admont, 1878
Winkelmann, Philipp von Schwaben und Otto IV.,Berlin 1873
Winterfeld Dethard von, Der Dom zu Bamberg, 1979
Wolter-von dem Knesebeck Harald, Der Elisabethpsalter von Cividale; in: Denkmäler der deutschen Kunst, Berlin 2001; Deutscher Verlag für Kunstwissenschaft, Museo Archeologico Nazionale, Cividale del Friuli, Berlin 2001
Zarek Otto, Die Geschichte Ungarns, Zürich 1938
Zimmermann Harald, Der Deutsche Orden im Burzenland, Köln 2000;
Zimmermann Harald, Der Deutsche Ritterorden in Siebenbürgen; in: Die geistlichen Ritterorden Europas, Vorträge und Forschungen, 1980

Tabula Sponsorum:

xxxxxxxxxxxxxxxxxxxxxxxxxxx